Beck-Wirtschaftsberater

Public Relations und Medienarbeit

dtv

Beck-Wirtschaftsberater

Public Relations und Medienarbeit

Effektive Öffentlichkeitsarbeit von Unternehmen im Informationszeitalter

Von Prof. Dr. Franco P. Rota

3., völlig überarbeitete Auflage

Deutscher Taschenbuch Verlag

Originalausgabe
Deutscher Taschenbuch Verlag GmbH & Co. KG,
Friedrichstraße 1a, 80801 München

Druck und Bindung: Druckerei C. H. Beck, Nördlingen
(Adresse der Druckerei: Wilhelmstraße 9, 80801 München)
Satz: Fotosatz Otto Gutfreund GmbH, Darmstadt
Umschlaggestaltung: Agentur 42 (Fuhr & Partner), Mainz
ISBN 3 423 05814 5 (dtv)
ISBN 3 406 48172 8 (C. H. Beck)

Die 3. Auflage: Im Boom der PR

Die Zahl der Buchneuerscheinungen im Bereich Public Relations, Öffentlichkeitsarbeit sowie Unternehmens- und Organisationskommunikation hat in den letzten Jahren enorm zugenommen. Es entstanden eine Fülle von theoretischen wie auch praxisorientierten Titeln (über 250 seit 1995), die das Thema fundiert und umfassend, in anderen Fällen auch sehr speziell, manchmal flüchtig behandeln. Umso erfreulicher ist es für mich als Autor, dass trotz der Flut an Fachbüchern zur PR-Kommunikation oder auch zur Marktkommunikation der vorliegende Band in die dritte Auflage gehen konnte. Vielleicht ist es die inhaltliche Mixtur, die ihn für die Leser noch immer lesenswert macht: Ein wenig Theorie, ein bisschen Medienkunde, ein Quäntchen Organisation, immer wieder eine Hand voll Praxis, ab und zu eine Checkliste und manche Ratschläge. Das Ganze gemixt, lesbar geschrieben, verbunden mit neuen Aspekten und in Erfahrung begründet ... fertig!

Ein Grund für den Boom an PR-Literatur liegt in dem erhöhten Bedarf an Büchern, Sammelwerken, Ratgebern, Fallstudien etc. zum Thema PR in der Industrie und im Gewerbe, in den neuen Technologieunternehmen oder in sozialen, politischen Einrichtungen und Organisationen. Sie alle wollen die ständig wachsende Zahl der Kommunikationsmedien nutzen, an ihnen teilhaben, um in der Flut der Informationen nicht unterzugehen. Nur wer firmenintern wie unternehmensextern effiziente Informations- und Kommunikationspolitik betreibt, kann heute auf den mit Anbietern eng besetzten Märkten bestehen. Allein jene, die im kontinuierlichen Kontakt mit ihren Kunden, Abnehmern und Investoren und Teilöffentlichkeiten stehen, werden diese auch an sich binden können und ihr Interesse wach halten. Es gibt also eine Nachfrage im Bereich des generellen Know-how in Sachen Public Relations.

Ein anderer Grund liegt in der Entstehung von neuen Kommunikationswegen und -kanälen, wie beispielsweise dem Internet mit den Websites, der Online-Kommunikation oder dem E-Commerce, aber auch in der steigenden Zahl von Special-Interest-Publikationen und Fachzeitschriften, die es den Anbietern von Information ermöglichen, ihre Zielgruppen immer spezifischer anzusprechen. Außerdem besteht eine große Nachfrage bei Spezial-PR, die durch die Formen der Produkt- oder Dienstleistungskommunikation, z. B. Sponsoring, Placements, Events, Investor Relations, After Sales Kommunikation etc. gezielte PR-Aktivitäten erfordern.

Eine weitere Ursache liegt in der Akademisierung der Public Relations als Teil von universitären Studienfächern wie z. B. der Betriebswirtschaftslehre oder den Kommunikationswissenschaften, bzw. der Einführung von PR als eigenständigem Studiengang an einigen Fachhochschulen. Auf diese Weise reagieren die Hochschulen auf den Medientrend, bei dem seit rund fünf Jahren ein wachsender Anteil der Hochschulabgänger in die klassischen Medien, neuen Medien oder ihre Randbereiche, wie z. B. das Marketing, die Werbung, den PR-Journalismus, das Design oder die Internetkommunikation drängen.

Seit der zweiten Auflage dieses Bandes sind mehrere Jahre vergangen. Während dieser Zeit hat sich viel getan in der PR, der Unternehmens- und Organisationskommunikation. Diesen Entwicklungen versucht diese Ausgabe gerecht zu werden und hat deshalb die neuen Wege und Aspekte der PR-Kommunikation berücksichtigt: Die Begründungen der Notwendigkeit von PR-Arbeit sind erweitert worden um den Zwang, den neue Medien auf die Firmenkommunikation ausüben, den Kommunikationsdruck, der durch strategische Unternehmensentscheidungen entsteht, sowie die Chancen zur PR, die sich durch ein mangelhaftes optisches Erscheinungsbild ergeben (III.14., III.15. und III.16.). Auch die Elemente der „Proaktiven" Public Relations wurden in diesen Band aufgenommen (IV.3.), sowie PR-Aktivitäten in Bezug auf die Stakeholder von Unternehmen (Interessen- und Anspruchsgruppen). Das Kapitel der Arbeitsweisen von Medien wurde um die Aspekte des so genannten medienneutralen Publizierens erweitert (VII.9.). Ergänzt werden die Themen der PR-Formen und -Aktivitäten durch die Investor Relations und Customer Relations (VIII.3.), die PR im Internet und multimediale PR (VIII.4.) sowie die Event-PR (VIII.5.3). Im Kapitel IX. wurden die Themenbereiche PR-Budget und Kampagnen und PR-Kontrolle ausgebaut, das Thema Marktforschung eingefügt und die Aspekte professioneller PR ergänzt. Die vorliegende Ausgabe wurde komplett überarbeitet, inhaltlich ergänzt und optisch ,up-gedatet', ohne die Grundstruktur der Kapitel grundsätzlich zu verändern.

Auch bei dieser 3. Auflage würde ich mich freuen, wenn ich dem Leser brauchbare Informationen, nützliche Anregungen und die richtigen Ratschläge geben kann: Dem/der Praktiker/in, der/die sich wieder einmal theoretisch informieren will, dem Theoretiker, der auch die oft mühsame Arbeit des PR-Alltags als wichtig erkennt, den Einsteigern oder Studierenden, die eine übersichtliche Einführung in das Gebiet erhalten.

Frau *Diana Böttjer* und Frau *Constanze Maier* danke ich für die Hilfe bei den Korrekturen sowie *Denise Bieler* für stilistische Anregungen. Dem Verlag und seinem Lektor *Hermann Schenk* danke ich für seine Geduld, die er bis zur verzögerten Ablieferung meines Manuskriptes haben musste.

München, im April 2002 *Franco P. Rota*

Inhaltsübersicht

Inhaltsverzeichnis

Verzeichnis der Schaubilder

I. Einführung: Public Relations – Erste Schritte gehen und mehr daraus machen

Die ursprüngliche Idee kam mir im Wagen, auf der Autobahn zwischen München und Garmisch. Ich war auf dem Weg zur Arbeit als leitender Redakteur beim PR-Verlag einer angesehenen Werbe- und CI-Agentur, idyllisch am Starnberger See gelegen... Es sollte ein Buch geben zum Umgang von Unternehmen und Verbänden mit der Presse und den Medien...

Meine Tätigkeit brachte es mit sich, dass ich oft mit Werbe- und PR-Managern sowie mit Bereichsleitern von mittelständischen Unternehmen zu tun hatte. Eines fiel mir dabei auf: Selten wurde PR-Arbeit als geplante Strategie im Kontakt zur Öffentlichkeit genutzt, die Kooperation mit Massenmedien wurde vernachlässigt und mit Vorbehalten gesehen. Und dies seitens der Firmenleitungen und ihrer Berater.

Warum? Die meisten Berater konnten zwar Werbekampagnen oder CI-Konzepte entwickeln, verstanden jedoch kaum etwas von der Aufbereitung ihrer Informationen in journalistische Texte, kannten Redaktionsarbeit nur vom Hörensagen. Die beratenen Unternehmen erwarteten aber immer eine größtmögliche Präsenz in der Öffentlichkeit: Inhalte, die nach außen gehen sollten, mussten zumeist werblichen statt Informationszwecken dienen. Die Medien sollten diese Botschaften mittels der Agenturen gefälligst auch so unter das „Volk" bringen. Sowohl auf der Unternehmer- wie auf der Beraterseite stellte ich deshalb ein Defizit in der Kenntnis der journalistischen Arbeit und ihrer gesellschaftlichen Aufgaben fest, aber auch im Verständnis der Rolle der Wirtschaft bzw. des eigenen Unternehmens in der Gesellschaft. Und das, obwohl medienorientierte Öffentlichkeitsarbeit unabdingbarer Bestandteil der Unternehmenspolitik in einer Informationsgesellschaft sein sollte. Nur wenn die Mechanismen der Öffentlichkeitsarbeit von Geschäftsführern bei Firmen oder anderen Organisationen nachvollzogen und die zur Verfügung stehenden Mittel eingesetzt werden, ist ein fruchtbarer gegenseitiger Nutzen sowohl für die Medien als auch für die Unternehmen die Folge.

Es sollte ein Buch geben... Sicherlich, es gibt bereits solche Bücher, Broschüren und Ratgeber. Viele jedoch erschienen mir überladen, zum Teil im Anspruch überzogen, manchmal überstrukturiert. Einige waren so genannte „Rezept-Bücher", versehen mit Checklisten, die zwar nicht ganz unwichtig sind, aber den Leser in ein starres Schema von Vorgehensweisen pressen. Dies soll hier nicht geschehen.

1. Learning by Doing – einfach einsteigen und dabei lernen

Viele Bücher über das Thema Presse- und Medienarbeit bringen eine unnötige Verwissenschaftlichung des Gegenstandes. Sie nehmen dem PR-Arbeiter alle Freude an dem, was er tut. Er braucht deshalb eine leicht lesbare, nicht mit Details überfrachtete und praxisnahe Skizze über die Medien- und Pressearbeit, immer wieder veranschaulicht durch Beispiele aus der Praxis. Dieser Band orientiert sich darum an folgenden Grundgedanken:

Die Bereiche und Möglichkeiten der Kooperation mit der Presse werden skizziert, allerdings ohne ein fest gefügtes „Schema F" zu präsentieren, das dem betreffenden „Anwender" keinen eigenen Weg in der Gestaltung und in der Vorgehensweise mehr offen lässt. Es gilt hier also „Learning by Doing": PR ist eine in der Praxis erlernbare Tätigkeit, und dieses Buch soll die ersten Schritte bei der Öffentlichkeitsarbeit von mittelständischen Unternehmen erleichtern.

Pressearbeit muss am Beginn der Tätigkeit nicht von absoluten Profis betrieben werden. Sie kann im Arbeitsalltag erlernt werden, von jedem, der sich damit befassen will, auch ohne hoch spezielle Ausbildung, einschlägiges Studium oder jahrelange Praxis. Das soll nicht heißen, dass ein Journalismus-, Marketing- oder Kommunikationsstudium nicht von Vorteil wären: Je größer ein Unternehmen oder eine Organisation ist, desto wichtiger werden Kenntnisse spezieller Instrumentarien und Möglichkeiten der PR-Arbeit, auch der gesellschaftlich-technologischen Entwicklung, die mit Management-Fähigkeiten gepaart sein müssen. Grundsätzlich sind jedoch bei den ersten Schritten nicht unbedingt spezifische Fachkenntnisse erforderlich. **Unabdingbar** jedoch sind: ein **echtes Interesse** an den **Formen und den Arbeitsweisen der Massenmedien**, eine gewisse Fähigkeit, **mündlich zu formulieren und schriftlich Informationen texten** zu können, eine Freude am **kooperativen Umgang mit Menschen** und am (manchmal stressigen) **Organisieren** als auch die Bereitschaft, ab und zu außerhalb von geregelten Arbeitszeiten präsent zu sein. Ohne tagelanges Schmökern und eine langwierige Einarbeitung nötig zu machen, soll deshalb dieses Buch eine rasch lesbare Einführungslektüre sein, die das Grundwissen vermittelt und auch immer wieder während der aktiven Pressearbeit zum Nachschlagen herangezogen werden kann.

Adressaten dieses Buches sind deshalb alle, die sich in den genannten Organisationen mit dem Thema PR-, Medien- und Öffentlichkeitsarbeit befassen: Unternehmer, Geschäftsführer, Verbandsvorsitzende, Marketingleute, (angehende) PR-Mitarbeiter/innen, Pressebeauftragte, Pressereferenten/innen, Pressesprecher/innen etc., vor allem in kleineren und mittleren Unternehmen, in Stadtverwaltungen, in öffentlichen Institutionen, bei Verbänden, Organisationen und sonstigen Einrichtungen. Ihnen sollen Grundkenntnisse (Warum? Wie?), Tipps zur Pressearbeit (Verfassen von unterschiedlichen Texten, Organisation von Pressekonferenzen, Kampagnen etc.) und ihren wichtigsten Formen (z. B. Pressegespräch, Presseseminar etc.) vermittelt werden. Dies gilt auch für Mitarbeiter von Werbeagenturen, die Pressearbeit als zusätzliche Leistung anbieten, sowie für (angehende) Kollegen bei PR-Agenturen, die noch keine jahrelange Erfahrung haben. Seit einigen Jahren sind weitere Lesergruppen dazugekommen: Die so genannten Webmaster, Webdesigner, Interface-Gestalter und Online-PR-Redakteure, die im Internet oder auf Websites mit Textinformationen umgehen müssen, sowie die Gruppe der Fundraiser von Industrie- und Beratungsfirmen, die Finanzberater und After-Sales-Betreuer im Bereich der Investor und Customer Relations von Unternehmen, die aufgrund des „Going Public“ von Betrieben mit erweiterten Ziel- und Kundengruppen sowie Teilöffentlichkeiten kommunizieren müssen.

2. Gründe für PR-Arbeit: Medienmasse in der Medienlandschaft

Weil viele mittelständische Unternehmen Presse- und Medienarbeit noch nicht als sinnvoll erachten – sie halten sie für „unwichtig" oder vernachlässigen die Mechanismen und Zusammenhänge der modernen Informationsgesellschaft –, verdeutlichen die ersten Kapitel, warum Presse- und Medienarbeit notwendig ist: Dies ist einerseits mit der gesellschaftlichen Entwicklung begründbar, andererseits jedoch gibt es auch spezifische Faktoren, denen ein Unternehmen ausgesetzt ist.

Die Medienlandschaft der Bundesrepublik ist eine der vielfältigsten der Welt und eröffnet gute Möglichkeiten im Kontakt mit der Öffentlichkeit: Illustrierte, Magazine, Special-Interest-Titel, Regenbogenblätter und Fachzeitschriften verschiedenster Leserzielgruppen und Macharten erreichen pro Jahr in der Gesamtauflagenzahl Hunderte Millionen Leser und sind in ihrer Vielzahl fast unüberschaubar. In den letzten 15 Jahren sind nationale, regionale und lokale private Radio- und Fernsehstationen mit -zig Einzelprogrammen entstanden: Die Anzahl der Fernsehsender betrug im Jahr 2000 insgesamt 53, davon 42 private Sender; allein der Pay-TV-Sender Premiere World hat rund 200 Einzelprogramme.[1] Sie sind zu einem wichtigen Bestandteil der **„Informationsmaschine"** geworden, prägen unsere Weltsicht und unser Verhalten. Das jüngste „neue" Medium ist das Internet, über das derzeit schon über acht Millionen Haushalte in Deutschland erreicht werden können. Diese Massen von Medien können in unterschiedlicher Weise genutzt werden. Im Kapitel über die Arbeitsweisen und Zielgruppen der Massenmedien finden sich deshalb auch Abschnitte über die Arbeitsweise dieser Zeitungen oder Sender, außerdem worauf es bei der Zusammenarbeit mit ihnen ankommt.

Wie umfassend mittlerweile die Verknüpfungen und gegenseitigen Abhängigkeiten von Pressearbeit und Massenmedien sind, zei-

1 Vgl. Focus Magazin, No. 23/2000, S. 9

gen folgende Zahlen: Bereits vor 15 Jahren lag der Anteil der aus PR-Artikeln und Unternehmensinformationen entstandenen Zeitungsberichte bei 40 bis 50 %. Den Redakteuren waren und sind Presseinformationen häufig ein Anlass für weitere Recherchen oder sie übernehmen diese weitgehend unredigiert in ihre Publikationen. In den 90er Jahren machte der Anteil von durch Pressemitteilungen in den Massenmedien verbreiteten Informationen zwischen 65 und 80 % aus.[2] Aber nicht nur die Interdependenz zwischen Unternehmensinformationen und Journalismus ist gestiegen. Public Relations konzentrieren sich längst nicht mehr nur auf die klassische Pressearbeit, sondern sie sind ein integrierter Bestandteil der umfassenden Kommunikationspolitik zumindest bei großen Unternehmen. Diese synchronisierte Abstimmung der Kommunikationsaktivitäten hat zum Ziel, alle Teilöffentlichkeiten bzw. relevanten Zielgruppen eines Betriebes anzusprechen. Beispielsweise in Zusammenarbeit mit dem Marketing, wo es darum geht, PR-Aktivitäten mit der Werbeabteilung abzustimmen und Produkte, Marken oder das gesamte Unternehmen in Form von Events und Inszenierungen darzustellen. Unterschiedlichste kombinierte Kommunikationstechniken (Pressearbeit, Messeauftritt, Sponsorships etc.) werden eingesetzt, um die Selbstdarstellung eines Unternehmens, einer Organisation oder Institution zu intensivieren. Dennoch bleibt ein wesentliches Element aller Kommunikationsmaßnahmen die Kooperation mit den Medien.

Die Tipps nützen nicht nur angehenden „Pressemenschen", sondern auch erfahreneren PR- und Pressemännern/-frauen, Marketers oder Werbeleitern in den Unternehmen. Am Schluss findet sich ein Kapitel über ergänzende Informationsmittel (z. B. Firmenbroschüren, PR-Videos) der Öffentlichkeitsarbeit, sowie spezielle Formen der PR (z. B. Event-PR), die Grundsatz- oder Zusatzinformationen für Medienvertreter, Teilöffentlichkeiten, Kunden und Kooperationspartner eines Unternehmens bieten können.

Presse- und Medienarbeit, Public Relations und/oder Öffentlichkeitsarbeit werden in der Praxis oft verkürzt als PR bezeichnet. So

2 Vgl. Burkart, Roland: Kommunikationswissenschaft, Wien/Köln 1995², S. 282 ff sowie Kunczik, Michael: Public Relations, Köln 1996³

auch in diesem Buch, das diese **Begriffe** oft **synonym als PR** gebraucht. Während die Gewichtung von PR hier als umfassende Presse- und Medienarbeit und den mit ihr verbundenen Aspekten verstanden wird, gibt es natürlich andere wissenschaftliche und Fachliteratur, die spezielle Schwerpunkte oder Formen der PR (z. B. Sponsoring, Eventmarketing etc.) thematisieren. Dieses Buch soll jedoch bewusst nicht spezialisiertes Wissen vermitteln, sondern Grundlagen bieten, angrenzende Bereiche skizzieren, Zusammenhänge darlegen und durch Beispiele veranschaulichen. Vor allem soll es eines: Den Einstieg in die Praxis ermöglichen und Berufsanfängern wie auch Profis aus Unternehmen, Organisationen und Institutionen das Feld der PR nahe bringen.

II. Gesellschaft, Medien und Unternehmen

1. Das übliche Beispiel: Informationsstörung am Anfang – Chancen vertan, Folgen unabsehbar

Der Redakteur wählt die Telefonnummer der Firma Tron. Es meldet sich eine Frauenstimme: „Guten Tag, Tron GmbH." – „Hallo, hier ist der Aktuelle Kurier, ich hätte gerne Ihre Pressestelle." – „So was haben wir nicht." – „Dann geben Sie mir bitte Ihren Pressebearbeiter." – „Ja, jetzt warten Sie mal." Zunächst Stille, dann: „Vertrieb, Bolzer." – „Hier der Aktuelle Kurier, sind Sie zuständig für Presseinformation, Herr Bolzer?" – „Nein, Sie sind im Vertrieb gelandet, ich verbinde, Moment..." Der Redakteur spricht noch mit zwei anderen Stellen, bis er erfährt, dass die Geschäftsleitung selbst für die Pressebetreuung zuständig, jedoch heute außer Haus ist. Am nächsten Tag ist Direktionsassistent Maier am Telefon. Auf die Frage des Redakteurs nach Informationen zu dem Geschäft, das die Firma Tron mit einem Partner abgeschlossen hat und über das man im Ort spricht, sagt er: „Dazu kann ich nicht viel sagen, da sollten wir warten, bis Herr Wagner, der Geschäftsführer, zurück ist..."

Beispiel eines unglücklichen Zufalls? Nein, leider eines von Hunderten, wie sie täglich im Kontakt zwischen Presse und mittelständischen Unternehmen vorkommen: Der Großteil dieser Firmen hat keine Presse- oder PR-Sachbearbeiter, von einer Pressestelle oder einem PR-Berater ganz zu schweigen. Mittelständische Betriebe haben noch immer wenig Kontakt zu den Medien und damit zur Öffentlichkeit. So jedoch werden Möglichkeiten vertan, das Unternehmen und seine Geschäftspolitik in der Öffentlichkeit zu präsentieren, es in einen gesellschaftlichen Zusammenhang zu stellen.

In diesen zwei Tagen hat die Tron GmbH in unserem Beispiel mehrere gute **PR-Chancen** von Anfang an verspielt:

- Das Erscheinen eines längeren, imagefördernden Artikels über die Rührigkeit des Unternehmens auf der Lokalseite,
- das Erscheinen einer Meldung im überregionalen Wirtschaftsteil der Tageszeitung und in einem regionalen Rundfunksender zur Orientierung des Marktes,

- die Möglichkeit, den Internet-User auf den Artikel über das Unternehmen auf der Website der Lokalzeitung aufmerksam zu machen,
- die Möglichkeit, die eigenen Mitarbeiter durch den Zeitungsartikel zu motivieren,
- die Möglichkeit einer Information der Öffentlichkeit zur Verdeutlichung unternehmerischer Tätigkeit,
- die Möglichkeit, einen guten Draht zur lokalen Presse und regionalen Presse sowie zu einem Rundfunksender aufzubauen,
- die Möglichkeit, sich als gut organisiertes, kommunikationsbewusstes Unternehmen zu präsentieren.

Diese Chancen zur Schaffung einer positiven Öffentlichkeit sind damit vertan. Die **negativen Folgen**, und sie sind nicht zu unterschätzen, könnten in absehbarer Zeit für die Tron GmbH sein:

- Erschwerter Zugang zu Redaktionen und Journalisten, weil ein Gerücht über Pressefeindlichkeit kursiert.
- Seltene und oft schlechte Präsentation der Firma in Artikeln, z. B. bei Jubiläen, Investitionen, Tagen der offenen Tür etc.
- Verunsicherung der Belegschaft durch Gerüchte über den Aufkauf der Firma durch einen internationalen Konzern.
- Heftige Reaktion der Öffentlichkeit im Falle eines Unfalls oder zu Krisenzeiten des Unternehmens, da Presse und Leser „schon immer wussten, wie schlecht der Laden geht".
- Generell die Meinung in der Öffentlichkeit, dass man über die Firma Tron ja ohnehin kaum etwas hört.

Der Redakteur aus unserer Geschichte hat drei Tage später von der Tron GmbH Produkt-Prospekte zugeschickt bekommen; keine dieser Informationen waren für den Artikel von Bedeutung: Schnee von gestern …

Oft ärgern sich Geschäftsführer darüber, was über die Firma in der Zeitung steht. Das „Kind" ist dann allerdings schon in den Brunnen gefallen. Korrekturen sind schwierig, nachgereichte Pressemitteilungen, -konferenzen und Anzeigen kosten Zeit, die Skepsis der Öffentlichkeit bleibt meist bestehen. Unsere Firma Tron hat wesentliche Effekte der Nutzung von Massenkommunikationsmitteln nicht gekannt und wahrscheinlich auch die Spielregeln der Informations- und Kommunikationsgesellschaft nicht verstanden. Als Einführung in die Grundlagen der Massenkommunikation und die Notwendigkeit von PR-Arbeit durch mittelständische Unternehmen dienen folgende Abschnitte.

2. Die Massenmedien in der Gesellschaft

Erfolgreiche PR-Arbeit ist eine umfassende, geplante Kommunikationstätigkeit für Unternehmen oder Organisationen, wie Verbände, Vereine und sonstige Institutionen. Sie bedient sich verschiedener Kommunikationsarten, z. B. der zwischenmenschlichen Kommunikation, der Gruppenkommunikation oder der Massenkommunikation. Alle Formen sind ein wichtiger Bestandteil der Aufgabenbereiche eines Presse- und Öffentlichkeitsarbeiters im Unternehmen, wobei die Medienarbeit, d. h. die Zusammenarbeit mit Massenmedien (Presse- und elektronische Massenmedien), ein wesentlicher Bestandteil ist.

In modernen Gesellschaften und Demokratien sind die **Massenmedien** die wichtigsten Ausdrucksmittel und zugleich Träger der Öffentlichkeit. Sie ermöglichen Millionen von Gesellschaftsmitgliedern (Bürgern) die Teilnahme am politischen und gesellschaftlichen Geschehen sowie die Auseinandersetzung mit dem Staatswesen und seiner Entwicklung. Außerdem kommen sie dem Informationsbedürfnis der Bürger nach, in Form der Illustrierten auch den Schwächen und Vorlieben (z. B. Klatsch, Sensationen), in Form der Fachpresse den Interessen (Auto, Computer, Hobbys, berufsbedingte Formen etc.) und gestalten diese auch mit.

Der Informations- und Kommunikationsvorgang zwischen Massenmedien und dem Leser, Zuhörer oder Zuschauer wird in der Kommunikations- und Publizistikwissenschaft (der Wissenschaft, die sich mit den Aufgaben, dem Aufbau, der Wirkung und den Informationsformen der Massenmedien beschäftigt) durch drei wesentliche Merkmale beschrieben: Es gibt einen Kommunikator (den Journalisten), der mit Hilfe eines Massenmediums (Zeitung, Rundfunk etc.) dem Rezipienten (Leser, Zuschauer) Informationen übermittelt. Der Journalist gilt als „Sender" und vermittelt dem

„Empfänger", also den Lesern und Zuschauern, Informationen verschiedensten Inhalts, die dieser weiter verwerten kann. Dieser Informationsvorgang ist jedoch keine Einbahnstraße. Denn der Rezipient, also Sie als Leser beispielsweise, geben die Informationen eventuell weiter, beziehen Stellung, bewerten, handeln danach, agieren oder reagieren in irgendeiner Form. Also entstehen neue Nachrichten und Inhalte, die wiederum von den Massenmedien aufgenommen und verarbeitet werden und als neue Informationen und Aussagen in den Massenmedien beschrieben werden. Der Journalist ist jetzt selbst Rezipient und Sie sind der Sender. Veröffentlicht der Journalist erneut, kehren sich die Rollen wieder um. So gesehen ist die Massenkommunikation ein Austauschprozess von Informationen zwischen Systemen (z. B. dem System der Massenmedien und dem System der Politik oder dem der Wirtschaft oder jenem der Kultur etc.), der immer wieder aufs Neue durch die Schöpfung und Bildung von Informationen sowie deren Verarbeitung, Weiterverarbeitung und Bewertung durch die Mitglieder der Gesellschaft (das sind z. B. Einzelpersonen, aber auch gesellschaftliche Gruppen) am Laufen gehalten wird. Dieser Prozess schafft Beteiligung am Gemeinwesen und den Themen der Gesellschaft (Partizipation) und bewirkt damit wieder Kommunikation, denn Kommunikation schafft Nähe und Nähe schafft wiederum Kommunikation.[3]

Manche Kommunikations-Modelle konzentrieren sich auf die Rolle des „Senders", also des Journalisten, und charakterisieren diesen als zentralen Partner in der gesellschaftlichen Informationsbildung und Diskussion. Der Journalist wird dabei als Vermittler von Inhalten, Meinungen und Nachrichten gesehen, und es wird untersucht, wie er die Informationen, die er erhält und verarbeitet, weitergibt. Seine Vermittlungsleistung, also die Form (Nachricht, Bericht, Kommentar) und die Inhalte (welche, wie), die er vermittelt, werden betrachtet und im gesellschaftlichen Zusammenhang gesehen. Da sich die Millionen von Gesellschaftsgliedern in Massendemokratien nur über diesen Vermittler „unterhalten" können, kommt

3 Vgl. Wagner, Hans: Kommunikation und Gesellschaft, München, 1978, S. 22–28

ihm auch in unserem Zusammenhang einige Bedeutung zu, denn er ist der Ansprechpartner in der Pressearbeit.[4]

Vor diesem Hintergrund zurück zu den Aufgaben der Massenmedien in der Gesellschaft: Eine parlamentarische Massendemokratie funktioniert aufgrund des Gleichgewichts zwischen den Machtfaktoren „Regierung“, „Parlament“, „Interessengruppen“ und freie „Massenmedien“. Voraussetzung dafür ist die **Informations- und Meinungsfreiheit** der Bürger und deren Möglichkeit, Kritik öffentlich und veröffentlicht zu äußern. Unabdingbar damit verknüpft ist die **Pressefreiheit**, die ja Meinung in einer Massengesellschaft erst ermöglicht. Nur wenn die Freiheit der Meinung und Presse garantiert ist – bei uns in Deutschland durch Art. 5 GG –, die Medien weitgehend unabhängig vom Staat organisiert sind und keine Zensur stattfindet, können auch die drei wesentlichen politischen Aufgaben der Medien wahrgenommen werden: Information über und Thematisierung von gesellschaftlich relevanten Themen, die Mitwirkung an der öffentlichen Meinungsbildung sowie die Kontrolle und Kritik am Staatswesen und seinen Instanzen, wie beispielsweise dem bürokratischen Apparat, der Regierung und ihren Entscheidungen oder politisch-parlamentarischer Entscheidungen, im Falle einer schwachen Opposition. Das Aufdecken vieler politischer Skandale wie z. B. der CDU-Parteispendenaffäre oder von Wirtschaftskriminalität (Fall Lopez zwischen Opel und Volkswagen) wären ohne aufklärenden, kritischen Journalismus undenkbar.[5]

Diese Aufgaben sind nicht ganz unwichtig auch für unser Thema. Denn das bedeutet, dass jeder und jedes kritisiert werden kann und damit auch der Unternehmer, Verbands- und Vereinsvorsitzende, der Manager, das Geschäftsgebaren eines Betriebs oder dessen Erfolg, Misserfolg und deren Folgen für die Gesellschaft. Viele Unternehmen deuten diesen Aspekt negativ und sehen als Aufgabe der Medien nur die Kritik, z. B. am eigenen Unternehmen. Sie unterstellen den Journalisten deshalb Wirtschaftsferne oder Unternehmerfeindlichkeit. Das ist jedoch ein Irrtum. Journalisten, zumal se-

4 Vgl. Maletzke, Gerhard: Kommunikationswissenschaft im Überblick, Opladen 1998, S. 56 ff

5 Vgl. Meyn, Hermann: Massenmedien in Deutschland, Konstanz 2001, S. 33 ff

riöse, sind nicht einfach unternehmerfeindlich oder -freundlich eingestellt, sie kommen nur ihrer Informationspflicht der Öffentlichkeit gegenüber nach. Auch umgekehrt gilt, dass es Unternehmen und Organisationen frei steht, Informationen über sich oder ihre Meinungen bekannt zu geben.

Deshalb: Freie Presse ist sicherlich auch für Unternehmen positiv. Würde nämlich eine Regierung ein Gesetz verabschieden, das den Grunderwerb durch Firmen ab 50 Millionen Euro Eigenkapital aufwärts verböte, wären alle Betriebe wiederum dankbar, wenn die Medien öffentliche Kritik äußerten.[6]

Die Medien unterliegen jedoch selbst **Kontrollen**, sie müssen z. B. die Persönlichkeitsrechte des einzelnen Bürgers wahren und haben die Pflicht zur Gegendarstellung bei unwahren Tatsachenbehauptungen. Dies regeln einzelne Landespresse- und Mediengesetze. Zudem haben die Redaktionen eine journalistische Sorgfaltspflicht und es herrscht das Gebot der gewissenhaften Recherche und der wahrheitsgetreuen Berichterstattung, die im **Pressekodex**[7] festgelegt sind. Artikel in Printmedien, Beiträge in Sendungen, Filme und Websites, die gegen diese Gebote oder Jugendschutzbestimmungen verstoßen, können durch den Presserat oder den Organen der freiwilligen Selbstkontrolle der verschiedenen Medien (z. B. FSK, FSM etc.) öffentlich gerügt werden. Hat man die Kontrollfunktion der Massenmedien und ihre Rolle als zentrale Informations- und Interessenträger in der Gesellschaft akzeptiert und sieht sie als Partner, steht einer nützlichen, positiven Kooperation für beide Seiten, Unternehmen und Medien, nichts mehr im Wege.

Ist diese Grundvoraussetzung erfüllt, gibt es einige Begründungen, warum PR-Arbeit für Unternehmen notwendig ist. Ein solcher Grund ist beispielsweise der gesellschaftlich-technische Fortschritt: Wir befinden uns im Informationszeitalter und sind mittendrin in der Informationsgesellschaft.

6 Vgl. Siebert, F./Peterson, Th./Schramm, W.: Four Theories of the Press, Urbana/Chicago/London 1976[10], S. 73 ff

7 Vgl. Meyn, op. cit., S. 69 ff

3. Anschluss an die „Informationsmaschine"

Am Ende der 70er Jahre machten sich Wissenschaftler, Journalisten und Medienleute Gedanken über die Zukunft der westlichen Gesellschaften. Der Grund: Die **Informations- und Computertechnik** befand sich im totalen Umbruch, ungeahnte Möglichkeiten taten sich auf und ließen weitreichende Konsequenzen für die Wirtschaft, die Industrie, die Medien und die technischen Kommunikationsmittel erahnen. Ja, das ganze Leben und Arbeiten sollte sich mit diesen neuen Möglichkeiten verändern. Und es hat sich verändert, denn die Welt ist näher zusammengerückt und „kleiner" geworden: Rechnergesteuerte Maschinen und Produktionsstraßen, Industrieroboter und die Sensortechnik, vernetzte Computersysteme in und zwischen Betrieben, Nachrichten- und Telefonsatelliten mit großer Speicherkapazität, Teleinformationssysteme, nicht zuletzt Telefax, Konferenzschaltungen und natürlich das Internet haben das Arbeiten erleichtert, die weltweite Kommunikation von Person zu Person „kurzgeschlossen" und Zeitersparnis erbracht. Wir alle kommunizieren leichter, häufiger und meist auch kostengünstiger. Der technische Fortschritt und die Maxime „Hinein in die Informationsgesellschaft" haben den allgemeinen Zwang zur Kommunikation verstärkt.

In dem Maße, wie sich die Gesellschaft und die Unternehmen der neuen Techniken bedienen, entsteht die Notwendigkeit, diese neuen Möglichkeiten anzuwenden, auch für jene, die ihnen zögerlich gegenüberstanden. Der Meinungspluralismus unterschiedlichster Interessenvertreter, der durch die Nutzung der Techniken entsteht und die Konkurrenz in der Industrie lassen Zweifel erst gar nicht aufkommen: Nur wer mitmacht ist „up to date" und kann Innovationen weitgehend auch sinnvoll nutzen. Einfaches Beispiel aus dem Alltag von Studenten: Eine mit der Schreibmaschine angefertigte Hausarbeit, die dem Dozenten in mancherlei Hinsicht nicht genügt, muss vollkommen oder in Teilen neu getippt werden. Mehrere Abschnitte müssen überklebt, umgeschrieben, getippt oder weggelassen, nachfolgende Seiten eingepasst und schließlich die ganze Arbeit vollständig kopiert werden. Mit einem PC ist alles einfacher: Die Korrekturen werden eingegeben, ein neuer Umbruch wird festgelegt, das korrigierte Manuskript wird ausgedruckt: Zeitersparnis, Arbeitserleichterung. Auch Sekretärinnen und alle, die viel zu Papier bringen, werden den Vorteil von Textbearbeitungssoftware auf dem PC zu schätzen wissen. Oder: Wenn wir dringliche Unterlagen von Hintertupfing nach Tokio schicken wollen, ist ihr Versand per Telefax oder Internet-Mail kostengünstiger und „bildlicher" als bei allen früheren Übermittlungssystemen (z. B. Telex) und innerhalb weniger Minuten beim Empfänger. Auch den Gang zur Staats-, Landes- oder Stadtbibliothek können wir uns ersparen und von zu Hause aus eine Internetrecherche über eine der vielen Suchmaschinen starten, um einen Buchtitel einzusehen oder zu bestellen.

Zu den Errungenschaften des **Informationszeitalters** gehören nicht nur die technischen Hilfsmittel. Das eigentlich Neue ist der erweiterte Markt von Informationen und Nachrichten mit den damit verbundenen Dienstleistungen. Der Markt der Informationsdienstleistungen hat sich zu einer riesigen Maschinerie entwickelt, die nicht nur weltweit funktioniert, sondern schon im lokalen Bereich. Der Anschluss an diese „geölte" Maschine erfolgt nur über konsequentes Ausnützen der technischen Mittel, die zur Verfügung stehen.

Ähnlich verhält es sich mit der Information, den Inhalten. Wir werden täglich mit immer mehr Informationen bombardiert, die unterschiedlichsten Inhalte gelangen zu den verschiedensten Interessenten und Rezipienten. Die Flut der Nachrichten, Meinungen, Inhalte ist kaum zu bewältigen und doch ist sie notwendig. In unserer immer stärker spezialisierten, hochtechnologischen und arbeitsteiligen Gesellschaft wird Spezialwissen gebraucht, und dieses wird mittels der Massenmedien sogar einem breiten Publikum zugänglich gemacht. Ein Blick auf die Titel von **Magazinen** und **Zeitschriften** in einem gut sortierten Zeitungsladen genügt: Rund 8000 unterschiedliche Zeitungen, Zeitschriften, Blätter und Hefte liegen bereit, Wissen, Informationen und Inhalte unter die Leser zu bringen. Nur 1500 dieser Titel werden dabei auch in ihrer Verkaufsauflage erfasst: für 1989 waren es 145 Millionen Exemplare. Im Jahr 2000 sind diese Auflagen auf fast 210 Millionen (Publikumszeitschriften, Special-Interest-Titel und Fachzeitschriften) gestiegen. Allein die Auflagen der boomenden Kundenhefte liegen bei geschätzten 340 Millionen Exemplaren.[8] Hinzu kommen im Internet die so genannten Page Impressions (Abrufzahlen von Webpages und Online-Angeboten), die Ende des Jahres 2000 die zweieinhalb Milliardenmarke überschritten hatten![9] Die explosionsartige Erweiterung unseres theoretischen und praktischen Wissens ist auch in den Medien zu finden; dieses Wissen wird zum größten Teil trotz Internetboom noch immer durch die Printmedien verbreitet, da diese pro Ausgabe vom Leser intensiver genutzt werden, weil sie unabhängig von technischen Hilfsmitteln sind.

Jedes neue Medium entwickelt eine **Eigendynamik**, sobald es ein größerer Nutzerkreis als sinnvoll bewertet. Mit dem Privatfernsehen 1986 kam eine Vielfalt an Programmen und Sendeformen auf die Zuschauer zu, die diese anfänglich ausgiebig nutzten und sie im Vergleich zum Angebot auf den öffentlich-rechtlichen Sendern als wohltuend abwechslungsreich empfanden. Im Verlauf der Jahre und durch den Wandel der Programmformen ist es jedoch mit Beginn des neuen Jahrhunderts, nach eineinhalb Jahrzehnten ausgiebigen TV-Konsums, zu einer Stagnation gekommen: Die Fernsehdauer nimmt nicht weiter zu und verharrt bei rund zwei dreiviertel Stunden täglich. Manche Programmformen haben jedoch nach höchsten Zuschauerzahlen plötzlich massive Einbrüche und werden einfach abgesetzt. Beispielsweise die Talkshow-Flut mit ihren Banalthemen ist zu Ende, die Comedy-Welle mit ihren spätpubertierenden Moderatoren ist ausgelaufen und bei den gegenwärtigen oft langweiligen Real-Life-Doku-Soap-Formaten zeigen die Zuschauer Ermüdungserscheinungen.

Ähnlich verhält es sich auf dem Markt der Printmedien. Zeitschriftentitel aus dem Wirtschaftsbereich, Frauenblätter, Lifestylemagazine und andere Titel werden auf den Leser losgelassen, aber was bringt schon die zehnte Variante der Bunten, der Brigitte, des Handelsblattes oder der Wirtschaftswoche dem Leser wirklich an neuartigem Nutzen? Viele der neuen Titel wurden aus Mangel an

8 Vgl. Meyn, op. cit., S. 121–129

9 Vgl. Informationsgemeinschaft zur Feststellung von Werbeträgern: Page Impressions, Übersicht 1996–2000, IVW-Praxis Nr. 34, News, Bonn 2000

Lesern wieder eingestellt, z. B. Tango, Tempo, Econy, Vivian usw. Was zu viel ist, ist zu viel, inhaltlich wie programmatisch. Obwohl aber bestimmte Marktsegmente gesättigt sind, ist der Medienmarkt einer der dynamischsten der Volkswirtschaft.

Alle diese Zeitschriften und Magazine bilden jedoch den potentiellen Anschluss für Unternehmen und Organisationen an die Informationsmaschine. Ihre Informationen, Nachrichten und Mitteilungen sind der „Lebenssaft" der Massenkommunikation, das Öl, das unsere Informationsmaschine am reibungslosen Funktionieren hält. Es gilt nun, sich in diese Maschinerie einzuklinken und seinen Teil zu diesen Massen von Informationen beizutragen. Möchte sich ein Unternehmen nicht ins Abseits stellen, führt an dieser Beteiligung kein Weg vorbei. Wer will schon bedeutungslos sein und nicht wahrgenommen werden? Erst mit der Präsenz auf dem Markt der Informationen wird etwas bekannt und erkannt. Anders gesagt: Erst wenn Inhalte geäußert, Informationen produziert werden, wird ein Gegenstand, Umstand oder Inhalt wahrgenommen. Öffentlichkeit für Unternehmen und andere Organisationen ergibt sich erst, wenn man sich an diesem Informationsmarkt beteiligt. So wird die Möglichkeit geschaffen, dass die Vermittler (Journalisten) Informationen in ihrem Massenmedium weitergeben und ein Unternehmen damit von der Öffentlichkeit wahrgenommen werden kann. Gesellschaftliche Teilhabe für Unternehmen kann also nur über eine aktive, bewusst geplante Presse- und Öffentlichkeitsarbeit stattfinden.

4. Unterschiede: Public Relations und Werbung in der Informationsflut

Der fortdauernde Prozess der Neuschöpfung von Informationen bei gleichzeitiger massenhafter Steigerung von Informationen ist mit dem **Paradoxon** der Informationsgesellschaft verknüpft: In der Menge der produzierten und veröffentlichten Informationen überhaupt wahrgenommen zu werden bedeutet wiederum Informationen zu veröffentlichen. Um also erkannt zu werden, muss erneut Information produziert werden, gleichzeitig verschwindet man damit jedoch in der Masse, weil andere Informationen entstehen. Und so beginnt der Prozess von neuem wie auch die Masse der Informationen steigt. Da auch ein großer Teil der Informationen nicht wahrgenommen wird, geht gleichzeitig Information, also Wissen verloren.

Einen gewaltigen Anteil an der Kommunikations- und Informationsflut der modernen Gesellschaft hat die Werbung. Ohne sie wäre die Entwicklung vieler Medien nicht denkbar und die meisten Medien- und Verlagsunternehmen könnten sich ohne **Werbung** wirtschaftlich nicht behaupten oder überhaupt existieren. Täglich, in fast allen Lebenslagen sind wir mit Werbeanzeigen, TV-Werbespots, Plakaten in allen Größen und Ausführungen, mit Rundfunkwerbung, Werbeprospekten oder Werbebannern im Internet konfrontiert. Auf das Konto der Werbung geht ein Großteil der Woge an Informationen, die durch die Medien täglich auf uns zurollt. Noch immer und trotz Fernsehen und Internet nimmt die Printwerbung in den Tageszeitungen im Jahr 2000 bei den Werbeeinnahmen der Werbeträger-Unternehmen mit über 6,5 Milliarden Euro den ersten Platz ein, gefolgt von TV-Werbeeinnahmen (4,7 Milliarden Euro), der Werbung per Post (3,4 Milliarden Euro), den Anzeigen in Publikumszeitschriften (2,25 Milliarden Euro), den Anzeigenblättern (1,8 Milliarden Euro) und den Fachzeitschriften mit 1,2 Milliarden Euro. Weit abgeschlagen folgt das Volumen der Online-Angebote mit 153 Millionen Euro.[10] Die werbeintensivsten Branchen mit den höchsten Aufwendungen für ihre Werbung sind die Massenmedien selbst, die Finanzanlagen und -beratung, die Energieversorgung, die Telekommunikation und die Computerindustrie (Hard- und Software); Branchen also, die zu den wichtigsten der postindustriellen Gesellschaft gehören. In den 90er Jahren machte der Anteil der durch Pressemitteilungen in den Massenmedien verbreiteten Informationen zwischen 65 und 80 % aus,[11] was bedeutet, dass in den redaktionellen Informationen einschlägiger Medien oder Medienformen in Print- oder elektronischen Medien Unternehmen, Branchen, Märkte, Firmenaktivitäten, Geschäfte und deren Auswirkungen thematisiert werden.

10 Vgl. Werbung in Deutschland 2001, ZAW-Jahrbuch, Bonn 2001
11 Vgl. Burkart, R., op. cit.

Werbung und Public Relations-Inhalte zusammen genommen stellen eine Masse von Wirtschafts-, Unternehmens- und Produktinformationen dar und machen den wesentlichen Teil der über Medien vermittelten Inhalte überhaupt aus. Die Rezipienten von Massenmedien (Leser, Zuschauer, User) sind damit neben der Informationsflut aus den ohnehin redaktionell bedienten Bereichen Politik, Wirtschaft (allgemein), Unterhaltung, Sport etc. auch jener aus den Bereichen Unternehmen, Märkte und Produkte ausgesetzt, die durch die breite Streuung von Werbe- und PR-Botschaften in unterschiedlichen Medien entstanden ist. Die Vermischung in der Nutzung und im Gebrauch sowie der unterschiedliche Einsatz von Medien (Media-Mix) durch Werber und PR- bzw. Presseleute von Unternehmen hat beide Formen der Wirtschafts- und Marktkommunikation angenähert: Das Sponsoring, das Productplacement oder die Messeauftritte von Unternehmen und Produkten lassen eine eindeutige Zuordnung zur Werbung oder zur Pressearbeit/PR nicht mehr zu und müssen deshalb als eigenständige, spezielle Mischformen oder Derivate in der Kommunikation von Unternehmens- oder Produktinformationen betrachtet werden.

Wenn auch **Public Relations, Werbung und ihre Derivate** gemeinsam betrachtet die Masse der Wirtschafts- und Produktinformationen ausmachen, und ihre unternehmenspolitischen Ziele in der Verbreitung von Informationen über Unternehmen und Produkte liegen, so sind Werbung und PR jedoch grundsätzlich unterschiedliche Formen der Wirtschafts- und Marktkommunikation, die neben den differenzierbaren Kommunikationszielen auch ihre unterschiedlich interpretierten Rezipienten sowie ihr anderweitiger Einsatz bzw. die andersartige Nutzung der Massenmedien trennt.

Public Relations definieren sich beispielsweise im Vergleich zur Werbung stärker als Führungs- und **Managementaufgabe** im Unternehmen, die eine strategische Ausrichtung eines Betriebes über externe Kommunikationsmaßnahmen mitsteuert.[12] Werbung ist dagegen stärker im **Marketing** verankert. Hinzu kommt die andersartige Definition der Rezipienten:

12 Vgl. Reinke, Wolfgang/Eisele, Hans: Taschenbuch Öffentlichkeitsarbeit, Heidelberg 2000[3], S. 36 ff u. 68 ff

- PR spricht eher von **Teilöffentlichkeiten** oder Öffentlichkeiten, während die Werbung von **Zielgruppen** redet.
- Werbung will stärker die **Emotion** oder das affektuelle Gefühl des Rezipienten aktivieren und PR möchte die **Vernunft** und die Einsicht ihrer Rezipienten ansprechen.
- Werbung möchte kurzfristig einen **Kaufentschluss**, ein unmittelbares Tauschgeschäft (Produkt gegen Geld) zum Zweck der absehbaren Steigerung des **Abverkaufs** eines **Produktes** oder einer Dienstleistung einleiten, PR dagegen möchte längerfristig einen **Dialog** über die Rolle des **Unternehmens** (Image) bei Teilöffentlichkeiten im gesellschaftlichen Kontext aufbauen um **Vertrauen** zu erzielen.
- Werbung kauft sich **Raum** (Print-) oder **Zeit** (elektronische Medien) in den Massenmedien und verbreitet ihre Botschaften oft durch massiven Einsatz und hohe Schaltfrequenzen. PR dagegen versucht ihre Aussagen und Inhalte über **redaktionelle Verbreitung** zu erreichen, rechnet mit kontinuierlicher, wenn auch unsicherer Präsenz.
- Werbung stellt die so genannte **USP**, die **„unique selling proposition“**, also den besonderen **Nutzen**, das Einmalige, das Besondere eines Produktes mit Hilfe ausgefeilter und ausgeklügelter sprachlicher, optischer und psychologischer Mittel und einer plastischen Bilder- und Symbolsprache dar.
- PR- und Pressearbeit will die **Welt des Unternehmens**, seine Aktivitäten und **Erfolge** aber auch **Probleme** in der Öffentlichkeit erklären und darüber mit informatorischen Mitteln aufklären.

Beide Formen haben über die erwähnten Derivate sowohl bei den Rezipienten wie auch den Aussagen und Botschaften oder der Nutzung von Medien Überschneidungen oder arbeiten synchronisiert, z. B. wenn über eine Sponsoringaktion in den Medien berichtet wird, diese mit Pressearbeit flankiert wird und parallel Anzeigen oder TV-Spots des Sponsors geschaltet werden.

5. Wahrgenommen werden in der Öffentlichkeit

In dieser Flut der Informationen unserer Gesellschaft geht man leicht unter und kann sich kaum gegen sie wehren.[13] Deshalb ist es wichtig, sich über Wasser zu halten und schwimmen zu lernen, besser noch sich richtig im Wasser zu tummeln. Die Informationsvielfalt moderner Gesellschaften zwingt deshalb die Unternehmen geradezu, sich an der Informationsproduktion zu beteiligen: Wenn man sich kein Gehör verschafft und Aufmerksamkeit erregt, erfährt auch niemand etwas, und die vielen Rezipienten, also die Öffentlichkeit, wenden sich anderen Inhalten und Aussagen zu. Denn Auswahl besteht genug. Informationsdefizite oder -lücken zu hinterlassen bedeutet, Nichtwissen in der Öffentlichkeit bewusst in Kauf zu nehmen. Solange keine oder nur spärliche Informationen an die professionellen Informationsvermittler gegeben werden, bleiben alle Aktivitäten eines Unternehmens, so erfolgreich auch immer es sein mag, einer breiten Öffentlichkeit vorenthalten. Aussagen über das Unternehmen sind auf die Belegschaft, eventuell deren Verwandte und Freunde beschränkt und damit auf private und persönliche Meinungen, die im engen Kreis ausgetauscht werden, ohne breitere Wirkung zu haben. Das Wissen über etwas, ein notwendiger Bestandteil der Informationsgesellschaft, bleibt auf der Strecke.

Noch schlimmer: Nichtwissen ist eng mit Meinen verbunden. Auch wenn z. B. über einen Gegen- oder Umstand keine klaren Informationen bestehen, machen sich Menschen eine gewisse Vorstellung davon. Diese ungenaue Vorstellung wird geprägt durch unser Halb- oder Vorwissen und durch Vermutungen. Das vage Bild bleibt bestehen, solange keine gesicherten Informationen es korrigieren oder bestätigen. Es bildet sich eine flüchtige, unzureichende, unrichtige Einschätzung oder durch Informationsdefizite entstandene, eventuell falsche Beurteilung, die weit reichende Folgen haben kann, z. B. für das Image einer gesamten Firma und ihrer Produkte. Je weit reichender die falsche Meinung ist und je mehr Personen sich ein ähnlich dürftiges Bild machen, sich diesen un-

13 Vgl. Postman, Neil: Wir informieren uns zu Tode, in: Die Zeit, No. 41/1992

vollkommenen, privaten Meinungen, Vermutungen, dem Halbwissen und den Klischees anschließen, umso ungünstiger wird letztlich die Position des Unternehmens in der Gesellschaft, im lokalen, regionalen oder nationalen Bereich; Gerüchte können entstehen.

Wie entsteht nun das, was als öffentliche Meinung bezeichnet wird und wodurch wird sie beeinflusst? **Öffentliche Meinung** entsteht erst durch die Summierung und Anhäufung von Einzelmeinungen und Stellungnahmen, die Reaktionen und Handlungen auf ein Ereignis oder auf die Inhalte von Informationen sind. Durch die Nutzung der Medien entsteht dabei sowohl für den einzelnen Menschen als auch für den Journalisten ein Bild über die derzeitige öffentliche Meinung. Öffentliche Meinung wird also durch Medien mitausgelöst und -geprägt und befindet sich in einem ständigen Wandlungsprozess; sie ist deshalb steuerbar und abhängig von den Informationen und Inhalten, mit denen sie gespeist und versorgt wird.[14] In pluralistischen Gesellschaften und Staatswesen sind viele unterschiedliche Meinungen und Haltungen von gesellschaftlichen Teilgruppen vorhanden, die zu bestimmten Themen öffentlichen Interesses mit Hilfe der Medien veröffentlicht werden. Die Inhalte laufen dabei immer über zwei Stufen, nämlich das, was die Massenmedien verbreiten und die persönliche Kommunikation der Rezipienten mit Freunden und Bekannten.[15] Im Prozess der öffentlichen Meinungsbildung spielen unterschiedliche Faktoren eine Rolle, z. B. die Schweigespirale oder der **Bandwagon-Effect**. Im Falle der Schweigespirale entsteht öffentliche Meinung durch das laute Auftreten jener, die sich in der Mehrheit bezüglich einer Haltung wähnen. Diese „starke" Meinung kommt deshalb zustande, weil jene, die sich in der Minderheit zu dieser Meinung sehen und eine gegenteilige Haltung vertreten, das Problem nicht mehr artikulieren und darüber schweigen. Die Presse nimmt als nur die laute, vermeintlich mehrheitliche Meinung auf und veröffentlicht diese. Eine

14 Vgl. Noelle-Neumann, Elisabeth: Öffentliche Meinung, in: Noelle-Neumann/Schulz/Wilke (Hrsg.): Fischer Lexikon: Publizistik Massenkommunikation, Frankfurt a. M. 2000[7], S. 366–382

15 Vgl. Noelle-Neumann, E.: Wirkung der Massenmedien auf die Meinungsbildung, in: op. cit., S. 518–571, S. 554

andere Interpretation der Meinungsbildungsprozesse ist der Bandwagon-Effect, der davon ausgeht, dass die meisten Rezipienten sich der vermeintlichen Mehrheit einer Meinung anschließen und damit Mitläufer sind. In beiden Fällen potenziert sich jedoch die zuerst oder lauter formulierte Meinung und beides Mal haben die Medien einen großen Einfluss auf die Verstärkung der vermeintlich öffentlichen Meinung.[16]

Öffentliche Meinung, also das, was wir alle oder sehr viele von uns Bürgern über unsere Um- und Mitwelt denken, wie wir uns darüber äußern und welche Haltung wir dazu privat oder in unseren Bezugsgruppen einnehmen, hat wiederum Auswirkungen auf den Informationsmarkt, fließt zurück zu jenen, die die Veröffentlichung unserer Meinungen professionell betreiben, also den Journalisten. Sie „versammeln" möglichst viele Gesprächspartner der Informationsgesellschaft und publizieren deren Aussagen in ihren Medien. Dabei treffen die Journalisten natürlich eine gewisse Auswahl. Nicht alle Informationen, die sie erhalten, können von ihnen auch aufbereitet und wiedergegeben werden. Nur Informationen und Inhalte von breiterem öffentlichen Interesse bzw. das, was Journalisten von ihnen wahrnehmen, haben Chancen zur Veröffentlichung.

Diese Auswahl von Informationen, Nachrichten, Inhalten durch den Journalisten hängt zum einen von seinen Interessensgebieten ab, zum anderen von organisatorischen und technischen Zwängen, die mit dem jeweiligen Medium zu tun haben: z. B. Platzmangel (Presse), Zeitnot (Rundfunk, TV), den Zielgruppen der Medien (Leser mit speziellen Interessen) und den jeweils möglichen journalistischen Darstellungsformen. Der Journalist nimmt also eine zentrale Stellung im Informationsmarkt der Massenmedien ein und strukturiert die öffentliche Meinung somit vor. Redakteure schreiben Meldungen, Berichte, machen Interviews. Nicht immer sind sie dabei frei von eigenen besonderen Vorstellungen, Bildern und vorgefassten Meinungen. Um die Journalisten-Meinung von der objektiveren Berichterstattung zu trennen, haben fast alle Medien gekennzeichnete Meinungsseiten (Presse) oder -zeiten (RF und TV)

16 Vgl. Bauer, Helmut: Die Presse und die öffentliche Meinung, München 1975

eingeführt, um den Leser und Zuhörer/-schauer nicht im Unklaren über den Inhalt (Kommentar oder Bericht) zu lassen.[17]

Vor diesem Hintergrund und dem engen Zusammenhang zwischen privater und öffentlicher Meinung, bei der die Medien eine wichtige Rolle spielen, wird die Notwendigkeit unternehmerischer PR-Arbeit noch deutlicher. Schnell ist das Ansehen einer Firma verspielt, wenn die negativen Meinungen oder **Gerüchte** überwiegen, und ist es schwierig und langwierig, dieses Bild zu korrigieren. Das Nichtwissen über die Tätigkeiten einer Firma, die keine Aufmerksamkeit erregt, trägt seinen Teil dazu bei. Die unterschiedlichsten gesellschaftlichen Gruppen versuchen deshalb, die öffentliche Meinung mit Hilfe der Medien zu beeinflussen, sei es als Bürgerinitiative für eine Verkehrsberuhigung, als Partei für die Herabsetzung von Steuern, als Verein für den Bau eines Vereinsheims, als Umweltschutzgruppe für die Klärung von Abwässern, als Arbeitgeberverband für Rationalisierungsmaßnahmen, als Arbeitnehmerorganisation für die 32-Stunden-Woche, als Stadtverwaltung für die Einrichtung eines Krankenhauses, als Atomkraftgegner für den Ausstieg aus der Nuklearwirtschaft. Deshalb ist es auch für Unternehmen **legitim**, ihre Haltungen, Meinungen, Aktivitäten, Reaktionen und Vorgehensweisen der Öffentlichkeit mitzuteilen und diese der öffentlichen Diskussion und Meinungsbildung zu übermitteln und sei es nur, um den oben skizzierten möglichen Prozessen der öffentlichen **Meinungsbildung** entgegenzuwirken. Zu den oben genannten Zwängen durch die Informationsgesellschaft gesellt sich also eine weitere Begründung für eine aktive Pressearbeit: das „Recht" der Unternehmen, sich an dieser Meinungsbildung in ihrem Sinne zu beteiligen und ihr Bild in der Öffentlichkeit (Image) mit zu formen sowie Informationen zu produzieren.

Natürlich gibt es heute das Internet, das den Unternehmen vermeintlich die Möglichkeit eröffnet, die Informationen selbst, ohne Umweg über die und ohne die Nutzung der Presse zu veröffentlichen. Es wäre jedoch ein Trugschluss, ausschließlich auf die eigene Homepage zu setzen, auch wenn für viele kleinere gewerbliche Mittel-

17 Vgl. Schulz, Winfried: Nachricht, in: Fischer Lexikon: Publizistik Massenkommunikation, op. cit., S. 307–337

standsbetriebe das Internet eine willkommene Gelegenheit bietet, sich „öffentlich" zu präsentieren und mancher Firmeninhaber oder Geschäftsführer dadurch die Notwendigkeit von Pressearbeit reduziert sieht. Aber: Im Internet muss man erst einmal gefunden werden, z. B. über Suchmaschinen, und die Adresse der Homepage sollte bekannt sein. Nur in seltenen Fällen ersetzt also die Homepage die Pressearbeit, meist jedoch ist sie ein ergänzendes Mittel für Public Relations (vgl. hierzu Kap. VIII.4.). Die Presse und die Medien gelten in den modernen Demokratien als Vierte Gewalt, also als Kontrollorgan von Politik und Wirtschaft. Ihre Glaubwürdigkeit ist deshalb um ein Vielfaches höher als die einer selbst gemachten Firmen-Website.

Abschließend ein Hinweis zur Entwicklung der Wirtschaftsmeldungen und -nachrichten in den Zeitungen: In den letzten Jahren ist die Zahl der Tageszeitungsleser, die Wirtschaftsinformationen in ihre Nachrichtenauswahl einbeziehen, ständig gestiegen und die Anzahl der Wirtschaftszeitungen und Finanzmagazine (z. B. „Focus Money", „Financial Times Deutschland", „Bizz" etc.) hat sich enorm erhöht, sei es aus Gründen höheren Wohlstandes in der Bevölkerung, sei es deshalb, weil die Wirtschaft immer mehr Aufmerksamkeit durch technologische Entwicklungen, die Umweltproblematik oder durch die stark erhöhte Zahl der Aktienanleger erfährt. Redakteure und Medien kommen deshalb dem Leser, Zuhörer oder Zuschauer entgegen, wenn sie mehr über die Wirtschaft berichten. Dies ist eine offensichtliche Chance für den Mittelstand und ein Anlass, Abschied zu nehmen vom Gedanken „Wer interessiert sich schon für unser Unternehmen?" und seine Informationen an die Medien weiterzugeben.

6. Warum aktive Pressearbeit von mittleren Unternehmen?

In unserer Wirtschaftsordnung haben Großunternehmen weitgehend einen guten Ruf. Sie schaffen Arbeitsplätze, zahlen höchste Steuersätze, sind Schrittmacher bei neuen Technologien und repräsentieren die volkswirtschaftliche Leistungskraft im In- und Ausland. Firmen wie DaimlerChrysler, Siemens, IBM, Bosch oder SAP haben bereits durch den guten Klang des Namens einen leichteren

Stand. Ihr Stellenwert zeigt sich dadurch, dass sie in der öffentlichen Diskussion präsent sind. Sie produzieren Informationen allein durch ihre Marktmacht und ihr ökonomisches Gewicht, oft kontrollieren oder beherrschen sie ganze Branchen. So kommt es nicht von ungefähr, dass sie in der Tagespresse, in den Wirtschaftsblättern und in Fachzeitschriften kontinuierlich gegenwärtig sind.

Diese Unternehmen haben es leichter, an der Kommunikationsmaschine teilzuhaben, und der Anschluss an sie erfolgt zumeist wie von selbst: Wenn ein **Großbetrieb** oder Konzern Informationen herausgibt, z. B. über Beteiligungen, Jahresabschlüsse, Fusionen, Investitionen, Neubauten, Technologiezentren, Auslandsaktivitäten, Beschäftigungslage, Serviceleistungen, Sponsoring-Aktivitäten etc., ist es sicher, dass die Öffentlichkeit davon erfährt. Journalisten und Reporter sind schnell bei der Hand und die Inhalte stehen am nächsten Tag in der Tageszeitung oder in der nächsten Ausgabe der Wirtschaftszeitungen. Flankierend dazu werden Interviews mit Vertretern von Großunternehmen gemacht. Deren Meinung oder Haltungen sind auch über rein wirtschaftliche Themen hinaus interessant: Die Vorstandsmitglieder und Top-Manager der deutschen Wirtschaft sind zudem für die Klatschspalten der People- und Lifestyle-Magazine oder der Regenbogen-Presse gut, denn Prominente sind gewissermaßen ein öffentliches Gut. Eine Öffentlichkeit für Großunternehmen ergibt sich fast von selbst, und (gute) Presse zu haben fällt ihnen leicht. Auch größere Verbände, Organisationen und öffentliche Einrichtungen haben es einfach: Die Zahl der Menschen, die an solchen einschlägigen Informationen Interesse haben, ist eben sehr groß, und die Informationsmaschine folgt Auswahlkriterien, die man mit öffentlicher, gesellschaftlicher oder wirtschaftlicher Relevanz (Wichtigkeit) bezeichnen kann.

Anders bei kleineren Betrieben und beim **Mittelstand**. Diese Unternehmen haben eine geringere Beschäftigtenzahl und sind, einzeln betrachtet, volkswirtschaftlich kaum interessant. Ihre leitenden Angestellten sind nicht bekannt, ihr Steueraufkommen ist geringer und ihre Investitionen oder Beteiligungen, ihre Produkte und Produktpaletten sind anscheinend weniger wichtig. Nur im lokalen oder regionalen Raum haben sie gewisse Bedeutung. Trotzdem stehen sie weitgehend im Schatten des öffentlichen Interesses. Berichte und Informationen über sie sind auch in den Lokalzeitungen selten, oft ist Mundpropaganda der einzige Weg, etwas über sie zu erfahren. Wenn es etwas über sie zu lesen gibt, so sind zwischen den positiven Informationen auch viele schlechte. Das liegt sicherlich nicht nur an ihrer geringeren Größe, sondern auch an ihrer Presse- und Öffentlichkeitsarbeit. Und wenn kleinere Unternehmen schließlich in der Presse stehen, dann nur, weil sich etwas im Betrieb ereignet hat oder mit dem Unternehmen etwas geschehen ist, das jetzt plötzlich auf einen größeren Interessentenkreis stößt oder sogar skandalträchtig ist. Die Unternehmer oder Geschäftsführer haben deshalb auch eine eher ablehnende Einstellung den „Pressefritzen" oder „Schreiberlingen" gegenüber.

Öffentlichkeit für mittlere Unternehmen darf daher nicht erst durch negative Schlagzeilen (Liquiditätsprobleme, Entlassungen, Unfälle, Schließung etc.) entstehen. Sie muss als positive Strategie konsequent und aktiv verfolgt werden. Großunternehmen haben ihre Pressestellen, -abteilungen, -sprecher, kooperieren mit großen PR-Agenturen und treten in der Öffentlichkeit auf. Sie nutzen die regionale und bundesweite Presse, arbeiten mit Rundfunk und Fernsehen, sind wirtschaftlich, politisch, kulturell präsent. Damit erwecken sie den Anschein, dass sie die gesamte deutsche Wirtschaft repräsentieren.

Aber es sind ja nicht die Großunternehmen, die den Hauptteil des **Wohlstandes** erwirtschaften, sondern gerade kleinere und mittlere Unternehmen. Der Großteil (circa 70 %) der arbeitenden Bevölkerung in Deutschland ist in der klein- und mittelständischen Wirtschaft tätig, verbringt einen großen Teil des Arbeitslebens in diesen Betrieben. Diese Mittelstandsbetriebe (unter 500 Beschäftigte, weniger als 100 Millionen Umsatz) sind zu fast 60 % an der Bruttowertschöpfung aller Unternehmen in Deutschland beteiligt, leisten 45 % des steuerpflichtigen Umsatzes und sind die Motoren unseres Wohlstandes – aber in den überregionalen und lokalen Massenmedien sind sie unterrepräsentiert und damit im Bewusstsein der Öffentlichkeit „unterbelichtet".[18]

18 Vgl. Daten und Fakten zum Mittelstand, Institut für Mittelstandsforschung Bonn, 9/2000, http://www.ifm-bonn.org

Dass kleinere Betriebe unsere Wirtschaft noch stärker prägen werden, zeigt die Umstrukturierung der Betriebslandschaft während der Rezession von 1992 bis 1994: Nicht die mit Rationalisierungen beschäftigten Großbetriebe werden die künftigen Arbeitsplätze schaffen, sondern Klein- und Mittelbetriebe. Auch in der Phase des Internetbooms von 1997 bis 2000 waren es „Start-up"-Betriebe, also kleinere Firmen im Gründerstadium, die rund 250 000 Arbeitsplätze und Beschäftigungschancen vor allem im Dienstleistungs- und Informationstechniksektor anboten.[19] Insofern steigen die Chancen für diese kleineren Unternehmen, in den nächsten Jahren von den Medien mehr beachtet zu werden. Das bedeutet, dass Presseartikel über die zukunftsträchtigen Firmen öfter in den Printmedien platziert werden können. Trotz dieser Entwicklung werden die Zeitungs- und Fachzeitschriftenredakteure nur in den seltensten Fällen auf die Unternehmen zugehen, die Initiative wird also dennoch von den PR-Leuten ausgehen müssen.

In den Medien hört und liest man viel über die Stars, die Kulturschaffenden, die Politik, neue Bücher und über Veranstaltungen. Dies ist legitime Selektion von Redaktionen im Presse- und Medienbereich. Die Lokalpresse hat sich dieser Selektion angeschlossen und mit Berichten über Vernissagen, Vereinssitzungen, Bürgermeisterempfänge und Stadtratssitzungen, Einweihungen von öffentlichen Bauten, Personalien über Lokalprominente und Sportberichte füllt sie die Seiten der Lokal- oder Regionalausgaben. Aber welcher Leser bekommt schon eine Meldung über den mittleren Süßwarenbetrieb in XY-Stadt zu lesen, der gerade zehn neue Mitarbeiter eingestellt hat und damit 30 Menschen zusätzlich ernährt? Es gilt die Scheu des Mittelstandes vor der Öffentlichkeit abzubauen und Presse und Medien als zweckdienliches Instrument der Kommunikation und Diskussion, als Draht zur Öffentlichkeit zu sehen. Dieser Anschluss an die Informationsmaschine muss bewusst und aktiv angestrebt werden, wenn kleine oder mittlere Unternehmen nicht im gesellschaftlichen Abseits bleiben wollen.

Dass der Mittelstand in der lokalen und regionalen Presse unter-

19 Vgl. Wimmers, Stephan/Hauser, Hans-E./Paffenholz, Guido: Wachstumsmarkt Dienstleistungen, Schriften zur Mittelstandsforschung, Bonn 1999

repräsentiert ist, liegt an zwei wesentlichen Umständen: Zum einen trifft die Lokaljournalisten eine gewisse Schuld. Sie haben oft wenig Interesse an wirtschaftlichen Themen, sondern eher an der Lokalpolitik, der Verwaltung, am Vereinsleben und an der Kultur in der betreffenden Stadt. Und dies ist sicherlich nicht nur ein Problem der Interessen oder der Qualifikation von Lokaljournalisten, sondern auch ein Problem der **Konzentration** in unserer Presselandschaft: Die meisten der lokalen Redaktionen bekommen die überregionalen Artikel, Berichte und Meldungen von der zentralen „Mantelredaktion" (von 1581 Zeitungsausgaben hatten 2001 nur noch 135 eine eigene Vollredaktion), die den Lokalblättern den Umbruch und die Artikel zu überregionalen Themen liefern.[20] Dies ist für die lokalen Verleger billiger und rationeller, spart die hohen Kosten für journalistisches Personal und die technischen Einrichtungen sowie die Gebühren für die Pressedienste. Wirtschaftsmeldungen kommen so zumeist über den Zeitungsmantel und werden vom lokalen Chefredakteur als ausreichend empfunden. Lokale Wirtschaftsnachrichten fallen deshalb oft unter den Schreibtisch des Redakteurs. Auch können lokale Tageszeitungsmonopole zur Vernachlässigung der Berichterstattung über die regionale Wirtschaft führen, da jeder Monopolbetrieb konkurrenzlos seine eigene redaktionelle Planung ohne Vergleichsartikel durch ein Blatt im Wettbewerb umsetzen kann.[21] Allerdings ist auch zu beachten: Nicht jede kleine Weihnachtsfeier in einem Betrieb mit zwanzig Angestellten kann als Bericht, Meldung oder Foto in der Lokal- oder Regionalzeitung erscheinen, so schön es auch für die Mitarbeiter ist, ihr Bild im Blatt zu sehen.

Der andere Punkt ist die Haltung der meisten mittelständischen Unternehmer und Manager zur Presse: Oft paaren sich Scheu mit **Skepsis** oder sogar Ablehnung den Journalisten und Reportern gegenüber, denn „die schreiben ja ohnehin nur Mist". Die oft selbstverschuldete Abseitsposition und die Unterrepräsentanz in den Medien und damit der Öffentlichkeit ist typisch für viele Unternehmen,

20 Vgl. Mediendaten Südwest, 13. 2. 2001, http://www.mediendaten.de

21 Vgl. Schütz, Walter J.: Vielfalt oder Einfalt? Zur Entwicklung der Presse in Deutschland, Presse- u. Informationsamt der Bundesregierung, Berlin 1993, http://www.8ung.at/mesonique

die in mittleren und kleineren Städten ansässig sind. Der Grund für diese Distanz ist in der Psychologie zu suchen: Unternehmer oder Geschäftsführer im Mittelstand sind zumeist uneingeschränkte Herrscher ihrer Betriebe, kontrollieren oft alle wesentlichen und strategischen Bereiche (Produktion, Organisation, Vertrieb) der Firma, sind verantwortlich für das Wohl und Wehe des Betriebes und entscheiden selbst über die wichtigen Vorhaben, strategischen Ziele und bestimmen die Inhalte von Werbeunterlagen. Unterschriften und Abzeichnungshaken sind der Beleg dafür, dass sie die Verantwortung tragen.

Der Journalist nun ist ein Mann/eine Frau von außen und unterliegt weder der Weisungsbefugnis noch der Kontrolle des Geschäftsführers oder Inhabers eines Unternehmens. Damit ist er nicht zur Rechenschaft zu ziehen, wenn er in den Augen des „Chefs" je etwas Falsches tut, also z. B. einen Artikel mit einer Fehlinformation über einen angeblichen Missstand im Betrieb in der Zeitung veröffentlicht. Ein Anhaltspunkt für diese Haltung von Unternehmern oder Managern ist die oftmalige bange Frage: „Können wir den Artikel sehen, bevor Sie ihn veröffentlichen?" Aber die Presse und die Medien sind frei, und in den seltensten Fällen wird ein Redakteur ein Manuskript zur „Vorlage" und „Absegnung" an einen Betrieb schicken, wenn er seinen Beruf ernst nimmt. Außerdem sprechen auch organisatorische und Zeitgründe gegen ein Entgegenkommen solcher Forderungen.

Voraussetzung für eine fruchtbare **Kooperation** ist deshalb die gegenseitige Achtung und Akzeptanz von Unternehmen und Presse/Medien. Erstere müssen die unabhängige Rolle und weitgehend auch die Kompetenz, sprich die handwerkliche Fähigkeit des Reporters oder Journalisten hinnehmen, ihm zutrauen, dass er, sofern er mit umfassenden und richtigen Informationen über ein Unternehmen gefüttert ist, auch einen sachlichen, wahrheitsgetreuen, für die Öffentlichkeit interessanten Artikel verfasst, der das Unternehmen oder seine Tätigkeiten richtig darstellt. Umgekehrt müssen Lokaljournalisten und -redakteure sich der wichtigen Rolle gerade von mittelständischen Unternehmen oder auch von anderen, weniger im öffentlichen Interesse stehenden Institutionen und Einrichtungen bewusster werden. Nur so kann die Informationsgesellschaft für beide Seiten sinnvoll genützt werden. Dem Unternehmen bringt es die Möglichkeit, in der Informationsflut erkannt zu werden und an der Massenkommunikation teilzunehmen. Bei ausgewogenem Einsatz der Mittel, von der klassischen Presse- und Medienarbeit bis zur eigenen Herstellung von PR-Publikationen oder Broschüren und der Aufbau der eigenen Webpage, ergibt sich fast zwangsläufig der Erfolg: Dass ein Unternehmen und seine Leistungen, aber auch seine Probleme bekannt werden. Umgekehrt bringt die Kooperation den Redakteuren einen Kompetenzzuwachs, denn sie sind dadurch in der Lage, ihren Lesern mehr Artikel und differenziertere Themen anzubieten.

Unternehmen und Identifizierbarkeit

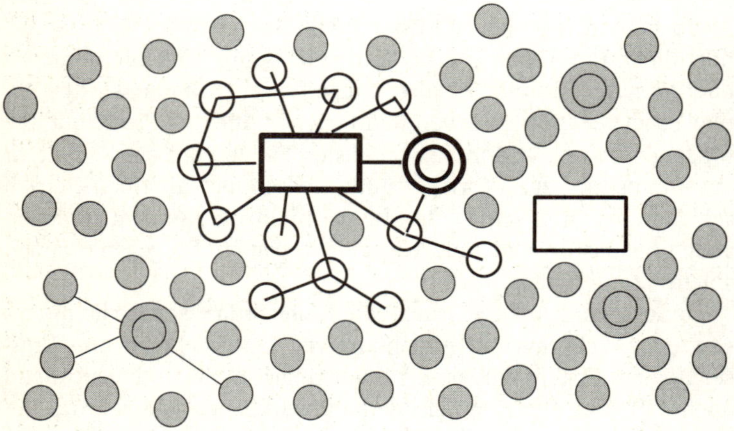

Nur Unternehmen, die sich der Pressearbeit bedienen und mit Massenmedien kooperieren, nehmen an der Massenkommunikation teil und sind in der Informationsflut identifizierbar.

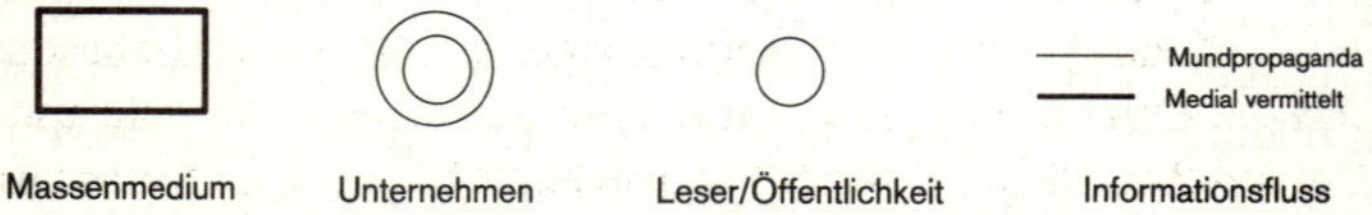

III. Gute Gründe für Medien- und Öffentlichkeitsarbeit

1. Nicht alle Unternehmen brauchen Medienarbeit

Unabhängig von den Zwängen der Informationsgesellschaft gibt es auch andere Gründe oder Kombinationen von Gründen, die Pressearbeit für den mittelständischen Betrieb notwendig machen. Sicherlich, nicht alle Betriebe brauchen sie, und wenn der Unternehmer bereits über seine intuitiven Fähigkeiten zu gelungener Presse- und Öffentlichkeitsarbeit gelangt ist, hat seine Firma nicht unbedingt eine entsprechende Pressestelle oder PR-Position nötig. Viele, gerade mittelständische Unternehmer, Unternehmerinnen oder Manager, sind ja allein durch ihre **Persönlichkeit** erfolgreiche Medien-Männer und -Frauen. Oft sind sie in ihren Gemeinden oder Städten sehr bekannt, sei es durch die Mitgliedschaft in politischen Parteien, Sportvereinen oder sonstigen Organisationen. Wenn schließlich die Produkte der Firma genügend Absatz finden, im Betrieb Zufriedenheit und gute Atmosphäre herrscht, die Gewinne erfreulich und die Mitarbeiter ausgelastet sind und mit gesellschaftlichen Gruppen im Betriebsumfeld keine Konflikte bestehen, wozu dann systematische Pressearbeit oder gar einen teuren Arbeitsplatz dafür einrichten? Persönlichkeiten, die ihr bester eigener PR-Mann waren, gibt es in der Industriegeschichte Deutschlands genug: Im 19. Jahrhundert waren die Herren Krupp, Henkel, Bahlsen, Siemens weithin bekannt und hatten durch die Verbindung ihrer Produkte mit ihrem Namen sowie ihre sonstigen Aktivitäten im Arbeiterwohnungsbau oder durch Wohltätigkeiten wirkungsvolle Eigen-PR.

Solche „herrlichen" Umstände sind jedoch nicht mehr die Regel. Denn Schwierigkeiten im einen oder anderen Bereich, mit dem einen oder anderen Faktor, der sich auf das Image, den Produktionsablauf, den Absatz, die Auftragslage, die Arbeitskräftebeschaffung, die Orientierung am Markt oder auf andere Aspekte unternehmerischer Tätigkeit negativ auswirkt, haben viele Unternehmen.

Mit folgenden Beispielen und Zusammenhängen sollen einige Aspekte und Gründe genannt werden, die gezielte Pressearbeit nicht nur sinnvoll, sondern notwendig machen. Treffen diese oder Kombinationen von ihnen zu, sollte man sich über eine aktive Pressearbeit Gedanken machen. Sie kann einen Beitrag dazu leisten, externe Informationsdefizite zu ermitteln und interne Kommunikationsprobleme zu entdecken.

2. Die Betriebsgröße – Zahlen sind kein ausschließliches Kriterium

Ab welcher Betriebsgröße empfiehlt es sich nun, Presse- und Öffentlichkeitsarbeit zu betreiben und damit die Einrichtung einer PR- oder Medienposition? Eher nicht für Kleinbetriebe mit zwanzig oder vierzig Mitarbeitern. Solche Betriebe sind zu klein für aktive, systematische Öffentlichkeitsarbeit. Sicherlich haben Handwerksbetriebe und kleinere Zulieferer ihren lokalen Stellenwert, allerdings kann der Kontakt zur Öffentlichkeit in Betrieben dieser Größenordnung auch über die klassische Werbung stattfinden: Mit Anzeigen in der Lokalpresse, durch Prospekte, die ein Grafiker gestaltet und Texten, die der Chef selbst schreibt. Auch die Kosten, und seien diese nur durch eine Teilzeittätigkeit eines Pressemitarbeiters verursacht, wären zu hoch. Die Einladung der Lokalpresse zum Fototermin bei der Weihnachtsfeier kann bei Firmen dieser Größe der Inhaber, der Chef selbst schreiben.

Sicherlich hängt es auch von der Produktion, der **Branche** und von der finanziellen Situation des jeweiligen Betriebes ab, ob Presse- und Medienarbeit sinnvoll ist. Für Betriebe ab etwa 80 **Mitarbeiter** oder einem **Umsatz** von rund 20 bis 22 Millionen DM kann eine aktive Pressebetreuung jedoch sinnvoll sein. Sei dies in Form einer Aufgabenübertragung auf Mitarbeiter aus anderen Bereichen, als Teilzeitbeschäftigung oder als Auftragsvergabe an einen externen Presseberater. Unternehmen dieser Größenordnung haben bereits einen gewissen Stellenwert im lokalen oder regionalen Bereich (Steuern, Investitionen, Arbeitsplätze) und sollten sich um ihr Bild in der Öffentlichkeit kümmern. Hat eine Unternehmung eine Mitarbeiterzahl von rund 150 Menschen überschritten und bewegt sich der Umsatz auf die 30 Millionen DM zu, wird Presse- und Medienarbeit notwendig. Ab dieser Größe ist es fast unerheblich, in welcher Branche das Unternehmen tätig ist, wie groß die Produktpalette ist oder wie umfangreich die Dienstleistungen sind.

Dennoch sollte man diese Zahlen nicht als allgemein gültige Richtlinien sehen. Eine Reihe von zusätzlichen Faktoren ist sicherlich zu berücksichtigen, wenn Öffentlichkeitsarbeit angegangen werden soll. So kann es durchaus sein, dass das externe **Profitcenter** eines Unternehmens oder einer Institution mit zehn Mitarbeitern aufgrund seiner ungewöhnlichen Position, seinem Standort in einer Region oder seiner Leistung (z. B. eine Softwareentwicklung, eine Forschungsabteilung oder ein wissenschaftliches Institut) Medienarbeit benötigt und nutzen sollte. Im Zweifelsfall ist es die Intuition bzw. die Urteilskraft der Geschäftsführung, die dann entscheidet, ob die Notwendigkeit für PR-Tätigkeit gegeben ist.

3. Standort und Infrastruktur – Betriebe „auf der grünen Wiese“ im „Schatten“ der Öffentlichkeit

Die Bundesrepublik verfügt über eine dichte und flächendeckende Versorgung mit Massenmedien, fast jeder Landstrich und jede Region wird von Tageszeitungen abgedeckt. Sei es durch die Mantelredaktionen, sei es durch Lokalredaktionen. Die gängigsten Illustrierten und Magazine finden sich an jedem Kiosk, mittlerweile auch in den Supermärkten oder, sofern es sie noch gibt, in den Tante-Emma-Läden am Stadtrand oder auf den Dörfern. Die regionalen Rundfunksender sind ebenfalls so weit etabliert, dass sie in allen Ecken Deutschlands gehört werden können.

Diese Präsenz von Massenmedien kommt natürlich auch den mittelständischen Betrieben entgegen. Dennoch: Der Standort eines Produktions- oder Dienstleistungsbetriebes kann im „Schatten“ der regional ansässigen Tages- oder Lokalzeitung oder des Regionalsenders liegen. Hier ist nicht der Empfangsschatten des Senders oder der Vertriebsschatten der Presse gemeint. Es ist der Schatten des Unbekanntseins, des Nicht-Vorhanden-Seins im Bewusstsein der Redakteure oder der Mitarbeiter der regionalen Massenmedien und damit auch der Öffentlichkeit, der hier angesprochen wird.

Standorte von Betrieben sind abhängig von Traditionen, wirtschaftlichen Überlegungen (z. B. den Arbeits-, Transportkosten, der Infrastruktur, den Abgaben, den Bodenpreisen etc.),[22] aber auch von persönlichen Interessen der Firmeninhaber oder -gründer, die oft unterschätzt werden. Ist eine Firma einmal ansässig in einer Region oder einem Ort, sind Veränderungen am Standort der Produktionsstätte nicht mehr möglich, Verlagerungen des Firmensitzes aufgrund wirtschaftlicher, produktionsbezogener Überlegungen bei einer Expansion oder bei arbeitsmarktbedingten Entscheidungen einmal ausgenommen. Vor allem bei mittelständischen Betrieben in ländlichen Gebieten „auf der grünen Wiese" ist deshalb eine Anbindung an die Infrastruktur der Informationsgesellschaft und damit an die Massenmedien nicht immer einfach.

Wenn die nächste Lokalredaktion der Tageszeitung 20 oder 30 Kilometer entfernt ist, liegt der Betrieb abseits vom aktuellen Tagesgeschehen für Lokalblätter. Ein solcher Betrieb tritt nicht ins Bewusstsein der Lokalredakteure, wenn nicht einer von ihnen auf dem Weg zur täglichen Arbeit über die Landstraße daran vorbeifährt und er das Hinweis- oder Firmenschild am Straßenrand sieht. Zusätzlich verteilen sich die Mitarbeiter des Unternehmens, auch wenn es mehrere hundert sind, weitgehend auf die umliegenden Gemeinden, und die „Mundpropaganda" bleibt auf „Inseln" beschränkt. Unter diesen Bedingungen führt der Betrieb eine Art „Dasein in der Diaspora" der Informationsgesellschaft und so auch in der Öffentlichkeit. Informationen über ihn werden überwiegend durch die an anderer Stelle (vgl. öffentliche Meinung) erwähnten privaten Meinungen und Urteile weitergegeben. Kommt es unter diesen Umständen zu ungewöhnlichen Ereignissen, wie z. B. einer geringen Auslastung mit Aufträgen, kann das Informationsdefizit der Medien und der Öffentlichkeit zu Desinformation und zu Fehlschlüssen führen. Oft haben solche Gerüchte ungute Auswirkungen auf einen Betrieb und

22 Vgl. z. B. Wöhe, Günter: Einführung in die Allgemeine Betriebswirtschaftslehre, München 1984[15]

sein Image in der Öffentlichkeit, Belegschaft und Unternehmer fühlen sich dann missverstanden und „allein gelassen".

Diesem „Verlassensein" kann durch gezielte Presse-, Medien- und Öffentlichkeitsarbeit entgegengesteuert werden. Nicht die Medien kommen von selbst zum Unternehmen, sondern das Unternehmen muss an die Presse herantreten. Ganz bewusst sollte die Geschäftsleitung oder der PR-Beauftragte/Manager immer wieder an die Lokalpresse herantreten, um das „Vergessensein" im Hinterland zu überbrücken und um sich damit ins Gespräch der Region zu bringen. Pressearbeit wird so zu einem echten Medium und verkürzt mögliche, durch **Standortnachteile** entstandene Defizite.

Ein Beispiel: Ein wunderschön im Allgäu gelegener Reiterhof mit urigen Gästezimmern, 20 Holzchalets zum Mieten und einem Campingplatz nebst Swimmingpool lag 35 Kilometer weit entfernt von der Kreisstadt. Der Chef, ein ehemaliger Landwirt, kümmerte sich rührend um die Ausstattung seines Geländes, vernachlässigte jedoch die Werbung, das Marketing und die PR. Nur farbige Fotokopien im regionalen Fremdenverkehrsamt und ein einziges Hinweisschild an der Landstraße deuteten auf das Ferienparadies hin. Der Betrieb dümpelte drei Jahre vor sich hin, so lange, bis der Inhaber seine Existenz gefährdet sah. Der Chef beklagte sich bei mir darüber, dass sein Betrieb unbekannt war, seine „Werbung" nicht wirke und die Presse „ja eh' nix wissen will – wir sind zu weit weg". Erst mit dem Beginn einer kombinierten Informationsstrategie aus Werbung und PR wurde die Ferienanlage allmählich zum Erfolg: Musik- und Kulturveranstaltungen, Wellness-Angebote und Wintercamping erweiterten das Angebot regional und überregional. Das tägliche Regionalblatt wurde stetig mit Artikeln über die Aktivitäten informiert, Reise- und Freizeitmagazine in die Informationsarbeit eingebunden und einmal sogar ein Regionalsender. Mittlerweile gehört der Freizeithof zu einem beliebten Urlaubsziel für Familien aus Süd- und Norddeutschland. Für den bayerischen Freizeitunternehmer und Ex-Landwirt war die Pressearbeit ein wichtiges Instrument dafür, dass sein Betrieb aus dem Kommunikationsschatten herausfand und er seinen Betrieb nicht aufgeben musste.

4. Regionale Mentalität: „Ortsfremde" Betriebe sind manchmal unerwünscht

Es klingt wie eine Geschichte aus der grauen Vorzeit der Industrialisierung und der Kirchturmspolitik. Trotzdem kommt es hin und wieder noch vor: Unternehmen, die es bei der Standortwahl in traditionelle Regionen verschlagen hat oder die aus wirtschaftlichen Gründen neue Standorte in solchen Regionen erwägen, stoßen auf mentale und **provinzielle Vorbehalte**. Diese äußern sich im Widerstand der Bevölkerung oder auch bei Entscheidungsträgern wie den Gemeinde- oder Stadträten. Oft ist es auch die Kombination von zusätzlichen Faktoren, die dabei eine Rolle spielt: wirtschaftliche Geninteressen und heimatlich-traditionelle Verbundenheit.

Kleinere Gemeinden oder Städte weitab von industriellen Ballungszentren sind oft geprägt durch eine gewachsene Bevölkerungsstruktur mit eigenen Traditionen, Gewohnheiten und oft auch einer speziellen handwerklichen Infrastruktur. Solche Gemeinden und Städte wirken nach außen wie eine geschlossene Gesellschaft oder Gemeinschaft. Zugezogene Bürger, Betriebe oder auch eine größere Produktionsstätte werden dann wie ein Fremdkörper behandelt. Die Skepsis gegenüber dem Neuen und die Ablehnung von Fremdem und Ungewohntem (Xenophobie) kann oft zum Problem für den Erfolg eines Unternehmens werden, sei dies bei der Arbeitskräftesuche, im Absatz der Produkte oder schon im Vorfeld einer Ansiedlung oder Standortwahl. Diese mentalitäts- und provinzspezifischen Schwierigkeiten sind manchmal gepaart mit politischen und wirtschaftlichen Interessen, beispielsweise aus Gründen der Erhaltung einer handwerklichen oder ländlichen Infrastruktur. Für den zugezogenen, bereits ansässigen Betrieb kann „Diskriminierung" die Folge sein. Diese beginnt mit dem Aufnahmestopp für den Geschäftsleiter im örtlichen Verein und endet beim „Geschnitten-Werden" der Mitarbeiter durch die Anwohner. In den letzten 30 Jahren haben sich z. B. durch die zunehmende Verstädterung solche provinzialistischen **Mentalitäten** sicherlich reduziert, hinzu kommt heutzutage die Dringlichkeit der Schaffung von Arbeitsplätzen.

Anhand des **Beispiels** einer schwäbischen Kleinstadt soll jedoch gezeigt werden, dass regionaler Provinzialismus noch nicht ganz auszuschließen ist:

> Zur Errichtung einer neuen Produktionsstätte hatte sich ein württembergischer Industriebetrieb die 40 Kilometer entfernte Nachbarstadt ausgesucht. Diese war geprägt durch eine jahrhundertealte Gold- und Silberschmiedetradition, die in der Stadt auch durch weiterbildende Einrichtungen und Institutionen unterstützt wurde; daraus entstand eine kleinstädtische Goldschmiedekultur. Zig kleinere Handwerksbetriebe und Fabrikationen dieser Branche bildeten jahrzehntelang die steuerliche Haupteinnahmequelle der Stadt. Ihre Unternehmer, die Fabrikanten und Meister, waren angesehene Bürger und vertraten ihre Interessen auch im Stadtrat und anderen einflussreichen Gremien. Bereits im Vorfeld der Standort- und Ansiedlungsverhandlungen kam es zu einer Front gegen den großen Industriebetrieb, der „herein" wollte in die Stadt. Mit vereinten Kräften schafften es die ortsansässigen Goldschmiedebetriebe, das Ansiedlungsbegehren des Unternehmens zu verhindern. Die konzertierten Aktionen der kleinstädtischen Handwerker-Lobby, gepaart mit mentalitätsbedingten Vorbehalten gegen die befürchtete Industrie- und Arbeiterkultur, sowie der ängstlich erahnte Verlust an Einfluss der alteingesessenen Betriebe in den städtischen Institutionen verhinderten so eine positive Entwicklung für die Stadt selbst. Das verschmähte Unternehmen floriert nun anderswo.

Dieses Beispiel wiederholte sich am gleichen Ort mit anderen Unternehmen, die dort Fuß fassen wollten. Die Notwendigkeit von aktiver Presse- und Aufklärungsarbeit lässt sich hier für zwei Seiten festhalten: einerseits für die Stadtoberen und ihre Gremien, die gegen Kirchturmspolitik und Provinzialismus im Sinne langfristiger Prosperität des Gemeinwesens hätten vorgehen müssen. Denn heute noch sind die infrastrukturellen Folgen dieser Fehlentscheidungen für die Stadt nicht ganz behoben und haben sich teilweise noch verschärft. Andererseits wäre es die Aufgabe der ansiedlungswilligen Unternehmen gewesen, die Öffentlichkeit für sich zu vereinnahmen und ein Aufbrechen dieser traditionellen Mentalität mit Hilfe von Presse- und Öffentlichkeitsarbeit zu unternehmen. Denn wenn schon wirtschaftliche Überlegungen für einen Standort sprechen und die Entscheidung gefallen ist, sollte man dies auch aktiv und mit nachvollziehbaren Argumenten in der Öffentlichkeit vertreten. Dieses Beispiel zeigt auch die Bedeutung der Medien- und

Öffentlichkeitsarbeit als Informations- und Aufklärungstätigkeit wider überkommene Denkstrukturen und Kleingeistigkeit sowie als vorbeugende Maßnahme gegen mögliche Fehlinvestitionen, nervenaufreibende, endlose und mehrfache Standortdiskussionen.

5. Die Wettbewerber sind aktiv – man selbst „schläft"

Schon wieder hat Geschäftsführer Meier einen Artikel über die Konkurrenzfirma in der Nachbarstadt gelesen. Und jetzt nicht einmal auf der Lokalseite, sondern im Wirtschaftsteil des redaktionellen Mantels. Der Titel: „Ausweg GmbH steigt in Italien ein". Als Geschäftsführer der größeren Firma ist er erstaunt, denn nie hätte er gedacht, dass die Leute von „Ausweg" über ein solches Potential an Know-how und Finanzkraft verfügen, um auf einem anderen als dem heimischen Markt Fuß zu fassen. Außerdem wundert er sich über die guten Kontakte, die seine Konkurrenten zur überregionalen Presse haben.

Gerade vor vierzehn Tagen versuchte er selbst eine Presseeinladung zu verfassen, doch alle Entwürfe landeten letztlich im Papierkorb. Dringende Termine hielten ihn davon ab, sich noch einmal damit zu befassen und so kam es, dass die neue, absolut umweltfreundliche Filteranlage, die er für das Abwasser hat installieren lassen und die über 250000 Euro gekostet hat, ohne die Presse eingeweiht wurde.

Herrn Meier wurmt das natürlich, und zum ersten Mal macht er sich wirklich Gedanken darüber, dass sein Betrieb und seine Aktivitäten bei der Presse und in der Öffentlichkeit nicht oder kaum bekannt sind. Dabei hätte er Themen genug: eine Kooperation mit einem großen Unternehmen, eine auf drei Jahre ausgelastete Auftragslage, die Sponsoring-Aktivitäten bei der letzten Landschaftsputz-Aktion, wo er seine Lastwagen zur Verfügung gestellt hat... Herr Meier kommt zur Erkenntnis, dass die Konkurrenz tatsächlich nicht schläft und sich vielleicht dadurch schon einen gewissen **Marktvorteil** erkämpft hat, zumindest aber in der öffentlichen Meinung präsent und im Gespräch ist.

Die Defizite der eigenen Firma im Bereich Presse- und Öffentlichkeitsarbeit gegenüber den direkten Konkurrenten sind immer ein gewichtiger Grund, sich über eine aktive Teilhabe am Informationsmarkt und an der öffentlichen Diskussion Gedanken zu machen. Über die Presse und die Medien senden Unternehmen Signale aus und setzen auch Zeichen. Sie informieren damit nicht nur die

Öffentlichkeit, sondern geben auch Orientierungshilfen an die Marktpartner, bestätigen ihre Kunden und beeinflussen natürlich auch die Konkurrenz. Erst durch aktive Presse- und Öffentlichkeitsarbeit kann so die oftmals erwähnte Unterscheidung von **Mitbewerbern** stattfinden, wobei jenen wiederum die Möglichkeit gegeben wird, sich ebenfalls alternativ zu präsentieren.

Natürlich wäre es müßig, wenn Herr Meier jetzt etwa auch einen Artikel über seine Auslandsaktivitäten veröffentlicht haben wollte. Das Argument „wir auch" zählt in der Pressearbeit nicht zu den quantitativen Gesichtspunkten, sondern zu den qualitativen. D. h. jeder Betrieb hat individuelle, von anderen unterscheidbare Merkmale. Genau diese sollen der Konkurrenz und der Öffentlichkeit durch aktive Pressearbeit vermittelt werden. Deshalb: Während der Konkurrent von Herrn Meier sich im Sport-Sponsoring betätigt, stellt Meiers Firma die Lastwagen für eine Umweltaktion zur Verfügung...

Ist also die Konkurrenz mächtig aktiv in der Pressearbeit und mit PR-Aktivitäten, macht es Sinn, auch selbst in diesem Bereich kontinuierlich tätig zu werden. Wichtig ist dabei nicht nur die Häufigkeit der Präsenz in den Medien, sondern auch die Unterscheidbarkeit vom Konkurrenten mit eigenen Informationsschwerpunkten. Solche Unterscheidungsmerkmale sind nicht immer einfach zu finden. In der Regel haben Betriebe und Unternehmen jedoch eine Menge unterschiedlicher Traditionen, Leistungen und Qualitäten, legen Wert auf einen eigenen Auftritt in der Öffentlichkeit, so dass dadurch kleine, auch nebensächlich wirkende Unterscheidungsmerkmale zum Konkurrenten erkennbar sind und die eigene Identität aufgezeigt wird.

6. Mit Argumenten kaum zu fassen: Schlechtes Image in der Öffentlichkeit

Mit dem Image haben so manche Betriebe ein Problem. Oft ist es nur ein Gefühl des Inhabers oder des Chefs: „Irgendetwas stimmt nicht mit unserem Bild in den Medien..." Diese zumeist sehr subjektive Empfindung hat meist objektive Ursachen.

Zur Verdeutlichung ein **Beispiel**: Vor einigen Jahren wurde ich mit der Pressearbeit eines mittelständischen Unternehmens beauftragt. Der junge Firmenchef, in der dritten Generation auch Mitinhaber des Betriebes, lud mich zu einem Gespräch ein, das eine Bestandsaufnahme des Firmenimages in der Öffentlichkeit zum Gegenstand hatte. Er klagte über die unbestimmte, nicht mit konkreten Argumenten fassbare **Ahnung** und das **Gefühl**, dass sein Betrieb ein schlechtes Image bei der örtlichen Presse haben könnte und darüber, dass er glaube, die Öffentlichkeit unterschätze die Leistungen, den technischen Stand und die Rolle des Unternehmens als wichtigen Zulieferbetrieb in der Kraftfahrzeug- und Elektronikteilebranche. Genaue Angaben und Belege für dieses „Gefühl", diesen Eindruck vom Bild seiner Firma in der Öffentlichkeit, konnte er jedoch nicht machen.

Im Laufe des Gespräches stellte sich heraus, dass einige Indizien dafür vorhanden waren: Veröffentlichungen über seinen Betrieb erschienen in den Lokalausgaben der Ortspresse nur selten, und als vor Jahren seine Firma endlich einmal Gegenstand eines Lokalartikels gewesen war, ging es um den Verdacht der Grundwasserverschmutzung durch den Betrieb, vermutlich verursacht durch unterirdische Öltanks der Produktionsanlagen. Andere Hinweise auf ein schlechtes Image waren die belegbare Arbeitsunzufriedenheit seiner Mitarbeiter in der Produktion, die ständige, lange Suche nach neuen Arbeitskräften, eine relativ hohe Fluktuation von Arbeitskräften, eine hohe Krankheitsrate der Belegschaft und Hinweise auf Gerüchte, dass der Betrieb ein schlecht geführtes Unternehmen ohne langfristige Perspektive sei.

Dabei war der Jungunternehmer ein rühriger, dynamischer Mensch, ausgebildet als Wirtschaftsingenieur mit Erfahrungen aus Großbetrieben. Er hatte den Betrieb mit rund 120 Mitarbeitern vor einigen Jahren vom Vater übernommen und durch Beteiligungen und Aufkäufe kleinerer Zulieferer hinreichend für die Zukunft abgesichert. Selbst am Produktionsablauf (Tiefzieh- und Formenpressen) beteiligte er sich hin und wieder, betätigte den einen oder anderen Knopf, suchte Kontakt zur Belegschaft. Trotz seiner Bemühungen verließ ihn jedoch der Eindruck nicht, dass er und seine Fabrik ein schlechtes oder zumindest zweifelhaftes Ansehen genossen.

Ein solcher unbestimmter Eindruck kann nun reine Einbildung sein, deren Ursache möglicherweise in der Unsicherheit oder den Ängsten des Unternehmers, Managers oder des Geschäftsführers liegt,[23] also auch in der Schwäche der Persönlichkeit oder in der un-

23 Vgl. Zur Show verdammt, o. N., in: Manager Magazin, November 11/1989, S. 359 ff

befriedigten Eitelkeit. In solchen Fällen wird Pressearbeit zur renommiersüchtigen Tätigkeit und zur Befriedigung eines unerfüllten Geltungsanspruchs des Chefs betrieben.

Andererseits sollte man Hinweise und Vermutungen auf ein „mieses" Image in der Öffentlichkeit nicht unterschätzen. Die unternehmerische Intuition trügt selten, und wenn eine Reihe von **Indizien** dafür sprechen, dass sich der „Verdacht" von Unterrepräsentiertsein, kursierenden negativen Gerüchten erhärtet, wird aktive PR- und Öffentlichkeitsarbeit für ein Unternehmen sehr wichtig. Es gilt dann, nach und nach die Schwachstellen zu analysieren, sich mit dem PR-Mitarbeiter oder PR-Berater zu besprechen und eine längerfristige Strategie in der Öffentlichkeitsarbeit zu entwickeln, die nicht nur Medienarbeit umfasst, sondern auch im Betrieb selbst beginnt und durch eigene PR-Veröffentlichungen des Unternehmens ergänzt wird.

Oft lassen sich die Hintergründe für ein schlechtes Image innerhalb des Betriebs selbst finden, beispielsweise wenn die Arbeitsatmosphäre schlecht ist und es an der internen Zusammenarbeit hapert, wenn Misstrauen herrscht, gegenseitig die Kompetenz in Frage gestellt wird, persönliche Antipathien eine Rolle spielen oder sogar politische Gründe und Haltungen hinzu kommen.

Bleiben wir bei unserem Beispiel. Bei der Analyse der Gründe des vermeintlich schlechten Images stieß ich auf eine Reihe von internen Fehlentwicklungen und irrationalen Aspekten, die zusammen genommen extern bei der Presse und in der Öffentlichkeit eine Auswirkung gehabt hatten: Das Unternehmen hatte innerhalb von ungefähr zwei Jahren eine Pressepräsenz von nur einem zufälligen Artikel. Im Verlauf einer Befragung von potentiellen Arbeitskräften stellte sich tatsächlich heraus, dass man „dort" nicht gerne arbeiten würde, weil „man so viel Negatives über den Betrieb hört". Und in der Tat hatte der Betrieb auch oft Schwierigkeiten, qualifizierte Mitarbeiter zu bekommen. Zum anderen hatte es seitens des Unternehmens auch keinerlei Bemühungen gegeben, diesen Gerüchten mit Presse- und Öffentlichkeitsarbeit entgegenzusteuern.

7. Betriebsklima: Kompetenzgerangel, Mobbing und Identitätsmangel

In der im vorigen Abschnitt besprochenen Beispiel-Firma herrschte eine schlechte Atmosphäre, vielleicht mit bedingt durch die mangelhafte optische Gestaltung des Betriebes und dessen baulichen Gegebenheiten. Vor allem aber waren die zwischenmenschlichen Kontakte dürftig, und die Psychologie der Mitarbeiter tat ein Übriges. Diese Probleme fingen bei der Geschäftsleitung an und endeten bei den Reinemachefrauen.

Der Chef selbst war zwar intellektuell ein tüchtiger Unternehmer und kannte die betriebswirtschaftlichen Instrumentarien, um einen Betrieb zu führen. Aber er gab sich auch als ein denkender, zum Teil vergeistigter Macher, der sich mit seiner Geschäftsleitung nicht immer besprach, sich hin und wieder in sein Büro zurückzog und dort einsam stundenlang waltete und schaltete. Seine bereits erwähnten Ausflüge in die Produktion waren nur „schicke“ Aktionen gewesen, die er in Schlips und Kragen veranstaltete, und wenn er vom Jaguar auf den Gabelstapler umstieg, lächelte die Belegschaft nur. Eine beinahe unüberbrückbare Distanz hatte sich zwischen ihm und seinen Mitarbeitern ergeben. Letztere sahen in ihrem Chef nur den abgehobenen Zögling der Unternehmerfamilie in der dritten Generation.

Auch in der Geschäftsleitung gab es einige Rangeleien: Die **Kompetenzen** der Geschäftsleiter waren nicht genau beschrieben und getrennt, und der gegenseitige Informationsfluss war gehemmt und gestört. Mit dem jungen Unternehmer bestand die Leitung des Unternehmens aus vier Mitgliedern, die oft nicht wussten bzw. darüber informiert wurden, womit sich der Kollege gerade beschäftigte. Zu den Besprechungen der möglichen Ursachen und zu den Gesprächen über Strategien zur Imageverbesserung via einer Analyse vor der zukünftigen Pressearbeit war meist nur ein Mitglied dieses Führungszirkels erschienen, das Desinteresse der anderen Chefs damit offensichtlich. Nicht nur in der Verwaltungshierarchie herrschte ein gewisses Misstrauen, sondern auch bei der Produktion in den Maschinenhallen: Meister waren versetzt worden ohne vorher darüber informiert worden zu sein, ihre technischen und persönlichen Fähigkeiten wurden von oben (Geschäftsleitung) und unten (Arbeiter) angezweifelt, und als der junge Unternehmer auch noch Namen von Arbeitern nannte, die möglicherweise Kommunisten sein könnten, war mein Bild von dieser Firma perfekt: Der junge Chef schien paranoid zu sein, seine Führungsriege war desinteressiert und schien die eigenen Kompetenzen und Aufgaben nicht zu kennen, die Belegschaft sah sich politisch fehlinterpretiert und missverstanden. Im Grunde sind dies alles Informationsdefizite als Ursache für ein mieses Betriebsklima und das Kompetenzgerangel.

In den letzten Jahren ist es immer häufiger und ausgeprägter anzutreffen und vielfach ein weiterer Grund für schlechte interne Atmosphäre: **Mobbing**. In allen Branchen, gleichgültig ob es die hektische Branche der privaten TV- oder Rundfunk-Sender mit dem Schacher um Geld ist, der vermeintlich kollegial-kooperative und vernunftgeleitete Betrieb einer Hochschule, der Großkonzern mit internationaler Teamwork-Struktur oder der Mittelstandsbetrieb in der idyllischen Kleinstadt – Mobbing ist zu einem Problem in der Arbeitswelt und für das Betriebsklima in Firmen aller Branchen und in Organisationen geworden. Immer mehr Mitarbeiter fühlen sich vom Chef, dem Vorgesetzten oder den Kollegen psychisch unter Druck gesetzt, werden von Informationen und Besprechungen fern gehalten, ständig kritisiert, offen diskriminiert, bewusst falsch informiert oder in ihren Kompetenzen beschnitten. Tüchtige Mitarbeiter werden so auf oft heimtückische Manier kaltgestellt und in der beruflichen Weiterentwicklung geblockt. Das frustriert, demotiviert die Betroffenen, führt zu Aggressionen in Abteilungen oder zu Depression bei Einzelnen und kann sich zu einer Misstrauenskultur in der gesamten Organisation entwickeln. Dass in diesem Klima nach außen kein kooperativer, kompetenter Eindruck vermittelt werden kann, versteht sich von selbst. Solche Mobbing-Strukturen sind nicht nur ein Alarmsignal für Wirtschaftspsychologen und Personalberater, sondern auch für die Informationspolitik eines Betriebes nach innen und außen. Die Medien und die öffentliche Meinung werden dadurch beeinflusst, der Betrieb wird als „mieser Laden" bezeichnet, mit zuweilen lang anhaltendem schlechtem Image. Wie solche Probleme intern gelöst werden können (z. B. durch Aussprachen, Mediatoren, rechtliche Schritte, Job-Profile u. -Descriptions etc.), ist nicht Gegenstand dieses Bandes.[24] Dass jedoch über den Einstieg in die Pressearbeit solche Strukturen zu Tage treten und oft auf diese Weise im Einzelnen erst erkannt werden können, liegt auf der Hand: Wer intern nach Informationen forscht und zu Kommunikationszwecken auf die Kollegen angewiesen ist, entdeckt rasch Defizite in organisatorischer oder eben auch in psychologischer Hinsicht.

Erst wenn in einem Betrieb intern das Misstrauen (Gerüchte, Statusbeharren etc.) und die Sprachlosigkeit (Zusammenbruch der Gesprächskultur, Gefühl der Kälte) abgebaut werden,[25] organisatorische Transparenz herrscht und wichtige Informationen weitgehend alle Mitarbeiter erreichen, macht Presse- und Medienarbeit, verstanden als Imagebildung, Sinn. Ein Betrieb, der in der skizzierten Form mit internen Problemen zu kämpfen hat, kann zwangsläufig auch außerhalb nur Imageprobleme haben. Denn ob durch Mitarbeiter und deren Angehörige, ob durch Mitglieder der Geschäftsleitung und Geschäftspartner: Der „Un-Stil“ des Hauses wird bekannt und zieht Kreise. Pressearbeit ist deshalb zwingend notwendig, und zwar als gezielte und langfristige Aufgabe, die parallel zum internen „Kommunikationsumbau“ stattfinden sollte. Auf diese Weise eingesetzt, wirkt sie wie ein analytischer Filter, der die Schwachstellen bloßlegt, und sich beschleunigend auf die interne Problemlösung auswirken kann. Denn mit der Einbeziehung von Öffentlichkeitsarbeit wird man gezwungen, sich Gedanken über sein Unternehmen zu machen. Pressearbeit kann so einen Neuanfang bedeuten und einhergehen mit organisatorischen Veränderungen und strategischen Neuorientierungen.

24 Vgl. Kratz, Hans-J.: Mobbing. Erkennen, Ansprechen, Vorbeugen, Frankfurt/Wien 2000; hierzu auch: Tendenz zum Triezen, o. N., in: Der Spiegel, No. 20/2001, S. 66

25 Vgl. Piwinger, Manfred: Kommunikation in Zeiten wirtschaftlicher Veränderung, in: Public Relations Forum, No. 01/2001, S. 24–25

8. Besondere Produkte und Dienstleistungen: Erklärungen liefern, Werbung flankieren

Wie schon angedeutet: Nicht jeder Betrieb braucht Presse- und Öffentlichkeitsarbeit. Unabhängig von den anderen Faktoren, bei denen Pressearbeit geboten ist, sind jedoch auch bestimmte Branchen und Geschäftsfelder von Unternehmen geradezu auf Pressearbeit angewiesen. In diesem Falle wird Pressearbeit zur Unterstützung und Ergänzung der Werbung eingesetzt und ist besser als klassisches Prospektmaterial geeignet, komplexe und besondere **Dienstleistungen**, **erklärungsbedürftige Produkte, Gefahren- und Risikoprodukte** oder besondere **Handelswaren** detailliert zu beschreiben oder in ihren besonderen Eigenschaften zu erläutern. Dies gilt für Unternehmen mit Produkten in überbesetzten Märkten ebenso wie für Beratungsfirmen, die längerfristige Kundenbeziehungen zu wenigen Klienten pflegen, sowie auch beispielsweise für Behörden und Institutionen, denen die „Kunden“ ohnehin von selbst ins Haus kommen.

Branchentypisch nicht unbedingt auf Pressearbeit angewiesen sind beispielsweise Industriebetriebe, die mit einigen wenigen großen Abnehmerfirmen kooperieren oder Produkte ausschließlich in Lohnarbeit herstellen. Sie sind branchen- und absatzbedingt nicht dringend auf Presse- und Öffentlichkeitsarbeit angewiesen. Ein Kleinteilehersteller, der seine Produkte oder Komponenten an eine Elektronik- oder Einspritzpumpenproduzenten liefert, muss nicht die breite Öffentlichkeit zur Imagesteigerung für sich gewinnen, sofern nicht andere Probleme dies notwendig machen. Eine Handelsgesellschaft, die ausschließlich Dauerbackwaren verschiedener Hersteller vertreibt und ihr Sortiment an Supermärkte liefert, ist auf PR-Arbeit nicht angewiesen und mit klassischen Werbemedien wie Prospekten besser bedient. Auch ein Leiterplattenhersteller, der für so genannte OEM-Partner (Original Equipment Manufacturer) Bauteile im elektronischen Bereich herstellt, oder auch ein Produzent, der nicht über einen eigenen Vertrieb verfügt, kann auf kontinuierliche Pressearbeit verzichten.

Anders verhält es sich mit Unternehmen, die den Markt unter eigenem Namen direkt beliefern und dem Endabnehmer ihre eigenen Produkte, Dienstleistungen oder Verfahren als eigenständige Brand (Marke) anbieten. Damit sind sie unmittelbar mit einem großen Kunden-, Verbraucher-, Abnehmer- oder Klientenkreis konfrontiert, der darüber informiert werden will, welche Firma hinter den Produkten und Leistungen steht. Pressearbeit vor diesem Hintergrund ist eine Aufgabe, die kontinuierlich und aktiv vorgenommen werden muss, und zwar branchen-, markt- und unternehmensspezifisch.

Beispiele: Ein großer Kaugummihersteller hat trotz seines großen Marktanteils (Quasi-Monopol) mit seiner Süßware ständig die Fachpresse (aus dem Handels-, Süßwaren- und Lebensmittelbereich) mit Informationen über das Unternehmen, spezifische Eigenschaften seiner neuen Produkte, Besonderheiten der Produkte und sonstige unternehmerische Aktivitäten versorgt. Darüber hinaus wurden bei besonderen Anlässen auch die Publikumspresse und die elektronischen Medien informiert und zu Veranstaltungen eingeladen. Dem Unternehmen gelang es auf diese Weise fast immer, eine kleine Meldung oder auch einen kurzen Bericht mit Foto in irgendeiner Ausgabe der wöchentlich, vierzehntäglich oder monatlich erscheinenden Fachtitel zu haben. Anlässlich des 100-jährigen Jubiläums eines der Produkte wurde über den Hersteller sogar im Fernsehen und im Rundfunk berichtet.

Nicht alltäglich ist es heutzutage, eine Privatbank zu eröffnen, wie im Falle eines Kreditunternehmens im Raum Oberbayern vor einigen Jahren. Der Markt ist weitgehend gesättigt, Sparkassen, Großbanken und sonstige **Kredithäuser** gibt es genügend, die Leistungsspielräume im Kreditwesen (z. B. bei den Zinsen, Fondsangeboten, Gebühren etc.) sind gering. Die besonders freundliche und kundennahe Betreuung der Klienten einer solchen Bank ist deshalb eine wichtige Information, die ein solches Institut an die Öffentlichkeit geben kann. Zudem ziehen sich viele international operierende Betriebe aus dem Privatkundengeschäft zurück. Die ungewöhnlichen Serviceleistungen für den Privatkunden wurden dadurch zu einem Unterscheidungsmerkmal zu anderen Banken aber auch zu Sparkassen. Die regionale PR-Arbeit bei der Eröffnung der Privatbank konnte also nicht nur das Ereignis der Gründung erwähnen, sondern auch auf Umstände, Vorgehensweisen, Leistungen, Tatsachen und Trends in der Branche hinweisen und so gleichzeitig die eigenen Leistungen unterscheidbar von der Massenabfertigung von Großbanken machen.

Wenn Dynamit Nobel heute noch ausschließlich Sprengstoffe herstellen würde, wäre die Firma das beste Beispiel für die Notwendigkeit erklärender Pressearbeit, um die Teilöffentlichkeiten im Umfeld der Produktionsstandorte oder auch die breite Öffentlichkeit über Sicherheitsmaßnahmen in der Herstellung oder beim Transport der **Gefahrenstoffe** zu informieren. Ähnliches gilt für Branchen wie die Chemie- oder Pharmaindustrie, deren Produkte oft genug Anlass zur Besorgnis in der Öffentlichkeit geben, sei es durch den Austritt von Gasen bei Produktionsstätten oder durch die Verschmutzung von Gewässern, wie dies häufig genug geschah und immer wieder passiert. Presse- und Öffentlichkeitsarbeit dient in diesen Fällen der Aufklärung und damit der Beseitigung von Misstrauen, das Teile der Bevölkerung solchen Betrieben gegenüber nicht immer unbegründet hegen, wie das Beispiel der in die Luft geflogenen Feuerwerkskörperfabrik an der deutsch-holländischen Grenze im Jahr 2000 oder auch die Unfälle im Umfeld von Chemiewerken immer wieder zeigen. Ein Gegenargument könnte lauten, dass durch offene PR-Arbeit von solchen Branchen nur der Hysterie Vorschub geleistet würde. Es ist allerdings von Vorteil, der Öffentlichkeit auch die Risiken klarzumachen, die mit bestimmten Produktionsweisen und Produkten verbunden sind, um diese nicht zu provozieren, sondern die gesellschaftliche Verantwortung zu demonstrieren, die Unternehmen solcher Branchen haben. Auch im Großanlagenbau, beispielsweise im Staudamm- oder Talsperrenbau oder in der Atomwirtschaft ist es deshalb angebracht, Pressearbeit im Sinne von Aufklärung zu betreiben. Beschönigung, Verharmlosung und Verschweigen führen im Falle von Unfällen zu viel mehr öffentlicher Reaktion und umfangreicheren politischen oder wirtschaftlichen Konsequenzen, als dies mit vorbeugender Information und Aufklärung je der Fall sein kann.

Gerade kleine und mittlere **Dienstleistungs- und Servicebetriebe** unterschiedlichster Branchen, aber auch Werbeagenturen, Designbüros oder **Unternehmensberatungen**, Betriebe also, die anderen Empfehlungen für bestimmte Geschäftsfelder geben, vernachlässigen ihre eigene Pressearbeit. Oft gibt es in solchen Betrieben zwar

Eigendarstellungen (z. B. Prospekte) mit lächelnden Service-Mitarbeitern und Darstellungen über erfolgreich für Kunden durchgeführte Kampagnen oder Organisationsentwicklungen – gezielte Medien- und PR-Arbeit wird jedoch selten betrieben. Großagenturen (z. B. BBDO, Grey, Publicis etc.) und internationale Beratungsfirmen (z. B. Boston, Berger, McKinsey etc.) sind allein durch ihre Klientel schon so bekannt, dass ihre PR selbstläuferisch vonstatten geht. Bei diesen Firmen verhält es sich wie bei Großkonzernen der Industrie, wo die schiere Größe Publizität garantiert. Bei vielen mittelständischen Dienstleistern sieht es jedoch ganz anders aus: Über das Produkt Beratungsleistung wird selten berichtet in den Lokal- und Regionalblättern. Das liegt einerseits an der Komplexität des Beratungsgeschäfts oder der Serviceabläufe, die sprachlich-journalistisch oft schwer darstellbar sind, und am Desinteresse und der Unkenntnis lokaler Zeitungsredakteure, andererseits aber auch an der mangelnden Initiative dieser Dienstleistungsbetriebe selbst. Aber: Medienarbeit kann hier helfen, die Unkenntnis in der Öffentlichkeit zu reduzieren und damit bei potentiellen Kunden über spezifische Probleme, Verfahren und Vorgehensweisen bei Beratungsleistungen aufzuklären. So kann Pressearbeit neben den klassischen Prospekten oder Broschüren zur Erläuterung von Zusammenhängen dienen und zur Kunden- und Klientengewinnung beitragen.

Diese branchenspezifische Presse- und Öffentlichkeitsarbeit bietet neben der Markt- und Verbraucherinformation durch Werbeprospekte oder Anzeigen eine gute Gelegenheit, innovative Ideen und Strategien in Fachmedien zu publizieren. Solcher Art Informationsverteilung kann in den Fach- und Branchenzeitschriften oder auch über spezielle Rubriken in der Publikumspresse geschehen. Wenn sich Pressearbeit stärker auf die Beschreibung und Erklärung von Produkten bezieht, spricht man von **Produkt-PR** oder auch von Produkt-Artikeln. Diese Form der Pressearbeit kommt den werblichen Aktivitäten von Unternehmen am nächsten und sie flankiert sozusagen die Werbung. Über Fachblätter, Special-Interest-Zeitschriften oder den Magazin- bzw. Serviceteil sowie die Sonderpublikationen von Publikumszeitschriften und Tageszeitungen bieten sich Großbetrieben der Industrie, aber auch Mittelstandsunternehmen und Handelsbetrieben gute Möglichkeiten, ihre Produkte und

Waren redaktionell dargestellt und interpretiert zu bekommen. Unter diesen Gesichtspunkten ist Presse- und Öffentlichkeitsarbeit in eine unternehmerische Gesamtstrategie eingebunden und wird als Teilstrategie im Bereich Marketing betrieben. PR-Arbeit muss unter diesen Anforderungen in enger Abstimmung mit Werbung, Distribution, Absatz und der Verkaufsförderung erfolgen und wird als Teilstrategie des Kommunikations-Mixes betrieben.[26] Einige große Unternehmen ersetzen sogar werbliche Maßnahmen komplett oder teilweise durch eine intensive Produkt- und Marken-PR, die neben der Pressearbeit umfassende PR-Maßnahmen wie z. B. Events, Promotion und Newsgroups im Internet einschließt.[27]

Ähnlich „pressefern" wie private Dienstleistungsbetriebe verhalten sich häufig **Behörden** und Ämter. Das Image verstaubter, bürokratischer Apparate hätte längst verbessert werden können, wenn die Fortschritte der bürgernahen Verwaltung (Bürgerbüros, Internet-Formulare, Abendservices von Behörden etc.) im lokalen und regionalen Bereich ein stärkeres Medienecho gefunden hätten. Pressearbeit für solche Institutionen und vor allem, was dabei veröffentlicht werden soll, ist natürlich von der Beschäftigungsstruktur und den Hierarchien in den betreffenden Institutionen abhängig: Behörden müssen sich nicht um Kunden bemühen, sondern die kommen von selbst. Die Mitarbeiter sind je nach Behörde meist städtische oder Landesbeamte im öffentlichen Dienst, damit schwer kündbar und haben nur wenig Interesse, ihre Dienstzeiten im Sinne des Bürgers zu ändern oder zu verschieben. Nur die Leitungsfunktionen tragen (eine gewisse) Verantwortung für Bürgernähe und haben damit den Willen, organisatorisch etwas zu ändern und dies im hier verstandenen Sinne auch publik zu machen.

Der Amtsleiter eines Baudezernats beispielsweise weiß, dass der Bürger, wenn er ein Baubegehren hat, abhängig ist von Gesetzen, Vorschriften, Regeln und Anträgen. Zumeist ist die Schlussfolgerung der Bürokraten dann jene: „Wozu sich noch um die Bürger bemühen, die brauchen ja uns, nicht umgekehrt"! Eine solche Hal-

26 Vgl. Bruhn, Manfred: Kommunikationspolitik, München 1997, S. 69 f

27 Vgl. Müller, K./Schwarzkopf, S.: Marken-PR statt Markenwerbung?, in: Public Relations Forum, No. 01/2001, S. 16–22

tung ist leider noch oft genug im Denken dieser Unkündbaren verankert. Mit dem Anspruch der Politik an eine transparentere Bürokratie, an Entscheidungen der kurze Wege oder an bürgernahe Verwaltung ist die Notwendigkeit zu verbesserter Kommunikation und Information gefordert. Es wäre deshalb nur selbstverständlich, wenn sich Behörden, Ämter und Institutionen stärker der Presse- und Medienarbeit bedienten, um Aufklärung zu betreiben und um dem Bürger die möglicherweise verbesserten Serviceleistungen nahe zu bringen, wie etwa die Möglichkeit, sein Auto online ab-, um- oder anzumelden oder seine Steuererklärung über das Internet zu machen. Die Krux: Werden Leistungen nicht veröffentlicht, weiß niemand darum und die traditionellen Besucherzeiten der Amtsstuben bleiben erhalten und werden sogar bestätigt, weil die neuen niemand kennt. Die Initiative liegt hier bei den Amtschefs. Ähnliche Defizite in ihrer PR-Kommunikation zeigen auch **Stiftungen**, die in der Regel neben einem schmalen Kommunikationsbudget auch einen Mangel an konzeptionellen Kapazitäten aufweisen. Aus diesem Grunde sind die Möglichkeiten von Stiftungen oder ähnlichen Organisationen zum Ausbau der PR-Arbeit lange noch nicht erschöpft.[28]

9. Wenn Märkte erweitert werden: Pressearbeit zur Publizitätssteigerung

Derzeit geschah und geschieht es noch in Deutschland, aber auch in der Europäischen Union (EU): Durch die Beseitigung der Grenzen in Deutschland und mit der Einrichtung des **Binnenmarktes** in der EU werden und wurden Unternehmen und Organisationen mit einer immensen Erweiterung des Absatzmarktes, des Wettbewerbes, der Geschäfts- und Tätigkeitsfelder und natürlich auch mit einer vergrößerten Öffentlichkeit konfrontiert. Die Europäisierung der wirtschaftlichen Bedingungen (Beschaffungs- und Absatzmärkte, Euro-Einführung), zwingt deshalb die Unternehmen dazu, sich über

28 Vgl. Marquardt, Jens/Blank, Melanie: Öffentlichkeitsarbeit deutscher Stiftungen, in: Public Relations Forum, No. 02/1999, S. 88–91

ihre Chancen auf zunächst noch fremden Märkten Gedanken zu machen.

Mit der deutschen Vereinigung wurde westdeutschen, europäischen und internationalen Unternehmen ein komplett neuer Absatzmarkt zur Strukturierung überlassen. Ähnlich wie in anderen Ländern, die von geschlossenen bzw. begrenzt offenen wirtschaftlichen Systemen auf marktwirtschaftliche Strukturen übergehen, bedeutete die Wirtschafts- und Währungsunion mit Ostdeutschland 1990 für Unternehmen aller Branchen die Erschließung eines komplett neuen Wirtschaftsgebietes. In der Euphorie, ein Dorado zu haben, wurde Ostdeutschland von den Behörden und Betrieben wie eine Kolonie behandelt, und die Goldgräberstimmung ließ wenig Zeit für ein überlegtes, geplantes, strukturiertes Vorgehen, das mit Presse- und PR-Kommunikation einhergehen muss. Dass es dabei eine Reihe von massiven Problemen geben würde, war vielen Westunternehmern nicht bewusst. Weder waren die Seilschaften in Führungsschichten von Politik, Wirtschaft und Verwaltung bekannt – und mit denen mussten sich viele Westunternehmer arrangieren –, noch waren die Absatzwege und wirklichen Mangelprodukte in der ehemaligen DDR bekannt. Also wurde einfach darauflos investiert, geliefert, vertrieben, gebaut – frei nach dem Motto: Die brauchen alles! Für viele Betriebe wurde das Engagement im Osten deshalb mittelfristig zum Debakel. Auf der anderen Seite waren den Bürgern und Konsumenten in Ostdeutschland weder die **Marktmechanismen** bekannt, noch die Möglichkeiten, wie sich die Menschen am Wirtschaftsprozess beteiligen oder ihn eventuell sogar beeinflussen können. Hinzu kam, dass Betrüger das Unwissen der Neubürger rücksichtslos ausnützten. Bei vielen der neuen Bundesbürger und Neukonsumenten ergab sich so eine bewahrende oft beharrende Haltung des Wirtschaftsdenkens des untergegangenen Staats, da sie die Vorteile des neuen Wirtschaftssystems nicht erkennen konnten. Kurz: Es fehlte an **staatlicher Aufklärung** durch die neue Administration, es fehlte an öffentlicher Kommunikation und es mangelte an gezielter Presse- und PR-Arbeit durch verantwortungsvolle westdeutsche Großbetriebe, aber auch durch Mittelstandsbetriebe, die als ehrliche Investoren oder Anbieter nach Ostdeutschland expandierten.

Gerade deshalb wäre es für Unternehmen, die in Ostdeutschland investieren oder dort ihre Produkte absetzen wollten, sehr wichtig gewesen, sich bereits im Vorfeld der Entstehung von Marktstrukturen durch aktive Presse- und Medienarbeit eine von unseriösen Anbietern unterscheidbare Position in der Öffentlichkeit zu verschaffen und bei dieser um Vertrauen zu werben. Mit aktiver Medien- und Öffentlichkeitsarbeit leisten Unternehmen deshalb nicht nur einen Beitrag für ihre Position am Markt und in der Öffentlichkeit, sie stabilisieren auch durch ihre Beteiligung am Markt der Informationen eine marktwirtschaftliche Entwicklung im ehemaligen sozialistischen Staat und tragen zur Bildung einer neuen staatlichen und ökonomischen Orientierung bei.

Auch umgekehrt wird ein Schuh daraus: Wenn sich in Ostdeutschland der Medien- und Informationsmarkt stabilisiert hat, wird sich allmählich der Dialog zwischen Unternehmen und Öffentlichkeit entwickeln. Gerade das ist die Chance für aktive PR-Arbeit von Unternehmen: Vor dem Hintergrund des Wettbewerbs kann das kompetentere Unternehmen mit den besseren (z. B. umweltverträglicheren oder preiswürdigeren) Produkten sich durchaus Vorteile verschaffen und wirkt so bei der Strukturierung des Marktes und seiner Wertorientierung mit.

Noch höher wird der Druck, Öffentlichkeitsarbeit zu betreiben, im Falle des EU-Binnenmarktes, der den freien Güter-, Dienstleistungs-, Kapital- und Personenverkehr in **internationaler Dimension** umfasst. Mit dem Jahr 1993 entstand der größte gemeinsame Markt auf der Welt, der mit heute rund 340 Millionen Verbrauchern dem der USA und Japans zusammen genommen gleichkommt. Mit der Einführung des Euro als Umlaufwährung ist das Bewusstsein für die EU als gemeinsamem Wirtschaftsraum noch stärker geworden. Den Interessen der Produzenten und der Konsumenten kommt dies entgegen, bietet die EU doch erweiterte Produktionsstandorte und Absatzmärkte für die einen und für die anderen ein vielfältigeres Angebot an kostengünstigen Produkten. Durch die **Osterweiterung** der Union wird diese Vielfalt noch erhöht. In den osteuropäischen Staaten (z. B. Polen, Ungarn, Tschechien, Slowenien etc.) mit ehemals staatswirtschaftlichen Systemen, die auch heute noch trotz der Öffnung des Ostens nicht den EU-Standards entsprechen, könnten die EU-Unternehmen und -Behörden Fehler und Defizite in ihrer Kommunikationspolitik, wie sie in Ostdeutschland vorkamen, vermeiden.

Sicherlich haben viele größere und Großunternehmen durch ihre Beteiligungen und Auslandstöchter oder -niederlassungen bereits einen guten Stand in der Öffentlichkeit der jeweiligen Märkte. Dennoch ergibt sich auch für kleinere und mittlere Betriebe die Notwendigkeit, sich auf die erweiterten Märkte und damit differenziertere Öffentlichkeit einzustellen. Eine deutsche mittelständische Firma, die vorher nur auf ihrem heimischen Markt operierte, sieht sich plötzlich mit ehemals „ausländischen" Wettbewerbern konfrontiert, die eventuell billiger, aber qualitativ ähnlich gut produzieren können. Der Kampf um Marktanteile verschärft sich somit durch die EU-Erweiterung. Umso wichtiger wird deshalb der Kontakt zur Öffentlichkeit in den betreffenden Märkten.

Problematisch sind dabei die Sprach- und Kulturunterschiede. Sie sind ein Hindernis bei der **Europäisierung** der Pressearbeit die sich auf den ersten Blick nur finanzstarke Unternehmen leisten können und dieses beispielsweise durch die Kooperation mit ausländischen PR- und Werbeagenturen überwinden können. Internationale Konzerne überbrücken die Sprachbarrieren und landesüblichen Gepflogenheiten im Umgang mit der Presse auch über ihre Tochter- oder Auslandsgesellschaften, die bereits mit Agenturen vor Ort zusammenarbeiten, um Presse- und PR-Aktionen in der Landessprache zu starten. In vielen Mittelstandsbetrieben wird die Pressearbeit dagegen zentral vom Stammunternehmen aus betrieben und oft werden die Niederlassungen im Ausland von „zu Hause" aus mit Informationsmaterial versorgt. Der Nachteil dieser Vorgehensweise ist, dass weder enge Kontakte zur Tagespresse oder zu Fachblättern, noch Sprachgewohnheiten oder Mediengepflogenheiten vor Ort berücksichtigt werden können. Dieses Hintertreffen im Vergleich zu Großbetrieben kann nur schwer wettgemacht werden und für Mittelstandsbetriebe stellt internationale Pressearbeit ein diffiziles Finanz- und/oder Organisationsproblem dar.

Die Lösung dieses Problems bedeutet nun nicht sofort die Einrichtung einer Pressestelle oder die Kooperation mit einer Agentur im betreffenden Land. Zunächst kann die **Auslandsniederlassung** oder -vertretung, aber auch ein etwaiger **Vertriebspartner** mit den Aufgaben der Presse- und Medienarbeit beauftragt werden und das Führungspersonal vor Ort könnte nach entsprechenden Qualifikationen ausgewählt werden. Auch bereits im Stammhaus kann die zentrale Pressearbeit fit gemacht werden für Auslandskontakte. Beispielsweise durch die Übersetzungen von Artikeln oder Broschüren ins Englische, der Lingua franca, also der fast überall verständlichen Sprache des Informationszeitalters. Ein zweiter Schritt kann sein, mit Hilfe von professionellen Übersetzern in Deutschland die Niederlassung im Ausland mit Artikeln in der dortigen Landessprache zu versorgen. Erst in einem späteren dritten Schritt, und vorausgesetzt, das finanzielle Potential lässt es zu, kann mit Agenturen im Ausland kooperiert werden.

Ein letzter Punkt soll zur Erweiterung von Märkten angesprochen werden: Auch wenn staatliche **Monopole** fallen, findet eine Markterweiterung statt, sei dies durch **Privatisierung** oder durch die Aufhebung von Produktions- und Vertriebshindernissen. Bestes aktuelles Beispiel ist die Liberalisierung des Telefongeräte-Marktes 1990 in Deutschland. Waren bis vor einigen Jahren Telefonapparate nur über die Bundespost (heute Telekom) erhältlich und konnten besondere Geräte von verschiedenen Herstellern nur über die Telekom zugelassen werden, kann Anfang der 90er Jahre jeder ein zugelassenes Telefongerät kaufen, wo es angeboten wird, also im Kaufhaus oder in Spezialgeschäften. Die Herstellerfirmen und Handelsunternehmen, oft auch mittelständische Unternehmen, traten damit aus dem Schatten der Staatsfirmen und Monopolgesellschaften heraus und hatten gute bis sehr gute Absatzchancen. Allerdings sehen sie sich am Markt auch mit der Konkurrenz aus dem In- und Ausland konfrontiert. Neben den werblichen Maßnahmen zur Produktdarstellung wird Presse- und Medienarbeit zum notwendigen Teil der Firmenpolitik im Dialog mit dem Markt, dem Verbraucher, den Konkurrenten und damit der Öffentlichkeit. Auch die **Deregulierung** und Entstaatlichung von Branchen und Märkten in der EU am Ende der 90er Jahre, wie beispielsweise des Energiemarktes (Strom, Wasser), des Sozial- und Gesundheitswesens (Krankentransporte, Krankenhausträger), des öffentlichen Personennah- und -fernverkehrs (Bahnen, Busse, Luftfahrt) oder von Beförderungsmonopolen (Briefe, Pakete), führen zu Unternehmensneugründungen oder zu Diversifizierung von Betrieben. Für die betroffenen Unternehmen bedeutet dies einen erhöhten Bedarf an Publizität.

10. Verbände und Vereine: Sagen, auf welchem Gebiet die Organisation aktiv ist

In Deutschland ist das Verbands- und Vereinswesen stark ausgeprägt und gehört zum politisch-gesellschaftlichen und zum Wirtschaftsleben. In allen Tageszeitungen und Wirtschaftsblättern liest man über die großen Wirtschaftsverbände und -vereinigungen die bekannten Sport- und Interessenverbände. Nicht nur die großen bundesweiten **Organisationen** sind in der Presse und in den Medien gut vertreten, sondern auch regionale Organisationen wie Verbände, Vereine, Vereinigungen und politische Parteien erreichen durch die Tageszeitung eine breite Öffentlichkeit, eine Publizität, die weit über ihre Mitgliedschaft hinaus reicht.

Tatsächlich ist Pressearbeit für Verbände, Vereine, Vereinigungen eine relativ „leichte" Aufgabe, und dies aus mehreren Gründen: **Verbände** sind mit ihren Aufgaben und Funktionen im demokratischen Staat eingebunden. Ihre Tätigkeit wird durch die Verfassung grundrechtlich abgesichert (Art. 9 Abs. 3 GG), und sie dienen damit der Förderung der Arbeits- und Wirtschaftsbedingungen. Zweitens sind beispielsweise große Dachverbände wie der Bundesverband der Deutschen Industrie (BDI), die Bundesvereinigung der Deutschen Arbeitgeberverbände (BDA) oder der Deutsche Industrie- und Handelstag (DIHT) auch staats- und wirtschaftspolitisch von Bedeutung, denn mit den Gewerkschaften (z. B. Großgewerkschaft Verdi) und der Regierung wirken sie an der wirtschaftlichen Entwicklung im Land mit. Auch an der Gestaltung von Berufsbildern und -anforderungen oder an der Normierung von technischen Rahmenbedingungen sind Verbände beteiligt (z. B. VDI = Verein Deutscher Ingenieure). Drittens gibt es organisatorische Gründe für die Präsenz von großen Verbänden in der Presse und den Medien: Je größer ein Verband ist, also je mehr Mitglieder er in Form seiner Interessenartikulation vertritt, desto gewichtiger ist seine Aufgabe oder seine Präsenz in der Öffentlichkeit (z. B. Deutscher Sportbund). Auch seine Finanzkraft, die soziale Stellung oder die Dauer seines Bestehens (Tradition) sind für seine Präsenz in den Medien und damit für die Öffentlichkeit maßgebend. Im Falle der **politischen Parteien** ist die Verankerung im Gemeinwesen noch stärker, denn Parteien wirken an der politischen Willensbildung im Lande mit (Art. 21 GG) und sie bilden die Basis für die Rekrutierung des politischen Nachwuchses. Politische Parteien sind zwar keine Verfassungsorgane, aber sie haben das Recht durch die Wahl und Entsendung von Mitgliedern einen direkten Einfluss auf die Regierung des Staates auf Bundes-, Landes- oder Gemeindeebene zu nehmen. Durch diese Rolle gilt das Augenmerk der Presse fast automatisch programmatischen Inhalten von Parteien und den Aussagen ihrer Vertretern auf allen Ebenen des politischen Meinungsbildungs- und Entscheidungsprozesses.

Nicht alle Organisationen, Verbände und Vereine haben jedoch diese staatlich-politisch bedeutenden Aufgaben und großen Reichweiten durch hohe **Mitgliederzahlen**. Die Berichte in der überregionalen Presse oder in regionalen Rundfunksendern erfolgen nicht automatisch, nur weil das Verbandswesen verfassungsrechtlich verankert ist. Auch nicht jeder Verein in der Kleinstadt genießt das öffentliche Ansehen, das sein Vorstand wünscht. Das berühmte Beispiel des Kleintierzüchter-Vereins, der mit jeder Ausstellung und jeder Vorstandswahl in der Lokalausgabe der Zeitung steht, trifft nur bedingt zu. Öffentlichkeit muss also auch für Organisationen wie kleinere Vereine, Verbände, Clubs, Interessengemeinschaften etc. über die Medienarbeit hergestellt werden.

Beispiel: Vor einigen Jahren wurde von Elektrohandwerkern, die sich für biologische, umweltfreundliche Elektroinstallationen einsetzten, ein kleiner bundesweiter Verband gegründet. Diesem gehörten in der Gründungsphase rund 100 Installations- und Produktionsbetriebe an. Trotz der sehr begrüßenswerten Idee und auch der Notwendigkeit, diese Art der Stromversorgung (Anti-Elektrosmog) in allen Haushalten publik zu machen, fristete der Verband ein echtes „Mauerblümchen-Dasein“ in der Öffentlichkeit. Nicht, dass der Vorstand und die Vereinsmitglieder Medienarbeit nicht gutgeheißen hätten, im Gegenteil, man wollte die Presse verstärkt ansprechen, um mehr Mitglieder zu werben und um die Idee einer breiteren Öffentlichkeit zugänglich zu machen. Gelungen ist die Verbreitung der Idee durch den Verband jedoch nur in geringem Umfang.

Die mangelnde Präsenz in der Öffentlichkeit wurde durch innerorganisatorische Mängel herbeigeführt. Zwar konnten einige zusätzliche Mitglieder (Firmen) angeworben werden, aber ihre Betreuung durch den Verband geschah sehr dürftig: kaum Informationen über die Tätigkeit des Verbandes, kaum Information der Medien, damit die Tätigkeit und der Sinn des Verbandes öffentlich bekannt wurde. Zum anderen lagen die Informationsdefizite in der Leitung des Verbandes selbst begründet. Der Vorstand, ein Techniker und auf diesem Gebiet kompetenter Mann, war auch zuständig für die Presse- und Medienarbeit. Seine technischen Kenntnisse und Fähigkeiten konnten aber nicht darüber hinwegtäuschen, dass er weder von Pressearbeit noch von Präsentation seiner Organisation etwas verstand. Das äußerte sich bereits in der **Namensgebung** der Organisation: Der Name war zu lang, und niemand, der sich nicht schon mit dem Ziel des Verbandes auseinander gesetzt hatte, konnte sich etwas darunter vorstellen. Wenn keine griffige, allgemein verständliche Namensgebung erfolgt, wie soll dann der Zeitungsredakteur oder der Außenstehende eine erste Vorstellung von der Tätigkeit der Organisation bekommen?

Ein weiteres Problem lag im Standort des Verbandssitzes: irgendwo in einem bayerischen Dorf und in einer Entfernung von rund 30 Kilometern zur nächst größeren Gemeinde. Auch mit den Informationsmaterialien lag es im Argen. Sie waren mit einem komplizierten technischen Symbol versehen, das niemand klar deuten konnte. Außerdem hatte der Verband gewissermaßen „handgefertigt“ ein Tiersymbol als Logo entwickelt, das zusätzlich zum technischen Emblem und relativ willkürlich manche Briefbögen und Informationsmaterialien zierte. Wie sollte je ein Redakteur wissen, von wem er angeschrieben wurde? Folgende Aufzählung soll weitere Defizite und Mängel skizzieren, die die Weiterverbreitung der **Verbandsidee** verhinderten: Zwar wurde die Fachpresse hin und wieder angeschrieben, die regionale Presse jedoch kaum informiert; zwar wurden Presseinformationen verfasst, aber sie waren zu umfangreich, unverständlich geschrieben und in „Technikerdeutsch" formuliert; zwar erlaubte man sich einen Stand auf Fachmessen, aber das Informationsmaterial war unsystematisch aufgebaut und verwirrenden Inhalts; zwar wurden Mitgliedsfirmen mit Tätigkeitsberichten und Produktinformationen versorgt, aber die Medien wurden selten benachrichtigt.

Pressearbeit vor diesem Hintergrund kann und muss aktiv und systematisch erfolgen: Erst wenn die Öffentlichkeit über die Grundgedanken, die **Ziele**, den **Zweck**, die Aufgaben und Tätigkeitsgebiete einer Vereinigung (Organisation) Bescheid weiß, können weitere zusätzliche, detailliertere Informationen weitergegeben werden. Erst wenn die Presse erfährt, was man als Verband will, kann man das Interesse der Öffentlichkeit wecken und diese sich danach richten. Dies ist umso wichtiger, als es immer mehr Vereine und Interessengruppen gibt, die das Ergebnis bürgerschaftlichen Engagements sind. Gerade in der Anfangs- und Aufbauphase von Organisationen, aber auch in der Gründungsphase von Betrieben ist eine Identifizierungsmöglichkeit durch Außenstehende dringend geboten, die nicht nur die Inhalte, sondern auch die Formen des optischen Erscheinungsbildes betrifft. Dieser Grundsatz für Öffentlichkeits- und Pressearbeit gilt auch für jeden lokalen Verein. Wenn er erfüllt ist, kann Pressearbeit für Verbände und Vereinigungen vom Start weg eine erfolgreiche Tätigkeit werden.

11. Pressearbeit als vorbeugende Krisen-PR

Man soll den Teufel nicht an die Wand malen. Trotzdem: Es kann sein, dass ein Unternehmen im Laufe seiner Entwicklung in eine prekäre wirtschaftliche Situation gerät, sei es durch **Fehler der Unternehmensleitung,** sei es durch **Markteinflüsse**, sei es durch unglückliche Umstände oder durch eine Rezession. Schnell werden dann anstehende Entlassungen, Betriebs- oder Werkschließungen und sonstige Umstände, Ursachen und Auswirkungen durch die Medien ausgeschlachtet. Dies, ohne dass sie über ausreichende Hintergrundinformationen verfügen. Sensationen werden gesucht und gefunden, eine Unternehmung, seine Leitung, die Mitarbeiter oder verantwortlichen Mitarbeiter werden der Öffentlichkeit vorgeführt. Die Folgen für einen Betrieb, seine Eigentümer oder Anteilseigner und die Belegschaft sind dann vielfach nicht mehr kontrollierbar; manchmal sind der wirtschaftliche Erfolg und der Ruf auf Jahre hinaus geschädigt.

Presse- und Medienarbeit bekommt vor diesem Hintergrund eine weitere, eine vorbeugende Bedeutung. Mit dem Kontakt zu den Medien und durch die kontinuierliche Versorgung der Presse mit Informationen über ein Unternehmen kann der Wildwuchs an Fehlinformationen im Falle einer **Unternehmenskrise** eingedämmt werden. Pressekontakte und Medienkooperation dienen auch als präventive Maßnahmen, z. B. für Firmen, die mit gefährlichen Produkten handeln, sie herstellen oder deren Umgang besondere Vorsichtsmaßnahmen und Sicherheitsauflagen erfordert. Presseinformationen haben so die Aufgabe, die Öffentlichkeit über die Produktionsumstände, die Sicherheitsmaßnahmen oder -auflagen in Kenntnis zu setzen, damit im Falle eines Unfalls (Chemieunfall, Transportunfall etc.) nicht einfach Behauptungen aufgestellt werden können, die das Misstrauen in der Öffentlichkeit schüren. Doch nicht nur besondere Vorfälle im Betriebsablauf können eine Unternehmenskrise provozieren. Auch die Auslieferung mangelhafter Produkte, die den Kunden das Vertrauen in die Leistungen des Unternehmens und in die Qualität seiner Produkte nehmen, sind durch Krisenerscheinungen und -symptome (schlechte Presse, Absatzrückgang, Verweigerung von Kooperationen) begleitet.

Natürlich hat Pressearbeit als präventive PR eine wichtige Voraussetzung: Dass das Unternehmen sie nicht nur zur Beruhigung der Öffentlichkeit einsetzt, sondern es beispielsweise in der Darstellung der Sicherheitsvorkehrungen bei der Wahrheit bleibt, mögliche Risiken nennt und interne Maßnahmen ergreift, diese zu reduzieren. Allerdings: In den Fällen von Unternehmenskrisen sollte man die Leistungen vorbeugender **Krisen-PR** nicht überschätzen. Zu groß ist zum Teil die Sensationsgier bei den Medien. Als Präventivmaßnahme kann Pressearbeit zumindest die gröbsten Unterstellungen verhindern helfen. Zudem muss in einer Krise Pressearbeit als Teil des Krisenmanagements betrieben werden und dieses mit Pressekonferenzen, -mitteilungen und -aktionen unterstützen. Krisen können für Unternehmen existenzgefährdend sein, deshalb ist es nützlich sich auf Krisen vorzubereiten.[29] **Notfallpläne**, z. B. Ablaufpläne im Falle einer Krise, können umfassen:

- eine Stellungnahme der Firmenleitung zum Vorfall,
- inhaltliche Schwerpunkte denkbarer Reaktionen auf Vorwürfe der Öffentlichkeit,
- die Terminierung einer Pressekonferenz zum Krisenthema oder
- einen Lokaltermin mit den Medien sowie
- vorskizzierte Pressemitteilungen, die thematisch auf empfindliche Bereiche abgestimmt sein können. Dies sind einige der Möglichkeiten im Krisenfalle zu reagieren. So ist die krisenvorbeugende Pressearbeit in einen organisatorischen Aufbau eingebettet und kann im Falle einer akuten unternehmerischen Schief- oder Problemlage weiteren Vertrauensschwund in der Öffentlichkeit bremsen.

Beispiel: Wie man es nicht machen sollte, zeigte 1990 den Augen der erstaunten Journalisten und der Öffentlichkeit eine mittelständische Chemiefirma aus Süddeutschland. Als im Zusammenhang mit Waffen- und Giftgaslieferungen an das international geächtete Libyen der Name des betroffenen Unternehmens fiel, gab es seitens der Firmenleitung nur Dementis. Der Firmenchef trat im Fernsehen auf (auch noch unglücklich gekleidet mit dem so genannten „Vatermörder-Kragen") und wusste von nichts. Der Verdacht bei der Presse und in der Öffentlichkeit blieb bestehen. Nach und nach tauchten weitere **Vermutungen** und erste Beweise über die illegalen Geschäfte und die Verwicklungen der Firma auf. Noch immer – die Affäre machte jetzt auch im Ausland Schlagzeilen – leugneten die Manager des Betriebes eine Beteiligung und Verwicklung. So nahm das Schicksal der Firma seinen Lauf... Schonungslos kam alles an die Öffentlichkeit, der Ruf war hin, sogar die Mitarbeiter der Firma wollten mit dem Betrieb nichts mehr zu tun haben. Hätte die Firmenleitung eine offene Informationspolitik betrieben, ihre Fehler eingeräumt und die Presse nicht bewusst hinters Licht führen wollen, der langjährige Imageverlust wäre weniger dramatisch ausgefallen!

Nicht nur Mittelstandsbetriebe, auch Konzerne werden von Krisen überrascht und oft ist die Reaktion eines Großunternehmens

29 Vgl. Herbst, Dieter: Krisen meistern durch PR, Neuwied 1999

nicht anders, als bei unbedarften Kleinbetrieben. Als DaimlerChrysler vor einigen Jahren seine A-Klasse auf den Markt brachte, wurden die Modelle durch Testzeitschriften geprüft. Beim so genannten Elchtest, einer abrupten Fahrtrichtungsänderung bei circa 60 km/h, kippte der Testwagen um: Die Konstruktion der Hinterachse und der Schwerpunkt des Wagens ließen zu wünschen übrig. Mehrere Autozeitschriften, aber auch „Der Spiegel", sorgten sich um die Sicherheit der Fahrgäste beim A-Modell des angeblich besten Automobilbauers der Welt. Die späte **Reaktion** des Unternehmens war zunächst alles andere als professionell in Sachen Krisen-PR: der Test wurde angezweifelt, er sei keine typische Fahrsituation, man beteuerte die eigene Sorgfalt in der Konstruktion und in den Testreihen, Fehler bei der Achskonstruktion wurden kategorisch ausgeschlossen, den Journalisten wurde der Vorwurf unseriöser Berichterstattung gemacht. Erst zwei Monate nach dem akuten Presserummel wurde die DaimlerChrysler-PR besser und der Automobilhersteller kündigte eine Verbesserung des Fahrverhaltens durch den Einbau des ESP (Elektronisches Stabilitätsprogramm = Fahrwerkskontrolle) an sowie die Nachrüstung der bereits verkauften Modelle mit dem System. Fazit: eine zu späte, teilweise imageschädigende Reaktion. Zugute halten kann man dem mittlerweile zweitgrößten Autokonzern der Welt nur das Bild: dass ein Tanker eben länger zum Abbremsen braucht als ein Schnellboot, also die Reaktionen eines Großunternehmens träger sind als jene von Kleinbetrieben, die normalerweise flexibler im Spurt und im Abbremsen sind.[30] Ähnliches kann auch über die Pressearbeit der Firma Audi zum Sportwagen TT gesagt werden: Den Unfallopfern des im Hochgeschwindigkeitsbereich jäh ausbrechenden Wagens warfen Firmenvertreter in Fachblättern mangelndes Fahrkönnen vor. Eine Sammelklage bezüglich der Schleudersicherheit bei ho-

30 Vgl. Töpfer, Armin: Die A-Klasse, Neuwied 1999. Die Analyse des Kollegen zum PR-Auftritt von DC ist im Gegensatz zur hier vertretenen Meinung voll des Lobes über die professionelle Reaktion der DC-Kommunikation. Die Ergebnisse der Untersuchung dürfen jedoch mit Vorbehalt betrachtet werden, da subjektive Kriterien eine Rolle bei den Beurteilungskriterien spielen, wie z. B. was eine „schnelle Reaktion" eines Unternehmens ist.

hen Geschwindigkeiten war die Folge. Fazit: Der Audi TT bekam doch eine Schleuderkontrolle.

Dass auch politische Parteien oder Institutionen nicht immer professionelle Informationspolitik im Krisenfalle betreiben, zeigt der Spendenskandal in der CDU 1999 bis 2000: Die Schwarzgeldkonten von vermeintlich unbekannten Spendern wurden erst nach und nach zugegeben, Leugnen, Abwiegeln, Verschleiern war die Taktik der Parteioberen, bis schließlich ein parlamentarischer Untersuchungsausschuss und die Presse einen Teil der Geldflüsse, der Spender und die mit der **Verschleierung** betroffene Personen decouvrierte. Die Beispiele unzureichender Krisen-PR ließen sich fortsetzen, denn kein Unternehmen oder keine Organisation ist gegen Krisen gefeit. Allenfalls eine rasche Reaktion, weitest gehende Offenheit durch Aufklärung, Information und Dialog mit den Medien lassen nachhaltigen Imageverlust vermeiden. Eine umsichtige Pressearbeit versucht deshalb schon im Vorfeld, Krisen vorweg zu denken.

12. PR zur Aufdeckung von organisatorischen Problemen und Defiziten

Ein weiterer Punkt, warum Presse- und Öffentlichkeitsarbeit notwendig ist: Interne wie externe Probleme eines Betriebes können durch sie entdeckt, angesprochen und diskutiert werden, durch sie können Lösungswege aufgezeigt werden.

Pressearbeit setzt analytische Bestandsaufnahmen von Abläufen im Unternehmen oder der Organisation voraus. Durch diese Tätigkeit werden betriebliche Teilbereiche, Funktionen und Arbeitsweisen zur Sprache gebracht und thematisiert. Solange Probleme nicht angesprochen werden, existieren sie nicht, treten nicht ins Bewusstsein der Firmenleitung. Erst durch die Analyse der Defizite und das Ansprechen von Problemen, z. B. im Bereich der innerbetrieblichen Kommunikation, wird man ihrer gewahr und sie treten ans Licht der internen Öffentlichkeit des Unternehmens. Diese Probleme können intern als **organisatorische Fehlleistungen**, als **verfahrensspezifische Hindernisse**, als **produktionsbedingte Probleme** wahrgenommen werden. Extern können sie beispielsweise in der Entdeckung von

Vertriebsdefiziten, von **Qualitätsmängeln** bei Produkten aber auch in der Feststellung eines **Imageverlustes** bei Händlern und beim Kunden liegen. Die Einrichtung von PR- und Öffentlichkeitsarbeit kann helfen, auch nicht unmittelbar mit Kommunikationsdefiziten zusammenhängenden Problemen oder auf sie zurückzuführende Ursachen auf die Spur zu kommen (Spill-over-Effekte).

Ein **Beispiel**: Als Kommunikationsberater eines mittelständischen bayerischen Elektronikunternehmens wurde ich mit der Realisierung einer Informationsbroschüre beauftragt, die sämtliche Leistungsbereiche und speziellen Lösungswege für etwaige Produktionsaufträge darstellen sollte. Bei der Konzeption und der Recherche in den einzelnen Geschäfts- und Tätigkeitsbereichen wurde dem Unternehmen und mir schmerzhaft bewusst, dass keine der vielen Abteilungen irgendwelche schriftlichen Vorgaben über ihre jeweiligen Ziele und Methoden hatte, also über das, was sie überhaupt tat. Der einzige Anhaltspunkt der Mitarbeiter war ein allgemein definiertes Qualitätssicherungs-Handbuch, dessen wichtigster Inhalt das Organisationsdiagramm der Firma war. Die Geschäftsleitung ließ daraufhin alle betroffenen Bereichsleiter auf ein bis zwei Seiten DIN A4 skizzieren und definieren, worin ihre Aufgaben, ihre Arbeit und ihre Ziele bestanden und welche Maßstäbe sie für diese Tätigkeiten in ihren Abteilungen und Teams setzten. Diese Bereichsdefinitionen schafften organisatorisch gesehen die Abgrenzung der Aufgabenbereiche, die sich vorher überlagerten und zu Kompetenzüberschneidungen geführt hatten.

Solche und ähnliche Situationen findet man in vielen mittelständischen Betrieben:

Ein Maschinenbauunternehmen mit über 200 Mitarbeitern und nicht ganz schlechter Marktpositionierung hatte beispielsweise eine zentrale Mitarbeiterstelle für Verkaufsförderung eingerichtet. Der Mitarbeiter war auch zuständig für das Werbematerial und dessen Gestaltung, das Pressematerial und seine Formulierungen, die Anzeigenschaltung und Mediaplanung, die Prospekte und ihre Entwürfe, die Prospektverteilung etc. Die Person war allein, ohne zusätzlichen Mitarbeiter für diese Aufgaben zuständig und damit auch hoffnungslos überfordert. Darüber hinaus hatte sie keinerlei **Kompetenzen** und **Handlungsspielraum**, sondern musste jeden Satz, jeden grafischen Entwurf von mehreren Stellen, inklusive des Geschäftsführers, genehmigen lassen, jeder Druckauftrag, jeder externe Textentwurf musste abgesegnet werden, über Fremdkosten durfte sie nicht entscheiden und wenn Rechnungen zu bezahlen waren, wurden sie von den Auftragnehmern an die Geschäftsleitung geschickt und lagen dort monatelang, weil dort ja wichtigere Aufgabe wahrgenommen wurden... Nichts kam in vertretbarem Zeitrahmen zustande, die Qualität des Informationsmaterials war inhaltlich, optisch und in der technischen Umsetzung einfach mangelhaft, die Organisation und Abwicklung von Infomaterial zu Werbezwecken ging nur zeitraubend vonstatten. Erst mit der Einführung geplanter und aktiver Kommunikationsarbeit wurde klar: Hier muss grundsätzlich der gesamte Betrieb marketing- und kommunikationsfreundlicher werden, ja, die gesamte Organisation muss in Bezug auf den Informationsfluss, die Marketingstrategie und die Zusammenarbeit von Produktion, Vertrieb und Öffentlichkeitsarbeit umorientiert und verbessert werden. Die Fehlleistungen in der Werbe-, PR- und Verkaufsförderungskommunikation gingen deshalb nicht auf das Konto des Mitarbeiters, sondern auf das des Managements. Dieses war nicht in der Lage, die Bedeutung des Aufgabenbereiches wahrzunehmen und diesen entsprechend auszustatten und zu besetzen.

So gesehen kann man die Presse- und Medienarbeit nicht hoch genug einschätzen, hat sie doch fruchtbare Effekte weit über ihren eigentlichen Wirkungsbereich hinaus. Ich bin überzeugt, dass eine mit entsprechender Kompetenz und einer fähigen Person ausgestattete PR- oder Kommunikationsposition in vielen kleineren und mittleren Unternehmen, intern und extern, viel Gutes, Sinnvolles und Nützliches für den Betrieb tun kann.

Natürlich können nicht alle organisationsbedingten Probleme in einem Betrieb durch PR- und Kommunikationsarbeit aufgedeckt oder gar gelöst werden. Für die professionelle Analyse komplexer organisatorischer, interner und externer Kommunikationsprobleme sowie deren Lösung durch weiter reichende Leistungen stehen spezialisierte externe Berater oder Agenturen zur Verfügung.

13. Sparzwänge, Rezession? Kürzen in der PR- und Öffentlichkeitsarbeit?

Gute Zeiten, schlechte Zeiten – Unternehmen sind dem Markt und seinen konjunkturellen Schwankungen unterworfen. Kein Unternehmen erzielt kontinuierlich über Jahre hohe Wachstumsraten, denn nicht immer geht es Unternehmen nur gut. Machen Betriebe gute Umsatzrendite, ist das Geld für Ersatz- und Neuinvestitionen da, aber auch für andere Aufgaben vorhanden, die nicht ein rasches „return-on-investment" versprechen. Zu diesen Aufgaben, die nicht sofort schnelle und sichtbare Gewinne versprechen, gehören die PR- und Kommunikationsarbeit. Aus diesem Grund wird bei PR-Arbeit, aber auch in der Werbung radikal gespart und gekürzt, sobald sich die wirtschaftliche Lage und die finanzielle Liquidität eines Unternehmens verschlechtern, sei dies nun aufgrund hausgemachter Fehler oder auch aus konjunkturbedingten Gründen.

Radikale **Sparmaßnahmen** in den Bereichen Kommunikation sind jedoch fehl am Platz! Gerade in solchen Zeiten darf effiziente PR-Arbeit nicht ausgesetzt oder reduziert werden! Das klingt wie die berühmte betriebswirtschaftliche Binsenweisheit: in schlechten Zeiten für die besseren Zeiten investieren oder anders „antizyklisch". Alle reden davon, aber niemand hält sich dann wirklich daran. Das gilt auch für die Presse- und PR-Arbeit. Kommunikationsarbeit darf in einer Konjunkturflaute nicht auf absolute Sparflamme reduziert werden, denn die Folgen können gravierend für die Weiterentwicklung des Betriebes sein. Wichtige Argumente für eine maßvoll gekürzte Fortführung der PR-Arbeit sind:

- PR-Arbeit muss gerade in schlechten Zeiten unter Umständen verstärkt eingesetzt werden, um mögliche einschneidende Kürzungen im Werbeetat (Prospekte, Broschüren, Anzeigen etc.) auszugleichen und abzufedern. Die Pressearbeit hat dabei den Vorteil, dass sie in der Regel mit weniger Fremdkosten (Grafik, Druck) auskommt, ihre Wirkung aber in den für ein Unternehmen wichtigen Bereichen (Zeitungen, Fachzeitschriften etc.) gut ist.
- Die Markt- und Massenkommunikation geht auch in schlechten Zeiten weiter; dem Markt der Informationen ist es gleichgültig, ob sich ein Unternehmen weiterhin an der Information des Marktes und der Öffentlichkeit beteiligt oder einfach nicht mehr im Gespräch ist. Andere Unternehmen treten an seine Stelle und ersetzen mit ihren Informationen die Inhalte des „ausgestiegenen" Betriebs.
- Ist ein Unternehmen erst mal aus dem Gespräch, sind die späteren Investitionen (wenn also wieder Geld da ist), um sich wieder

einzuklinken, ungleich höher, und die Zeitdauer, bis die PR-Arbeit nach ihrem Aussetzen wieder erfolgreich wirkt, ist entsprechend länger. Oft muss sogar ein ganz neuer Kommunikationsansatz gefunden werden.

- Ein weiterer Grund liegt in der Psychologie. Es kann fatal für einen Betrieb sein, wenn er offensichtlich an der Kommunikation spart. Die Reaktion der Kunden und Käufer, der Verkäufer, der Händler, der Medien und der Öffentlichkeit kann sein: „Die sind schwer angeschlagen", Gerüchte entstehen, das Image kann schlechter werden, als die Lage tatsächlich ist, eine Spirale nach unten ist die Folge.

Der Sparzwang darf also nicht dazu führen, dass die eigentliche Presse- und Kommunikationsarbeit durch radikale Kürzungen zum Erliegen kommt. Der **Kostendruck** wirft bei vielen Unternehmen die falsch gestellte Frage auf: „Was können wir uns unter Kostengesichtspunkten noch leisten?" Die eigentlich zu stellende Frage sollte jedoch lauten: „In welcher Form können wir uns das, was wir tun müssen, leisten?" Auf einen einfachen Nenner gebracht: Nicht die Inhalte, nicht die Informationen dürfen reduziert werden, sondern an ihrer Form, an ihrer „Verpackung" kann eingespart werden. Kürzungen sollten deshalb nie ans „Eingemachte" der Pressearbeit oder auch der Werbung gehen.

Richtig ist, dass offensichtliche Kosten wie z. B. Fremdkosten für Prospekte (Grafik, Papier, Druckqualität, Auflage), Kosten für Pressemeldungen (Seitenumfang, Begleitfotos, Versand), für Telefonaktionen (Gebühren, Zeitaufwand), für Verkaufsevents (Höhe der Mieten, Messestandgröße), für umfangreiche Pressekampagnen (Planung, Versand, Porto), für die Haus- und Kundenzeitschrift (Druck, Papier, Farbe, Auflage), für Sponsoring und dessen Begleitmaßnahmen etc. eingespart werden können. Richtig ist auch, dass bei den Fahrtkosten für Pressebetreuung, dass bei Einladung von „Pressemenschen" gespart werden kann. Wenn die Presse- und Medienarbeit über externe Berater läuft, kann man auch den Beratungsumfang reduzieren und bei den Honoraren einsparen. Nie darf jedoch der Eindruck entstehen, dass Sie es sich nicht mehr leisten können, Ihre Presse- und Medienarbeit, Ihre Öffentlichkeitsarbeit zu betreiben. Besser ist es, z. B. bei Auflagen (niedriger), bei den Fotos (schwarzweiß statt vierfarbig), bei Events (weniger Sponsorgelder) etc. zu sparen, als Informationen, die für den Markt und die Öffentlichkeit interessant wären, zu schieben, also aus Kostengründen später zu publizieren.

Effiziente PR-Arbeit muss deshalb gerade in schlechten Zeiten besonders wirkungsvoll organisiert, sorgfältig geplant und gezielt eingesetzt werden. Wichtig ist es deshalb z. B., seine Zielmedien, seine Zielgruppen und den **Umfang** bzw. die **Menge** der hinausgehenden Informationen zu überprüfen. Welche Maßnahmen können weggelassen werden? Was war erfolgreich und darf nicht aufgegeben oder vernachlässigt werden? Kann man die **Frequenz** der Aktionen und Maßnahmen reduzieren und bleibt die Präsenz in den Medien und in der Öffentlichkeit trotzdem weitgehend erhalten? So optimiert bzw. „abgespeckt" kann Öffentlichkeitsarbeit einem Unternehmen auch während einer wirtschaftlichen Rezession ein langfristiger Erfolgsfaktor sein, der Markt- und Absatzschwierigkeiten dämpfen oder reduzieren hilft.

14. Neue Kommunikationstechnologien: „Medienabstinenz" führt zu Kommunikationsdefiziten

Nicht erst seit dem **Internet** ist klar, dass neue Kommunikationstechnologien die vorhergehenden nie komplett verdrängen sondern meist komplementär zur Informationsverteilung verwendet und eingesetzt werden. So brachte erst das duale System des Fernsehens (öffentlich-rechtliche Sendeanstalten und private Sender) in Deutschland einen Boom der Fernsehwerbung, jedoch ohne die Radiowerbung komplett zu verdrängen oder auch die Werbeanzeigen in den Zeitungen oder Magazinen zu ersetzen. Bis heute ist die Printwerbung dem Werbevolumen nach die umfangreichste Form der Werbung geblieben.[31] Auch die immer extensivere Nutzung des Internet durch private User, durch Firmen und Institutionen hat zwar dem neuen Medium eine enorme Werbeflut (z. B. durch Ban-

31 Vgl. Werbung in Deutschland 2001, op. cit.

ner, Popups, Flashanimationen etc.) gebracht, weder der Fernsehwerbung noch der Printwerbung hat der Boom jedoch Abbruch getan.

Für die Verteilung und Plazierung von Informationen ist aber jedes neuartige Medium enorm wichtig, bietet es doch meistens eine neue Möglichkeit der Präsentation und eine neue Form von Inhalten. Darüber hinaus spricht es meistens andere Zielgruppen an als bestehende Medien. Je größer das Publikum des neuen Mediums und je häufiger die Nutzung des neuen Kommunikationskanals wird, umso vielfältiger sind auch die Arten seiner Nutzung. Das bedeutet, dass das neue Medium von den Rezipienten oft als zusätzliches, meist als ergänzendes und in den seltensten Fällen als substituierendes Medium verwendet wird. Daraus ergibt sich eine Art Zwang für die Kommunikatoren und Informationsverteiler: Sie müssen das neue Medium für ihre Zwecke einsetzen und nutzen, damit sie auf dem neuen Kanal, den neuen Informationswegen präsent sind. Je stärker also ein neues Medium vom Publikum akzeptiert und genutzt wird, umso interessanter wird dieses für die Informationsverteiler, wie Kommunikations- und PR-Leute in den Betrieben und Institutionen, die Marketingleute und die Werbetreibenden.

Nutzen sie es nicht, tritt genau jener Effekt ein, der schon im Kapitel über die Informationsgesellschaft erwähnt wurde: Sie gehen unter in der Informationsflut und werden auf dem neuen Kanal nicht wahrgenommen. Ein komplett neuer, möglicherweise innovativer Kommunikationsweg bleibt ihnen dadurch verschlossen. Die möglichen neuen **Formen** und **Wege** Informationen und Inhalte darzustellen und zu präsentieren wird so zum Vorteil von anderen Anbietern. Waren diese neuen Kommunikationsformen im Falle des Fernsehens beispielsweise kurze Placements von Produkten im redaktionellen Bereich von Magazinsendungen oder die Sponsorships von Serien oder Spielfilmen in Trailern, so sind diese Möglichkeiten beim Internet die Präsentation von Schrift-, Bild-, Video- und Wort- bzw. Soundinformationen in Form von Dateien, die auf dem Netz hinterlegt werden und dort abgerufen werden können. Auch die technischen Möglichkeiten des neuen Mediums bleiben den Firmen, die „Medienabstinenz“ betreiben, verschlossen: An der Weiterentwicklung des Internets nehmen sie nicht teil und der Zeit-

und Kostenaufwand, sich zu einem späteren Zeitpunkt in die Möglichkeiten einzuklinken, ist größer. Die Defizite lassen sich zwar durch Beratungsleistungen ausgleichen, bedeuten jedoch eine Art Aufholjagd, um auf den Stand des Marktes zu kommen bzw. den Vorsprung der Wettbewerber aufzuholen: Mehr **Know-how**, mehr technisches Equipment und Software wird benötigt. Und mit jedem Innovationssprung steigt auch die Professionalität der Kommunikatoren im Vergleich zu jenen, die an der Entwicklung nicht teilhaben, in dem Maße, wie ein neues Medium sich etabliert. Es entstehen Unterschiede in der Präsentation, der Darstellung der zu verbreitenden Inhalte, z. B. im Interface-Design, in der Interaktivität, in der User- und Bedienerführung. Auch im Falle des Internets gilt der Marketingspruch: Nicht die Großen fressen die Kleinen sondern die Schnellen die Langsamen.

Seit Ende der 90er Jahre war es bereits zu beobachten, dass der Anteil der **Cyberfreaks** im Internet zugunsten der professionellen User zurückging. Während der surfende Cyberfreak das Internet als Spielwiese (z. B. in Chats, in Online-Spielebereichen) oder als Unterhaltungsmedium (z. B. in Downloads von Musik-, Bild- und Video-Dateien) begreift, nutzt es der Informationssucher für seine beruflichen Zwecke und sucht gezielt bestimmte Homepages oder Websites über Suchmaschinen oder Portale auf. Er verlangt gezielte Informationen und nutzt das Netz für Recherchen einerseits, aber auch zur Plazierung eigener Informationen andererseits. Der Anteil dieser **Profi-User** wird in den kommenden Jahren weiter steigen, wie auch die Zahl der User, die das Netz und seine interaktiven, multimedialen Möglichkeiten aus Bequemlichkeitsgründen verwenden, z. B. für das Onlinebanking oder zur Bestellung von Waren und Gütern oder der Inanspruchnahme von Dienstleistungen (E-Commerce).

Im Internet bildet sich, belegbar durch die steigende Zahl der Internetanschlüsse und die Masse der damit einhergehenden Webclicks, Page Impressions und Adclicks (allein in Deutschland rund 3 Milliarden im Jahr 2000),[32] eine netzspezifische Öffentlichkeit heraus, die abhängig von den Interessen der User in zwei große

32 Vgl. IVW-Praxis Nr. 34, a.a.O., http://www.ivw.de/news

Gruppen einzuteilen ist. Einerseits sind es die **Online-Workers**, also die berufsbezogenen Nutzer (s. o.), die für mögliche PR-Aktivitäten im Netz eine wichtige Rolle als Multiplikatoren spielen. Sie sind weitgehend immer online, als Journalisten, als Webmaster, als Experten jeglicher Couleur und vermutlich ausgestattet mit dem neuesten Computer bzw. Net-Equipment. Andererseits lassen sich die **Public-Surfer** ausmachen, die das Netz zu unterschiedlichsten Zwecken und abhängig von ihren individuellen Interessen nutzen. Sie sind damit eine eher diffuse, für die PR im Netz eher als potentielles Massenpublikum zu bezeichnende Zielgruppe. Sie rufen zufällig, ereignisbezogen und abhängig von ihren aktuellen Interessen Informationen ab,[33] verwenden Suchmaschinen, um zu wissenswerten Informationen zu gelangen, und halten sich in Communities, Foren und Spezial-Chats nicht regelmäßig, sondern gelegentlich auf.

Beide Zielgruppen bzw. Teilöffentlichkeiten gehen Unternehmen und Organisationen sowie deren Kommunikatoren verloren, wenn sie nicht Informationen zur Verfügung gestellt bekommen oder mit diesen versorgt werden, z. B. über E-Mails, Newsletters oder Communities. Exemplarisch steht deshalb das Internet für Kommunikationstechnologien, die den Unternehmen neue Wege der Information bieten, wenn nicht sogar aufdrängen. Dieser Zwang zum Einstieg in PR-Aktivitäten lässt sich auf alle neuen Medien übertragen, denn die nächste Kommunikationstechnologie steht uns unmittelbar bevor: Die Ära des **Interaktiven Fernsehens**. Diese Mischung aus Fernseh- und Internetangebot verbindet die Einwegkommunikation des traditionellen TV mit den Möglichkeiten des World Wide Web. Der Zuschauer ist dann zugleich Surfer, der Informationsanbieter zugleich Programmgestalter. Auf den PR-Kommunikator kommt damit eine neue Herausforderung zu, die er mit den eventuell bereits im Internet gemachten Erfahrungen, wie beispielsweise der Gestaltung von interaktiven Websites, besser und reibungsloser meistern kann. Mehr zur PR im Web in Kapitel VIII.4.

33 Vgl. Fuchs, Peter/Möhrle, Hartwin/Schmid-Marwede, Ulrich: PR im Netz, Frankfurt/Main 1998, S. 99–111

15. Strategische Neu- oder Umorientierungen wahrheitsgemäß publik machen

Ob es die Übernahme von Mannesmann Mobilfunk durch Vodafone war, die Mehrheitsbeteiligung von Kathrein an Grundig, der Kauf von Boss durch die Marzotto-Gruppe oder die Fusion von Daimler-Benz mit Chrysler – **Überkreuzbeteiligungen**, **Fusionen**, **Firmenkäufe** oder **Teilverkäufe** sind immer ein wichtiger Grund, an die Öffentlichkeit bzw. die Medien zu gehen, und zwar möglichst frühzeitig. Den Profis der Public Relations und Unternehmenskommunikation ist dies nicht neu: Je länger die Gerüchteküche im Vorfeld einer strategischen Neu- oder Umorientierung von Unternehmungen kocht, desto unberechenbarer werden die Reaktionen der Medien und der Öffentlichkeit. Gerade in den Zeiten von Massenaktionären, den so wichtigen Investor Relations (vgl. Kap. VIII.3.), einem gewaltigen Medienrummel um Wirtschaftsunternehmen und ihre Geschäftsführer oder Vorstände ist professionelle Kommunikation entscheidend für eine Vielzahl von Faktoren, die einem Unternehmen in Form von Gerüchten, Vermutungen und Emotionen zum Vorteil oder Nachteil werden können. Solche Geschäfte im großen Stil sind also immer eine wichtige Begründung bzw. ein notwendiger Anlass, gezielte und medienwirksame, aber vor allem glaubwürdige Pressearbeit mit nachvollziehbaren Inhalten und Begründungen zu betreiben.

Beispiele: Die Aktie der privatisierten Deutschen Telekom war von Anbeginn ein Shootingstar am Aktienmarkt. Das Image des Unternehmens wurde in der Öffentlichkeit durch eine wirkungsvolle TV-Werbekampagne (Testimonial: Manfred Krug) aufpoliert und die Wirtschaftspresse jubelte den Vorstandsvorsitzenden Sommer in den Himmel. Die Vorteile des Unternehmens, sein Know-how, seine Kapazitäten im Festnetzbereich und die Liberalisierung des Marktes wurden hervorgehoben. Die Telekom-Aktie wurde zur ersten Volksaktie der Deutschen, die ihre Rente mit dem Papier absichern wollten. Drei Jahre später waren die Märkte geöffnet und die Konkurrenz machte dem Telefonriesen zu schaffen, eine Fusion mit der Telecom Italia scheiterte. Hinzu kamen Ankündigungen von Aufkäufen in den USA, die das Unternehmen zum globalen und nicht nur europäischen

Player machen sollten – und der Kurs der Aktie fiel. Als Anfang des Jahres 2001 auch noch Gerüchte aufkamen, bei der Bilanzierung des Unternehmenswertes seien die Immobilien der Tochtergesellschaft als zu hoch eingestuft worden, war es vorbei mit dem guten Image des ehemaligen Staatsbetriebes und der Kurs des Telekompapiers fiel unter seinen ursprünglichen Ausgabekurs. Das Gezeter der Aktionäre war groß, die Vorwürfe gegen den ehedem als so genial gepriesenen Chef rissen nicht ab und das Misstrauen in der Öffentlichkeit, nicht nur der Aktionäre, stieg.

Hätte der Konzern nicht nur einen hohen Aktienausgabepreis erzielen wollen, hätte er die Öffentlichkeit auch über die Risiken des Marktes aufgeklärt, hätte der öffentlichkeitshungrige Star-Vorstand nicht im Größenwahn die ganze Welt erobern wollen und vor allem: wären die Wertberichtigungen der Immobilien gleich anfänglich erfolgt – der **Absturz** des Images und der Aktie wären wohl nicht so gravierend gewesen. Zu einer offenen Informations- und Kommunikationspolitik gehört eben Mut und das langfristige Ziel des Vertrauenserwerbs der Märkte, Investoren und der allgemeinen Öffentlichkeit. Die strategischen Schritte des Unternehmens hätten mit wahrheitsgemäßer PR- und Pressearbeit sicher erfolgreicher begleitet werden können.

Auch am **Beispiel** der DaimlerChrysler-Fusion lässt sich ein wesentliches Manko festhalten: Obwohl sich die Konzernleitung mit dem Vorstandsvorsitzenden Schrempp bei Daimler-Benz über die Risiken des Übernahmegeschäfts vom Chrysler im Klaren war, wie Anfang 2001 bekannt geworden war, wurde die Öffentlichkeit mit Schlagworten wie „Daimler als Welt-AG“ oder „Daimler als künftig größter Fahrzeugproduzent“ geblendet. Statt als Aufkäufer auftreten zu können, musste der smarte DaimlerChrysler-Chef sich eingestehen, dass das Unternehmen seit dem Verfall der Aktie selbst als Übernahmekandidat gelten konnte, denn die DC-Aktie war 2001 nur noch die Hälfte wie vor der Fusion wert. Hätte Herr Schrempp eine verantwortungsbewusstere Politik betrieben, hätte er eine dementsprechende Informationspolitik zugelassen, das Image von DaimlerChrysler wäre wohl heute weniger in Mitleidenschaft gezogen worden, als dies der Fall ist.

Strategische Unternehmensentscheidungen müssen deshalb mit einer Pressarbeit begleitet werden, die über die Risiken und die Unwägbarkeiten ebenso aufklärt wie über die Chancen und Vorteile.

Dies gilt auch für den Mittelstandsbetrieb, der sich möglicherweise neue Geschäftsfelder erschließt, mit einem Partnerunternehmen kooperiert, eine Tochterfirma verkauft oder einen Betrieb übernimmt. Bei solchen weit reichenden Entscheidungen, die einen Betrieb zum Star machen können, aber auch in den Bankrott treiben, hat die Öffentlichkeit auf nationaler oder auch auf regionaler Ebene das Recht auf **wahrheitsgemäße, aufklärende Information**, um dem möglichen Fall vorzubeugen, also um den Menschen auch die Risiken unternehmerischen Handelns zu verdeutlichen.

Schließlich ein weiterer Aspekt, bei strategischen Entscheidungen Pressearbeit zu forcieren: Bei der Entstehung eines neuen, fusionierten Unternehmens werden zwei zunächst noch getrennte Teilöffentlichkeiten bzw. Zielgruppen zusammengebracht. Diese beiden zusammenzuführen über klärende Informationen und offene Kommunikation wird dem neu entstehenden Unternehmen einen Vertrauensvorschuss bringen. In diesen Fällen gilt es, lange vor der eigentlichen Fusion mit der PR-Kommunikation zu beginnen, um die Interessierten auf die neue Situation, die neue Gemeinsamkeit vorzubereiten und die neue Identität in den Medien und der Öffentlichkeit herzustellen.

Ein weitgehend gelungenes **Beispiel** hierfür war die Fusion von Hoechst und Rhône-Poulenc zum Unternehmen Aventis im Jahr 1999. Bereits Monate vor dem Start des fusionierten Betriebes wurde die Öffentlichkeit in den Nachrichten, Fachblättern und in der Tagespresse auf die Verschmelzung befriedigend vorbereitet. Ähnlich wie in den beiden anderen Beispielen war der Schritt zur Fusion von Hoechst mit einem Ex-Konkurrenten mit Risiken verbunden, denn die Sparte der Landwirtschaftsprodukte musste aus dem neuen Konzern im Jahr 2000 aus Rentabilitätsgründen ausgegliedert werden. Dennoch war in diesem Falle die öffentliche Reaktion weniger rabiat in ihrem Urteil und dem weitgehend guten Image von Aventis hat der Teilverkauf keinen Abbruch getan. Dies ist teilweise auch auf die erwähnte Aufklärungsarbeit im Vorfeld zurückzuführen.

16. Mangelhaftes optisches Erscheinungsbild: Mit PR kompensieren

Ein weiterer Grund, PR-Arbeit einzusetzen, ist das mangelnde optische **Erscheinungsbild** von Unternehmen. PR-Kommunikation kann hier als Kompensation eines in mehrfacher Hinsicht unzureichenden visuellen Auftritts eines Betriebes eingesetzt werden. Der visuelle Auftritt eines Unternehmens bezieht sich auf verschiedene Gestaltungsmerkmale von Werbe- und anderen Kommunikationsmitteln und reicht vom Design des Unternehmenslogos über das Layout und die Gestaltung von Produktprospekten oder Broschüren bis zur Art der Hausschrift oder zur Hausfarbe. Diese visuellen Elemente werden als Corporate Design bezeichnet und sind integraler und abgestimmter Bestandteil der Corporate Communications Strategie, die zur **Corporate Identity** führt.[34] Nur in synchronisierter Form können die Bestandteile einer Identitäts-Strategie in der Kommunikation auch zu einem Erfolg für das Unternehmen und seine Produkte werden. Als Teil einer solchen Strategie ist PR in Ergänzung zur **visuellen Kommunikation** ein Bestandteil der inhaltlich orientierten Unternehmenskommunikation. Sie kann deshalb zumindest für ihr Aufgabenfeld erfolgreich aktiv werden und wenigstens für ihren Bereich nach außen hin identitätsstiftend wirken und operieren.

Sind bei einem Unternehmen die optischen Erkennungsmerkmale zwei- oder mehrdeutig, unkenntlich oder interpretationsbedürftig, sind seine optischen Botschaften, Zeichen und Symbole nach außen eher verwirrend als identitätsfördernd. Meist geht mit dem überholungsbedürftigen visuellen Erscheinungsbild und Auftritt auch ein Mangel an Qualität in anderen Bereichen der Unternehmenskommunikation einher und das Bild des Unternehmens in der Öffentlichkeit ist verschwommen oder kaum identifizierbar. PR- und Pressearbeit kann diesem Mangel entgegenwirken und helfen, die Defizite teilweise zu kompensieren und auszugleichen. Wenn also das Firmenlogo aus den 80er Jahren des vergangenen Jahrhun-

34 Vgl. Rota, Franco: Informationsmittel des Unternehmens, München 1997

derts stammt, die Geschäftspapiere denen bürokratischer Organisationen aus den 70er Jahren ähneln und das Prospektmaterial überaltert ist und im Layout ausschaut wie aus den 60er Jahren, dann ist eine Überarbeitung des Erscheinungsbildes des Unternehmens oder einer Organisation dringlich geboten. Bis zur Einführung der Elemente von durchstrukturierten Corporate Communications kann PR vorübergehend einen modernen Auftritt symbolisieren und über intensive Präsenz, erhöhte Artikelfrequenz in Tageszeitungen, Branchen- und Fachzeitschriften sowie PR-Aktionen vorübergehend die Mängel kompensieren und gewissermaßen das Augenmerk der Öffentlichkeit und der Zielgruppen auf inhaltliche Aspekte der Kommunikation des Betriebes lenken. Allerdings ist auch die beste Öffentlichkeitsarbeit in ihrer zeitlichen Wirkung begrenzt, wenn ein Unternehmen trotz aktiver, kontinuierlicher PR im visuellen Bereich des Kommunikationsauftritts als ewig gestrig auftritt.

Zur Verstärkung und Intensivierung von öffentlichkeitswirksamer Kommunikation muss sie in solchen Situationen helfen, so rasch wie möglich ein neues Erscheinungsbild des Unternehmens einzufordern und einen Prozess der visuellen Überarbeitung der verschiedenen Elemente befördern. PR-Mitarbeiter müssen deshalb zumindest in Mittelstandsbetrieben auch über gewisse Kompetenzen und eventuell sogar Fähigkeiten in der Beurteilung und bei der Beratung der Entwicklung von visuellen Elementen verfügen und die Zusammenhänge zwischen Corporate Design, Corporate Communications, Corporate Culture und der Corporate Identity im Grundsatz nachvollziehen, verstehen können und sogar einen Beitrag dazu leisten können, diese Identitäts-Prozesse in die Wege zu leiten. Moderne PR erstreckt sich deshalb auf diesen ganzheitlichen Anspruch der Öffentlichkeitsarbeit.[35]

35 Vgl. Reineke/Eisele, op. cit., S. 51 ff

Unternehmenssituation und Pressearbeit

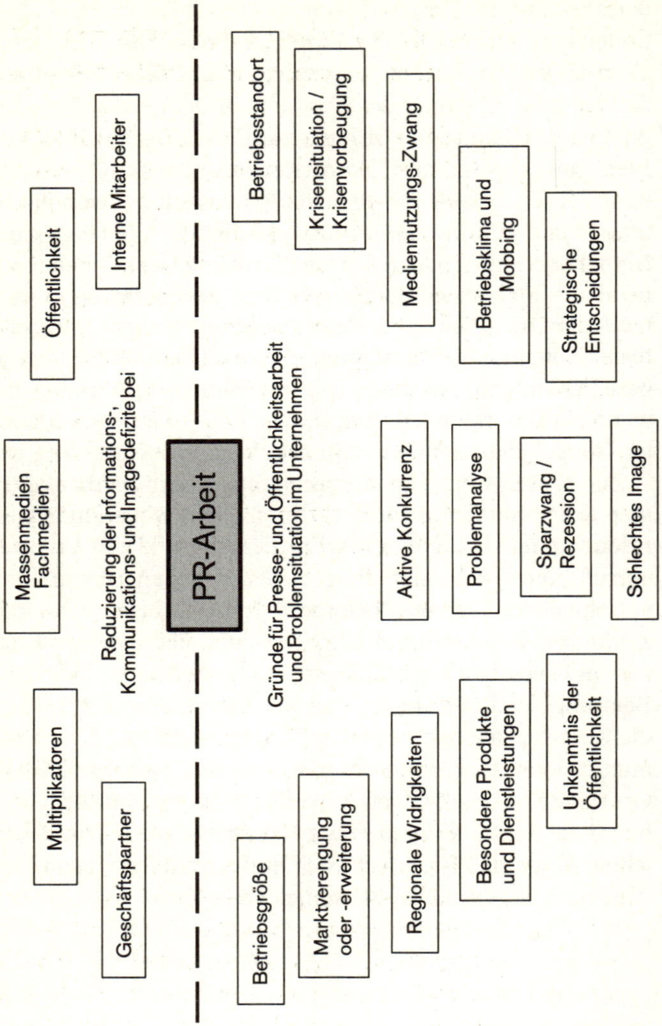

IV. Sinn und Ziel von PR- und Medienarbeit

1. Bemühung um Identifikation und Vertrauen in der Öffentlichkeit

Der Entschluss zur aktiven und geplanten Pressearbeit kann vor den genannten Hintergründen und Situationen von Unternehmen nicht mehr so schwer fallen. Was für Ziele sollte man nun als Unternehmung, als Mittelstandsbetrieb oder als kleinerer Verband dabei verfolgen?

Medien- und Öffentlichkeitsarbeit als Unternehmensaktivität hatte ihren Beginn in der Industrialisierung und der Liberalisierung der Presse seit Mitte des 19. Jahrhunderts. Im Laufe der Zeit entdeckten wichtige gesellschaftliche Teilgruppen den Wert und die Wirkung, die mit der aktiven Teilnahme am Informationsmarkt erzielt wurden. Traditionell eng mit Staat und Wirtschaft verbunden sowie durch ihre gesellschaftliche und politische Position bedingt, waren dies die Parteien und Verbände. Sicherlich war es fast zeitgleich die Industrie, die als erste große, private gesellschaftliche Gruppierung die Macht des Informationsmediums Zeitung nutzen wollte. Mit den neuen Druck- und Setztechniken gegen Ende des 19. Jahrhunderts erreichten Zeitungen und Magazine bisher ungeahnte Auflagen und damit eine breite Leserschaft. Unsere immer komplexer werdende Gesellschaft hat mit dem Beginn des 20. Jahrhunderts sicherlich die **Anonymisierung** von Menschen und die Auflösung der althergebrachten Beziehungsmuster hervorgebracht: Die Verstädterung führte zur Loslösung breiter Bevölkerungsschichten aus gewachsenen Familien- und Wohnstrukturen, im industriellen Großbetrieb kannte der Arbeiter oder Angestellte seinen Chef (den Unternehmer) nur noch vom Hörensagen oder aus den Massenmedien.

Diesen Entwicklungen musste und wollte die Presse- und Öffentlichkeitsarbeit von Anfang an entgegensteuern: Die industriellen Klein- und Mittelbetriebe konnten am Markt nur überleben, wenn sie aus der Anonymität heraustraten, ihre Namen oder Produkte bekannt machten und damit eine interne und äußere Identifikation ermöglichten. Dies geschah zunächst über den einfacheren, traditionellen Weg der Werbung und der Anzeigenschaltung. In den USA entstand die Berufsbezeichnung des „public relations counselors", also eines Beraters in Sachen Öffentlichkeit zu Beginn des 20. Jahrhunderts. Die Tätigkeiten dieser Berater waren jedoch meist kombinierte Rechts- und PR-Beratungsleistungen und betrafen die Lieferung von Informationen und vorgefertigten Artikeln an die Presse. Die wenigsten dieser auch als „advisors" bezeichneten Berater (die Ausnahmen bildeten die zwei Gründerpersönlichkeiten der PR: Ivy L. Lee und Edward Bernays)[36] boten im heutigen Sinne verstandene, umfassende Leistungen in Öffentlichkeitsarbeit an. Erst nach dem Ersten Weltkrieg entstand eine regelrechte **Profession** und PR-Büros nahmen in den USA ihre Arbeit auf; schon vor dem Zweiten Weltkrieg hatte sich so in den USA, wie in vielen Bereichen der Massenkommunikation (z. B. TV-Sendern, Rundfunk, Marktforschung), eine Branche herausgebildet, die sich in Europa erst 10 bis 20 Jahre später entwickelte.

Die aufwändigere, systematische und gezielte Presse- und Öffentlichkeitsarbeit kam auf dem alten Kontinent erst nach dem Zweiten Weltkrieg als unternehmerische Strategie auf. Zentrales Thema der nichtwerblichen Presse- und Öffentlichkeitsarbeit ist es zunächst, die Präsenz, **Identifizierbarkeit** und die **Unterscheidbarkeit** auf dem Markt der Informationen zu erhöhen, also in der Öffentlichkeit gegenwärtig zu sein. Dies gilt für die lokale wie für die nationale Öffentlichkeit.

Neben diesen allgemeinen Anliegen ist die Schaffung von gegenseitigem **Vertrauen** zwischen Unternehmen oder Organisationen und der Öffentlichkeit sicherlich das zentrale Ziel von Presse-, PR- und/oder von Öffentlichkeitsarbeit. Die Voraussetzung dafür beginnt schon im eigenen Betrieb, bei den Mitarbeitern und deren Angehörigen, setzt sich fort über die Kunden, die Lieferanten, die Kooperationspartner, die Geldgeber, erstreckt sich auf das unmittelbare Unternehmensumfeld und dehnt sich bis zum gesellschaftli-

36 Vgl. Kunczik, Michael: Public Relations, Konzepte und Theorien, Köln/Wien 1996[3], S. 3 ff

chen Rahmen aus, als dessen Teil sich eine Firma begreifen muss. Wird dieses Kommunikationsfeld des Unternehmens erkannt, kann man die Medien in diesen Prozess der Vertrauensgewinnung und -herstellung einbinden.

Dort wo das Vertrauen bereits intern gestört ist oder sich sogar über weite Teile der Bevölkerung fortsetzt, nützen auch die ausgefeiltesten Anstrengungen wenig. Ein gestörtes Vertrauensverhältnis kann nur über Jahre hinweg mit den entsprechenden Änderungen im Betrieb oder bei den Produktionsformen wiederhergestellt werden, damit das Image intern und extern verbessert wird. Die Atomindustrie in Deutschland beispielsweise hat technologisch sicherlich weltweit einen guten Ruf. Solange jedoch auf der Welt Atomunfälle stattfinden, die Entsorgungsproblematik nicht gelöst ist und die Risiken der Beherrschung unwägbar sind, werden weite Teile der Bevölkerung der Atomwirtschaft skeptisch gegenüberstehen.

Das Problem der Vertrauensbildung zwischen Unternehmen und Öffentlichkeit ist deshalb nicht ausschließlich auf den Bereich der Informationspolitik zurückzuführen, sondern auf das Erkennen von **Problemfeldern** und möglichen **Konfliktbereichen**. Solche Bereiche sind zumeist mit Reizworten belegt, mit denen sich die PR des Unternehmens auseinander setzen muss, wie etwa in den gesellschaftlichen, wirtschaftlichen, umweltpolitischen, technikfolgenbezogenen, arbeitsmarktpolitischen, kulturellen usw. Bereichen. Beispielsweise hat die Explosion unseres technologischen Wissens und die Kenntnis weiter Bevölkerungsteile über dessen Auswirkungen sicherlich dazu beigetragen, dass sich Unternehmen heutzutage über die Aus- und Nebenwirkungen ihrer Herstellungsweisen und ihrer Produktion Gedanken machen müssen. Angesichts weltweiter Umweltzerstörung mit allen angrenzenden und übergreifenden Problemen sind die im eigenen Haus stattfindende Technik- und Produktionsfolgenabschätzung wichtige Punkte im Vorfeld aller erfolgreichen Medien- und Öffentlichkeitsarbeit. Natürlich betrifft die Klärung der Vertrauensbasis, auf der Öffentlichkeitsarbeit stattfinden soll, auch den rechtlichen Rahmen und die Auflagen durch Gesetze. PR-Arbeit hat deshalb einen gesellschaftlichen externen **Bezugsrahmen** und zugleich immer einen internen Bezugsrahmen, der die Aktivitäten und Tätigkeitsgebiete des Betriebes umfasst. Beide

Bezugsrahmen zu verbinden, die Probleme anzusprechen und ihre Themen zu besetzten, das ist die Kunst einer professionellen PR.

Wenn ein Betrieb z. B. gegen Umweltschutzauflagen, das Außenwirtschaftsgesetz oder Sicherheitsauflagen in der Produktion verstößt, ist es sicherlich möglich, dies vor der Öffentlichkeit eine Zeit lang zu kaschieren. Früher oder später ist es doch so weit ... die Verantwortlichen werden „erwischt" und angeprangert. Wenn schließlich auch noch die illegale Rauschgiftproduktion bekannt wird (z. B. wie im Falle der damaligen Imhausen-Chemie im Zusammenhang mit illegalem Waffenexport) ... Solche Firmen brauchen sich erst gar nicht um Vertrauen zu bemühen. Was wollen deren Vorstände oder Geschäftsführer denn der Öffentlichkeit, der Presse eigentlich noch sagen?

2. Konkrete Schritte zum Vertrauensaufbau: Die Vier V's der PR

Einige weitere wesentliche Ziele und Leitgedanken zur Medien- und Öffentlichkeitsarbeit sollten die grundsätzliche Bemühung um Verständnis und **Identifikation** ergänzen. Der Gedanke der Pressearbeit folgt dabei einigen traditionellen, allgemein akzeptierten Überlegungen. Welchen konkreteren Zwecken also dient Presse- und Medienarbeit?

- Sie folgt der Idee „Tue Gutes und rede darüber".
- Sie ist das bewusste, geplante und dauernde Bemühen, gegenseitiges Verständnis und Vertrauen in der Öffentlichkeit aufzubauen und zu pflegen.[37]
- Ihr Sinn ist es,
  - durch Ausgleich der Interessen eine Übereinstimmung zwischen Unternehmen und Öffentlichkeit herbeizuführen, dem Unternehmen in der Öffentlichkeit Verständnis, Interesse und Anerkennung zu verschaffen und ihm das Vertrauen zu erwerben, das es verdient,

37 Vgl. Pleil, Gerhard: Öffentlichkeitsarbeit – Ein Weg zum Unternehmenserfolg, Stuttgart 1977, S. 12

- der Öffentlichkeit verständlich zu machen, dass die Unternehmung nichts anderes als ein Teil ihres eigenen Interessenbereiches ist, der ihr sinnvoll und zweckorientiert dient.[38]

Hier sei nochmals auf die Abgrenzung von PR und Werbung hingewiesen: Werbung und Werbeaktivitäten von Unternehmen konzentrieren sich vorwiegend auf das Bekanntmachen von Produkten, Produktgruppen und Dienstleistungen und bedient sich weitgehend unternehmenseigener Medien oder gekaufter Informationsräume und -zeiten (Prospekte, Kataloge, Produktinformationen, Werbespots, Anzeigen, Werbebanner, Plakate). Werbung stellt die so genannte USP, die „unique selling proposition“, also den besonderen Kaufanreiz und -nutzen, das Einmalige, das Besondere und Unterschiedliche zu Produkten der Konkurrenz vor und stellt diese Vorzüge dem potentiellen Kunden zur Kaufwahl. Dies geschieht mit Hilfe ausgefeilter und ausgeklügelter sprachlicher, optischer und psychologischer Mittel sowie einer intensiven und teilweise drastischen Bilder- und Symbolsprache, die sich vor allem in vierfarbigen Printanzeigen der Publikums- und Special-Interest-Presse und in den TV-Werbespots wiederspiegelt.[39] Hinzu kommt, dass der Schwerpunkt der Kommunikation der Werbemacher im Kontakt mit den Auftraggebern von Werbung liegt und sehr viel Abstimmungsarbeit benötigt. Mit der eigentlichen Zielgruppe haben die Werber nur in seltenen Fällen direkten Kontakt.[40]

Der Schwerpunkt der Medien- und Öffentlichkeitsarbeit liegt anders: Sie will das Unternehmen als Ganzes in Kontakt mit der Öffentlichkeit bringen und nicht einzelne Produkte ins rechte Licht rücken. Sie will die **Welt des Unternehmens** und seiner Teilbereiche, seiner Aktivitäten und Tätigkeitsbereiche darstellen, darüber im Zusammenhang gesellschaftlicher Interessen berichten und soweit nötig und möglich über Problemzusammenhängen des Unternehmens aufklären. Sie bedient sich deshalb überwiegend redak-

38 Vgl. Nitsch, Harry: Dynamische Public Relations, Stuttgart 1975, S. 26–40

39 Vgl. Hartmann, Hans/Haubl, Rolf (Hrsg.): Bilderflut und Sprachmagie, Opladen 1992

40 Vgl. Schnibben, Cordt: Im Hauptquartier der Versuchung, in: Der Spiegel, No. 26/2001, S. 68–86

tioneller medialer Aufbereitung der Inhalte Medien. Deshalb ist sie auch gezwungen, mit eher sachlichen und informativen Mitteln (Presseinformationen und -artikel) vorzugehen. Und wenn sie sich selbst produzierter Medien und Informationsmittel (z. B. Hauszeitung, Imagebroschüre, Unternehmensfilm) bedient, dann ist es das Ziel, sachliche Information über das ganze Unternehmen mitzuteilen und nicht ausschließlich Produkte oder Dienstleistungen anzupreisen und zu verkaufen. Mit ihren Zielgruppen und Teilöffentlichkeiten kommunizieren PR-Profis dagegen im Gegensatz zu Werbern durchaus über ihre PR-Maßnahmen (z. B. Pressekonferenzen, Pressekontakte, PR-Events und Unternehmensveranstaltungen).

Ein weiterer Sinn und Zweck von Medien- und Öffentlichkeitsarbeit ist es deshalb, das Unternehmen in seiner Gesamtheit darzustellen, die besonderen technologischen, produktiven, organisatorischen oder wirtschaftlichen Leistungen zu zeigen, die Verantwortung der Firma auf den verschiedensten Gebieten zu veranschaulichen und sie in einen gesamtgesellschaftlichen, politischen, kulturellen oder auch sozialen Zusammenhang zu stellen.

Diese Merkmale können als Anhaltspunkte für die gesamte Öffentlichkeitsarbeit gelten und betreffen deshalb sowohl die interne Informationspolitik wie auch die externen Aktivitäten von Unternehmen. Es ist deshalb nicht ganz unwichtig, auf die Einzelfaktoren einzugehen, die diese Ziele ermöglichen. Folgende Bedingungen bei der Erreichung und Umsetzung von Öffentlichkeitsarbeit sollten beachtet und angestrebt werden. Sie können als die **Vier V's** des Prozesses der Öffentlichkeitsarbeit bezeichnet werden und müssen immer wieder neu angewendet, ausgeübt und mit Inhalten gefüllt werden:

- **Verständigung**
  Sie ist Kommunikation im weitesten Sinne und beginnt in dem Betrieb selbst, der eine offene Informationspolitik anstreben sollte. Zur Verständigung gehören auch die Kontakte zu den Medien und deren Information, das Erwecken von Interesse und Beachtung in der Öffentlichkeit; interne und externe Kommunikation muss betrieben werden, Kritik (intern und extern) muss möglich sein.

- **Verstehen**
  Diese Bedingung betrifft die Inhalte der Öffentlichkeitsarbeit. Tatsachen, Umstände, Zusammenhänge müssen dargestellt und erklärt werden, ohne die Realität zu beschönigen. Das schafft intern und extern Einsicht und Begreifen in die Aktivitäten und Vorgehensweisen eines Unternehmens und seiner Personen.
- **Verständnis**
  Sind die beiden ersten Bedingungen erfüllt, entsteht gegenseitiges Verständnis: von den Medien für die Belange des Unternehmens, vom Unternehmen für die Belange und Interessen der Öffentlichkeit.
- **Vertrauen**
  Das Ziel des Vertrauens wird durch die ständige Anwendung und Schaffung der vorgenannten Punkte erreicht: Unternehmen, Medien und Öffentlichkeit haben gegenseitiges Misstrauen, Vorurteile und Unverständnis abgebaut, kooperieren bei der Informationsverteilung, und das Unternehmen nimmt teil am Wissensaustausch der Gesellschaft, verarbeitet und produziert Inhalte und Information.[41]

Das klingt nun alles plausibel und einleuchtend. Auch scheint Presse- und Medienarbeit, auf diese Weise skizziert, recht einfach durchführbar. Allerdings ist erfolgreiche PR ein längerfristiges Unterfangen, das oft zeitraubend und mit Rückschlägen verbunden sein kann.

3. Proaktive PR: Initiative ergreifen, Unternehmensinformationen steuern

Die neuere PR-Literatur hat diese allgemeinen Ziele verfeinert und vor allem professionalisiert. Die vier V's der Presse- und Öffentlichkeitsarbeit sind eine Art idealisierter Ablaufplan für erfolgreiche Kommunikationsleistungen. Um diese vier Bedingungen zu erreichen benötigt PR in der Informationsgesellschaft jedoch weiterreichende Bedingungen. Erst mit diesen wird Pressearbeit wirk-

41 Vgl. Nitsch, H., op.cit., S. 33f

lich professionell und noch wirkungsvoller. Dieser umfassenden Sicht des kommunikativen Umfeldes liegt eine systemtheoretische Sicht von Unternehmen, Wirtschaft und Gesellschaft zugrunde, die ein Unternehmen immer im Gesamtzusammenhang mit dem gesellschaftlichen **System** und seinen **Teilsystemen**, wie z. B. der Politik, der staatlichen Verwaltung, den Gewerkschaften, den Verbänden, den Kunden, also allgemein den Umfeldbedingungen sieht. Ein Unternehmen, ist demnach Teilsystem eines gesellschaftlichen Systems und kann nur „überleben“ und florieren, wenn es im stabilen Austausch mit den anderen Teilsystemen steht.

Hierzu einige Vorüberlegungen: In der Massendemokratie ist die Presse sozusagen Vertreter von gesellschaftlichen Gruppen und verleiht diesen über die Veröffentlichungen in der Tages- und Publikumspresse sowie einschlägigen Sendungen (z. B. Nachrichten, Reportagesendungen, Magazinsendungen) Gehör. Gleichzeitig kontrollieren diese Massenmedien mit ihrer Aufgabe als Sprachrohr der **gesellschaftlichen Gruppen** (Interessengruppen) die Politik und die Politiker, die Wirtschaft, die Unternehmen und ihre Chefs oder auch Personen des öffentlichen Lebens. Kommt es zu politischen Skandalen, wie beispielsweise zu Korruption in der Politik oder der Verwaltung, oder machen Unternehmer schmutzige Geschäfte oder verstoßen gegen Gesetze, ist die Kritik der Massenmedien und seriösen Journalisten gerechtfertigt und diese nehmen die Kontrollfunktion der Presse als vierter Macht im Staat sinnvoll wahr, verfolgen aufklärend die Ereignisse und dienen damit dem Gemeinwesen. Vor allem aber ideologienahe oder Skandaljournalisten gießen dann jedoch durch verkürzende Artikel, drastische Überschriften, unsachliche Kommentare oder tendenziell orientierte Sendungen oft Öl ins Feuer, beispielsweise in der Tendenz- und Boulevardpresse, übertreiben oder skandalisieren Sachverhalte.[42] Die gesellschaftlichen Gruppen (z. B. Gewerkschaften, Wirtschafts- und Interessenverbände, Verbraucher- und Umweltschützer etc.) werden dadurch verstärkt auf den Plan gerufen und greifen oft die Verursacher von negativen Vorkommnissen intensiv in der Presse an: Sachverhalte

42 Vgl. Schneider, Wolf/Raue, Paul-J.: Handbuch des Journalismus, Reinbek 2000^{4}, S. 11–16

werden verkürzt dargestellt, Argumente treten zugunsten von Polemik in den Hintergrund und ein Skandal nimmt seinen öffentlichen Lauf. Trifft diese geballte öffentliche Meinungsmache auf ein unvorbereitetes Unternehmen, das sich selbst schon vor dem Skandal keine positive Meinungslobby geschaffen hat, die im übertragenen Sinn ausgedrückt auf seiner Seite steht und argumentiert, ist ein lang anhaltender Imageverlust zu befürchten, der auf die späteren Geschäfte des Betriebes fatale Folgen haben kann: beispielsweise in mangelnder Kreditbereitschaft der Banken oder im Bereich der Beschaffungsmärkte eines Unternehmens beispielsweise mit erhöhten Schwierigkeiten qualifiziertes Personal und führende Mitarbeiter zu bekommen sowie schlechtere Chancen Kooperationspartner und Zulieferfirmen zu finden.

Nicht nur im Falle eines öffentlichen Skandals oder von öffentlichen Ärgernissen auf gesellschaftlicher Ebene sind Interessengruppen von Bedeutung. Während sie im öffentlichen Bereich meist die Belange großer gesellschaftlicher Gruppierungen vertreten, sind sie als begrenzbare Gruppen auch im unmittelbaren, lokalen oder regionalen Umfeld eines Betriebes zu finden. Diese kleineren Interessengruppen werden als **Stakeholder** bezeichnet. Der Begriff wurde analog der amerikanischen Bezeichnung für Aktionäre, also Shareholder, geschaffen und umfasst alle Personengruppen, die an einem Unternehmen unmittelbares Interessen haben, die jedoch über rein finanzielle der typischen Shareholder hinausreichen. Stakeholder sind alle Menschen, die aus irgendeinem Grunde im Zusammenhang mit einer Firma stehen und daraus Ansprüche (Anspruchsgruppen) ableiten.[43] Das können sein: die Behörden und örtliche Verwaltungen, die mit Genehmigungen am Unternehmen interessiert sind bzw. an denen das Unternehmen interessiert sein muss, oder Ämter, die Steuern eintreiben, die Banken, die beispielsweise Kredite geben und ihre Zinsen bezahlt bekommen wollen, es sind auch die Versicherungen, bei denen Maschinen und Anlagen, aber auch Vermögenswerte des Betriebes versichert sind. Stakeholder sind auch die Familien und Angehörigen von Mitarbeitern, die im Betrieb arbeiten und Beschäftigung haben wollen, unmittelbare

43 Vgl. Kunczik, op. cit., S. 184

Grundstücksnachbarn lassen sich dazu zählen, wie auch regionale Politiker, die in diesem Betrieb einen Wirtschaftsfaktor sehen und ein Wählerpotential wittern. Die Liste der Stakeholder ließe sich beliebig verlängern, beispielsweise um die Kunden, die Zulieferer und Kooperationspartner, die Wettbewerber usw. Sie haben alle ein Interesse am Unternehmen. Umgekehrt muss auch das Unternehmen Interesse an ihnen haben, denn es ist abhängig von ihnen und muss sie im Rahmen seiner Ziele bestmöglich über den Fortgang und die Entwicklung des Betriebes informieren. Mehr noch: Es gehört zu den wichtigsten Aufgaben der Unternehmens-PR, sich diesen Interessengruppen initiativ und aktiv zu widmen, um ein Klima des Dialoges und des Austausches zu erreichen.

Gelingen dieser **Dialog** und Austausch, so ist mit den Stakeholdern oder einem Teil der Stakeholder eine Informations- und Meinungslobby geschaffen, die das Unternehmen unterstützt und sachlich beurteilt, nicht nur im Skandalfall, sondern auch in Zeiten mit normalem Geschäftsverlauf. Wie stark Stakeholder-Überlegungen in die Unternehmens-PR eingeflossen sind, zeigen neuere Kommunikationsschwerpunkte im Bereich der Customer Relations (z. B. Kunden-Kommunikation mit After Sales Konzepten) oder auch Investor Relations (z. B. bei Aktiengesellschaften oder Start-up-Firmen).

Wie kann nun dieser initiative, so genannte „proaktive" PR-Dialog eingeleitet werden und was kann er bewirken?

Proaktiv soll bedeuten, dass Presse- und Medienarbeit sowie PR-Aktivitäten nicht nur reaktiv, also wenn ein Unternehmen schon in einer Krise steckt, aber auch nicht nur aktiv und aktuell betrieben werden, sondern PR muss initiativ und steuernd erfolgen. Es gilt deshalb, die Presse nicht nur mit Informationen kontinuierlich zu versorgen und auf dem Laufenden zu halten, sondern ihr ein Kommunikationspartner zu sein, der ihre Themenorientierung und ihre Interessen im Sinne von Aufklärung und dialogischer Kommunikation (Informationsaustausch) aufnimmt und so Informationen an gesellschaftliche Gruppen, Teilöffentlichkeiten und Stakeholder streut. Es gilt, **Initiativen** zur Kommunikation zu ergreifen und Kommunikationsvorgänge in die Wege zu leiten. Dies setzt allerdings voraus, dass Unternehmenskommunikation die gesellschaftliche

Verantwortung eines Unternehmens begreift und sich dazu auch bekennt. Die Rolle der PR- oder Kommunikationsabteilung erweitert sich damit um die Aufgabe, wirtschaftliche und gesellschaftliche Strömungen aufzunehmen, das Unternehmen damit zu verknüpfen und beide Seiten in einen gemeinsamen Zusammenhang zu stellen (wie dies auch seriöse Journalisten häufig durch intensive Recherche und eine entsprechende Aufbereitung der Informationen tun).[44] Während die vier V's dazu dienen, Pressekontakte aufzubauen, zu stabilisieren und Vertrauen bei Teilöffentlichkeiten durch Public Relations-Maßnahmen zu verankern, ist der proaktive PR-Dialog darüber hinaus geeignet, als echte Transferstelle der Kommunikation zwischen einem Unternehmen oder einer Organisation und seinem gesellschaftlichen, wirtschaftlichen Umfeld, also den Stakeholdern und Interessengruppen, zu fungieren.

Der proaktive PR-Dialog soll mehrere Bereiche fördern:

- Er unterstreicht die Funktion der Kommunikationsabteilung als **Schnitt- und Transferstelle** zwischen Unternehmen und Öffentlichkeit. PR kann damit als Kommunikations-„Fenster" begriffen werden, bei dem einerseits Informationen und Kommunikationsinitiativen aus dem Unternehmen nach außen gehen **(Window-out)**, andererseits aber auch Informationen von und über Teilöffentlichkeiten, Stakeholdern und Interessgruppen ins Unternehmen weiterleitet **(Window-in)** und hier wiederum kommunikative Reaktionen und Verarbeitungsprozesse in die Wege leitet.
- Proaktive PR kann durch ihre aktive Berücksichtigung gesellschaftlicher Entwicklungen eine Art Radar für das Unternehmen sein, der gesellschaftliche Problemthemen für das Unternehmen frühzeitig in der Entstehungsphase aufnimmt. Er ist damit ein **Frühwarnsystem** für sensible Geschäftsaktivitäten oder -bereiche des Unternehmens. Die Aufnahme gesellschaftlicher Themen und die Einbettung des Betriebes in die gesellschaftliche Kommunikation kann im günstigsten Fall zu einer ausgewogenen partnerschaftlichen **Kommunikationsbeziehung (echter Dialog)** zwischen Firma und Öffentlichkeit führen.

44 Vgl. Eberspächer, W.: Was interessiert Wirtschaftsjournalisten, in: Public Relations Forum, No. 01/2001, S. 23

- Proaktive PR ist ein **Steuerungsinstrument** für den Dialog mit der Öffentlichkeit. Durch das initiative Vorgehen hat ein Unternehmen die Chance die Kommunikationsrichtung und -inhalte zu steuern und zu lenken. Damit kann das Unternehmen möglichen Fehlinterpretationen oder Informationsdefiziten effektiv vorbeugen. Proaktive PR ist deshalb ein Instrument zur Erzielung eines Gleichgewichts zwischen Unternehmen und Öffentlichkeit.
- In wirtschaftlicher Hinsicht kann proaktive PR die Marktposition eines Betriebes stärken und festigen indem Stakeholder und Interessengruppen kooptiert werden oder indem mit ihnen kooperiert und ständig ausgehandelt wird; aus der Sicht der gesellschaftlichen Verantwortung kann er zur Stabilisierung des **Systemaustausches** zwischen dem System Unternehmen und den Teilsystemen im **Umfeld** dieses Betriebes beitragen.

Welche Betriebe kommen für diese komplexen Ziele in Betracht? Natürlich alle Großbetriebe, die sich in gesellschaftlicher Verantwortung sehen und Stellung beziehen wollen. Auch Mittelstandsbetriebe können sich in ihrem lokalen oder regionalen Umfeld dieser Verantwortung beispielsweise in den Bereichen Umweltschutz, Arbeitsplatzbeschaffung, Kultur etc. stellen. Auch das unmittelbare Umfeld bietet Gelegenheit zum proaktiven Dialog: bei strategischen Vorhaben initiativ auf z. B. die Hausbank, Grundstücksnachbarn, die öffentliche Verwaltung zugehen, ist Teil dieser PR-Strategie.

An dieser Stelle, wo man den Eindruck gewinnen könnte, dass mit PR alles zu erreichen ist, scheint es mir wichtig, auch zu erwähnen, welchen ethischen Grundsätzen Medien- und Öffentlichkeitsarbeit zu folgen hat, was sie auch nicht sein soll und was sie nicht leisten kann. Wo also liegen ihre Grenzen?

4. Ethische Richtlinien: Was Öffentlichkeitsarbeit nicht soll, was sie kann

Da sich Presse- und Öffentlichkeitsarbeit als Vermittlungsleistung zwischen den Unternehmen und Organisationen einerseits und der Öffentlichkeit andererseits begreift, muss sie zwischen diesen unterschiedlichen Interessen auch einen Weg finden, der eine Verbindung und einen Ausgleich beider in der aktiven Tätigkeit zum Ausdruck bringt. Die Organisationen der PR-Zunft in Deutschland und in Europa haben sich aus Gründen der **Berufsethik** auf einige Regeln und Richtlinien verständigt, die der PR dort Grenzen setzen soll, wo sie ihre mannigfaltigen Instrumentarien der Kommunikation missbrauchen würde und zur massiven Beeinflussung der Massen eingesetzt würde. Dies war und ist beispielsweise in diktatorischen und totalitären Staaten mit der Propaganda der Fall. Propaganda wird jedoch auch in demokratischen Gesellschaften in der politischen Kommunikation eingesetzt.[45] Im Unterschied zur PR verschleiert oder verfälscht politisch-ideologische **Propaganda** (auch „Schwarze Propaganda") den Urheber bzw. die Autoren oder die Quellen von Informationen, Botschaften und Mitteilungen. Sie verzerrt, verkürzt oder verfälscht Inhalte zur gezielten Veränderung von Bewusstseinsinhalten der Rezipienten. Ihr Ziel ist es, stark manipulativ und ideologisierend Meinungen im gesellschaftspolitischen Bereich nachhaltig im Sinne des Manipulators zu verändern und ihre Aussagen gegen andersartige Bewertungen und Analysen zu immunisieren. Nicht jede Form von Propaganda ist jedoch gesellschaftlich schädlich und kann zu Massenbewegungen und -hysterien führen. Propaganda (weiße Propaganda) wird oft auch synonym mit dem Begriff Werbung gleichgesetzt. Propaganda bezieht sich in diesem Falle nur auf die weitläufige Verbreitung von Werbebotschaften und Inhalten. Die Gefahr, PR mit den Methoden schwarzer Propaganda zu betreiben, ist jedoch nicht von der Hand zu weisen.

Aus diesem Grund besteht seit Mitte der 60er Jahre ein offizieller Verhaltenskodex, der für die in der Öffentlichkeitsarbeit tätigen Agenturen und ihre Mitarbeiter, aber auch für die Öffentlichkeitsarbeit im Unternehmen eine Orientierung sein soll. Einige dieser internationalen Richtlinien, die von der **C. E. R. P.** (Confédération Européenne des Relations Publiques = Europäische Dachorganisation der PR-Arbeiter) verabschiedet und von der **DPRG** (Deutsche Public Relations Gesellschaft) übernommen wurden, sollen hier zitiert werden.

45 Vgl. Diesener, G./Gries, R.: Propaganda in Deutschland, Darmstadt 1996

Demnach soll der Öffentlichkeitsarbeiter folgende Grundsätze als **Verhaltenskodex** akzeptieren:

- Die Schaffung und Förderung von Kommunikationsformen und -mitteln, die es durch Ermöglichung des freien Informationsflusses dem Einzelnen erlauben, sich unterrichtet, angesprochen und mitverantwortlich zu fühlen;
- Sich unter den jeweils gegebenen Umständen so zu verhalten, dass er/sie das Vertrauen all derer erwirbt, mit denen er/sie in Kontakt kommt;
- Sich der Tatsache bewusst sein, dass die enge Verbindung zur Öffentlichkeit in diesem Beruf es mit sich bringt, dass nach seinem/ihrem Verhalten auf den ganzen Berufsstand geschlossen wird;
- In der Ausübung des Berufes die allgemeine „Erklärung der Menschenrechte“ (UN-Charta) zu respektieren und damit die individuelle Würde der Person und das Recht der eigenständigen Meinungsbildung zu achten;
- Die geistigen und psychologischen Voraussetzungen für einen echten Meinungsaustausch zu schaffen und den Partnern die Möglichkeit zu geben, ihren Standpunkt zu vertreten;
- In jedem Fall so zu handeln, dass den Interessen beider Seiten, des Auftraggebers und der angesprochenen Öffentlichkeit, Rechnung getragen wird.
- Grundsätzlich gilt für alle Öffentlichkeitsarbeit die Einhaltung von Gesetzen im In- und Ausland.[46]

Wichtig ist es, dass Unternehmen sich ihrer Abhängigkeit von gesellschaftlichen Entwicklungen und damit ihrer **gesellschaftlichen Verantwortung** bewusst sind: dies ist die Richtschnur und die Maxime für eine Ethik im PR-Bereich. Viele mittelständische Unternehmen begreifen Pressearbeit noch immer als versteckte Werbemöglichkeit (Schleichwerbung)[47] oder sehen sie als Anhängsel und raf-

46 Vgl. Achelis, Th.: Das Dach der europäischen PR, in: Public Relations Forum, No. 04/2000, S. 189

47 Aus Journalistensicht wird häufig alles, was mit Produktinformation in den redaktionellen Teilen der Medien als Schleichwerbung bezeichnet. Das Wort drückt jedoch eigentlich den Zwiespalt aus, den Journalisten mit der Veröffentlichung von Produktinfos haben, weil derartige Informationen nicht eindeutig von öffentlichem Interesse sind; hierzu: Georg, Rolf: Partner Presse, Köln 1998, S. 180 ff

finierte Art der massiven öffentlichen Beeinflussung. Allein unter diesen Voraussetzungen sollte Medienarbeit jedoch nicht anvisiert und eingerichtet werden. In Kürze deshalb einige Merkmale, die den Erfolg der PR-Arbeit beeinträchtigen können und die Journalisten, die derartige Pressemitteilungen lesen, skeptisch machen:

- Wenn das eigene Unternehmen nicht in Ordnung ist und im Betrieb selbst Unklarheit über den Fortgang der Geschäfte, die organisatorischen Abläufe und die Produktion herrscht, kurz: wenn die interne Kommunikation und Information fehlt, macht es keinen Sinn, Pressearbeit zu betreiben. Sie würde vor diesem Hintergrund nur Unrichtigkeiten produzieren, Unsicherheit intern und in der Öffentlichkeit hervorrufen und kaum Vertrauen schaffen.
- Pressearbeit soll nur unter der Voraussetzung betrieben werden, dass weitgehend **nachprüfbare Informationen** über das Unternehmen gesagt werden und nur nachvollziehbare Botschaften das Haus verlassen. Das heißt, unternehmerische Pressearbeit oder Pressearbeit für Unternehmen sollte nie beschönigt und wundervolle, aber falsche Angaben über Aktivitäten oder Ergebnisse eines Betriebes publizieren. Beschönigungen und Verfälschungen werden von seriösen Journalisten früher oder später aufgedeckt, und der Effekt in der Öffentlichkeit bewirkt das Gegenteil von gutem Image oder Vertrauen. Hierzu gehören beispielsweise auch die Einhaltung von Selbstverpflichtungserklärungen, die Unternehmen im Zusammenarbeit mit Verbänden in ökologischer Hinsicht oder im sozialen Bereich machen. Die Transparenz und Information der Öffentlichkeit führt eben auch zur Überprüfbarkeit von Handlungen, die Unternehmen dann auch einhalten sollten.[48]
- Pressearbeit sollte nicht als verlängerter Arm der **Werbeabteilung** und als erweiterte Verkaufsförderung verstanden werden. Zum einen reagieren Journalisten ablehnend, wenn sie als „Werbeträger" von Unternehmen missbraucht werden, was die weitere vertrauensvolle Zusammenarbeit behindert. Zum anderen sind die

48 Vgl. Behrent, M.: Eide aus freien Stücken – Die Kunst der Selbstverpflichtung, in: Public Relations Forum, No. 01/1998, S. 43f

Leser lange nicht so unbedarft, wie manche Unternehmer und Werbeleute ihnen unterstellen. Werbliche Inhalte werden erkannt und als solche anders zugeordnet und beurteilt. Rechtlich sind Massenmedien zudem angehalten, werbliche Inhalte von redaktionellen optisch zu trennen bzw. zu kennzeichnen.

- Medienarbeit kann sich bei übertriebenem, hoch frequentem Einsatz auch zum **Repräsentationswahn** steigern, d. h., die guten Kontakte eines Unternehmens zu den Medien werden zum steten Anlass genommen, das Unternehmen darzustellen. Pressekonferenzen, -mitteilungen, -einladungen und Interviews werden am Fließband hergestellt und verfehlen spätestens nach dem zweiten Artikel zu einem ähnlichen oder gleichen Thema ihre Wirkung. Sowohl der Journalist als auch der Leser kennen diese Inhalte ja alle schon ...
- Um seriöse Medien- und Öffentlichkeitsarbeit zu betreiben, ist eine gewisse Distanz zum eigenen oder auftraggebenden Unternehmen durchaus sinnvoll. Diese Distanz kommt sicherlich dem Umgang mit der Wahrheit zugute, zum anderen dem Stil im Umgang mit den Medien. Eine unkritische Haltung des PR-Mannes/der PR-Frau zum eigenen Unternehmen wirkt sich oft verheerend auf den Eindruck in der Öffentlichkeit aus. Dass ein Unternehmen der Arbeitgeber eines Pressereferenten ist oder der Auftraggeber einer Agentur, sollte nicht zur Lobhudelei und zur Übersteigerung in der Darstellung der unternehmerischen Leistung führen. Wer nur **Superlative** (höchste Steigerungsformen von Adjektiven) von Beschreibungen (z. B. „größte", „stärkste", „beste") verwendet, verliert an Glaubwürdigkeit und büßt Qualität ein.

Zu diesen genannten Punkten äußert sich auch der oben erwähnte internationale Verhaltenskodex; jeder Öffentlichkeitsarbeiter sollte es unterlassen,

- die Wahrheit anderen Ansprüchen unterzuordnen;
- sich für Aktionen und Vorhaben herzugeben, die gegen die Moral verstoßen und die Menschenwürde verletzen;
- irgendwelche Methoden oder Mittel anzuwenden, mit deren Hilfe unbewusste Antriebe (...) hervorgerufen werden können, wo-

durch der Einzelne seiner Urteilsfähigkeit und der Verantwortlichkeit für sein Handeln beraubt werden kann.[49]

Das **Beispiel** der Firma Benetton zeigt, wie im Falle der Werbung tabubrechende Kampagnenmotive auf moralische Grenzen trafen: Erst das Bundesverfassungsgericht gab der Meinungsfreiheit Vorrang vor den Klagen des Deutschen Werberates und anderer Kläger wegen des Verstoßes gegen die öffentliche Moral und die Verletzung von Persönlichkeitsrechten. Wie auch immer man zu den Benetton-Kampagnen (Motive z. B. unbedeckte Geschlechtsteile, Aidskranker, Flüchtlingsschiff, Uniform eines toten Soldaten etc.) der letzten zehn Jahre unter werblichen Gesichtspunkten stehen mag, für die PR ist der Benetton-Ansatz interessant, zeigt er doch, wie Unternehmen sich gesellschaftlich relevanter Themen annehmen können und welche Haltung eine Firma zu Problemen einnimmt.

Ethische Richtlinien sind insofern nur so lange gültig, wie die gesellschaftlichen Gruppen Tabus aufrechterhalten bzw. verteidigen. Ethisches Kommunikationsverhalten in der PR kann deshalb auch bedeuten, als Unternehmen auf Missstände hinzuweisen, sie anzusprechen und eventuell anzuprangern.[50]

Unter Berücksichtigung dieser Grundsätze und Grenzen von Medien- und Öffentlichkeitsarbeit kann sie für mittelständische Unternehmen zu einem Erfolg werden. Die positiven Effekte können sein:

- Extern: Verständnis für die Schritte, Aktivitäten und Haltungen des Unternehmens oder eines Verbandes auch in schwierigen Zeiten in der Öffentlichkeit zu wecken; Vertrauen in die **Leistungen, Aktivitäten** und Produkte der Unternehmung; Wertschätzung des Unternehmens durch die Massenmedien und die Öffentlichkeit, die bei optimaler Information eine gute, positive Meinung vom Unternehmen entwickeln und damit das Ansehen der Unternehmung steigern (Image); Vermeidung von Vorurteilen, Falschmeldungen und Gerüchten; Identifizierbarkeit durch die Öffentlichkeit und Orientierungshilfe am Markt; aktive Be-

49 Vgl. Code d'Athène 1965 sowie DPRG-Satzung vom 3. Juni 1989, S. 16–17

50 Vgl. Avenarius, H.: Benetton und die Folgen, in: Public Relations Forum, No. 01/2001, S. 38–40 sowie ders.: Aufrecht durch die Kommunikationswelt gehen, in: Public Relations Forum, No. 02/2001, S. 78 f

teiligung am Markt der Informationen und damit „Auftauchen“ in der Flut der Informationen und des Wissens.

- Intern: Vertrauen der Mitarbeiter in die Leistungsfähigkeit des eigenen Betriebes; Identifikation der Mitarbeiter mit der Unternehmung und damit **Motivation und Loyalität**; Entdeckung von betriebsinternen Problemen; Vermeidung von Gerüchten und privaten Halbwahrheiten; analytische Hilfe bei der Entdeckung von Fehlerquellen im Informationsbereich, bei den Informationsmitteln und organisatorischen Abläufen; Unterstützung bei der Projektierung und Planung von Produkten und Innovationen; zusätzliche Verständigung mit den Mitarbeitern durch den „Umweg“ über die Massenmedien.

Mit dieser Übersicht von Information, Gesellschaft und Medien und der Einbettung und Abhängigkeit von Unternehmen und sonstigen Organisationen in diese Zusammenhänge kann einer aktiven und geplanten Medien- und Öffentlichkeitsarbeit nichts mehr im Wege stehen. Allerdings muss man ja irgendwie damit beginnen...

5. Pressearbeit einrichten und organisieren: Mitarbeiter und Arbeitsumfeld

Die Teilnahme am Markt der Informationen erfordert zunächst die Lösung eines organisatorischen Problems: Wo niemand für Pressearbeit zuständig ist oder wo mit anderen Aufgaben ohnehin überlastete Bereiche (Geschäftsleitung, Werbung, Vertrieb) Öffentlichkeits- und Medienarbeit nur nebenbei „betreiben“, kann Öffentlichkeitsarbeit nur unzureichende Wirkung erzielen. Die Information der und die Kommunikation mit der Öffentlichkeit bleiben dabei nur Stückwerk, und die Bildung eines guten Images wird dem Zufall überlassen. Wichtig ist also die Einrichtung einer Presseposition und ihre Besetzung durch einen Mitarbeiter, der/die sich zum Großteil (in kleineren Betrieben auch teilzeitlich) damit befasst.

Es empfiehlt sich, eine Stelle einzurichten, die sich ausschließlich mit der Betreuung der Medien- und Öffentlichkeitsarbeit beschäftigt. Dies kann organisatorisch in verschiedener Weise erfolgen:

- durch eigenverantwortliche Eingliederung in einen bereits beste-

henden Bereich des Unternehmens, wie z. B. Marketing, Vertrieb oder Werbung,
- durch die direkte, aber selbstverantwortliche Unterordnung und Zuordnung bei der Geschäftsleitung,
- durch die Einrichtung als selbstverantwortliche Stabsstelle, ausgestattet mit eigenem Budget,
- durch externe Betreuung der Pressearbeit in Kooperation mit einem PR-Berater oder einer Agentur.

Wie auch immer die interne Zuordnung und organisatorische Einbindung aussehen mag,[51] in jedem Falle sollte der Position ein genau definierter Aufgabenbereich zugewiesen und dessen Zuständigkeit abgesichert sein. Eine bürokratische, hierarchische Unterordnung sollte nicht stattfinden, denn diese führt zu Berührungsängsten und hemmt die vertrauensvolle **Zusammenarbeit** im Betrieb sowie die sachgerechte Information nach draußen. Eine selbstverantwortlich eingerichtete Position schafft zum einen Identifikation mit der Tätigkeit, verhindert Rangeleien mit anderen Kompetenzbereichen und etwaige Überschneidungen.

5.1 Der/Die Mitarbeiter/in: Qualifikation und Zusammenarbeit

Bei der Besetzung der Position sollte das Unternehmen auf einige Aspekte achten:

5.1.1 Einsteiger und Profis

Die Position sollte kompetent besetzt sein. Das bedeutet nicht, dass nur ausgebildete und/oder studierte Fachkräfte eingesetzt werden können. Auch ein langjähriger Mitarbeiter verfügt unter Umständen über genügend Kontaktfähigkeit, Managementeigenschaften und Sprach- und Schreibvermögen; vor allem kennt er/sie den Betrieb bereits gut. Für Neueinstellungen empfiehlt es sich, bei Kandidaten, unabhängig von deren **Qualifikation** für echte Kommunikations-Führungspositionen, auf das einschlägige, eventuell fachbezogene Studium und ein bis zwei Jahre Berufserfahrung, auf die

51 Vgl. Grochla, Erwin: Unternehmensorganisation, Opladen 1982[9]

Ausdrucksfähigkeit, den Schreibstil, das persönliche Erscheinungsbild und vor allem auf die Begründung der Bewerbung zu achten.[52] Oft lernen Neulinge in einer Tätigkeit sehr schnell, sind motivierter und kreativer als solche, die schon jahrelange Erfahrung haben. Grundvoraussetzungen sind sicherlich ein Interesse an den Medien und erste Erfahrungen als freier Mitarbeiter, Reporter oder Hospitant bei Zeitungen oder Agenturen. Auch Sprachkenntnisse (zumindest Englisch) stellen ein Kriterium für die Eignung dar. Je nach Größe des Unternehmens, dem Umfang der Aufgaben, der Verantwortung (z. B. eigenes Budget, zugeordnete Mitarbeiter) können im Falle kleinerer Betriebe auch Bewerber ohne einschlägige Fachausbildung (Journalistenausbildung, sozialwissenschaftliches Studium) in Frage kommen. Wichtig für Pressemitarbeiter ist ein hohes Maß an Allgemeinbildung, Kenntnisse und Übung im Umgang mit den Medien.

Qualifikationen, die im Produktions- oder Organisationsablauf eines Betriebes wichtig sind, z. B. Technikstudium, Elektronik, Maschinenbau, Jura etc., sind für Kommunikations- oder Pressepositionen oft nicht übermäßig geeignet: Zu sehr wird in den eigenen Schemata gedacht, und technische oder juristische Spezialisten können Probleme nur in ihrer Sprache ausdrücken (Fachchinesisch) und formulieren für Presse- oder Medienbedürfnisse nicht verständlich genug und zu fach- oder detailbezogen. Aus den Bewerbungsunterlagen kann man beispielsweise ersehen, ob ein Kandidat belastbar oder stressanfällig ist (steht in Zeugnissen oft in der üblichen, verklausulierten Sprache), ob er/sie Erfahrung bei Projekten oder in Kampagnen gesammelt hat, Texte verfasst hat und im Team (z. B. mit dem Marketing oder Werbung etc.) kooperiert hat. Beigelegte Arbeitsproben geben auch Aufschluss über das bisherige Tätigkeitsfeld, wenn ein Bewerber schon eine gewisse Berufserfah-

52 Einschlägig sind für den Bereich PR-Kommunikation die Studiengänge Kommunikationswissenschaft, Marketing, Journalismus, Sozialwissenschaften, Werbung und Public Relations, die als Haupt- und Nebenfächer an Universitäten und Fachhochschulen auch mit anderen Disziplinen kombiniert werden können; hinzu kommen Weiter- oder Zusatzqualifikationen (z. B. Kommunikationsfachwirte) an Hochschulen und spezialisierten Bildungseinrichtungen.

rung hat. Auch auf die Hinweise im Zeugnis zu so genannten **soft skills** (Zusatzqualifikationen, Interessengebiete, soziale Kompetenz) sollte man achten.

Ein ideenreicher Allrounder aus dem Presse- und Medienwesen, der sich auch in für ihn unbekannte Themen einarbeiten kann, belastbar bei Stress ist und im Falle einer Führungsposition über Organisationsgeschick verfügt, ist deshalb nie falsch. Die Besetzung der Presseposition ist außerdem nicht zuletzt auch eine Frage der Finanzen und damit der **Gehälter** von fest angestellten PR-Mitarbeitern: Ein PR-Profi mit mehreren Jahren Berufserfahrung beispielsweise kostet größere Mittelstandsbetriebe rund 65.000 Euro (brutto) im Jahr, in kleineren Betrieben auch bei 58.000; der Leiter der Kommunikationsabteilung mit einem Mitarbeiterstab im Großbetrieb liegt bei 100.000 Euro; bei Berufsanfängern liegt das Gehalt in Großbetrieben als PR-Assistent mit Studium und ersten Berufserfahrungen bei circa 45.000 Euro, Mittelstandsbetriebe dagegen bezahlen Berufsanfängern, die organisatorisch im Marketing oder in den Werbeabteilungen tätig sind, ungefähr 38.000 bis 40.000 Euro Jahresgehalt. Diese Saläre können je nach Ausbildung und Berufserfahrung natürlich abweichen und hängen von den jeweiligen Gehaltsvorstellungen ab.

5.1.2 Die Sympathie und andere Faktoren: gute Voraussetzungen

Das A und O der gelungenen und aktiven Pressearbeit ist ein Vertrauensverhältnis, am besten sogar ein enges persönliches Verhältnis zwischen der Geschäftsleitung und der/dem Pressebeauftragten. Ein „guter Draht" oder eine „stimmige Chemie", also persönliches, gegenseitiges Verständnis und auch Sympathie, ist zwischen diesen die optimale Voraussetzung für erfolgreiche Pressearbeit. Bei der Auswahl des Kandidaten sind deshalb einige psychologische Faktoren bzw. Eigenschaften des Kandidaten zu berücksichtigen und auch am besten beiderseits zu kommunizieren. Es gilt nicht nur für den künftigen Chef, der über den Kandidaten und dessen Eigenheiten (z. B. Arbeitsauffassung, Obrigkeitsorientierung Teamorientierung, Unterordnungstendenz, patriarchalisches Verständnis von Management oder teamorientierte Haltung) etwas erfahren sollte;

auch der künftige Mitarbeiter, muss etwas über den Führungsstil und die Charaktermerkmale des Chefs in Erfahrung bringen. Bei einem **Einstellungsgespräch** ist auf erste gegenseitige Sympathiemerkmale zu achten: Der Auftritt des Bewerbers, seine Freundlichkeit, Offenheit, Argumentation und Gesprächsführung, die Motivation für den Job und begrenzt auch das private Umfeld. Nicht immer sind deshalb die Aspiranten mit den besten Studien- oder Berufszeugnissen die beste Wahl. Zur gegenseitigen Beurteilung hilft oft der erste Eindruck: Ein offener Blick, ein Händedruck, die (aufrechte, nicht steife!) Körperhaltung beim Gespräch, seine (angemessene, nicht unbedingt gute!) Kleidung, die Gestik und Mimik (Lebhaftigkeit, Zurückhaltung etc.) des Kandidaten können nonverbale Hinweise auf die Persönlichkeit des Kandidaten geben.[53] Hinzu kommen Elemente wie z. B. eine entkrampfende Bemerkung, ein privates Wort, der Hinweis auf Hobbys, sportliche, künstlerische oder politische Interessen und Neigungen, eine gute, vertrauensvolle Zusammenarbeit vorhersehen lassen und Sympathiewerte darstellen können. Im Gespräch können zudem gesellschaftlich kontrovers diskutierte Themen angesprochen werden, Fragen nach der Beurteilung momentaner Medienentwicklungen oder auch Fragen zur Allgemeinbildung können einige weitere Auswahlkriterien für einen Kandidaten sein. Nicht zuletzt ist es jedoch das „feeling", die Intuition, die einem Chef das Gefühl vermittelt, ob man eine Zusammenarbeit anstreben sollte. Natürlich kann spontane Sympathie sich rasch ins Gegenteil verkehren, aber ein Risiko ist in jeder Entscheidung – übrigens auch auf der Seite des Kandidaten.

In Großbetrieben und größeren PR-Agenturen werden die angehenden Mitarbeiter oft in so genannten Assessmentcentern auf ihre Qualifikationen und psychischen Eigenschaften hin getestet. **Assessments** bedeuten jedoch immer einen hohen Stressfaktor für jeden Bewerber. Die Testergebnisse sind damit nur von relativer Bedeutung, denn in den teilweise zweitägigen Zusammenkünften können untypisch kooperatives Verhalten oder auch Blockaden entstehen, die die Eigenschaften und Fähigkeiten eines Bewerbers verzer-

53 Zur Einführung in nonverbale Aspekte der Gesprächsführung: Quilliam, Susan: Körpersprache erkennen und verstehen, Niedernhausen 1996, S. 90 ff

ren und nicht unbedingt seine Handlungen und Reaktionen im Alltag widerspiegeln. Der Wert solcher Testveranstaltungen für Kommunikationsberufe ist deshalb anzuzweifeln, denn mit simulierten Situationen und Fragebögen lassen sich allenfalls Teameigenschaften feststellen. Da empfiehlt es sich bei der Suche nach Führungspositionen eher eine spezialisierte **Personalberatung** (Headhunter) in der Branche mit der gezielten Auswahl eines Kandidaten zu beauftragen.

5.1.3 Informationen und Vertrauen: „open doors“

Die Presseposition sollte weitgehend eigenverantwortlich organisiert und über alle wichtigen Aspekte der Unternehmung informiert sein: über den Geschäftsverlauf, die personellen Spitzenpositionen und deren (Neu-)Besetzung sowie deren Kompetenzen und Aufgabenbereiche, über Schritte und Maßnahmen in der Unternehmensstrategie, über neue Produktionsmittel und -linien, das Know-how und die technischen Innovationen sowie die werblichen Maßnahmen und Inhalte. Hierzu gehören z. B. Verkaufs- und Produktprospekte, Kataloge oder Unternehmens- und Imagebroschüren sowie die Website. Der PR-Mitarbeiter muss über die Kunden, den Vertrieb und die Zielgruppen auf dem Laufenden sein und nicht zuletzt wissen, wo bereits Kontakte zu Presse und Medien bestehen und wie es um das Image des Unternehmens intern (Selbst-Bild) und extern (Fremd-Bild, Image) bestellt ist.

Natürlich bedeutet das für den Stelleninhaber viel Einarbeitungszeit und viel Engagement, vor allem wenn er sich als Journalist, Sozial- oder Kommunikationswissenschaftler mit rein technischen Vorgängen eher weniger auskennt. Die Unterstützung in der **Einarbeitungszeit** muss allerdings von den Vorgesetzten und Mitarbeitern kommen, die den Betrieb besser und länger kennen. Einen PR-Mitarbeiter im „Regen stehen zu lassen“ bedeutet, seine Motivation zu untergraben und den Erfolg in der Presse- und Öffentlichkeitsarbeit zu verhindern. Es gilt deshalb das Prinzip der **„open doors“** für alle Bereiche des Unternehmens. Ein/e PR-Mann/Frau muss informiert und aufgeklärt werden, wenn er/sie sich nicht nur auf die betriebsinternen Gerüchte stützen soll, muss zu allen für das Unternehmen und dessen Geschäftspolitik wichtigen Sitzungen und Gesprächen zugelassen und zu den ständigen oder wiederkehrenden Meetings hinzugezogen werden. Nachfragen und Recherchen sollten immer unterstützt werden. Straffe Hierarchien und die Benachteiligung der Presse- oder PR-Mitarbeiter durch Informationsumwege (weitere Stellen, Vorzimmer etc.) führen zur Verstümmelung oder zur Verfälschung von Originalinformationen der Geschäftsleitung. Jede Stufe im Informationsprozess wirkt wie ein Filter, oft erreichen Informationen die zuständigen Pressemitarbeiter nur noch in abgewandelter Form oder auch gar nicht mehr.

Ein spezielles Kommunikations- oder **PR-Meeting** zwischen Geschäftsleitung und dem Pressebetreuer einmal in der Woche ist sinnvoll, um den kontinuierlichen Informationsaustausch zu gewährleisten. Denn: Presse-, Medien- und PR-Arbeit sind kooperative Tätigkeiten, also auf **Teamwork** stärker angewiesen als andere Unternehmensbereiche. Geheimniskrämerei der Führungszirkel oder das Abtun („Nicht wichtig für den Pressemann/die Pressefrau!“) sollte es nicht geben. Vertrauen fängt im Betrieb an, und Informationen, die nicht direkt für den öffentlichen Gebrauch sind, können schließlich nach Absprache zurückgehalten und vertraulich behandelt werden. Natürlich ist nicht jede Information der Geschäftsleitung oder von strategischen Bereichen für alle Ohren im Betrieb bestimmt, aber: Der Grundsatz der offenen Tür für den Pressemitarbeiter im Unternehmen, der im Dialog mit der Gesellschaft steht, sollte nur selten unterbrochen werden. Die nach draußen, an Journalisten und Öffentlichkeit gehenden Inhalte und Informationen werden in den meisten Fällen ohnehin mit der Geschäftsleitung besprochen und einvernehmlich „abgesegnet“; also verlassen Informationen in den seltensten Fälle ein Unternehmen, ohne dass die Geschäftsleitung davon weiß. Weshalb also den Pressemann/die Pressefrau von Informationen ausschließen, die in einem anderen Zusammenhang wichtig für die Informationspolitik des Hauses sein könnten? Grundsätzlich ist es von Bedeutung, die PR-Mitarbeiter zu fördern und eventuell **Quality Circles** einzurichten, um den anderen Mitarbeitern die Arbeitsweisen von PR zu verdeutlichen, damit die Qualität der Informationen an die PR-Mitarbeiter erhöht wird.

5.1.4 Kompetenzen, Fähigkeiten und Grenzen akzeptieren

Im Laufe der Zeit lernen dann Geschäftsleitung und Pressebetreuer miteinander umzugehen. Wichtig für die Geschäftsleitung ist es, die Medienarbeiter nicht an der kurzen Leine zu halten und jeden Satz, der für eine Veröffentlichung in Frage kommt, drei-, viermal zur Wiedervorlage zu verlangen. Auch das hemmt die **Motivation** des Mitarbeiters und den Informationsfluss nach innen und außen. Wozu hat man schließlich den Pressemann eingestellt, wenn letztlich doch alles in einer Hand, also jener des Chefs bleiben soll? Formulierungen von Vorstandsvorsitzenden sind ohnehin in den meisten Fällen die steiferen, unbeholfeneren. Die Achtung der gegenseitigen **Kompetenz** sollte deshalb eine weitere Maxime in der Zusammenarbeit zwischen Geschäftsleitung und Pressebearbeiter sein. Der Satz „Vertrauen ist gut, Kontrolle ist besser" sollte im Zusammenhang mit der Presseposition keine Maxime sein und gilt insbesondere für inhabergeführte Mittelstandsbetriebe, in denen noch häufig Alleskönner arbeiten.

Gerade dieser letzte Punkt und die oft kindische Freude von Geschäfts- und Bereichsleitern, Unternehmensveröffentlichungen nur nach massiven inhaltlichen und textlichen Eingriffen gegenzuzeichnen, bringt oft absurde, zeitraubende Auseinandersetzungen.

Hier ein **Beispiel:** Vor einigen Jahren musste ich mich als PR-Berater eines großen Energieunternehmens in Österreich mit dem Direktor für den Bereich „Strom- und Gasleitungsbau" von 9 bis 10 Uhr (!) über ein einziges Wort streiten: Beim Bau einer Gasleitung waren die Arbeiter auf die archäologisch interessanten Überreste einer Bronzezeitsiedlung gestoßen. Im Geschäftsbericht des Unternehmens sollte unter der Sparte „Ausbau der Energieversorgung" darauf eingegangen werden. Nur konnten sich der Direktor und ich nicht darauf einigen, ob dieser Bronzezeit-Fund als „frühgeschichtlich" oder als „historisch" zu bezeichnen sei ... Während er auf historisch beharrte, plädierte ich für frühgeschichtlich, denn die beiden Worte deuten dem Sinn nach in unterschiedliche Richtung: Ein „historischer Fund" deutet auf die Wichtigkeit des Fundes unter archäologischen Gesichtpunkten hin, ein „frühgeschichtlicher Fund" einfach auf die Tatsache, dass etwas gefunden worden ist, das vor unserer Zeitrechnung entstand. Nun waren die Fundstücke nicht unbedingt eine wissenschaftliche Sensation, die international Furore machen, und so beharrte ich auf „frühgeschichtlich", denn der Geschäftsbericht erwähnte die bronzezeitlichen Speerspitzen nicht ausführlich, sondern in einem Halbsatz. Wenn also etwas als „historisch" bezeichnet wird, müsste man unter professionellen Gesichtspunkten zumindest ein wenig beschreiben, was so wichtig war an diesem Fund und das hätte zwei bis drei Sätze mehr bedeutet; dies war aber für den Gasleitungsbau wiederum irrelevant und deshalb wollte der Direktor nicht einmal eine Zeile mehr...

Alles Wortklauberei oder **Eitelkeit**? Als externe Berater hätten viele andere Kollegen sicherlich gesagt: „Was soll's, der Auftraggeber hat immer Recht!" Wer bezahlt, bestimmt... Nein, nicht unter professionellen Gesichtspunkten: Wo der Auftraggeber etwa Worte falsch gebraucht oder Zusammenhänge verkehrt oder Nebensächlichkeiten in einer Botschaft zu sehr hervorkehrt und denn Sinn und Stil von PR, Presse- oder Werbetexten verkennt, muss er korrigiert werden. Dies betrifft auch andere Kriterien in der Presse- und Medienarbeit, wenn diese nicht dilettantisch und ein in der Wirkung reduziertes Instrument der Kommunikation werden soll.

Im Zusammenhang mit der Anerkennung von Kompetenzen und **Fähigkeiten** ist außerdem auf eine Gewohnheit hinzuweisen, die überwiegend in Mittelstandsbetrieben ausgeübt wird: das Übertragen von Kompetenzen im Kommunikationsmarketing auf PR- und Kommunikationslaien, zumeist Techniker und Ingenieure. Diese sind zumeist genaue und kompetente Mitarbeiter in ihrem Beruf. Manche haben jedoch die Eigenheit zu glauben, dass sie von allem etwas verstehen, wie z. B. von Kommunikationsmarketing, den Massenmedien, den Medienleuten, von deren Arbeitsweisen. Ganzen Scharen von vermeintlich überall einsetzbaren Technikern zu beweisen, dass sie nicht auch gleichzeitig gute Marketing- oder PR-Leute sind, wird leider häufig die Aufgabe von jungen PR-Leuten, die mit ersten Berufserfahrungen in technisch orientierte Betriebe kommen. Vor allem im Investitionsgütersektor werden viele Unternehmensbereiche von Ingenieuren dominiert, denen hierzulande die Kompetenz für alles zugesprochen wird, beispielsweise auch die Konzeption von Werbe- oder PR-Kampagnen, die Redaktion von Pressetexten, Werbeprospekten, Imagebroschüren. Die

Übertragung solcher Aufgabenbereiche liegt im Selbstverständnis dieser Berufsgruppe, der im Land der Maschinenbauer Deutschland universelle Fähigkeiten zugetraut werden: Geschäftsführer oder Inhaber von Betrieben mit Produkten in der Elektronik, dem Anlagenbau, der Steuerungstechnik etc. sind oft genug selbst als Ingenieure ausgebildet worden und sehen Marketing und Kommunikation häufig als nebensächliches, notwendiges Übel an. Diese Chefs besetzen Kommunikationspositionen vielfach mit Berufskollegen (sind im Betrieb verfügbar), die mit Konzeptions- und Korrekturkompetenz ausgestattet und damit einhergehenden Aufgaben betraut werden.

Die Folgen für die Betriebe sind eine Verzögerung von Kommunikationsmaßnahmen und ein Rückgang ihrer Wirksamkeit. Zum Beispiel werden durch diese „Marketingtechniker" häufig unnötige Veränderung an guten PR-, Kommunikations-, Werbe- oder Marketingkonzeptionen vorgenommen oder es werden irrelevante Änderungen und Korrekturen in Details von Texten und Layouts zelebriert, aber auch unwissentlich inhalts- und formverändernde Eingriffe in einen beabsichtigten Kommunikationsstil sowie schließlich auch häufig vierte oder fünfte Korrekturgänge bei PR- oder Werbetexten durchgeführt.[54] Solche in vielen Fällen unnötigen Veränderungen, Verzögerungen, Mehrfachkorrekturgänge kosten Zeit und Geld, aber vor allem Nerven auf Seiten der PR-Mitarbeiter oder der Mitarbeiter einer beauftragten PR-Agentur. Deshalb ein Tipp an Geschäftsführer: Niemals einem Techniker, der PR, Marktkommunikation oder Werbung nur vom **Hörensagen** kennt, mit Aufgaben im Marketing betrauen! Ausgebildete Kommunikationsleute (ob interne Mitarbeiter oder externe Berater) werden daran verzweifeln!

Wie für andere Bereiche gilt auch für die PR: Kompetenzen ge-

54 In den meisten Mittelstandstrieben werden technische Leistungen noch immer als sehr viel wertvoller eingeschätzt als Marketingfähigenkeiten. Kein Wunder, dass also Techniker in allen Bereichen als die vermeintlich kompetenteren Kommunikatoren angesehen werden; vgl. Voigt, Thomas: Marketingfehler des Mittelstandes, in: Ratio, No.3/2001, S. 5–6, sowie: Image-Profile Mittelstand 2001, BIK-Studie in Kooperation mit RKW, Aschpurvis+Behrens, Hamburg 2001

genseitig achten und besser einen ausgebildeten Kommunikationsfachmann mit diesen Aufgaben betrauen! Dies bedeutet für viele Chefs jedoch eine Umstellung, denn solche Leute sind nicht einfach im eigenen Betrieb zu finden und vielen Geschäftsführern fällt es schwer, sich an andere Denk- und Arbeitsweisen als an die eingeübten technischen zu gewöhnen. Sinnvoller, langfristig wirkungsvoller und kostengünstiger ist es jedoch auch für Mittelstandbetriebe, sich Kommunikationsfachleute zu holen. Diesen müssen Kompetenzen übertragen und Fähigkeiten zugetraut werden. Dabei gilt es auch darauf zu achten, dass nicht ständig Übergriffe von fachfremden Mitarbeitern auf deren Bereiche stattfinden, sofern diese nicht grundsätzlicher oder inhaltlicher Natur sind.

5.2 Technische Ausstattung: „up to date"

Damit eine Pressestelle auch einigermaßen wirksam betrieben werden kann, sollte sie über eine einigermaßen vernünftige technische Ausstattung und deshalb über die wichtigsten Geräte moderner Kommunikation verfügen. Ein direkter Telefonanschluss mit Durchwahlnummer ist sicherlich unabdingbar. Ergänzt werden kann das Telefon durch einen Anrufbeantworter, der nach Geschäftsschluss in dringenden Fällen auch die Privatnummer des „Pressemenschen" weitergibt. Der eigene **Arbeitsplatz** des Pressereferenten sollte mit einem PC-System mit Internetzugang und einer speziellen Software ausgestattet sein. Zusätzlich sind auch Software-Programme erforderlich, die begrenzte grafische, Layout- und/oder Präsentationsarbeiten zulassen, wie dies beispielsweise in den Office-Paketen von Windows (Windows 98/Windows 2000 Professional) der Fall ist oder auch Programme zur Bildbearbeitung sind häufig sinnvoll. Sollte der/die Mitarbeiterin sich auch um Textupdates im Internet kümmern müssen, ist auch ein einfaches Programm zur Erstellung von Websites (z. B. AOLpress, Netscape Composer) sinnvoll. Zur internen Kommunikation gehört im Übrigen der Anschluss an das firmeninterne PC-Netzwerk.

Dieser Arbeitsplatz kann durchaus in einem Raum mit anderen inhaltlich angrenzenden Bereichen (Werbung, Marketing) zu finden sein, sollte allerdings akustisch ein wenig gedämpft oder auch optisch abgetrennt sein, damit der/die Mitarbeiter/in ungestört arbeiten und telefonieren kann. Ergibt sich die Möglichkeit, einen besonderen Raum einzurichten, ist dies sicherlich die bessere Lösung. Außerdem kann man, wenn dieser groß genug ist, auch noch einen eventuellen weiteren Pressemitarbeiter unterbringen – und schon ist die PR- oder **Pressestelle** perfekt. Weitere Ausstattung sollte sein: wenn möglich ein eigenes Telefax und ein (Tisch-) Kopiergerät, damit z. B. interne Umläufe ohne Warteschlange am zentralen Kopierer reibungslos losgeschickt werden oder an Journalisten z. B. mehrere Kopien einer Presseeinladung geschickt werden können.

5.3 Externer Mitarbeiter/Berater – Strukturen schaffen

Als Alternative zur internen eigenen Einrichtung der Presseposition in Mittelstandbetrieben können im Falle kleinerer Unternehmen oder Betriebe, die in bestimmten Branchen tätig sind, z. B. Kleinelektronik, Automobil-Zulieferteile, Metallverarbeitung, Anlagenbau, Dienstleistungen etc. mit externen Beratern und Pressemitarbeitern kooperieren. Diese Kleinagenturen oder Einzelberater übernehmen im Bedarfsfall entweder die Pressebetreuung (z. B. Texte schreiben, Pressekontakte pflegen) oder leisten auch eine kontinuierliche Beratung (Konzeption von Kommunikationsstilen, Aktionen vorbereiten, Pressekonferenzen mitbetreuen, Broschüren konzipieren). In der Regel braucht da der mittlere Betrieb nicht auf große, in der Regel teurere PR-Agenturen zurückzugreifen.

Freie Mitarbeiter von Zeitungen oder kleinere Büros von freien PR-Beratern gibt es genügend, und eine Suchanzeige in der Zeitung bringt meist eine erstaunliche Auswahl zutage. Diese freien Betreuer verfügen häufig über die notwendige Erfahrung in der Medienarbeit und bieten oft alle PR-Leistungen an. Und: Sie sind meist kostengünstiger als der eigens eingerichtete Arbeitsplatz im Hause selbst oder die Spezialagentur. Bei der Auswahl eines externen freien Beraters sind die gleichen Kriterien zu beachten wie beim eigenen Angestellten. Ein selbständiger Profi, der über ein gewisses Know-how und Kontakte verfügt sowie über mögliche weitere freie Mitarbeiter, auf die er im Bedarfsfall zugreifen kann (PR-Netzwerk), versehen mit einem längerfristigen Vertrag oder auch einem Etat, bereits alle Arbeiten und Dienstleistungen erfüllen, die eine kompetente Medienarbeit erfordert und wie sie auch von größeren PR-Agenturen geleistet wird.

Problematisch wird/ist eine Kooperation jedoch, wenn die auftraggebende Firma nicht in der Lage ist, PR, Kommunikation, Marketing oder Werbung mit einem externen Partner zu regeln und unzureichende **organisatorische Strukturen** aufweist, starke Defizite im Informationsfluss zur Agentur zeigt und kein Verständnis für **Projektarbeit** hat, die ja immer von **Kooperationsqualität**, Zeit und Teamwork abhängig ist. Leider ist dies häufig bei mittelständischen Betrieben der Fall. Ihnen fehlen die organisatorischen Ebenen und auch die Personalkapazität, die eine reibungslose Versorgung der externen Helfer mit Informationen sicherstellen. Die Folge ist ein chaotisches Arbeiten, das weder für die beratende Agentur befriedigend, noch für das Unternehmen wirkungsvoll ist. Eine Mindestvoraussetzung für die Kooperation mit externen Beratern oder Agenturen ist es also, im Hause eine Position (z. B. Marketing, Werbung, Vertrieb) offiziell damit zu beauftragen, als kompetenter Ansprechpartner, als **Schnittstelle** und als informierter **Kontakter** für die externen Mitarbeiter zu fungieren. Diese interne Position muss über Kenntnisse in der Marktkommunikation verfügen und auch die Kompetenz und den Rückhalt haben, sich im Haus Informationen zu beschaffen, die für die PR-Kommunikation wichtig sind, damit diese extern weiterbearbeitet und aufbereitet werden, zu Konzeptionen führen oder auch im Fall von Textaufträgen an die Medien übermittelt werden können. Denn ein externer Berater oder Mitarbeiter kleinerer Agenturen haben im auftraggebenden Haus nicht die Befugnis, im Betrieb alles selbst zu recherchieren, und auch nicht die Kompetenz bzw. den Auftrag, interne Mitarbeiter der auftraggebenden Firma ständig nach Informationen zu fragen oder diesen bei Informationsdefiziten auf die Füße zu treten. Ohne einen bezeichneten Ansprechpartner im Unternehmen ist für externe Berater PR nicht durchführbar. Solche Strukturen aufzubauen kann mit Hilfe von Qualitäts-Zirkeln erfolgen.

5.4 Erste Arbeiten für den Anfang: „Start it up“!

Sind die vorgenannten Punkte zur Zufriedenheit gelöst, kann die eigentliche Presse- und Medienarbeit beginnen. PR-Profis im zweiten oder dritten Job wissen in der Regel, was zu tun ist, wie ihre Arbeit beginnt. Die folgende **To-do-Liste** soll eher dem internen Anfänger den Einstieg erleichtern. Wie also soll's losgehen, wenn man beispielsweise den ersten Tag seiner PR-Arbeit startet oder als Vertriebsmann mit PR-Aufgaben betraut ist?

(1) Ist man neu eingestellt, sollte man eine kurze Runde zu den Mitarbeitern und Kollegen machen, sich vorstellen und seinen Aufgabenbereich skizzieren, damit andere Mitarbeiter eine Vorstellung davon bekommen. Eine freundliche Bitte um künftig gute Zusammenarbeit gehört dazu.

(2) Bestehende Pressetexte oder PR-Material müssen gesammelt werden; ist kein archiviertes Material vorhanden, muss man auf Prospekte und sonstiges Informationsmaterial (z.B. Anzeigen) des Betriebs zurückgreifen und anschließend nach Themen und/oder inhaltlichen Textinformationen, wie z.B. Unternehmensinfos, Marktinfos, Produktinfos, Technikinfos, Mitarbeiterinfos etc. sortieren und ordnen und am besten in nach Medien oder nach Inhaltsbereichen bezeichneten Ordnern unterbringen.

(3) Die Sichtung des Materials ist ein weiterer Schritt. Wo liegen die Schwerpunkte, in welchen Bereichen gibt es keine oder kaum Informationen? Wie stellt sich Ihr Unternehmen in den Informationen (Optik, Inhalte, Stil) dar? Wie wirken diese auf Sie selbst (im Vergleich zu anderen, konkurrierenden Betrieben)? Checken Sie die Systematik bei bestehendem Archivmaterial und legen Sie es nach ihren Vorstellungen neu an.

(4) Lesen Sie Fachzeitschriften zur Branche, in der Ihr Unternehmen tätig ist. Welche Rubriken haben diese, welche Leserzielgruppe, welche Themenschwerpunkte, wie werden die Informationen aufbereitet (Berichte, Meldungen, Reportagen über das Unternehmen, Produktartikel etc.)? Wo könnten Sie sich noch Informationen über Ihr Unternehmen vorstellen? Ähnliches gilt natürlich für andere archivierte Infos, z.B. aus Tageszeitungen. Welche Pressekontakte bestehen, oder müssen alle

neu aufgebaut werden? Sollte es einen Presseverteiler mit den Namen von Journalisten geben, Multiplikatoren oder Kontaktpersonen für PR-Maßnahmen, rufen Sie diese nach und nach an und informieren diese über Ihre Tätigkeitsbereiche.

(5) Aufgrund dieser ersten Recherchen und Überlegungen bekommen Sie bereits eine kleine Vorstellung von Inhalten und Informationen, die fehlen, und auch an welchen Informationen (Art, Inhalte) es mangelt; halten Sie in Stichworten Ihre kleine Analyse fest, vermerken Sie die Defizite und formulieren Sie daraus eine erste Arbeitsgrundlage, deren Elemente Sie nach Prioritäten ordnen können. Daraus könnte eine erste Konzeptionsskizze mit Ihren Ideen, Vorhaben, Planungen entstehen.

(6) Besprechen Sie Ihre Eindrücke und Ihre Analyse mit den Kollegen aus dem Marketing, der Werbung sowie dem Chef und schlagen Sie konkrete Maßnahmen vor, z.B. die Pflege von Kontakten oder die Zusammenarbeit mit bestimmten Publikationen, mit lokalen Tageszeitungen und Fachzeitschriften; entwickeln und schreiben Sie die ersten Presseinformationen, nachdem Sie die verfügbaren Informationen ausgewertet und sich neue, aktuelle Informationen besorgt haben, z. B. über anstehende Aktivitäten des Betriebes, Veränderungen beim Personal, Produktneuheiten, über Kooperationspartner oder Kunden Ihres Unternehmens sowie die Branche und die Märkte. Arbeiten Sie auch mit allgemeinen Informationen aus der Wirtschaftspolitik, mit Artikeln über gesellschaftliche und politische Entwicklungen sowie dem Lokalteil Ihrer Tageszeitung.

Mit diesen Schritten hat man einen Anfang zur Pressearbeit gemacht. Weitere Maßnahmen ergeben sich fast wie von selbst aus der alltäglichen Arbeit. Bleiben Sie immer auf dem Laufenden, was im Betrieb, um den Betrieb herum geschieht und berücksichtigen Sie gesellschaftliche Rahmenbedingungen und Tendenzen.

Neben diesen PR-Tätigkeiten kommt ein Öffentlichkeitsarbeiter nicht umhin, sich selbst kontinuierlich weiter zu entwickeln, seine persönlichen Fähigkeiten und seinen Informationsstand auszubauen mit einem eigenen Informationsmanagement zu verbessern.[55]

55 Vgl. Krämer, S./Walter, K.-D.: Informationsmanagement, München 1996

6. Das PR-Selbstverständnis: „Mission possible“

Wie schon angedeutet, scheint der Presse- oder Öffentlichkeitsarbeiter in einem Unternehmen (oder für ein Unternehmen) zwischen zwei Stühlen zu sitzen. Auf der einen Seite ist er den Zielen seines Betriebes oder der Einrichtung verpflichtet, für die er tätig ist, andererseits sollte er die Öffentlichkeit oder die Medien überprüfbar und zuverlässig informieren und auf dem Laufenden halten.

Nur als Hofberichterstatter und „Ja-Sager“ seiner Firma hat ein PR-Mann seine Aufgabe verfehlt und umgekehrt, wenn er nur die Interessen der Öffentlichkeit vertritt, wäre er als Journalist besser aufgehoben. Welches also ist das Selbstverständnis des PR-Arbeiter? Dieses ist gar nicht so einfach zu definieren, denn die Aufgabengrenzen verwischen wie schon die unterschiedlichen Berufsbezeichnungen in der Branche andeuten. Öffentlichkeitsarbeiter, Pressemitarbeiter, PR-Mann/-Frau, Mediensachbearbeiter, Kommunikationsmanager, Pressereferent/in etc. bezeichnen Tätigkeitsbereiche, die nur schwer voneinander zu unterschieden sind. Vor allem in Großunternehmen und Konzernen bezeichnet die Abteilung „Kommunikation“ die Zusammenfassung aller Tätigkeitsbereiche, die mit PR, Presse- und Medienarbeit und Sponsoring zu tun hat, manchmal werden sogar die externen Werbeagenturen einbezogen. Die Zentralisierung der Aufgaben verdeutlicht deshalb auch die Verzahnung der Bereiche, die für Unternehmenskommunikation in Frage kommen. Mittelstandsbetriebe können sich in der Regel solche auf Synergiewirkungen ausgerichteten Abteilungen nicht leisten und sind deshalb auf die Kooperation und den Austausch ihrer einzelnen Mitarbeiter bzw. externen Berater angewiesen.

Trotzdem arbeiten die Kommunikationsarbeiter alle in einem Aufgabengebiet, das zwar unterschiedliche Schwerpunkte in der beruflichen Praxis zeigt, aber immer in der generalisierbaren Aufgabe besteht, Verbindungen (Relations) zwischen Unternehmung und der Öffentlichkeit (Public) herzustellen. Ein Anhaltspunkt für die undeutlichen Tätigkeitsbezeichnungen und das verschwommene Berufsbild liegt im Mangel an einer unzweideutigen Berufsausbildung. In den letzten Jahren hat sich vor allem sehr viel an privaten Weiterbildungseinrichtungen getan und auch die öffentlichen Hochschulen bieten Studiengänge und damit Abschlüsse an, wie z. B. „PR-Manager" oder „Kommunikationswirt". Es ist jedoch die Verbindung von **Kommunikations- und Managementtätigkeiten** (vgl. S. 323ff), von Konzeptions- und Durchführungsarbeiten, von Wirtschaftsdenken und vom Denken in Öffentlichkeiten, von Journalismus und Werbung, was die Bezeichnung PR-Mann/-Frau verschwimmen lässt. Presse-, Medien- und Öffentlichkeitsarbeiter kommen ohne Spezialausbildung meist aus dem journalistischen Bereich, waren bei der Presse oder den elektronischen Medien tätig und sind, wenn in leitenden Funktionen tätig, akademisch gebildet.[56] So kommt es nicht von ungefähr, dass vom „PR-Menschen" im Unternehmen vielfache Kenntnisse, hohe Flexibilität und Anpassungsfähigkeit bei ihrer Berufsausübung erwartet werden. Das Image des Berufes unterliegt daher sehr unterschiedlichen Interpretationen. Die Journalisten, selbst ein ausgeprägtes Berufsethos vertretend, sehen im „Pressemenschen" einer Organisation oft den abhängigen (statt wie sie selbst vermeintlich unabhängigen) „Lohnschreiber und Hofberichterstatter" seines Arbeitgebers; die Unternehmen betrachten ihre Pressereferenten oft als zweitklassige Manager, die dem wichtigen Unternehmensziel (Gewinnerzielung) nur bedingt und nicht exakt messbar zuträglich sind. Daher auch die frühere Bezeichnung „Frühstücksdirektor" für die Leiter der Kommunikationsabteilungen in größeren Unternehmen.

Hält man sich jedoch die Aufgabenstellung, die Ziele, Zwecke und den Sinn von Medien- und Öffentlichkeitsarbeit vor Augen, so ist eine Tätigkeit in der PR-Branche durchaus ernst und gewichtig zu nehmen: Den Dialog mit der Öffentlichkeit aufzunehmen und gesellschaftliche Strömungen wahrzunehmen und zum Zwecke des imagefördernden Vertrauensgewinns umzusetzen, ist keine Aufgabe, die nebenbei betrieben werden kann. Insofern unterscheidet

56 Vgl. Szyszka, P.: Der Mythos vom „anderen" Journalisten, Ein Berufsbild zwischen Schein und Sein, in: PR-Magazin 4/1990, Theorie & Praxis, S. 27–38, S. 30f; hierzu auch Ludwig, B.: Werbung & Public Relations, Einsteig, Praxis, Perspektiven, Frankfurt 1997

sich PR sehr wohl durch Tätigkeitsfelder, Botschaften und Inhalte von den klassischen Kommunikationsformen des Marketing-Mix, wie z. B. der Werbung.

Vor allem angesichts der durch die technischen Innovationen mitbedingten fortschreitenden Anonymisierung, Entpersönlichung und Versachlichung der gesellschaftlichen Entwicklung, die auch mit dem Verlust an Sinn im Leben für den Einzelnen verbunden ist. Diese gesellschaftliche **Krisenerscheinung** ist einerseits sicherlich mit unserem Denken verknüpft, das in den letzten Jahrhunderten zu einer Art „Machbarkeitswahn“ im technischen und sozialen Fortschritt geführt hat. Seit einigen Jahren jedoch entdeckt man auch die Kosten dieses Denkens, das trotz eines hohen Wohlstandes ein gesellschaftliches Unwohlsein mit sich brachte, das durch die Unüberschaubarkeit der zukünftigen gesellschaftlichen, wirtschaftlichen, sozialen, ökologischen aber auch politischen Entwicklung genährt wird. Diesen Überlegungen muss man als guter PR-Mann Rechnung tragen, denn diese Problemkomplexe werden in der Öffentlichkeit diskutiert, und sie betreffen auch unsere Produktionsweise, die Produkte, Waren und Dienstleistungen, die wir verkaufen, kaufen, anbieten und in Anspruch nehmen. Hinzu kommen Themen wie Arbeitslosigkeit, Versorgungsängste im Alter, beruflicher Stress, wirtschaftliche Unsicherheit, Vermassung, Entpersönlichung der Individuen, alles Faktoren und Rahmenbedingungen, in die Unternehmen eingebunden sind.[57]

Vor diesem komplizierten Hintergrund der gesellschaftlichen Entwicklung wird die Notwendigkeit einer inhaltlichen Umorientierung in den Unternehmenszielen und -aufgaben zwingend, und auch die bislang eher ungenaue Aufgabenstellung der Öffentlichkeitsarbeit für Unternehmen und Betriebe ändert sich: Öffentlichkeitsarbeit wird gesellschaftlich relevant und erfährt eine Orientierung an gesellschaftlichen Bedürfnissen, an denen sich wiederum die Unternehmen orientieren müssen.

Mit der gesellschaftlichen Orientierung verändern sich der Charakter und der Tätigkeitsbereich von PR-Arbeit. Sie wird, um den

57 Vgl. Miegel, H./Wahl, S.: Das Ende des Individualismus, Die Kultur des Westens zerstört sich selbst, München/Landsberg 1993

komplexeren Bedürfnissen auf beiden Seiten gerecht zu werden, ein inhaltlich und in der Umsetzung breiteres Tätigkeitsfeld wahrnehmen müssen als beispielsweise die einfache Produkt-PR umfasst. Sie kann sich deshalb aus dem Zwiespalt zwischen Auftragsorientierung, also im Sinne des Unternehmens vorzugehen, und der Orientierung an den Bedürfnissen der Öffentlichkeit herauslösen und wird damit zum Nutzen beider Seiten aktiv. Diese zentrale Rolle im gesamtgesellschaftlichen Dialog setzt eine strategische Position voraus, die PR für ein Unternehmen oder eine Organisation leistet. Ohne dabei die Rückbindung an den Auftraggeber auch inhaltlich aufzugeben, verbindet PR-Arbeit den Betrieb und die Gesellschaft, also die interne wie externe Kommunikation eines Unternehmens. Diese Aufgabe wird durch die Wahrnehmung, Aufnahme, und Beschäftigung mit internen wie externen Problemlagen erweitert. Auf diese Weise interpretiert, ist die Rolle der Unternehmen durch ihre Public Relations/Pressearbeit erweitert: Betriebe sind Motoren der gesellschaftlichen Entwicklung und sie versorgen nicht nur die Medien, sondern auch die Öffentlichkeit mit Wissen und Informationen.[58] Dadurch sind Unternehmen an einer, wohlgemerkt unideologischen **Mission** beteiligt, letztlich jener, die uns allen eine Verbesserung der Lebensumstände und Lebenswelt ermöglicht und die demokratische Partizipation an gesellschaftlich-politischen Entwicklungen erhöht.[59] Durch die PR werden diese transparenter. PR kann beispielsweise durch die Initiative zu und die Entwicklung von Unternehmens-Visionen und ihrer nachhaltigen Umsetzung zum Erfolg dieser Mission beitragen.

So gesehen ist die Position des Pressebetreuers oder Öffentlichkeitsarbeiters im Unternehmen zugleich eine strategische Managementaufgabe wie auch die Entwicklung von Ideen sowie die Umsetzung und Durchführung einer Mission. Durch ihre Problemlösungskompetenz (Wie, wann, womit löse ich als „Kommunikationsmanager" die Informations-, Verständigungs- und Austausch-

58 Vgl. Rolke, Lothar: Warum Public Relations die Gesellschaft schlauer macht, in: Public Relations Forum, No. 04/2000, S. 192–196

59 Vgl. Sarcinelli, Ulrich: PR-Demokratie, in: Public Relations Forum, No. 01/1999, S. 6–8

probleme des Betriebes mit der Öffentlichkeit und der Öffentlichkeit mit dem Unternehmen?) in der Unternehmenskommunikation und den angrenzenden Bereichen erfährt die PR als Tätigkeitsbereich ihren eigentlichen Stellenwert. Der PR-Mann ist damit kein Pressereferent oder PR-Journalist mehr, nicht nur Praktiker oder Manager: Er ist selbst Multiplikator und Beförderer von Ideen und mit seinem Unternehmen auch Mitgestalter der gesellschaftlichen Entwicklung.

Aufgaben der Public Relations in Unternehmen und Organisationen

V. Grundsätzliches zur PR- und Medienarbeit: Kontakte und Texte

1. Ärger mit den Medien vermeiden

Als wichtiger Teil der Arbeit eines Pressereferenten gilt der Kontakt mit den Medien, die Vermittler zwischen Unternehmen und Öffentlichkeit sind.

Bereits an anderer Stelle wurde auf Erlebnisse von Geschäftsführern mit der Morgenlektüre verwiesen. Hier verdirbt die Tageszeitung ihm die gute Laune endgültig, als er blättert. Nach einigen Seiten stößt er im Wirtschaftsteil auf den Artikel „Michel GmbH erwartet Auftragseinbrüche". Der Geschäftsführer liest den Zweispalter und wird von Zeile zu Zeile blasser... Dann wird er verärgert. Jetzt, mit hochrotem Kopf, faltet er, ja knüllt er die Zeitung hastig zusammen, schleudert sie auf seinen Mahagoni-Schreibtisch, stampft durch das Büro und brüllt nach seiner Sekretärin: „Frau Schmidt... Frau Schmidt...!" Als diese ins Zimmer kommt: „Unverschämtheit, Falschmeldung, haben Sie den Artikel über uns im Landkurier gelesen? Verbinden Sie mich sofort mit dem Chefredakteur!"

Der aber ist gerade auf einem Termin und nicht erreichbar. Auch mit dem zuständigen Redakteur kann er nicht verbunden werden, denn der ist in einer Redaktionskonferenz. Die Laune des Geschäftsführers der Michel GmbH fällt vollends in den Keller, als er einen Anruf von seinem Vertriebsleiter bekommt: „Haben Sie den Artikel in der Zeitung gelesen...?" Der Geschäftsleitung ist es vollkommen rätselhaft, wie der Artikel ins Blatt kam, wie der „Schmierenschreiber" auf diese internen Informationen stieß, wie der über die Geschäftslage so gut Bescheid wissen konnte. Der Artikel kam zu einem äußerst ungünstigen Zeitpunkt. Denn gerade sind Gespräche mit einem großen Auftraggeber im Gange, und der Artikel könnte die Verhandlungsposition schwächen, von den Gerüchten in der Öffentlichkeit ganz abgesehen... So schlecht, wie es hier den Anschein hat, ist die Auftragslage nun auch wieder nicht... Den zuständigen Redakteur erreicht der Chef an diesem Tag nicht mehr.

Wie geht dieses Szenario weiter? In der Kantine tuschelt die Belegschaft ängstlich darüber, wer wohl entlassen wird. In der Werkshalle herrscht miese Stimmung. Die Geschäftsleitung erwägt deshalb eine eilige Pressekonferenz für eine Richtigstellung. Der Verfasser des Artikels wird am nächsten Tag erreicht, zeigt sich äußerst erstaunt über die aufgebrachte Reaktion des Geschäftsführers, versichert, die Angaben aus absolut zuverlässigen Quellen zu haben und meint abschließend: „Ich kann alle Informationen und Recherchen belegen! Die Herkunft meiner Informationen werde ich jedoch nicht nennen!" Der Geschäftsführer ist perplex über die gute Informationslage der Redaktion und muss sich zwangsläufig einen Fehler in seiner Informationspolitik eingestehen. Seine Wut über den Artikel entlädt er noch in einem Anruf beim Herausgeber und er droht mit der Aussetzung seiner Anzeigen – vergiftetes Klima...

Die Analyse der **unzureichenden Informationspolitik** zu einem früheren Zeitpunkt hätte dem Unternehmen und seinen Mitarbeitern viel Ärger erspart, der sich in verschiedenen Formen äußert: im kühlen Verhältnis zur örtlichen oder regionalen Presse, in der Gerüchteküche in der Stadt über den Fortgang des Betriebes, an der Verunsicherung der Belegschaft, in der Verschlechterung der Position zu Verhandlungspartnern für weitere Aufträge.

Beispiel aus dem realen Alltag: Der Rektor einer Fachhochschule hatte wie zum Ende jedes Semesters zur halbjährlichen Präsentation von Semesterarbeiten seiner Studenten die Honoratioren seiner Stadt eingeladen. Die örtliche Presse hatte er diesmal – aus Vergesslichkeit oder gewollt – nicht ausdrücklich eingeladen. Lokalreporter nahmen den Termin wie immer wahr, machten artig Fotos und veröffentlichten diese in ihren Blättern. Ein Zeitungsredakteur nahm jedoch die ausgebliebene persönliche Einladung zum Anlass, die Hochschule einmal etwas kritischer unter die Lupe zu nehmen. Sein Kommentar prangerte die Arroganz der Hochschulleitung an, das versnobte Auftreten der Hochschullehrer, die fragwürdige Ausbildung der Studenten für die berufliche Praxis. Die Reaktion der Hochschulleitung war im Sinne guter Öffentlichkeitsarbeit unprofessionell: Künftig sollte die unbequeme Lokalredaktion nicht mehr mit Informationen versorgt und nicht mehr zu Terminen eingeladen werden. Exklusiv wollte man nur noch die andere Tageszeitung am Ort mit Informationen bedienen.

Dieses **Abstrafen** („Schneiden") von Pressevertretern ist falsch, denn das Unternehmen schneidet sich ins eigene Fleisch: Die Animositäten können sich über Monate oder Jahre fortsetzen und zu einer weiteren Verschlechterung des Images in der Öffentlichkeit führen. Warum sich also das Leben gegenseitig schwer machen? Eine freundliche Entschuldigung seitens der Hochschule wegen der unterlassenen Einladung, ein Telefonat mit dem zuständigen Redakteur und eine kurze private Führung von Redakteuren durch die Präsentation – und alles hätte einen erfreulichen Verlauf genommen. Weitere bissige Artikel (ob berechtigt oder nicht, sei dahingestellt) wären vermieden worden, möglicherweise hätte der Rektor sogar einen Artikel über die Probleme von Hochschulen (z. B. steigende Studentenzahlen, Mängel in der Ausstattung etc.) in der unliebsamen Tageszeitung plazieren können...

Unternehmen wie auch Institutionen stehen in der Öffentlichkeit und sind gesellschaftlichen Entwicklungen unterworfen. Der Dialog mit der Öffentlichkeit über die Medien ist deshalb ein wichtiger Anfang, sich aktiv zu beteiligen. Den Zugang zur Öffentlichkeit über die Presse und die Medien sowie die Instrumentarien zu skizzieren, ist deshalb das Thema der folgenden Abschnitte. Als Sender und gleichzeitig als Empfänger der Informationen hat der PR-Mitarbeiter damit die Möglichkeit, sich in die Informationsmaschine einzuklinken und Transparenz zu schaffen. Als Beteiligter an gesellschaftlichen Prozessen und Entwicklungen hat er die Möglichkeit, sich am gesellschaftlichen Dialog zu orientieren und die Diskussion mitzugestalten. Als Kommunikationsmanager hat er eine Reihe von Entscheidungen zu treffen, die zur Übereinstimmung zwischen Sein und Schein führen, zwischen internem unternehmerischem und externem gesellschaftlichem Dialog, kurz, unternehmerische Kommunikationspolitik zu betreiben.

Die folgenden Seiten skizzieren, wie der kontinuierliche, entspannte Umgang mit der Presse beginnen und vonstatten gehen kann. Dem Unternehmer, dem Vorstand, dem PR-Mitarbeiter oder -Referenten sollen damit Anregungen und Tipps gegeben werden.

2. Erste persönliche Kontakte aufnehmen – Wie und wo?

Warum ist persönliche Kontaktaufnahme so wichtig für den Beginn einer gezielten Presse- und Öffentlichkeitsarbeit? Im Grunde ist es eine Binsenweisheit, dass das so genannte „Vitamin B“ (B = Beziehung) im Berufs- und Geschäftsleben eine besondere Bedeutung hat. Mit dieser Begründung könnte man es dabei bewenden lassen, weshalb eine Kontaktaufnahme persönlich erfolgen sollte. Diese Begründung allein ist jedoch zu wenig in unserem Zusammenhang. Es gibt auch eine journalistische Begründung, die auch in der Kommunikationsforschung untersucht wird und nicht unerheblich beim Kontakt mit unserem **Ansprechpartner** in den Zielmedien unserer PR ist.

Wie in anderen Berufen sind Journalisten bei ihrer Tätigkeit sozialen und organisatorischen Rahmenbedingungen unterworfen, die sich auf die Auswahl der Nachrichten und Inhalte auswirken, die der Journalist in seinem Massenmedium verbreiten lässt. Der Journalist hat deshalb die Funktion eines **„Gatekeepers“**, eines Hüters über die Schleusen der Information.[60] Täglich mit einer Flut von Nachrichten und Meldungen konfrontiert, trifft er die Auswahl aus diesen mannigfaltigen Inhalten. Das, was er als veröffentlichenswert ins Blatt hebt oder auf Sendung gibt, unterliegt einerseits seinen subjektiven Kriterien und seinem Begriff von „Nachrichtenwert“, also seiner Einschätzung dessen, was für die Öffentlichkeit relevant ist. Andererseits unterliegt seine Selektion natürlich auch medien- und berufsbedingten Kriterien wie beispielsweise Platzmangel in einer Zeitung, Zeitnot in einer Sendung, Aktualität der Informationen, Vielseitigkeit der Inhalte etc. Hinzu kommen eine Reihe anderer Faktoren, z. B. was der Journalist als von öffentlichem Interesse wahrnimmt und welche Themen die gesellschaftliche Diskussion bestimmen bzw. die Konkurrenzmedien als Headlines haben. Aufgrund dieser Selektionsfunktion verfügt der Journalist natürlich über eine gewisse Machtposition auf dem Informationsmarkt, denn er bestimmt mit, was die Öffentlichkeit zu erfahren hat, welche Inhalte und Themen die gesellschaftliche Diskussion mitbestimmen sollen.[61] Deshalb ist das Gespräch mit diesen „Hütern der Information“ ein wichtiger Bestandteil der Öffentlichkeitsarbeit und steht

60 Vgl. Schulz, Winfried: Nachricht, in: Fischer Lexikon: Publizistik Massenkommunikation, op. cit., S. 307–337, S. 328 ff

61 Vgl. Noelle-Neumann, op. cit., S. 519, 554 f

am Beginn jeder vertrauensbildenden Maßnahme zwischen Unternehmen und Gesellschaft.

Die Kontaktaufnahme mit dem richtigen Namen des zuständigen Redakteurs, ob schriftlich oder mündlich, ist immer besser, als über die Telefonzentrale zu gehen oder die Wirtschaftsredaktion anonym, also ohne persönlichen Adressaten, anzusprechen. Wie kommt man auf dem einfachsten Weg an die verantwortlichen Redakteure? Über das Impressum. Das **Impressum** ist der presserechtliche „Ausweis" eines Pressemediums, in dem sich Angaben über den Herausgeber, den Verlag und die Redaktion mit Anschriften und Telefon- bzw. Telefaxanschlüssen befinden. Das Impressum findet man in Tages- und Wochenzeitungen meist als Kasten im „Keller" (unterste Platzierungsmöglichkeit auf dem Satzspiegel) einer der ersten Seiten, und es hat fast immer seinen festen Standort. In Magazinen und Illustrierten wird das Impressum im Inhalt ausgewiesen. Im Impressum findet man in der Regel die Namen der fest angestellten verantwortlichen Redakteure und hat somit einen ersten Anhaltspunkt für eine Kontaktaufnahme mit den für die Wirtschafts- oder sonstigen Ressorts zuständigen Ansprechpartnern.

Bei Radio- und Fernsehsendern wird die Sache schon etwas schwieriger. Will man sich hier namentlich an die zuständigen verantwortlichen Redakteure wenden, kann man dies nur, wenn man sich im **Abspann** einer entsprechenden Sendung den Namen des verantwortlichen Redakteurs oder des Moderators gemerkt hat. Sicherlich kann man den zuständigen Redakteur auch über ein Telefonat erreichen. Je größer jedoch die Radio- oder Fernsehanstalt, desto schwieriger wird es, beim gewünschten Ansprechpartner zu landen. Die komplizierte Organisationsstruktur hemmt da den schnellen Kontakt. Alle öffentlich-rechtlichen Programmanbieter veröffentlichen jedoch halbjährlich **Programmbroschüren**, in denen der organisatorische Aufbau, die Abteilungen und die verantwortlichen Redakteure genannt werden. Von den Pressestellen kann man sich diese Informationsbroschüren auch telefonisch anfordern, wenn man sich ausgewiesen hat. Die ARD gibt zusätzlich ein ARD-Jahrbuch heraus, in dem alle wichtigen Mitarbeiter der einzelnen Anstalten genannt werden. Ähnliches gilt für das ZDF. Die öffentlich-rechtlichen Anstalten senden darüber hinaus in der Regel bei

Beginn des Tagesprogramms (z. B. SWR, Hörfunk) oder nach Abschluss des Regionalprogramms (z. B. Bayerischer Rundfunk, TV, vor Beginn des Programmes) ein gesprochenes bzw. ablesbares Impressum. Ähnliche Veröffentlichungen in Broschürenform oder gesendet finden sich bei den privaten Hörfunk- und Fernsehstationen (z. B. RTL, SAT 1, Kabel 1, Pro 7 etc.).

Eine weitere Möglichkeit, an Redakteure heranzukommen, ist die **telefonische Recherche** nach den zuständigen Redakteuren. Ohne einen bestimmten Namen zu kennen, kann man sich direkt an die Redaktionen wenden und sich so zum betreffenden Herrn bzw. der zuständigen Redakteurin durchfragen. Bei der Kontaktaufnahme auf diese Weise ist es sehr nützlich, wenn man schon jemanden im entsprechenden Haus kennt oder sich auf jemanden berufen kann. Oft stoßen solche Kontaktaufnahmen ins Leere. Dann allerdings sollte man nicht aufgeben, sondern beharrlich bleiben, bis man den gewünschten Ansprechpartner des Massenmediums an der Strippe hat. Bei den Zeitungen und Illustrierten hat man in der Regel schneller Erfolg. Zudem: Artikel und Berichte haben immer ein Autorenkürzel oder werden mit vollem Namen gekennzeichnet. Damit hat man auch einen Anhaltspunkt für den richtigen Ansprechpartner.

Bei den elektronischen Medien, vor allem bei den öffentlich-rechtlichen Anstalten, ist diese Art der Kontaktaufnahme zuweilen ein langwieriges, zeitraubendes Unterfangen: Die Redakteure sind oft viel beschäftigt, andererseits geben sie sich jedoch auch gerne als geschäftig aus, und wenn man nicht gerade ein Minister persönlich ist oder der Vorstand einer Großunternehmung, kann es schon einige Zeit dauern, bis man sie erwischt. Diese selbstgefällige machtbewusste Haltung ist jedoch bei den öffentlich-rechtlichen Anstalten seltener geworden, seit es die Konkurrenz der privaten Sender gibt. Letztere waren meiner Erfahrung nach sehr viel zugänglicher; dies hat sich jedoch aufgrund der medialen Macht, die sie ausüben, leider eher verschlechtert. Viele Hörfunk- und Fernsehsender unterhalten regionale Redaktionen in den größeren Städten. Sie sind gerade für die regionale Berichterstattung aus dem wirtschaftlichen Bereich wichtige Ansprechpartner. Im Telefonbuch stehen ihre Nummern.

Für mittelständische Betriebe ist es aufgrund ihrer regionalen Bedeutung logisch, dass sie sich eher an die lokalen und regionalen Zeitungen (Tageszeitungen, Anzeigenblätter) wenden oder an die regionalen Hörfunksender. Durch die überschaubarere organisatorische Struktur und die Orientierung dieser Medien an lokalen oder regionalen Zielgruppen fällt die Kontaktaufnahme leichter. Regional und lokal bedeutsame Unternehmen oder Einrichtungen sind möglicherweise schon in der Redaktion bekannt, und die telefonische Auskunft über die zuständigen Mitarbeiter oder Redakteure führt meist schnell zum Ziel.

Eine andere Möglichkeit, an die Medien heranzutreten, ist der Kontakt zu den **Nachrichtenagenturen**. Alle Massenmedien, ob Print- (Druck-) oder elektronisches Medium, erhalten den harten Kern ihrer Informationen oder die aktuellsten Nachrichten über die Agenturen. Sie sind den Massenmedien vorgeschaltet und beliefern diese mit der überregionalen und internationalen Grundversorgung vom täglichen Informationsmarkt von der Politik bis zum Vermischten. Die größte deutsche Agentur ist die dpa (Deutsche Presseagentur), die allein pro Tag 150.000 bis 750.000 Wörter in Form des Basis-Dienstes an die Massenmedien weitergibt. Weitere wichtige Nachrichtenagenturen sind: der ddp (Deutscher Depeschen-Dienst), die Agentur Reuters (reuters) und die vwd (Vereinigte Wirtschaftsdienste), deren Nachrichtenschwerpunkt in den Bereichen Wirtschaft und Finanzen liegt. Hinzu kommen eine Reihe von spezialisierten Agenturen im Sportbereich (sid = Sportinformationsdienst), im ethisch-religiösen Bereich, wie der Evangelische Pressedienst (epd) oder die KNA (Katholische Nachrichten Agentur), sowie spezielle TV- und Rundfunkdienste und regionale Schwerpunktdienste.[62] Übrigens: Kleinere Tageszeitungen übernehmen zu rund 30 %, überregionale Blätter zu 15 % die von den Nachrichtenagenturen eintreffenden Informationen unredigiert.[63] Für Unternehmen bedeutet das: Wenn man eine Meldung über die Agenturen absetzen kann, hat man auch gute Chancen, dass sie von Zeitungen unbearbeitet übernommen wird. Je kleiner die Auflage des Pressemediums, umso höher diese Chance. Allerdings: Meist haben nur

62 Vgl. Schulz, W., op. cit., S. 319 ff
63 Vgl. Meyn, H., op. cit., S. 229 f

größere Unternehmen gute Chancen, ihre Presseinformationen über Nachrichtenagenturen abzusetzen.

Mit diesen ersten Anhaltspunkten kann die persönliche Kontaktaufnahme beginnen. Der erste telefonische Kontakt sollte zu einem persönlichen Gespräch in der Redaktion führen, denn persönliche Bekanntschaft fördert das gegenseitige Vertrauen und kann der Ausgangspunkt für eine lange, gute Zusammenarbeit werden. Wichtig ist eines: Journalisten haben in der Regel nie viel Zeit und haben meist andere **Arbeitszeiten** als Mitarbeiter in der Industrie. Bei Zeitungsredaktionen beginnt die Tagesarbeit in der Regel zwischen 9.30 und 10.00 Uhr, also eine bis eineinhalb Stunden später als in den Betrieben. Dafür endet der Arbeitstag auch oft erst gegen 18.00 oder 19.00 Uhr. Dieser Tag ist mit Terminen durchsetzt, mit dem Verfassen oder Redigieren von Artikeln, Recherchearbeit und Redaktionskonferenzen. Auch PR- und Werbeagenturen beginnen in der Regel erst ab 9.00 Uhr mit dem Arbeiten und so macht es Sinn, sich diesem verschobenen Arbeitsrhythmus anzupassen und die Arbeitszeiten des PR-Mannes eine Stunde nach hinten zu verlegen, um einen parallelen Arbeitsablauf zu den Medienschaffenden zu haben. Vor allem mittelständische Industriebetriebe haben hier ein Problem, denn ihre Arbeitszeiten entstammen der Industriekultur, die im Gegensatz zum modernen Dienstleistungsdenken steht. Dennoch sind Termine mit Medienvertretern außerhalb der eigenen Dienstzeiten häufig und eher die Regel als die Ausnahme.

Wichtig für alle Pressereferenten ist es, sich sofort nach den ersten telefonischen oder persönlichen Kontakten ein **Adressenverzeichnis** mit Telefonnummern anzulegen und sich Visitenkarten aufzuheben, damit der Presseverteiler und die Kontaktlisten immer aktuell bleiben können. Nicht vergessen: seine eigene Büroadresse, die Telefonnummer, Handy-Nummer, Fax- und E-Mail-Adresse an den Journalisten weiterzugeben.

3. Kontakte aufbauen und im Gespräch bleiben

Mittelständische Betriebe sollten zunächst den Kontakt zu den Medien in ihrem näheren Umfeld pflegen. Das heißt, der Kontakt zu den lokalen oder regionalen Tageszeitungen, Anzeigenblättern, Heimatheften oder regionalen Sendern muss zuerst „angeleiert" werden. Das bietet die Möglichkeit der Einarbeitung und Einübung, bildet die Grundlage und Erfahrung im Umgang mit den Medien und ihren Arbeitsweisen. Sofern Bedarf und Notwendigkeit besteht, kann man sich in einem weiteren Schritt an die überregionalen Zeitungen und elektronischen Medien wenden. Diese **zweistufige Kontaktaufnahme** macht vor allem für Pressereferenten Sinn, die weniger Erfahrung im Umgang mit der Presse oder den elektronischen Medien haben. Auch PR-Mitarbeiter, die spezielle regionale Eigenheiten der Arbeit der Presse noch nicht kennen, können sich so einarbeiten. Ein weiterer Grund für die Orientierung am Naheliegenden ist der Aspekt des Informationsmarktes: Das, was für große überregionale Medien noch lange keine Meldung oder einen Bericht wert ist, kann für die lokalen Medien durchaus wichtig und interessant sein. Der toll inszenierte „Tag der offenen Tür" der örtlichen Pumpenfabrik ist z. B. für die „Stuttgarter Nachrichten" keine Wirtschaftsmeldung wert, für die „Gmünder Tagespost" dagegen kann es der Aufmacher auf einer der Lokalseiten sein. Parallel zu diesen Kontakten mit den heimatlichen Massenmedien können Informationsgespräche mit den Redaktionen von Fachzeitschriften aufgenommen werden, wobei man die Möglichkeit einer lockeren Zusammenarbeit ausloten kann.

Im ersten Kontaktgespräch, bei dem sich Unternehmen und Redakteur über die Möglichkeit einer Zusammenarbeit unterhalten, sollten alle Problemfelder, die Interessen, die Möglichkeiten und Formen von Veröffentlichungen angesprochen werden.[64] Ein Tipp: Bitte bringen Sie nicht gleich irgendwelche Gastgeschenke oder so genannte „Aufmerksamkeiten" mit. Manche Journalisten, vor allem solche, die das Berufsethos der journalistischen Unabhängigkeit hoch einschätzen, könnten mit Befremdung reagieren und sich brüskiert sehen. Heben Sie sich solche Mitbringsel für die weiteren Treffen, nach besserer Bekanntschaft, auf.

Kennt der Pressesachbearbeiter dann seine Ansprechpartner in

64 Eine ganz brauchbare Check-Liste zum Kontakt mit den Medien in Richarz, Willi: Zum Umgang mit der Presse, Stuttgart 1990, sowie auch Georg, R., op. cit.

den verschiedenen Medien, gilt es Kontakt zu halten, diesen zu pflegen und im ständigen Gespräch mit den Redakteuren oder Redaktionen zu bleiben. Dies kann auf verschiedene Weise geschehen:

- In gewissen Zeiträumen hält man telefonischen Kontakt zu den Redakteuren, informiert sie über den guten Geschäftsverlauf oder auch über die Nöte des Betriebes. Das schafft Bekanntheit und stärkt das Vertrauen der Ansprechpartner. Ein gutes, auch persönliches Verhältnis kann entstehen und ist beste Voraussetzung für den guten Draht zur öffentlichen Meinung.
- Nach dem ersten Redaktionsbesuch, der durchaus gemeinsam mit der Geschäftsleitung des Betriebes stattfinden kann, sollte man sich auch ohne besonderen Anlass hin und wieder „blicken lassen", damit der persönliche Draht nicht abreißt. Im unverbindlichen Gespräch können so auch gemeinsame Ideen über die Veröffentlichung von Artikeln (z. B. eine Reportage über neuartige Maschinen im Betrieb) entwickelt werden.
- Hin und wieder sollte man die kontaktierte Redaktion auch mit Informationen versorgen, die nicht unmittelbar mit den eigenen Veröffentlichungsinteressen in Verbindung stehen: Versorgen Sie „Ihren" Redakteur ab und zu mit interessanten Artikeln aus Fach- oder Spezialpublikationen, die für seine journalistische Arbeit von Belang sein könnten. Er sieht damit, dass auch Sie sich mit seiner Arbeit beschäftigen, und lernt so nach und nach Ihre Interessen und Ihr Branchenumfeld kennen. Sie geben ihm damit auch Anregungen für eigene Geschichten. Meist haben Redakteure persönliche Archive, in denen sie solche Informationen aufheben.
- Wenn man schon gute Zusammenarbeit mit einem redaktionellen Ansprechpartner pflegt, können kleine Aufmerksamkeiten die Freundschaft erhalten. Anlässe dafür gibt es genug: vom Geburtstag bis zum Weihnachtsfest. Aber: Das Unternehmen sollte darauf achten, diese kleinen **Geschenke** nicht zu übertreiben. Pressekonferenzen sind nicht immer der geeignete Anlass zum Schenken, und vor allem sollte der Wert des Geschenkes nicht unangemessen hoch sein (Richtlinie circa 30 Euro). Was darüber hinaus geht, sieht nach gekaufter Pressearbeit aus. Mit zu billigen Mitbringseln und Sparsamkeit jedoch macht man sich eher

lächerlich. Und: Die „falsche" Aufmerksamkeit sollte es auch nicht sein. Beispielsweise bekamen die Journalisten und Journalistinnen bei der Pressekonferenz einer US-Firma zum Eintritt in den deutschen Markt ein Kosmetik- bzw. Toilettenset überreicht. Ich selbst war auch unter den glücklichen Beschenkten. Nur, die Duftnote des Pflegesets mit Pre-, After-Shave und Eau de Toilette war so extrem, dass es nie zu einer Konkurrenz für meine bisher benutzte Marke werden konnte. Viele meiner damaligen Kollegen empfanden dies ebenso.

- Auf die **Gleichbehandlung** der einzelnen Redakteure sollte jeder Pressemann, jede Pressefrau aus Unternehmen, Verbänden oder sonstigen Einrichtungen achten. Die Versorgung nur einer Redaktion mit Informationen, und damit die Bevorzugung von einzelnen Medien, führt schnell zum Vertrauensverlust bei den anderen. Diese werden dann misstrauisch, nicht nur gegenüber der Unternehmung selbst, sondern auch gegen die Kollegen in den anderen Redaktionen. Jede Redaktion wünscht sich dagegen so genannte **Exklusivität** der Informationen. Für den Betrieb ist dies jedoch eine Verengung des Dialogs mit der Öffentlichkeit. Exklusive Geschichten in ausgewählten Medien sollten deshalb nicht angestrebt werden, es sei denn unter ganz spezifischen, gesellschaftlich relevanten Gesichtspunkten oder den besonderen Zielgruppen. Solche Exklusivbeiträge können beim Redakteur angeregt werden.
- Unternehmen sollten die Redakteure hin und wieder auch zu Besuchen im Betrieb einladen. Diese „Betriebsbesichtigungen" vermitteln dem Ansprechpartner bei den Medienvertretern den Betriebs- oder Arbeitsalltag einer Unternehmung und ermöglichen Erklärungen vor Ort. Ein solcher Anlass muss nicht mit einem Ereignis (z. B. neue Maschinen oder neu eingeführte Leistungen) verbunden sein. Ein persönliches Gespräch mit dem Redakteur bei einer Tasse Kaffee kann daran angeschlossen werden.
- Zur Pflege der Kontakte gehört es natürlich auch, dass sich eine Firma für einen gelungenen, ausgewogenen Artikel, eine Reportage oder einen Hörfunkbeitrag beim bearbeitenden Redakteur oder Mitarbeiter bedankt. Schließlich ist es keine Selbstverständlichkeit, dass eine Kooperation gut funktioniert und dass die In-

formationspflicht der Medien auch zu einer erfolgreichen Beteiligung des Unternehmens am gesellschaftlichen Dialog führt.

Bei der Kontaktpflege mit der Presse ist jedoch auch Fingerspitzengefühl geboten. Schnell erschöpft sich das Verständnis von Redakteuren bei übertriebener Öffentlichkeitssucht, und wenn man der Redaktion zu sehr in den Ohren liegt, erreicht man das Gegenteil: Der Betrieb wird ignoriert. Zudem lässt das Interesse der Öffentlichkeit selbst nach, denn immer ähnliche Informationen langweilen.

4. Pressekontakte pflegen: Auf die Dosierung kommt es an

Die Paradoxie der Medien- und Informationsgesellschaft wurde bereits an anderer Stelle gestreift. Jedes neue Medium entwickelt eine Eigendynamik, sobald es ein größerer Nutzerkreis als sinnvoll bewertet. Die vermittelten Informationen sind jedoch ab dem Zeitpunkt nicht mehr interessant, wenn sie sich häufig wiederholen und keinen Neuigkeitswert mehr besitzen. Hyperaktivität, Penetranz, Sturheit im Kontakt mit den Journalisten sind Gift für eine fruchtbare Zusammenarbeit mit den Medien. Wenn gute Kontakte zu einem Redakteur bestehen, bedeutet das nicht gleichzeitig, dass dieser kontinuierlich PR-Informationen einer Firma veröffentlichen muss. Artikelvarianten beispielsweise, deren Kernaussagen bereits in anderem Zusammenhang im Zielmedium publiziert wurden, sind deshalb redundante (überflüssige) Informationen. Das Beharrungsvermögen des Pressemenschen wäre deshalb deplaziert und kann zu einer Verschlechterung des Kontaktes zum Ansprechpartner in der Redaktion führen. Wichtig ist deshalb die **Qualität** der Informationen, die einem Medium zugeschickt werden und nicht die höchste **Frequenz** der Artikel, die ein PR-Mann unterbringt. Bei einer Bombardierung mit Artikeln wird jeder Redakteur früher oder später sagen: „Was zu viel ist, ist zu viel – mehr können wir über die nicht bringen.“ Trotz guter Kontakte beispielsweise zu einer Tageszeitung oder einem Fachmagazin ist es angebracht, den Journalisten nicht zu überfordern und zu glauben, dass jede Woche ein Artikel in der lokalen Presse oder in jeder Ausgabe der Fachzeitschrift eine Presseinformation über das eigene Unternehmen stehen muss. Es ist die **Dosierung** auf die es ankommt, das Fingerspitzengefühl, mit dem mehr erreicht wird als mit Massen von Aussendungen. Es gibt deshalb auch keine Regel, an die man sich halten kann, wie viele Artikel lanciert werden sollten und tatsächlich plaziert werden können. Faustregel also: In der Lokalpresse sind sechs bis zwölf Erscheinungen pro Jahr erfolgreiche Pressearbeit, bei Fachzeitschriften ist es der Artikel in jeder zweiten Ausgabe.

Was jedoch tun, wenn sich ein Redakteur von vornherein einer Zusammenarbeit sperrt? Nur nachhaltige Information und die eigene Überzeugung von der Relevanz der Inhalte für die Öffentlichkeit können zu einer Einstellungsänderung auf der Seite der Redaktion führen. Diese **Überzeugungsarbeit** ist natürlich aufwendig und zeitraubend, so dass der Hinweis auf die Informationspflicht des Journalisten manchmal schneller wirkt, wobei die zu vermittelnden Inhalte dann auch tatsächlich öffentliche Relevanz haben sollten. Sofern man weiter frustriert wird, kann man sich allerdings auch an den Ressortleiter oder den Chefredakteur wenden. Wenn jedoch kein „Drah"' zum Vorgesetzten besteht, ist der PR-Mann in einer schwachen Position: Redakteure haben aufgrund ihrer Stellung das Recht auf die „Informationsverbreitung" in ihrem Medium. Ihre Vorgesetzten akzeptieren in der Regel diese innere Pressefreiheit. Lieber sollte ein Unternehmen auf die Zusammenarbeit mit einem Massenmedium verzichten, als dass man zum ewigen, belächelten Bittsteller wird. Die Konkurrenzzeitung oder ein anderes Medium sind möglicherweise dankbar für genau die Informationen, die der Pressereferent loswerden wollte.

Bricht der Kontakt zu einem Massenmedium dennoch ab oder ist „eingeschlafen", tritt das **Watzlawick-Phänomen** „Man kann nicht nicht kommunizieren"[65] ein. Es bedeutet, dass auch Schweigen oder Nicht-Mitteilung ein kommunikativer Akt, also Kommunikation ist, weil der Empfänger des Schweigens eben dieses genau so deuten kann wie verbalisierte Aussagen. In unserem Zusammenhang heißt

65 Vgl. Watzlawick, Paul/Bevin, J./Jackson, D.: Menschliche Kommunikation, Stuttgart 1969, S. 53

das, dass über unser Unternehmen nichtsdestotrotz gesprochen wird, auch wenn wir keine Pressepräsenz haben. Nur: Jetzt wird die Kommunikation nicht aktiv vom Unternehmen gesteuert, sondern verläuft eigendynamisch: Das Unternehmen verhält sich still und öffnet der Interpretation (dem Meinen und Vermuten beim Redakteur und in der Öffentlichkeit) Tür und Tor. Es ist also wichtig, dass wir mit unseren Kontakten zur Presse behutsam umgehen. Das heißt, sich flexibel auf die Erfordernisse und Veränderungen in der Gesellschaft einzustellen, neue Trends und Ideen aufzunehmen und diese in die Kontaktarbeit einfließen zu lassen. Redakteure verfolgen berufsbedingt die gesellschaftliche und wirtschaftliche Entwicklung aufmerksam und wissen über vieles Bescheid. Sie sind weitgehend gut informiert und verfügen oft über Spezialwissen (zumal Fachjournalisten). Im Gespräch zu bleiben bedeutet deshalb für den Pressebeauftragten und sein Unternehmen, dem breiten oder Spezialwissen der Journalisten zusätzliche Aspekte beizufügen und diese Inhalte, entstanden durch die gesellschaftliche Entwicklung, auszutauschen. Dieser Austausch von Informationen und Mitteilungen ist Kommunikation und schafft damit Nähe, bewirkt Gemeinsamkeiten, gegenseitige Verantwortung und Teilhabe zwischen Unternehmen und Öffentlichkeit.[66]

5. Hände weg: Journalisten für PR-Arbeit kaufen?

„Honi soit qui mal y pense“ – diese „Form“ der Zusammenarbeit mit den Medien greift immer stärker um sich. Unternehmen haben die Macht der Medien längst erkannt und wollen sich deren Arbeitsweise und Breitenwirkung zunutze machen. Also treten Firmenvertreter an Journalisten (an befreundete, leider aber auch weniger nahe stehende) heran, bieten ihnen so genannte „Erfolgs- oder Beraterhonorare“, wenn sie in ihrem Blatt oder ihren Sendungen die PR-Trommel für das Unternehmen und dessen Produkte schlagen oder auch „sachliche“ Informationen zu brisanten Vorhaben des Unternehmens in ihrem Medium gezielt streuen – auf unauffällige Weise, versteht sich …

66 Vgl. Wagner, H., op. cit.

Grundsätzlich dazu: Hände weg, nicht einmal den Versuch wagen! Nicht nur, dass es eine unseriöse Form der **Pressebeeinflussung** ist, sie ist auch illegal, und die verborgenen Risiken sind sehr groß. Dies in mehrfacher Hinsicht, denn der vermeintlich sichere „Deal“ kann trotz aller Vorsicht rasch auffliegen, und seine Auswirkungen können das genaue Gegenteil einer erfolgreichen PR-Arbeit sein mit:

- dem Verlust der Vertrauensbasis zum Redakteur, mit dem Sie schon lange zusammenarbeiten
- der Hinterfragung der sonstigen Machenschaften des Unternehmens
- dem Verlust des Rufes des Betriebes und der Firmenleitung
- einem lokalen, regionalen oder bundesweiten Schmiergeldskandal mit Korruptionsverdacht
- straf- und zivilrechtlichen Folgen für die Beteiligten und dem Verlust ihres Arbeitsplatzes.

Hat ein Unternehmen es nötig, sich auf solche Kooperationen einzulassen, ist es schlecht um die Qualität seiner Argumente oder seiner Leistungen bestellt. Außerdem: Ein gekaufter Journalist ist nicht billig. Als vor einigen Jahren die unlautere Zusammenarbeit eines Journalisten einer regional verbreiteten süddeutschen Tageszeitung mit einem großen Bauunternehmer aufflog, wurde die Summe von rund 2000 Mark monatlich genannt. Besser ist es, das Geld zu sparen, die Qualität der Pressearbeit im Haus zu verbessern und mit kontinuierlichen Kontakten den Erfolg zu suchen. Legt der Betrieb noch etwa die Hälfte des genannten Betrages dazu, ist dieses Geld für einen externen Presseberater besser ausgegeben.

Eine Pressearbeit, die spezifisch auf die Arbeitsweise der Zielmedien ausgerichtet ist, bringt allemal langfristig größere Wirkung als der schnelle Kauf von journalistischer Arbeit und die versuchte Beeinflussung der Öffentlichkeit. Anders verhält es sich, wenn ein journalistischer Profi oder ein freier Mitarbeiter die Redaktion Ihrer Presseartikel vornimmt, um sich ein Zubrot zu verdienen. Dies ist legitim, vor allem wenn die PR-Mitarbeiter im Unternehmen zu wenig Erfahrung mit speziellen Arbeitsweisen oder journalistischen Darstellungsformen haben. Die organisatorische Arbeit und die

Kontakte zu den Medien müssen schon durch den Betrieb selbst, von einer Agentur oder einem PR-Berater gemacht werden.

6. Anlässe und Themen zu Aktivitäten in der Medienarbeit

Positive oder neutrale Anlässe, mit den Medien zusammenzuarbeiten und der Öffentlichkeit über den Unternehmensfortgang oder besondere Ereignisse zu berichten, gibt es genug. Ob Unternehmen oder staatliche Einrichtung, Verband oder Verein: Interessantes für die Öffentlichkeit oder auch nur für einen Teil dieser Öffentlichkeit entsteht häufig.

6.1 Positive und „negative" Anlässe

Die ausschließlich positiven, vermeintlich PR-trächtigen Themen und Aspekte von Unternehmensabläufen sind jedoch nicht die einzigen Informationen, die die Presse und die Öffentlichkeit interessieren. Unternehmen sollten sich im Sinne professioneller Pressarbeit endlich dazu bekennen, dass nicht alles Gold sein kann, was glänzt; es ist deshalb wichtig, auch Farbe zu bekennen, wenn ein Unternehmen in Schwierigkeiten ist oder nicht ganz so gut dasteht, wie sich die Unternehmensleitung dies wünscht. Die so genannten **Tabuthemen** gehören deshalb ebenso zum Dialog mit der Gesellschaft wie erfolgreiche Unternehmensführung. Diesen Mut bringen die wenigsten Geschäftsführer und Chefs auf. Leider besteht noch immer die Tendenz, PR- und Pressearbeit als die Verbreitung ausschließlich positiver Inhalte zu sehen.[67] Zwei Argumente, die dennoch dafür sprechen, es zwischendurch auch mit weniger guten Nachrichten zu versuchen: Die Presse bekommt in der Regel schlechte Nachrichten ohnehin früher mit, als einem Firmenchef lieb ist, und wenn schon gesellschaftlich orientierte Pressearbeit gemacht wird, gehört auch die Darstellung von Schwierigkeiten zur Kommunikation, weil sie das Verständnis fördert.

67 Vgl. Georg, R., op. cit., S. 36 ff

Einige Beispiele für **Unternehmen**:

Gründungen, Jahresabschlussbericht, neue Mitarbeiter, neue Produktionsweisen, besondere Maschinen, neue Geschäfts- oder Produktionsräume, Geschäftskontakte und Kooperationen, organisatorische Veränderungen (wie z. B. Umstrukturierungen, Zukäufe, Übernahmen), neue Werbestrategien und Kampagnen, neue Leistungen oder Produkte, Patente, Tag der offenen Tür, Sponsoraktivitäten, Spenden, Beteiligungen, Betriebsjubiläen und sonstige Feiern, Schulungs- und Seminarveranstaltungen, Auslandsaktivitäten, neue Vertriebs- und Verkaufsstrategien, Stellungnahmen zum Markt und zu wirtschaftlichen Entwicklungen, Betriebsratsbeschlüsse, Gebäudeeinweihungen, Messeaktivitäten, Sponsorings, soziale und kulturelle Aktivitäten etc.

So genannte Tabuthemen: Schließung von Betriebsstätten, Nachbarschaftsquerelen, Entlassungen, größere Betriebsunfälle, negative Gewinnerwartungen (Verluste), Schwierigkeiten und Engpässe beim Personal oder im Produktionsablauf, schlechte Auftragslage etc.

Einige Beispiele für **Verbände** und **Vereine**:

Gründungen, Sitzungen, (Haupt-)Versammlungen, Berichte, Diskussionsveranstaltungen, Weiterbildungsmaßnahmen, Ausstellungsveranstaltungen, gesellschaftliche Ereignisse, Jubiläen, Feiern, Ehrungen, Vorstandsveränderungen und -wahlen, Zusammenarbeit mit anderen Organisationen, Aktivitäten in sozialen, umweltpolitischen, technischen Bereichen, Stellungnahmen zu gesellschaftlichen Entwicklungen oder die Verbands- und Vereinstätigkeit betreffenden rechtlichen, politischen Maßnahmen, bürgerschaftliche Initiativen, Aktionsgruppen und Vereins-/Verbandssektionen, Reisen, Bau eines Vereinsheim oder einer Verbandszentrale, Erweiterung des Verbandszieles, Klärung von Sachpositionen etc.

Die „negativen" Ereignisse könnten hier sein: Querelen bei Versammlungen oder Sitzungen, Kritik am Vorstand (das erfordert besonders viel Mut), Mitgliederschwund, Finanzschwierigkeiten, steigende Mitgliedsbeiträge, Rückgang des öffentlichen Interesses, Nachwuchssorgen etc. Die **Parteien** sind in dieser Liste nicht ausdrücklich erwähnt worden, zumal das öffentliche Interesse an ihnen ohnehin hoch ist und ihre Aktivitäten durch die Medien nachgefragt werden. Dennoch auch hier ein Tipp: Probleme mit der Finanzierung, den Spenden, Parteikonten können bei den Medien durchaus angesprochen werden ...

Einige Beispiele für **Behörden**, **Körperschaften** und sonstige Einrichtungen:

Gründungen, neue Mitarbeiter, gesellschaftliche Ereignisse, ausgeschriebene Wettbewerbe, besondere Leistungen, Diskussionsveranstaltungen mit bekannten Teilnehmern, Hearings, Entwicklungen im Forschungsbereich, Ergebnisse bei Untersuchungen, Änderungen in Funktionen und Aufgaben, Jubiläen, Feiern, Stellungnahmen zu politischen, rechtlichen und sozialen Entwicklungen, besondere Aktivitäten und Maßnahmen, Förderungen, internationale Kontakte, Büro- und Gebäudeeinweihungen und -umbauten, Gebäudeausstattungen, Laboreinrichtungen, Kooperationen mit anderen Organisationen und Institutionen, neue Serviceleistungen für die Bürger, geänderte Öffnungszeiten etc.

Die Tabuthemen bei Behörden könnten sein: Vernachlässigung des Dienstes am Bürger, Schludrigkeiten bei Amtsvorgängen und -verfahren, mangelnder Personalbestand, Erklärung von undurchsichtigen Genehmigungsverfahren etc.[68]

6.2 Organisatorische Tipps zur Einladung und Betreuung der Presse

Es gibt nun zwei Formen, wie man diese Anlässe publizieren kann. Eine Möglichkeit ist, die Presse- und **Medienvertreter** zum Ereignis einzuladen, die andere ist, die Information über die Veranstaltung selbst zu verfassen und an die Redaktionen zu verschicken. Bei aktuellen umfangreicheren Events und Aktionen wird man meist die Presse einladen. Der PR-Alltag besteht im Bereich der Pressearbeit jedoch meist in der Aussendung von **Presseinformationen** (PR-Meldungen, PR-Berichte, PR-Artikel etc.) an die Tageszeitungs-, Fachzeitschriften- oder Special-Interest- und Wirtschaftsredaktionen.

Zunächst einige organisatorische Tipps im Falle einer Einladung an die Presse im Vorfeld der Veranstaltung, über die ein Medium berichten soll:

- Die **Einladung** an die Lokalpresse sollte mindestens zehn bis vierzehn Tage vor der Veranstaltung abgeschickt werden. Einladungen an die überregionale Presse und die elektronischen Medien müssen drei bis vier Wochen vor dem Anlass verschickt werden,

68 An dieser Stelle ist sich der Autor bewusst, dass wahrscheinlich noch Jahre vergehen werden, bis Behörden diese Themen selbst zur Sprache bringen.

da hier ein größerer Planungs- und Organisationsaufwand in den Redaktionen besteht. Natürlich adressiert man die Einladungen an die persönlich bekannten Journalisten. Sinnvoll ist es, einige Tage vor der Veranstaltung nochmals telefonisch zu klären, ob die kontaktierten Presse- oder Medienvertreter überhaupt kommen, selbst anwesend sein werden oder einen freien Mitarbeiter schicken. Dies dient dem Journalisten als Bestätigung dafür, dass die Veranstaltung auch stattfindet, dem Unternehmen schafft es einen Überblick der Zu- oder Absagen und damit, mit welchem Presse- und Medienauftritt man zu rechnen hat.

- Viele Veranstalter schicken bereits im Vorfeld eines Anlasses an die Redaktionen die wichtigsten Informationen (z. B. Redeauszüge, Geschäftsberichte). Einerseits hat das den Vorteil, dass der Journalist schon vorher über die inhaltlichen **Schwerpunkte** Bescheid weiß, andererseits aber dämpft die Vorabinformation die Neugier und das Interesse seitens der Redakteure. Besser ist es, in der schriftlichen Einladung einige wichtige Highlights der Veranstaltung zu nennen und erst bei ihrem Beginn detailliertere Informationen zu geben. Man kann so vermeiden, dass der Journalist fünfzehn Minuten nach dem Beginn der Veranstaltung wieder verschwindet und am nächsten Tag nur ein Bruchteil dessen in der Zeitung steht, was tatsächlich auf der Veranstaltung passiert ist.
- Wichtig vor jeder Veranstaltung, bei der die Presse oder andere Medien ihr Kommen angekündigt haben: Der/die Pressereferent/in muss erreichbar sein, er/sie muss die Presseleute empfangen, begrüßen, sich und andere vorstellen. Nichts macht organisatorisch einen schlechteren Eindruck, als wenn der Pressebetreuer von den Presseleuten gesucht werden muss. Das kann die manchmal empfindliche Eitelkeit der Journalisten verletzen und sich auf die Berichterstattung negativ auswirken. Auch der kurze Smalltalk mit der Presse zur Überbrückung von Zeitproblemen (z. B. der Hauptreferent ist noch nicht da) gehört zum Metier des „Pressemenschen“. Die **Erreichbarkeit** ist deshalb im Vorfeld von und bei Veranstaltungen besonders wichtig.
- Vor Beginn der Veranstaltung sollten mit den Pressevertretern auch kurz der Ablauf sowie die wichtigsten organisatorischen

und inhaltlichen Höhepunkte skizziert oder besprochen werden. Für Journalisten aus den elektronischen Medien sollte zusätzlich der günstigste Standort für die Aufnahmegeräte (Tonband-Mikrofon, Kamerawinkel) vorgeschlagen werden. Den Presse- und Medienvertretern soll das Gefühl des Betreut- und Umsorgtseins vermittelt werden, wenn sich auch die meisten Fotografen, Tonband-Reporter, Fernsehredakteure und Kameraleute ihre optimale Aufnahmeposition selbst aussuchen, sofern sie nicht einen bestimmten Platz aus organisatorischen oder Sicherheitsgründen vorgeschrieben bekommen. Vorschriften bei Ausschnitten oder Blickwinkeln sind völlig deplaziert. Die Flexibilität des Veranstalters und die persönliche **Anwesenheit** des PR-Manns bzw. der PR-Frau ist bei allen Events und Veranstaltungen wichtig und drückt die Bedeutsamkeit der Kooperation mit den Medien aus.

7. Journalistische Grundsätze und Stiltipps für Pressetexte

Vor jeder journalistischen Arbeit steht die **Recherche**. Kurz das Vorgehen: Materialsichtung, Suche nach neuem Material und Informationen zum Thema, Suche nach Hintergründen, Daten, Personen, Sachverhalten. Erst nach dieser Materialsammlung werden Zusammenhänge klar und das Verfassen der Texte kann beginnen.

Ganz wichtig: Die Presse und andere Medien orientieren sich in der Berichterstattung für die Öffentlichkeit zumeist an Geschehnissen und Ereignissen. Sie sind auf **Aktualität**, den **Neuigkeitswert**, das **Ungewöhnliche,** das **allgemeine, öffentliche Interesse**, die **Verständlichkeit** und die weitgehende **Objektivität** sowie die **Nachprüfbarkeit** von Inhalten und Informationen programmiert.[69] Diesen Grundsätzen sollte man als Presse und PR-Mitarbeiter eines Unternehmens in seinen Presseinformationen gerecht werden.

Zunächst zur **Aktualität**: Aktuelle Pressetexte/Presseinformationen beziehen sich auf Neuigkeiten im Betrieb, können sich aller-

69 Vgl. von LaRoche, Walther: Einführung in den praktischen Journalismus, München 1999, S. 68 ff

dings auch auf Ereignisse und Geschehnisse beziehen, die zum Umfeld des Unternehmens gehören. Unternehmensaktivitäten können jedoch auch eine Aktualisierung erfahren, d. h. dass bereits einmal publizierte oder ausgesandte Themen durch neue, zusätzliche Informationen oder Gesichtspunkte auf den aktuellsten Stand gebracht werden. Wie lange sind Unternehmensinformationen aktuell? So aktuell, wie ungefähr die Aktualität des Mediums, mit dem kooperiert wird: Bei der Zusammenarbeit mit der lokalen oder regionalen Tageszeitung höchstens vier Tage. Das bedeutet, dass Informationen über Ereignisse und Aktivitäten, die länger als vier Tage zurückliegen, nicht mehr aktuell sind. Im Wirtschaftsteil von überregionalen Tageszeitungen ist die „Verfallszeit" kürzer. Was drei Tage nach dem Geschehen an die Zeitung geht, ist so genannter „Schnee von gestern" und nicht mehr aktuell. Bei regionalen elektronischen Medien (RF/TV) ist dagegen alles, was älter als einen Tag ist, überholt. Fachzeitschriften oder Special-Interest-Titel dagegen haben längere Aktualität, nämlich ihre Erscheinungstermine bzw. die Erscheinungsfrequenz, die wöchentlich, vierzehntäglich oder monatlich sein kann. Damit ist die Presseinformation über die Jahresversammlung eines Vereins nach einer Woche für die Tageszeitung nicht mehr aktuell, für die Fachzeitschrift jedoch bis zum Redaktionsschluss des nächsten Erscheinungstermins. Es gilt die Regel: Je größer die Reichweite eines Mediums (Auflage, Leserschaft, Zuschauer/-hörer), desto wichtiger ist es aktuelle Presseinformationen zu verteilen. Ausnahmen bestätigen die Regel: Wenn ein Medium ein Thema in einer Reportage oder Serie behandelt, werden auch Presseinformationen älteren Datums eingearbeitet.

Was hat dagegen **Neuigkeitswert (Nachrichtenwert)**? Alles das, was gestern noch nicht bekannt war bzw. was in einem Zusammenhang einen neuen, auch ungewöhnlichen Aspekt vermittelt, also dem Leser einen neuen, ergänzenden und erweiterten Wissensstand bieten kann. Mit einer neuen Information und eventuell nicht alltäglicher oder außergewöhnlicher Bedeutung, hat der Leser eine Neuigkeit erfahren. Außerdem kann jede Presseinformation neben ihrem Nachrichtenwert auch einen Gesprächs-, Gebrauchs- und sogar einen Unterhaltungswert bieten. Hinzu kommt der Aspekt des **allgemeinen (öffentlichen) Interesses** oder des **Interesses relevanter**

Teilöffentlichkeiten an einer Information. Welche Menschen spricht meine Neuigkeit an, wie viele der Leser der Publikation werden davon angesprochen bzw. könnten ein Interesse an dieser Information haben? Je stärker eine Presseinformation also gesellschaftliche, lokale, regionale Bedeutung hat und einen Bezug herstellen kann (und nicht nur produktbezogene Inhalte umfasst), desto höher ist die Wahrscheinlichkeit, dass sie auf das Interesse der Leser beispielsweise einer regionalen Tageszeitung stößt. Bei überregionalen Wirtschaftsseiten sind es eher Unternehmensdaten und -fakten, Produktneuheiten und -weiterentwicklungen oder Marktaspekte, die auf ein Leserinteresse stoßen. Im Falle der Fachzeitschriften sind es sicherlich eher Informationen über Produkte, die Branche und Fachinformationen, die den Leser interessieren.

Je objektiver aus der Sicht der Zielredaktion und je verständlicher ein Pressetext für die vermeintliche Leserschaft, umso besser die Chance für seine Veröffentlichung. **Objektivität** meint hier, dass Presseinformationen nie so parteilich verfasst werden sollten, dass sie wie ein Werbetext klingen: Die Possessivpronomen „wir“ und „uns“ sollten vermieden werden. Presseinformationen sollten also immer so verfasst sein, als ob ein externer Beobachter über das Unternehmen schreibt. Und dies muss so klingen, dass es für die vermeintliche Leserschaft der Publikation verständlich ist. Es ist falsch anzunehmen, dass Leser beispielsweise alle Experten oder Fachleute sind oder über ein bestimmtes Vorwissen verfügen. Tipp: Immer inhaltlich so schreiben, dass es mit einem Thema völlig unbedarfte Leute auch verstehen. Daten und Zahlen sollten immer stimmen, also nachprüfbar und exakt sein.

Weitere Grundsätze beim Verfassen von Pressetexten sind neben den genannten:

- Sie müssen klar und verständlich verfasst sein (Verständlichkeitsprinzip).
  Hinweis: Eine Presseeinladung, die in literarischen Formulierungen schwelgt und nicht ausdrückt, worum es geht, ist nicht verständlich und damit ungenau. Auch zu viele Fachausdrücke und vor allem spezifische Begriffe aus der Technik und der Wissenschaft tragen nicht zum Verständnis des Textes bei; es gilt, ungebräuchliche Fremdworte zu vermeiden.

- Sie müssen im Inhalt wahrheitsgetreu und nicht verfälschend sein (Wahrheitsprinzip).
  Hinweis: Wenn für den Geschäftsbericht ständig von Unternehmenserfolg geredet wird, aber der Umsatz um ein Drittel zurückgegangen ist, ist dies verfälschend.
- Sie sollten neutral und sachlich im Umgang mit Zahlenmaterial sein (Zuverlässigkeitsprinzip).
  Hinweis: Wenn man sich auf eine Statistik beruft, muss die Quelle, also die Herkunft des Zahlenmaterials belegt werden.

7.1 Textaufbau und Stil

Jeder Text sollte einigen stilistischen Kriterien gerecht werden. Presse- und Medienmitteilungen sollten nach den hier folgenden Merkmalen gestaltet werden, die ihre Lesbarkeit und **Verständlichkeit** für den Leser (sowohl den Redakteur wie auch die Leserschaft des Zielmediums) erhöhen und im Falle des Versands an elektronische Medien die Inhalte der Texte strukturieren für mögliche weitere Recherchen der Redaktion.

Da sind zunächst die **W-Fragen**. Sie geben Auskunft über den Kern von Aussagen, die der „PR-Mensch" eines Betriebs oder einer Organisation bereitstellen muss, und sind die wichtigsten in PR-Texten. Anhand einer Presseeinladung kann der Sinn dieser W-Fragen verdeutlicht werden:

Wer – ist der Veranstalter (z. B. die Geschäftsleitung der Organisation)?
Was – veranstalten wir (z. B. eine Pressekonferenz)?
Wo – findet diese Pressekonferenz statt (z. B. im Hotel Königshof, München)?
Wann – beginnt unsere Pressekonferenz (z. B. um 10.30 Uhr)?
Warum – veranstalten wir die Pressekonferenz (z. B. Jahresbericht)?
Wie – soll unsere Pressekonferenz ablaufen (z. B. mit anschließender Diskussion über unsere neuen Serviceleistungen)?

Mit diesen sechs Fragestellungen ist das Gerüst für unsere Presseeinladung vorstrukturiert und sie kann formuliert werden. Weitere

W-Fragen geben z. B. Auskunft über: Woher? oder Welche Quelle? Grundsätzlich gilt es, darauf zu achten, dass Texte nie zu lang werden. Es ist deshalb sinnvoll, die W-Fragen nach dem **Prinzip der abnehmenden Wichtigkeit** zu beantworten. Nach der Beantwortung der harten Nachrichten bzw. Informationen folgen die nachgeordneten, weniger bedeutsamen Inhalte wie in Form einer **Pyramide**: Dem Wichtigsten (Kernaussage/n) folgen Informationen zu den zweiwichtigsten, drittwichtigsten etc. Aspekten eines Ereignisses. Diese Aspekte kann man mit Zusatzinformationen und Ergänzungen auffüllen. Der pyramidale Aufbau macht auch deshalb Sinn, weil Sie als Verfasser es leichter haben einen Text von hinten herein zu kürzen und die weniger wichtigen Aspekte auch von einem Redakteur rascher gekürzt werden können: Wenn wir zunächst das weniger Wichtige in einem Text kürzen, bleiben in den Zeilen oberhalb der Kürzungen noch immer die Kernaussagen bestehen. Nach diesem Orientierungsmuster können sämtliche Presseinformationen an die Medien – ob kürzere oder längere Texte – aufgebaut werden.[70]

Damit sind wir bei der sprachlichen Gestaltung und der Ausformulierung der Inhalte. Ohne hier starre Vorschriften und genaue Richtlinien vorschreiben zu wollen, sollen folgende Tipps die Pressetexte lesbar und verständlich machen.

Presseinformationen sollten

(a) sachlich und möglichst kurz geschrieben werden, auf unnötigen inhaltlichen Ballast und weit reichende **Zusatzinformationen** verzichten.
Hinweis: Zusatzinformationen sind dann sinnvoll, wenn damit ein weiterer direkter Zusammenhang zur Hauptaussage verbunden wird! Je kürzer und treffender Ihre Presseinformation, desto besser! Versuchen Sie also trotz der Fülle der Informationen, die Sie loswerden wollen, knapp zu formulieren.

(b) im **Satzbau** keine langen **Schachtelsätze** enthalten und übersichtlich strukturiert sein.
Hinweis: Lange Nebensätze sollten vermieden werden, Aussa-

70 Vgl. op. cit., S. 85 ff

ge- und Hauptsätze sollten dominieren; aber: nur im Hauptsatzstil zu formulieren ist langweilig!

(c) klar gegliedert sein, mit im Sinn zusammenhängenden Passagen.
Hinweis: Wenn die wichtigsten W-Fragen (siehe oben) beantwortet sind, können zusätzliche Informationen mit abnehmender Wichtigkeit angegliedert werden! Setzen Sie Zwischenüberschriften! Damit werden die Texte übersichtlicher und der **Sinnzusammenhang** klarer. Eine sinnvolle **Gliederung** macht einen Text übersichtlich.

(d) **Personen**, immer mit Vornamen und **Namen**, und ihre **Funktionen** nennen. Wenn Sie ganz professionell sein wollen schreiben Sie in Klammern die **Altersangaben** dazu.
Hinweis: Das schafft Identifizierbarkeit auf der Journalistenseite und Identifikation im Unternehmen!

(e) **Abkürzungen** und **Spezialbegriffe** immer erklären, wenn sie benützt werden.
Hinweis: Das erspart Fragen, die Suche nach entsprechenden Lexika und zeigt, dass man sich um Verständlichkeit bemüht! Setzen Sie also eine z. B. eine „Explikation" (Erläuterung) in Klammern; z. B. Mrd. = Milliarde, ein HL = ein Hektoliter, 1 m^3 = 1 Kubikmeter. Währungsangaben sollten ausgeschrieben werden, z. B. € = Euro, US-$ = US-Dollar.

(f) **Wortwiederholungen** vermeiden und die treffenden Worte und Begriffe enthalten.
Hinweis: Zu viele gleiche Adjektive und Verben zeigen Ausdrucksschwäche; suchen Sie die im Zusammenhang richtigen Ausdrücke und Wortbestimmungen!

(g) nicht zu viele **Fremdwörter**, Behördendeutsch und Füllwörter enthalten.
Hinweis: Fachchinesisch (-tionen-, -zitäten etc.), der Stil von Behördenformularen (-ung- und -haft-Endungen) und unnötige Wörter wirken gekünstelt! Verwenden Sie ein deutsches Wort, sofern es das Fremdwort ersetzen kann.

(h) lebendig und anregend formuliert sein, aber mit **Sprachbildern**, Vergleichen und **Sprachklischees** vorsichtig umgehen.
Hinweis: Schöne Bilder und Vergleiche regen das Interesse und

die Phantasie an, aber oft verkrampft literarisch und wirken unpassend, manchmal peinlich; Klischees versteht zwar jeder, aber es zeugt nicht von Ideenreichtum, wenn man sie zu oft gebraucht! Achten Sie darauf, dass ein gewisser Rhythmus in den Sätzen entsteht, der immer wieder durchbrochen werden sollte.

(i) im Satzbau die richtige **Zeitenfolge** einhalten und möglichst im Aktiv (Tatform) formuliert werden.
Hinweis: Das Passiv (Leideform) ist unpersönlich; z. B. „der Vorstand wird von den Mitgliedern gewählt" (= Passiv), besser: „die Mitglieder wählen den Vorstand" (= Aktiv). Zeitformen wie abgeschlossene Vorvergangenheit („war gewesen") vermeiden.

(j) in der **Grammatik** die richtigen Formen und Fälle einhalten; die Interpunktion (Satzzeichen) sollte beherrscht werden.
Hinweis: Wer, wessen, wem, wen sind die Fragestellungen nach der richtigen Angleichung der Adjektive, Substantive und Pluralformen; falsch gesetzte Kommata, Punkte und andere Satzzeichen können den Sinn verfälschen, den Leserhythmus stören und einen Pressereferenten blamieren![71]

(k) bei **Zahlenangaben** die Mengen- und Gewichtsbezeichnungen sowie die Verhältnisse richtig darstellen, z. B. 1000 kg = 1 Tonne; 1000 Millionen sind 1 Milliarde, 12 Dutzend Kisten = 144 Kisten. Im laufenden Text werden Zahlen von eins bis zwölf nicht als Zahlen sondern in der Regel als Worte ausgeschrieben.

7.2 Textgliederung und Struktur

Jede Presseinformation sollte eine sinnvolle Gliederung verfolgen. In allen schriftlichen Texten an die Medien sollte man deshalb Überschriften setzen. Dazu einige Hinweise: Zunächst ist es wichtig, dass man in der Redaktion weiß, worum es im folgenden Schriftstück geht. Dies gibt in der Regel eine so genannte Dachzeile an. Sie kann als erste Zeile des Textes überhaupt ganz oben gesetzt und unterstrichen werden. Wenn sie sich auf den Inhalt bezieht, gibt sie in Stichworten an, worum es geht, z. B. „Jahresversammlung – Club

71 Vgl. Schneider/Raue, op. cit., S. 201 ff. Die Autoren geben eine sehr schöne Beispielliste häufiger Stilfehler beim Schreiben.

der Dichter" oder „Mösel KG – Neue Maschinengeneration". Alternativ kann die Dachzeile auch sagen, um welche Art Schriftstück es sich beim folgenden Text handelt, z. B. einen „Pressebericht", eine „Pressemeldung" oder eine „Pressemitteilung". Die eigentliche **Überschrift** (Headline) sollte die knappe Kernaussage eines Textes sein. Eine treffende Überschrift schafft bei den Medien Neugier und Interesse und gibt Anreiz zum Weiterlesen. Die Überschrift kann auch in Form eines Zitates stehen. Nur bei längeren Presseinformationen (z. B. Presseberichten, die nach einem Ereignis im Betrieb verfasst werden) oder auch bei Pressestorys (Reportagen) sind **Unterzeilen** von Überschriften (Subheadlines) gebräuchlich. Sie machen genauere Angaben über den Inhalt oder greifen besondere Teilaspekte oder Ergebnisse des nachfolgenden Textes heraus. In einem so genannten „**Lead**" (erster Absatz des Textes mit zwei bis vier kurzen Einleitungssätzen, der die wichtigsten Fragen des Lesers in der Redaktion oder in der Öffentlichkeit beantwortet) werden der Informationskern oder auch die wichtigsten Aussagen eines Ereignisses und das Hauptergebnis skizziert. Ist ein Lead gut formuliert, enthält er alle wichtigen Informationen des nachfolgenden Artikels. Die Kernaussagen der Leadsätze durchziehen den folgenden Text wie eine Art Gerippe, das es aufzufüllen gilt. Diese zusätzlichen Inhalte und Elemente des Presseberichtes werden als das so genannte „**Fleisch**" bezeichnet: Zitate, indirekte Rede, kurze atmosphärische Angaben (keine Kommentierungen), knappe Erklärung von Hintergründen und Zusammenhängen, aber auch ergänzende Aspekte, Rückblicke oder die Beschreibung von Persönlichkeitsmerkmalen und des Verhaltens von Teilnehmern am Geschehen füllen das Gerüst der „harten" Informationen mit diesen eher „weichen" News (vgl. Abschnitt oben). Leadsätze sind zusammenfassende Einleitungen, die ihren Ursprung im Tageszeitungsjournalismus haben und im Falle von Berichten und Aufmachern in der Regel halbfett gedruckt werden. Häufig wird der Lead auch als **Vorspann** bezeichnet, vor allem bei Tageszeitungen. Als Vorspann ist der Lead ein eher **sachlich-berichtender Einstieg** in einen Artikel, der sofort die W-Fragen beantwortet. In einen Vorspann oder Lead gibt es mehrere so genannte Einstiegsarten, also die Art und Weise, wie man einen Artikel beginnt. Vor allem bei Reportagen ist der Einstieg sehr wichtig:

Er entscheidet häufig darüber, ob ein Leser weiterliest und sein Interesse geweckt ist. Neben dem sachbezogenen Einstieg kann man mit Hilfe des **Zitates** einer wichtigen Person oder Persönlichkeit einen Artikel beginnen. Es eignen sich also nur ungewohnte, ungewöhnliche oder bildhafte Zitate für einen Zitateinstieg. Je prägnanter oder wichtiger diese Zitataussage im Zusammenhang mit dem Artikels steht, desto besser wirkt sie. Beim **chronologischen Einstieg** skizziert der Autor ein Ereignis über dessen Entstehungsgeschichte. Diese Einstiegsform macht nur Sinn, wenn den Geschehnissen eine gewisse Dramatik oder wesentliche und abgeschlossene Etappen vorausgegangen sind. Beim chronologischen Einstieg besteht die Gefahr, dass eine Art Aufzählung entsteht, die langweilig wirkt. Allerdings sind besondere Aspekte von Zusammenhängen gut geeignet, um einen chronologischen Einstieg zu wählen. Beim Einstieg über die Beschreibung einer **Szenerie** oder eines Vorgangs kann man Atmosphäre vermitteln und den Leser neugierig machen. Natürlich ist der szenische Einstieg nur dann interessant, wenn er tatsächlich Ungewöhnliches beschreibt oder eine unerwartete, ungeahnte Interpretation eines Zusammenhangs bietet. Schließlich kann es auch einen **kommentierenden Einstieg** geben, der assoziativ, bildlich oder auch philosophisch ein Thema einleitet, in der Regel aber nur von echten Kennern einer Materie angewendet werden sollte.

Für Presseinformationen macht der besondere Einstieg in den Leadsätzen nur bei umfangreicheren PR-Texten Sinn, also z. B. bei Pressestorys, die nach Art einer Reportage über ein Unternehmen erzählen, oder z. B. in den PR-Basisinformationen zu weit reichenden Unternehmensaktivitäten. **Zwischenüberschriften** dienen bei mittleren und längeren Presseinformationen der sinnvollen Strukturierung von Texten (circa ein bis zwei Seiten DIN A4) und fassen den/die nachfolgenden Abschnitt/e zusammen. Beim ersten „überfliegenden" Lesen eines Textes weiß der Leser, was ihn inhaltlich in welchem Textabschnitt erwartet. Man sollte jedoch die Strukturierung der Texte durch Überschriften nicht übertreiben und Texte nicht durch zu viele Überschriften „zerhacken". Eine Presseinformation oder Pressemeldung von 20 bis 25 Zeilen braucht in der Regel keine Zwischenüberschrift.

Mit diesen journalistisch-stilistischen Textkriterien und Hinweisen kann man eine erste Fassung des Manuskriptes anfertigen. Diese Fassung wird in der Regel ein- oder zweimal überarbeitet, bevor die versandfertige Endfassung steht.

Wie kommt der PR-Mann zu seinen Themen? Auf Basis von bestehenden schriftlichen Unterlagen, über Gespräche und Interviews, über die Auswertung von Datenmaterial oder Informationen, die er zugeleitet bekommt. Die **Recherchen** im eigenen Haus oder auch für ergänzende Informationen außerhalb des eigenen Unternehmens sollten dabei immer folgenden Fragen standhalten: Die erste lautet: Kann ich die Informationen, die ich habe, überhaupt verwenden? Das bedeutet, die Informationen müssen nach den oben genannten Kriterien journalistisch und inhaltlich aufzubereiten sein. Eine zweite Frage lautet: Kann ich diese Informationen für meine Zielmedien oder für eines meiner Zielmedien und damit die potentielle Leserschaft so aufbereiten, dass sie interessant und lesenswert sind? Damit verknüpft ist auch die Frage, ob meine Pressekontakte, also die Redakteure auch ein Interesse an diesen Informationen haben? Was vielleicht für ein Zielmedium gilt, muss noch lange nicht auch für ein anderes gelten. Das Recherchieren folgt dabei den Kriterien der Wichtigkeit, wie sie bereits oben im Aufbau der Texte erwähnt wurden: Ich habe eine aktuelle und interessante Neuigkeit. Das ist das Wichtigste, dies ist der Recherchenkern. Alle ergänzenden und zusätzlichen Informationen und Aspekte kann ich durch weitere Recherchenarbeit herausfinden, z. B. durch Tageszeitungen, durch die Recherche im Internet, durch das Lesen von Fachzeitschriften oder von Fachbüchern, durch die Anregungen aus Gesprächen mit Kollegen oder durch das Allgemeinwissen des Autors.[72] Hält der Stoff, den Sie als Presseinformation aufbereiten wollen, diesen Kriterien stand, kann die Presseinfo verfasst werden.

Eine **Schreibhemmung** (wie fange ich an?) sollte ein „Pressemensch“ von Unternehmen nicht haben. Schreibhemmungen treten unerwartet immer dann auf, wenn unter Zeitdruck gearbeitet werden muss oder eine ganze Reihe von PR-Informationen verfasst wer-

72 Vgl. von LaRoche, op. cit., S. 49 ff

den müssen. Am besten wird sie jedoch dadurch überwunden, dass man in Form von Stichworten oder in Halbsätzen (am besten per Hand!) einfach drauflos schreibt, was einem zum Thema gerade einfällt. Diese Versatzstücke und Fragmente können nach einer ersten Durchsicht zugeordnet, gestrichen oder ausgebaut werden. Die Stichworte können in der Regel nach dem Prinzip des Brainstormings festgehalten werden, nach den Assoziationen, die ein Autor mit Aspekten hat. Manchmal können diese dann auch als interessante Aspekte bis in die Endfassung der Texte übernommen werden. Steht die **Rohfassung** einer Pressemitteilung, sollte sie nochmals auf die hier genannten Strukturierungsmerkmale und Stilkriterien hin durchgesehen werden: Am besten ist es, man liest den Text laut vor sich hin, um den Satzrhythmus und den Stil zu überprüfen. Dies schafft die notwendige Distanz zum eigenen Schreibstil, und man stößt auf „Holperer“ oder „Hänger“ im Text. Mit dem lauten **Korrekturlesen** entdeckt man mögliche Stilfehler und Ausdrucksmängel, die korrigiert werden können. Bei Unsicherheiten gibt es Lexika und die automatischen Korrekturen sowie Rechtschreibprüfprogramme in der Textsoftware, die auch über Synonyme und Fremdwörter Klarheit verschaffen. Danach sollten Sie sich nochmals im Manuskriptausdruck auf die Grammatik, Rechtschreibung und die Interpunktion konzentrieren, bevor die Endfassung in die Verteilung oder den Versand geht.

8. Die optische Form der Texte

Achten Sie auf die Zeilenlänge (Schreibbreite, Anfangs- und Endrand) und Zeilenzahl ihres Pressetextes. Eine optisch ansprechende Form des Manuskriptes ist sehr wichtig und vermittelt einen guten Stil. Manche Firmen sind durch CD- und CI-Vorgaben ohnehin gebunden, nur ganz bestimmte Zeilenausrichtungen für die Veröffentlichungen nach außen zuzulassen. Nicht mehr ganz up to date ist die Zeilennummerierung auf den Pressebriefbögen, vermitteln sie doch eine Starrheit auf den Manuskriptseiten und gaukeln Professionalität vor. Davon abgesehen ist es den Journalisten ohnehin gleichgültig, wie viele Zeilen Sie geschrieben haben, da die Spaltenbreiten in den Printmedien ohnehin verschieden und Zeilenanschläge von Medium zu Medium unterschiedlich sind.

Gibt es keine optischen Vorschriften für Ihren Pressebriefbogen, versuchen Sie für Ihre Pressetexte optische Kriterien zu entwickeln, nach denen Sie Ihre Texte gestalten. Ein beidseitiger Rand auf der Manuskriptseite von circa 3,0 bis 3,5 Zentimetern (entspricht circa 40 bis 60 Anschlägen), ein Zeilenabstand von 1,5 bis 2 und maximal 36 Zeilen pro Seite sehen ganz passabel aus. In der Regel sieht es optisch professioneller aus, wenn Sie Ihre Presseinformationen im Blocksatz erstellen. Beim mehr werblichen oder „designten“ Flattersatz (wie im Brief) fransen die Zeilenenden aus und ein Journalist kann weniger einschätzen, welchen Umfang der Text hat. Neue Absätze und Sinneinheiten sollten nach ein bis zwei Leerzeilen begonnen werden. Vermeiden Sie durchgestrichene Wörter oder Korrektureinfügungen in der Endfassung! Sind schließlich alle Schwächen korrigiert und ausgebessert, kann die Endfassung geschrieben werden – auf dem PC ist dies ja kein Problem – und, wo dies notwendig ist, zur Abzeichnung bzw. Freigabe durch die Geschäftsleitung weitergegeben werden.

Für ein einheitliches Erscheinungsbild aller Veröffentlichungen einer Unternehmung, Einrichtung oder sonstigen Organisation, die an die Medien geschickt werden, sollte man sich als PR-Mann/Frau einen eigenen Briefkopf und ein Zweitblatt drucken lassen. Der Briefkopf soll neben dem Firmen- oder Organisationsnamen die Herkunftsstelle der Informationen und Inhalte ausweisen, z. B. „Tron-Pressedienst“ oder „Tron-Information“ oder „Tron-Medienkontakt“ etc. Dieses Schreiben ist für alle Geschäftsschreiben, Anschreiben und Presseeinladungen gedacht. Das Zweitblatt, auf dem die Herkunftsstelle kleiner gedruckt ist, sollte für alle zweiten Seiten verwendet werden, z. B. für längere Pressemitteilungen, aber auch für alle Presseinformationen, die einem Anschreiben beigefügt werden.

Eines darf in diesem Zusammenhang nicht vergessen werden: Fast wie im Journalismus ist auch die Pressearbeit oft mit Zeitdruck verbunden. Da Texten oft nicht ganz reibungslos und nicht immer einfach ist, sollte man frühzeitig planen, was und wie es veröffentlicht werden soll, wie man an die Presse herantreten will und bis wann Informationsunterlagen bereitgestellt werden sollen. Viele Unternehmen verschicken standardisierte Presseinformationen und gleich lautende Texte an alle Medien, ob Pressepublikation oder elektronisches Medium. Das ist unter Kosten- und Zeitaspekten vernünftig, führt aber nur in den seltensten Fällen zur Plazierung der Presseinformationen: Unterschiedliche Medien verarbeiten Informationen nach verschiedenen Kriterien und legen auf andere Schwerpunkte der Inhalte wert. Das Verschicken von Pressetexten nach dem Gießkannenprinzip ist nicht die wirkungsvollste Art der Medieninformation. Deshalb ist es gute Pressearbeit, wenn jede Art von Presseinformation mit einem Kontakt zum Ansprechpartner beim Zielmedium flankiert wird und damit vorher geklärt wird, welche Art von Artikeln und Form von Informationen und Inhalten geschickt werden sollen. Der Alltag der PR- und Pressearbeit zwingt jedoch viele Kommunikationsprofis dazu, eher viele Infos und damit Quantität zu versenden, um wie bei den Anzeigenschaltungen der Werbeleute eine hohe Streuung zu erzielen.

Im folgenden Kapitel werden die einzelnen Formen von Presseinformationen, ihre Anlässe und Ursprünge in den Unternehmensaktivitäten, aber auch die Medienansprache mit diesen Pressetexten unterschieden.

Aufbau und Struktur von Pressetexten

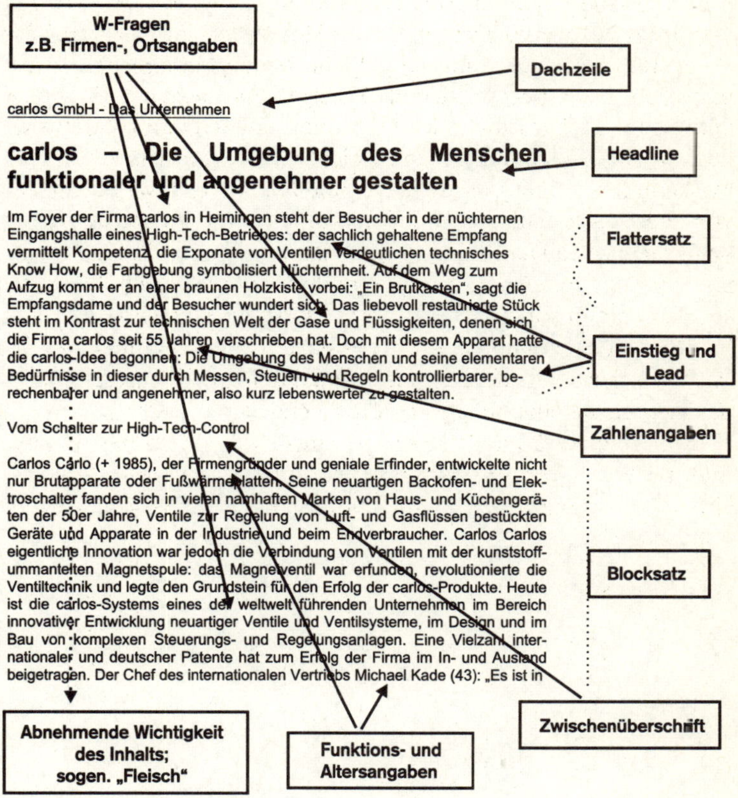

carlos GmbH - Das Unternehmen

carlos – Die Umgebung des Menschen funktionaler und angenehmer gestalten

Im Foyer der Firma carlos in Heimingen steht der Besucher in der nüchternen Eingangshalle eines High-Tech-Betriebes: der sachlich gehaltene Empfang vermittelt Kompetenz, die Exponate von Ventilen verdeutlichen technisches Know How, die Farbgebung symbolisiert Nüchternheit. Auf dem Weg zum Aufzug kommt er an einer braunen Holzkiste vorbei: „Ein Brutkasten", sagt die Empfangsdame und der Besucher wundert sich. Das liebevoll restaurierte Stück steht im Kontrast zur technischen Welt der Gase und Flüssigkeiten, denen sich die Firma carlos seit 55 Jahren verschrieben hat. Doch mit diesem Apparat hatte die carlos-Idee begonnen: Die Umgebung des Menschen und seine elementaren Bedürfnisse in dieser durch Messen, Steuern und Regeln kontrollierbarer, berechenbarer und angenehmer, also kurz lebenswerter zu gestalten.

Vom Schalter zur High-Tech-Control

Carlos Carlo (+ 1985), der Firmengründer und geniale Erfinder, entwickelte nicht nur Brutapparate oder Fußwärmeplatten. Seine neuartigen Backofen- und Elektroschalter fanden sich in vielen namhaften Marken von Haus- und Küchengeräten der 50er Jahre, Ventile zur Regelung von Luft- und Gasflüssen bestückten Geräte und Apparate in der Industrie und beim Endverbraucher. Carlos Carlos eigentliche Innovation war jedoch die Verbindung von Ventilen mit der kunststoffummantelten Magnetspule: das Magnetventil war erfunden, revolutionierte die Ventiltechnik und legte den Grundstein für den Erfolg der carlos-Produkte. Heute ist die carlos-Systems eines der weltweit führenden Unternehmen im Bereich innovativer Entwicklung neuartiger Ventile und Ventilsysteme, im Design und im Bau von komplexen Steuerungs- und Regelungsanlagen. Eine Vielzahl internationaler und deutscher Patente hat zum Erfolg der Firma im In- und Ausland beigetragen. Der Chef des internationalen Vertriebs Michael Kade (43): „Es ist in

Der Aufbau von Presseinformationen (hier der Beispieltext einer PR-Basisinformation) sollte den Regeln journalistischer Arbeitsweise folgen. Neben den Strukturen des Textes sind auch stilistische Merkmale und Elemente wichtig für die Chance von Platzierungen von PR-Artikeln (vgl. Kapitel IV.6-8).

VI. Formen der Medienarbeit: Arten von Pressetexten und PR-Veranstaltungen

1. Formen von Pressetexten: Sachliche Informationen und interessante Reportagen

Die im vorigen Kapitel beschriebenen Kontakttätigkeiten und grundsätzlichen Hinweise zur fachgerechten Darstellung der Informationen eröffnen die Möglichkeit, ein Unternehmen in guten Kontakt zur Presse zu bringen. Welche Presse- und PR-Informationen nun für welche Anlässe und Zielmedien geeignet sind wird im folgenden Kapitel umrissen. Als Sammel- und Oberbegriff für alle hier dargestellten Presse- und PR-Artikel wird hier der Begriff „Presseinformation" verwendet. Presse- und Medienarbeit besteht aus konkreten Formen in den der unternehmerischen Aussagen: Wie aber bereitet man die Themen für die Presseinformationen auf? Was interessiert die Leser am meisten?

Themenaufbereitung: Nach einer Umfrage[73] bei den Wirtschaftsredaktionen von Tageszeitungen haben sich folgende Schwerpunkte in der Themenauswahl und Platzierung ergeben: Ausgeweitet wurden lokale und regionale Berichte, diese wurden zudem besser platziert, Themen aus der Wirtschaft und Politik wurden ausgebaut, lokalen und regionalen Unternehmensnachrichten wurde mehr Bedeutung beigemessen sowie wurden die Service-, Berater- und Geldseiten (Börseninfos, Ratgeber Geld, z. B. Geldanlage, Versicherung, Rente etc.). ausgebaut. Hinzu kommt das Bemühen der Redaktionen, über die „junge" Aufbereitung von Themen die jüngere Leserschaft wiederzugewinnen, die in den vergangenen Jahren ins Internet abgewandert ist.[74] Bei den Lesern sind laut Umfrage folgende Themen und Artikel in der Beliebtheitsskala ganz oben: Lokale Be-

---

73 Vgl. Georg, R., op. cit., S. 54 ff

74 Vgl. op. cit., S. 60, sowie: Jüngere lassen Zeitung links liegen, o. N., in: Der Spiegel Online, 10. 7. 2001, http://www.spiegel.de/netzwelt/ebusiness

richte, Politische Meldungen, Tatsachenberichte aus dem Alltag, Geschichten und Themen, die mit Menschen zu tun haben.

Für Presseinformationen bedeutet dies: Unternehmensinformationen oder Produktinformationen können inhaltlich sehr gut mit lokalen und regionalen Themen, mit Passagen zu wirtschaftlichen Hintergründen und Zusammenhängen, mit Beispielen zu bestimmten Anwendungen von Verfahren und Produkten sowie mit Tipps und Ratschlägen von allgemeinem finanziellen Interesse verbunden werden. Und: Nicht nur die traditionelle Form der Presseinfo (s. u.) hat Chancen der Veröffentlichung, sondern auch die **Variation** in der Aufmachung. So können Unternehmensinformationen auch als Interview, als Bericht oder als Personalien aufbereitet werden. Damit demonstrieren der Pressemann und die PR-Frau nicht nur professionelle Orientierung am Zielmedium, sondern zeigen auch jenen Journalisten, mit denen gute Zusammenarbeit besteht, dass man die journalistische Arbeit versteht und nachvollziehen kann. Ebenso ist die umfangreichere Aufbereitung von Themen immer wieder erfolgreich, vor allem im so genannten **Sommerloch** (auch Saure-Gurken-Zeit) der Redaktionsarbeit bei den Zeitungen, Magazinen, Fachzeitschriften und Branchenblättern: In den Sommermonaten zwischen Ende Juni und Anfang September sind aktuelle politische und wirtschaftliche Themen aufgrund der Parlaments- und Werksferien eher rar und die Redakteure nehmen gern Anregungen für Themen auf oder recherchieren diese weiter. Ein Thema aus dem Unternehmensumfeld kann dann durchaus auch als Serie, als Reportage oder als Fotogeschichte aufgegriffen und variiert werden. Eine ähnliche „Trockenzeit“ besteht in den Redaktionen zwischen Mitte Dezember und Mitte Januar, wo die **Weihnachtspause** und die Urlaubszeit gute Gelegenheit bieten, Unternehmensinformationen zu plazieren. Warum also beispielsweise die Stellenanzeige in der Tageszeitung nicht mit einem Interview mit einem Personalberater flankieren, der Auskunft über Bewerbungsunterlagen gibt? Oder die Information über das neue Produkt mit einer Personalie über den Ingenieur erweitern, der es entworfen hat? Oder die Presseinfo über das neue Verwaltungsgebäude mit einem Porträt des Architekten ausbauen? Oder die Sponsoringaktion des eigenen Hauses mit einer Dokumentation über die Tätigkeiten des Gesponserten? Oder den Artikel zur Kooperation in einem Jointventure mit einer Übersicht des Verbandes über die Branche oder Märkte, in denen Ihr Haus aktiv ist, verbinden?

1.1 Die Presseinformation: Sammelbegriff für PR-Themen

Die Presseinformation ist sicherlich die universellste Form der Weitergabe von Botschaften an die Presse bzw. die Öffentlichkeit. Sie bezeichnet alle umfangreicheren Äußerungen, Erklärungen, Stellungnahmen, Mitteilungen und Hintergrundnachrichten aus dem Unternehmen an die Presse und Öffentlichkeit. Themen von Presseinformationen können sein: **Aktivitäten des Betriebs** in der Produktion, neue/andere Produkte, neue/andere Verfahren, neue/andere Produktionsstätten, aber auch alle Informationen über den Geschäftsverlauf, die **Entwicklung des Unternehmens**, seine Initiativen im Sponsoring, in der Werbung, bei der Personalentwicklung oder im Vertrieb. Neben den Hauptkriterien der Aktualität, Verständlichkeit und Zuverlässigkeit und der Beantwortung der W-Fragen hat die Presseinformation immer einen **konkreten Anlass**, den sie zu beschreiben, zu erklären, zu beantworten sucht und häufig auch die Hintergründe liefert. Ihre Aussagen können mit Zahlen, Tabellen, Grafiken und Fotos belegt werden. Außerdem kann die Presseinformation neben ihrem Informationswert auch einen Gesprächs-, Gebrauchs- und sogar einen Unterhaltungswert bieten. Die Hintergrundinformationen können sich z. B. auf die Geschäftspolitik des Unternehmens beziehen, die in die Schusslinie der Medien gelangt ist, auf die ökologische Begründung von besonderen Produktionsmethoden und -verfahren, auf die notwendige Neubesetzung von Funktionen, die sinnvolle Ausrichtung von Strategien, die Veröffentlichung von interessanten Forschungs- oder Umfrageergebnissen etc.

Achten Sie darauf, dass Presseinformationen kurz und prägnant gehalten werden. Eine **Standard-Presseinformation** sollte nie länger sein als eine bis eineinhalb (zusammengeheftete) Seiten. Haben Sie jedoch wirklich mehr zu sagen, überschreiten Sie bei einer ausführlichen Presseinfo (z. B. Pressebasisinformation zum gesamten Unternehmen) zweieinhalb Seiten dennoch nicht! Mit der Längenbeschränkung erreichen Sie beides: Sie langweilen den Journalisten nicht, und Sie erreichen, dass er für weitere Recherchen und Informationen bei Ihnen nachfragt.

Eine Presseinformation kann auch als sehr kurze Nachricht über Tätigkeiten und Aktivitäten der Organisation an die Öffentlichkeit kommen und wird dann als **Pressemeldung** (PR-Meldung) (s. u.) mit circa 15 Zeilen bezeichnet. Sie geht nur auf das Wichtigste (W-Fragen) ein und versucht, einen Sachverhalt so knapp wie möglich darzustellen. In der Zeitung oder einem anderen Medium erscheint sie dann überarbeitet oder auch unredigiert als gedruckte oder Wortmeldung. Der Begriff **Pressemitteilung** dagegen wird oft im Zusammenhang mit Haltungen einer Organisation oder Unternehmung zu einem aktuellen Ereignis im oder um das Unternehmen verwendet. Pressemitteilungen werden herausgegeben, wenn etwas der Öffentlichkeit mitgeteilt werden soll, das in einem gesamtgesellschaftlichen oder politischen aktuellen Zusammenhang diskutiert wird, und das Unternehmen seine Meinung dazu kundtun will. Die Pressemitteilung ist umfangreicher als die Pressemeldung und erklärt auch Hintergründe oder Zusammenhänge.

Eine weitere Form der Presseinformation ist die **Presseerklärung**. Mit dem Begriff werden offizielle Stellungnahmen von Organisationen oder Unternehmen bezeichnet. Schon der Ausdruck selbst deutet auf eine Klarstellung von Sachverhalten hin. Presseerklärungen werden in der Regel von der obersten Unternehmens-, Verbands- oder Vereinsebene abgesegnet und häufig als Verlautbarungen im Krisenmanagement verwendet. Bei Zitaten aus Presseerklärungen durch die Medien bekommen Erstere häufig einen defensiven, verteidigenden Klang (z. B. im Falle der Imhausen-Chemie, die nur noch mit Presseerklärungen operierte, als ihr Giftgasgeschäft mit Libyen an die Öffentlichkeit drang). Manche Pressemitteilungen oder -erklärungen werden mit so genannten **Sperrvermerken** versehen, also einer Veröffentlichungssperrfrist, die eine Presseinformation erst ab einem bestimmten Zeitpunkt zur Publikation freigibt. Mit solchen Hinweisen sollte man vorsichtig umgehen, sind sie doch bei Journalisten unbeliebt und die Informationen wandern in den Papierkorb. Deshalb: Sich vorher überlegen, wann etwas veröffentlich werden kann, und dann sollte das Unternehmen auch dazu stehen. Auch der so genannte **Waschzettel** gehört in die Kategorie der Presseinformationen. Waschzettel (ein unschönes Wort) sind Zusatzinformationen,[75] die unmittelbar vor Beginn einer Veranstaltung (z. B. Pressekonferenz) an die Medien ausgegeben werden und unerwartete Veränderungen bei den Inhalten schon ausgegebener Pressinformationen, im organisatorischen Ablauf einer Veranstaltung oder in der Besucherliste der Veranstaltung angeben. Diese Waschzettel entstehen oft in äußerster Eile und halten deshalb häufig gewohnten optischen und stilistischen Kriterien nicht stand. Wenn Sie eine solche **Last-minute-Information** verfassen, sollten Sie dennoch auf den „Auftritt" der Texte achten und diese auch in der Kürze der Zeit einigermaßen professionell verfassen.

Zusammenfassend: Die Presseinformation ist gewissermaßen die Standardinformation eines Unternehmens oder einer Organisation. Viele PR-Berater nennen sie deshalb auch als Überbegriff für alle Mitteilungen aus dem Unternehmen und schließen in diese Bezeichnung alle anderen hier genannten Formen ein.

1.2 Die Presseeinladung: „Brief" an die Redaktion

Wie oben schon skizziert, ist die **Presseeinladung** eine Art Ankündigung eines unternehmerischen oder organisatorischen Ereignisses. Sie gibt den **Veranstalter**, den Grund und die Art der Veranstaltung (evtl. einen wichtigen Punkt der Tagesordnung), den **Ort** und die **Zeit**, die Referenten und eventuell einen knappen Hinweis auf den wirtschaftlichen, politischen, gesellschaftlichen oder sozialen Zusammenhang an, in dem eine Veranstaltung möglicherweise steht. Presseeinladungen sollten neben der sachlichen Information auch einen **Anreiz** enthalten, warum die Presse diese und keine andere Veranstaltung wahrnehmen sollte. Ein solcher Anreiz kann im Hinweis auf einen besonderen **Referenten** oder die zu erwartenden Gäste bestehen, auf einen besonderen **Gag** bei einer Veranstaltung oder auf den Hinweis der absehbar heftigen Diskussion über ein

75 Als Waschzettel werden Presseinformationen von manchen Journalisten auch im Allgemeinen bezeichnet.

Problem. Da Presse und Medien immer nach einzigartigen, aktuellen News und Ereignissen (Knaller, Sensationen) schielen, erhöht ein solcher Verweis die Wahrscheinlichkeit, dass die eingeladenen Medienvertreter auch erscheinen. Je interessanter das Ereignis und der Hinweis auf die Gäste formuliert sind, umso größer ist die Chance, dass z. B. auch elektronische regionale Medien erscheinen.

Eine Presseeinladung kann natürlich auch **zweistufig** erfolgen. Das heißt, dass die erste Ankündigung der Veranstaltung in einer Vorankündigung besteht, die nur die Sachinformationen enthält. Nach zwei bis drei Wochen, aber noch lange genug vor der Veranstaltung, kann man dann eine zweite Einladung aussenden, die nochmals die Daten angibt (evtl. präzisiert oder auch korrigiert), an die erste erinnert und schließlich die Hinweise auf die oben genannten „Schmankerln" gibt. Die schon erwähnte telefonische Klärung, ob die Presse erscheint, sollte erst kurz vor der Veranstaltung erfolgen, um die Sicherheit über die Anzahl der Medienvertreter zu haben. Achtung: Presseeinladungen, die über eine Seitelänge hinaus reichen, haben ihren Zweck verfehlt, sind optisch unschön, werden vom Redakteur nie ganz gelesen und sind deshalb ungeschickt! Die Presseeinladung hat den Charakter eines Briefes, der **persönlich adressiert** werden muss. Je nach Intensität des Kontaktes zum Mitarbeiter des Zielmediums kann eine Presseeinladung auch freundschaftlich formuliert werden.

1.3 Die Presseankündigung: Sagen, was stattfinden soll

Für Veranstaltungen, die einem breiteren Publikum oder der Öffentlichkeit zugänglich sein sollen, kann man zur Presseeinladung eine zusätzliche Information aussenden. Sie enthält die Beantwortung der **W-Fragen**, skizziert aber zusätzlich das Ereignis oder das Event, das man ankündigt, ausführlicher als die Presseeinladung. Die Zielgruppen beider Pressetexte sind auch verschieden: Wendet sich die Einladung direkt an die Redaktionsmitglieder, zielt die Presseankündigung darauf ab, veröffentlicht zu werden. Ihre Zielgruppe ist also der Leser bzw. die Öffentlichkeit und deshalb ist sie bereits als **journalistische Darstellungsform** zu bezeichnen. Sinn einer Presseankündigung ist es, der Öffentlichkeit die zu erwartende Veranstaltung bekannt zu machen, z. B. eine Messe, einen Tag der offenen Tür, eine Hauptversammlung, ein Sponsoring-Event des Unternehmens etc. Für die Redakteure sollte deshalb die Bitte und der Hinweis auf die Veröffentlichung der Presseankündigung als **Meldung** (s. u.) im **Zielmedium** (Tageszeitung, Wirtschaftsteil, Regionalteil etc.) nicht fehlen.

Presseankündigungen sind sowohl für die Presse wie für elektronische Medien gedacht, also darf der regionale Funk als Zielmedium nicht fehlen. Gesonderte Formulierungen einer Presseankündigung sind für Radio- oder TV-Stationen nicht notwendig, da die Sprecher oder Moderatoren die Ankündigung für ihre Zwecke umschreiben, also eine Meldung in ihrer eigenen Sprache machen. Die Presseankündigung ist kurz und bereits auf die knappe Darstellungsform im Zielmedium abgestimmt. Je kürzer sie ist, desto höher die Wahrscheinlichkeit, dass sie unverändert, also unredigiert in der Lokalzeitung erscheint. Wichtig ist also eine absolute Beschränkung des Inhalts auf das Wesentliche (Wer? Was? Wo? Für wen?) nach dem Prinzip der abnehmenden Wichtigkeit. Damit fällt bei der Kürzung durch die Redaktion von hinten herein nicht das Allerwichtigste weg. Achtung: Presseankündigungen sollten kaum länger als 15 Zeilen sein.[76]

1.4 Die Pressemeldung: Prägnante Infos in Kurzform

Pressemeldungen sind aktuelle Kurzinfos zum Unternehmen, zu seinen Geschäftsaktivitäten, zu seinen Produkten. Im Gegensatz zur Pressankündigung skizziert die Pressemeldung einen Umstand, ein Ereignis, eine Tatsache, einen Ablauf, der bereits geschehen ist. Sie folgt daher den journalistischen Stilregeln der klassischen **Nachricht** (W-Fragen, Abnehmende Wichtigkeit, sachlich) und stellt in prägnanter Kurzform dar. Versehen mit einer griffigen Überschrift, haben Pressemeldungen gute Chancen auf Veröffentlichung, weil sie wegen ihrer Kürze und damit platzsparenden Form in vielen Publikationen auch als **Füller** auf noch zu umbrechenden Seiten oder Rubriken untergebracht werden können. Meldungen sind sowohl in

76 Vgl. op.cit., S. 46–48

der regionalen Tagespresse wie auch auf den Wirtschaftsseiten der großen Tageszeitungen oder Fach- und Branchenzeitschriften eine sehr vielseitige Art der Unternehmenspräsentation. In den Zielmedien werden sie als Branchenmeldungen, Produktinformationen, Unternehmensnachrichten etc. bezeichnet.

Pressemeldungen können auch als so genannte **Personalie** erscheinen. Wenn es personelle Veränderungen an der Spitze eines Unternehmens oder auch bei der Neubesetzungen in wichtigen Teilbereichen gibt, ist die so genannte Personalie eine geeignete Form über Ruhestand, Geburtstage, beruflichen Aufstieg oder Zuständigkeiten zu berichten. Die Ausbildung, der Werdegang, die bisherigen Tätigkeiten, die neuen Aufgabenbereiche der betreffenden Person (mit Vornamen, Namen, akademischen Titeln, Berufstiteln, Altersangabe) werden kurz skizziert. Pressemeldungen sind in der Regel nie länger als 20 Zeilen, in vielen Pressemedien auch häufig nur zwischen zehn und fünfzehn Zeilen.

1.5 Der Pressebericht: Was gibt's/gab's Neues?

Sollte wider Erwarten zu Veranstaltungen die Presse nicht erscheinen oder nur ein Teil davon, ist es angebracht, sich selbst an den Computer zu setzen und die Presse über das Ereignis zu informieren. Der **Pressebericht** (PR-Bericht) erwartet vom Verfasser echte journalistische Arbeit und auch die weitgehende Objektivität des Journalistenberufes.

Berichte an die Presse werden an Agenturen, lokale und regionale Zeitungen, Fachzeitschriften, regionale Hörfunk- oder TV-Studios und -Stationen geschickt, und zwar **nach** einem Anlass oder Ereignis; Berichte werden nur an Medien geliefert, die über das Ereignis nicht selbst (Reporter) berichten. Zweck des Presseberichtes: Das Medium soll über den Presseanlass trotz der Abwesenheit eines Pressevertreters informiert werden; das Unternehmen erhöht damit seine Chance, sich doch noch publiziert zu sehen und mit dem Ereignis an die Öffentlichkeit zu gelangen. Der Pressebericht ist der Nachricht verwandt, jedoch umfangreicher. Zusammenhänge, Vorgeschichte und andere Aspekte oder Momente eines Ereignisses kann der Bericht einschließen, beschreiben und erörtern. Das eigene Urteil sollte dabei jedoch unterdrückt werden.[77] Letztlich hat der Pressebericht die Aufgabe, über einen Vorgang, ein Ereignis unter den Aspekten der Neuigkeit zu berichten. Was es also an wirklich Neuem gibt oder gab, sollte beim PR-Bericht oberstes Gebot sein.

Die **Gliederung** des Presseberichtes folgt dem Aufbau des Zeitungsberichtes und damit der Unterteilung in Abschnitte und Absätze mit abnehmender Wichtigkeit. In einem so genannten Lead (Vorspann), dem ersten Absatz mit drei bis vier kurzen Einleitungssätzen, werden die vermutlich wichtigsten Fragen des Sachverhaltes beantwortet (s. o.). Die folgenden Informationen sind ergänzende Inhalte, die den Artikel erst „rund" machen, also zu einem inhaltlich wie stilistisch gelungenen Stück machen. Je länger ein Bericht ist, umso wichtiger ist seine Gliederung in Sinnabschnitte, die durch Zwischenüberschriften gekennzeichnet sein können. Stilistische Mittel können sein: das wörtliche Zitat, die indirekte Rede, der Wechsel in den Zeiten (z. B. bei der Darstellung zurückliegender Zusammenhänge).

Der Pressebericht ist jedoch erst vollständig, wenn ein **Foto** über das Ereignis beigefügt wird, das z. B. den wichtigsten Moment, eine wichtige Phase oder ein Highlight der Veranstaltung festhält. Aus Platzmangel, redaktionellen, Layout- oder Umbruchgründen erscheint von Presseberichten in Lokal- oder Regionalzeitungen manchmal nur das Foto mit einer Bildunterschrift (s. u.). So gesehen erhöht man als Unternehmen aber die Auswahlmöglichkeit der Redaktion, indem Artikel und Foto versandt werden, und ist dann wenigstens mit einem PR-Foto vertreten. Viele Lokalzeitungen übernehmen Presseberichte von Unternehmen oder Vereinen nur wenig redigiert und gekürzt und versehen den Text mit dem Kürzel (pm) = Pressemeldung oder (pr) = pressrelease = PR-Veröffentlichung.

1.6 Das Pressefoto mit Bildunterschrift: So sieht/sah das aus!

Das Pressefoto ist ein weiteres Mittel, den Kontakt zur Öffentlichkeit herzustellen. Ohne hier auf die Feinheiten fotografischer

77 Vgl. Roloff, Eckard-K.: Journalistische Textgattungen, München 1982, S. 15 ff

Professionalität einzugehen, sollen kurz einige Aspekte angedeutet werden: Das Pressefoto kann ein eigenständiges Mittel im Dialog mit Medien und Öffentlichkeit sein. Statt eines ganzen Presseberichtes kann von einem Ereignis nur ein Foto an die Redaktion geschickt werden. Vor allem bei weniger Aufsehen erregenden Ereignissen ist dies angebracht (z. B. bei Ehrungen, Betriebsjubiläen, Weihnachtsfeiern). Das Foto sollte immer die Übersichtsaufnahme eines Abschnitts der Veranstaltung oder des Ereignisses mit Personen zeigen (z. B. Urkundenübergabe, Gruppenbild der Jubilare). Es ist jedoch wichtig, die **Halbtotale** zu wählen, weil dadurch die Gefahr umgangen wird, nichts sagende Massen oder unübersichtliche Situationen zu zeigen. Ist allerdings eine technische Innovation, ein neues Produktionsverfahren oder ein neues Gebäude mitzuteilen (z. B. Maschine, Produkt, Produktionsräume, Verwaltungsgebäude), sollten diese auch in der halbnahen Einstellung gezeigt werden.[78] Damit nicht nur ein technisches, oft nichts sagendes **Detail** in Nahaufnahme auf dem Bild ist, stellt oder setzt man einen Mitarbeiter dazu, wenn die Aufnahme gemacht wird. Das Foto wirkt auf diese Weise persönlicher, weniger anonym und kann beispielsweise Größenverhältnisse oder Tätigkeiten veranschaulichen. Wichtig ist es, bei Aufnahmetotalen nicht zu viel detailliertes Umfeld zu zeigen, weil dies in der Regel dann im Druck nicht mehr erkennbar ist und die Einzelheiten undefinierbar sind. Bei Nahaufnahmen gilt umgekehrt: Ist das Detail des fotografierten Gegenstands nicht mehr erkennbar oder auch sein Umfeld nicht mehr assoziierbar, ist das Foto unbrauchbar.

Ganz wichtig ist die **Bildunterschrift** (BU) für das Pressefoto. Kein Pressefoto darf ohne BU verschickt werden: Der Text hat die Aufgabe, zusätzliche Informationen zu liefern oder Erläuterungen zum Foto zu geben. In drei, vier Sätzen sollten der Anlass des Fotos (W-Fragen, Name des Veranstalters), die darauf erkennbaren Personen (Stellung auf dem Foto, z. B. von rechts nach links; Vorname, Name, Position, evtl. Alter) erwähnt werden oder eine **Beschreibung** zur

78 Vgl. Beifuß, H./Blume, J./Rauch, F. u. a.: Bildjournalismus, München 1984; zum Pressefoto S. 93 ff und für besondere Aspekte des Fotos S. 108 ff sowie Blecher, H.: Fotojournalismus, Hamburg 2001

Funktion einer Maschine (Bezeichnung, Typ) bzw. eines technischen Vorgangs (Fachausdrücke erläutern) gegeben werden. Erklärungen, die wiederholen, was ohnehin eindeutig auf einem Foto zu sehen ist, sind überflüssig, langweilen den Leser und verschenken die Möglichkeit der Zusatzinformation! Aber es sollte gleichzeitig nie etwas skizziert werden, was nicht auf dem Foto sichtbar ist und den Bildbetrachter im Zweifel lassen.[79] Im Falle des Versands eines Pressfotos mit einem zugehörigen Artikel (z. B. Bericht) sollte man darauf achten, dass keine inhaltlichen Widersprüche zum Artikel entstehen oder Details aufgepeppt werden, die nicht auch in diesem besonders erwähnt werden.

1.7 Fach(zeitschriften-) und Special-Interest-Artikel: Kompetenz verständlich zeigen

Fachzeitschriften wenden sich an spezielle Zielgruppen der Öffentlichkeit und schaffen Raum für die weit verzweigten privaten und beruflichen Interessen der Leserschaft. Für Unternehmen, öffentliche Einrichtungen, Verbände und Vereine ergeben sich damit weit verzweigte Möglichkeiten der Kommunikation mit einer spezialisierten Öffentlichkeit sowie mit Gleichgesinnten auf technischen, wirtschaftlichen, politischen, technologischen, berufsspezifischen etc. Gebieten. Im einfachsten und häufigsten Fall ist der PR-Artikel für Fachblätter und Branchenzeitungen ein **Produktartikel** oder ein **Anwendungsbericht** über Produkte, Waren oder Dienstleistungen. Ähnlich einer Presseinformation beschäftigt er sich mit Neuheiten, Innovationen und Anwendungsfeldern von Produkten. Deren Eigenschaften und Besonderheiten, der Hintergrund zu deren Entwicklung, das Herstellerunternehmen, aber auch ein gesellschaftlicher oder Marktzusammenhang stehen bei solchen Artikeln im Vordergrund der Aussagen und Inhalte. Produktartikel werden häufig zur Flankierung der Werbung verschickt und gehören je nach Branche zu den Standardartikeln bei Produkteinführungen, Produktweiterentwicklungen. Auf Messen sind sie auch in jeder Pressemappe zu finden.

79 Vgl. Schneider/Raue, op. cit., S. 162f

Anspruchsvoller ist der Fachzeitschriftenartikel oder Fachbeitrag. Er sollte nur nach gründlicher Absprache mit dem zuständigen Redakteur angegangen und verfasst werden. Entsprechend der speziellen Ausrichtung der Zeitschrift sind deren **Themenbereiche** oft genau abgegrenzt, und Artikel folgen bestimmten Schwerpunkten. Auch die Länge des Beitrags sollte mit der Redaktion abgesprochen werden, damit nicht nachher im Blatt nur die Hälfte dessen erscheint, was man ausdrücken wollte.

Die Zusammenarbeit mit Fachzeitschriften bietet mehrere wirksame Möglichkeiten des Kontaktes mit einer spezialisierten Öffentlichkeit: Der Kontakt und Zugang zum redaktionellen Teil der Schriften und damit die Chance einer Veröffentlichung sind relativ gut, denn das Fachmedium will ja ein **Diskussionsforum** auf seinem Gebiet sein; das Unternehmen oder die Organisation kann sich ausführlicher und inhaltlich präziser zu bestimmten Themenbereichen äußern, als dies bei anderen Massenmedien der Fall ist; das Unternehmen kann seine Leistungen unter speziellen Gesichtspunkten demonstrieren (z. B. Fachkompetenz, Wissenschaftlichkeit, Detaillösungen); das Unternehmen kann oft mittels Fotos, Grafiken usw. zusätzliche Informationen unterbringen, Ergebnisse aufzeigen oder Quellen belegen; das Unternehmen kann beispielsweise in einer Reihe oder Rubrik solcher Zeitschriften aktiv an Problemdiskussionen teilnehmen und Orientierungshilfe leisten; hin und wieder treten sogar die Redakteure von Fachzeitschriften mit der Nachfrage von Artikeln an die Unternehmen heran.

Im Gegensatz zu diesen publizistischen Vorteilen stehen einige Schwierigkeiten, die mit dem Verfassen von Fachartikeln verbunden sind: Fachzeitschriftenartikel fallen aus der Pressearbeit über Standardrecherchen heraus und verlangen **Spezialkenntnisse** und -wissen. Sie können deshalb nicht einfach vom PR-Mann verfasst werden, sondern müssen je nach Themenbereich von besonderen Mitarbeitern und Fachkräften, wie z. B. Technikern, Ingenieuren, Betriebwirten, Psychologen, Juristen im Haus zumindest in Stichworten vorgelegt oder in einer Rohfassung vorgeschrieben werden und kosten deshalb viel Zeit. Die betreffenden Spezialisten sind sicherlich über die Möglichkeit einer Veröffentlichung angetan, aber haben eben auch anderes zu tun. Da Spezialwissen oder Spezialaspekte veröffentlicht werden sollen, ist die Schlussfassung, die durch den PR-Mitarbeiter an die Redaktion geht, sicherlich das Ergebnis von mehreren, nervenaufreibenden Korrekturfassungen. Pressereferenten können diese „Klein-klein"-Abstimmung um Worte und Formulierungen dadurch umgehen, dass sie eine nur in Teilen redigierte Fassung an die Redaktion der Fachzeitschrift weitergeben oder den Spezialisten im Unternehmen selbst mit der Zielredaktion verhandeln lassen. Letzter Fall tritt ohnehin oft genug ein: Fachzeitschriftenredakteure wenden sich oft an die Pressestellen, um zu erfahren, wer die Spezialisten im Hause sind.[80]

Wenn Sie jedoch den Text in Absprache mit dem Spezialisten verfassen müssen, sind Sie als PR-Mann fachlich und inhaltlich über das hinaus gefordert, was der Alltag der Pressearbeit bringt. Für ein Handelsunternehmen sollte ich einmal in Absprache mit dem Manager für Produktmarketing einen Artikel für die Fachzeitschrift „Absatzwirtschaft" unter seinem Namen verfassen. Vom Thema hatte ich nur vom Hörensagen eine Ahnung, und eine intensive Informations- und **Recherchearbeit** war eine wichtige Voraussetzung, bis ich wusste, worum es im Besonderen gehen sollte. Zusätzlich sollten die absatzwirtschaftlichen Maximen, Strategien und konkreten Maßnahmen des Unternehmens in den Artikel eingearbeitet werden, die eine Materialsammlung im Unternehmen und einige intensive **Gespräche** mit Managern voraussetzen. Unter Zeitdruck entstand dann der Fünf-Seiten-Artikel innerhalb von acht Tagen.

Eine weitere Form des Fachartikels ist der Magazinartikel (Fachartikel) für nicht hoch spezialisierte Massenmedien, wie z. B. Special-Interest-Magazine, die Magazinseiten und Spezialrubriken in Zeitschriften, aber auch in lokalen und regionalen Tageszeitungen. Bei diesen besteht oft ein Bedarf an **Sonderbeiträgen** zu speziellen Themenbereichen (als Serien oder Sonderpublikationen). Solche Einzelbeiträge oder Serien zu speziellen betriebswirtschaftlichen Problemen kann man durch Kontakte mit der Redaktion anregen. Wie beim Fachzeitschriftenaufsatz zeichnet der Autor mit eigenem Namen und ist damit für den Inhalt verantwortlich. Die Verfasser

80 Vgl. Stephan Ruß-Mohl (Hg.): Wissenschaftsjournalismus, München 1986, S. 65 ff

solcher Artikel sollten dabei beachten, dass ihre Fachkompetenz ausschlaggebend für den Anklang beim Leser ist und dass PR-Inhalte für das Gesamtunternehmen oder die gesamte Organisation nicht gefragt und fehl am Platze sind. Die Wirkung eines Fachartikels oder populärwissenschaftlichen Berichtes in der Tageszeitung oder anderen Publikationen drückt sich auch in seiner **Lesbarkeit** und **Verständlichkeit** aus. Die Öffentlichkeit lässt sich umso mehr an neue, für sie auch unbekannte Themen heranführen, je mehr auch die Relevanz für den Einzelnen in diesen Beiträgen zum Ausdruck kommt (z. B. anhand von praktischen Beispielen oder der Anwendungen) und je mehr interessante Aspekte für den Außenstehenden erwähnt werden. So können populärwissenschaftliche Artikel dadurch spannender werden, indem ein guter Einstieg gewählt wird und der Leser auf diese Weise an das Thema herangeführt wird. Als Verfasser eines Fachzeitschriftenartikels sollte man also immer darauf achten, die Inhalte so zu präsentieren, dass sie auch von Nicht-Spezialisten verstanden werden.

1.8 Das Presseinterview: Gezielte Fragen, treffende Antworten

Eine weitere Form von Presseinformation an die Öffentlichkeit kann das Interview sein. Dieses Presseinterview kann auf verschiedene Weise lanciert werden. Eine Möglichkeit ist die Durchführung im eigenen Haus, durch die eigene Pressestelle. Für diese Form der Befragung kommen in der Regel eher Mitglieder der Geschäftsleitung oder andere Führungskräfte in gehobener Position in Frage. Das im eigenen Haus gemachte Interview kann zu aktuellen Anlässen oder zu derzeit in der Öffentlichkeit diskutierten Themenbereichen stattfinden oder auch im Zusammenhang mit anderen Presseinformationen gemacht und publiziert werden. Es hat den Vorteil, dass Fragestellungen und -bereiche im Haus selbst entworfen und entwickelt werden können. Der Textaufbau sollte möglichst klar nach Fragen und Antworten gegliedert sein, der Name und die Position des Interviewten ist natürlich Bedingung. Ein Interview ist erst spannend und aussagekräftig, wenn die „richtigen" Fragen gestellt werden. Deshalb ist hier der **Perspektivenwechsel** des PR-Mannes wichtig: Er muss sich in die Sicht der außenstehenden Interessengruppen hineinversetzen: Was würde mich interessieren, wenn ich nicht für dieses Haus tätig wäre? Das bedeutet, es sind Fragen interessant, die zu einem aktuellen Thema gestellt werden, das in der Öffentlichkeit diskutiert wird. Und: Auch die Antworten sollten nicht einfach vorgegeben sein, sondern sich um Aufklärung für den Rezipienten bemühen. Eine andere Form ist das Interview mit einem externen Gesprächspartner. In diesem Falle können die Fragen und auch die Antworten abgesprochen werden. Ein Interview darf nicht zu lang sein und sollte zweieinhalb Schreibmaschinenseiten in PR-Formatierung nicht wesentlich überschreiten.

Problematische Punkte des hauseigenen Interviews: Die inhaltliche Ausgestaltung, die treffenden, öffentlichkeitsrelevanten Fragestellungen und Themenbereiche. Nicht ganz einfach ist es für den Pressereferenten, die sicherlich vom Interviewpartner verlangten zusätzlichen PR-Inhalte zu vermeiden. Dennoch: Ein solches Interview kann hin und wieder an die Medien ausgesendet werden und dient vorwiegend als Zusatzinformation für bestehende Kontakte zu den Medien, um Haltungen des Unternehmens zu klären. Die Chancen einer unredigierten oder nicht durch eigene Interviewfragen des Redakteurs ergänzten Veröffentlichung sind relativ gering.

Anders das Interview, das man der Presse direkt gibt, denn in der Regel machen die Medien, ob Presse oder Funk, Interviews am liebsten selbst, weil eine höhere Flexibilität in der **Fragestellung** besteht und zudem der persönliche Eindruck des Journalisten über den Befragten eine wichtige Rolle spielt. Wenn ein Interview von einem Medium nachgefragt wird, kann man in der Regel aus redaktionellen, produktionstechnischen und Kostengründen sicher sein, dass es auch erscheint, gleichgültig, ob dies ein Presse-, ein Hörfunk- oder Fernsehinterview ist. Natürlich muss sich eine Pressestelle darüber informieren, in welche Richtung ein Interview beispielsweise des Geschäftsführers gehen soll: ob es eher ein **Sachinterview** oder ein **Interview zur Person** sein wird. Je nach Anforderungen und Themenbereichen sollten sich sowohl der Interviewpartner wie auch der Pressebetreuer auf das Interview einstellen und dafür vorbereiten. Wird ein unstrukturiertes Interview geführt,

d. h. die Fragen werden entsprechend dem Interviewverlauf gestellt und sind nicht vorgefertigt, wird vom Interviewpartner einige Fachkenntnis verlangt. Er muss sich dann den Fragen stellen, ob er will oder nicht, denn die Rollenverteilung ist klar: Der Journalist fragt, gibt Stichworte, der Unternehmensvertreter antwortet.[81] Bei einem strukturierten Interview mit einem begrenzten Fragekatalog kann man sich auf die möglichen Fragen einstellen und damit die Antworten und Inhalte ein wenig vorbereiten, vor allem, wenn es um schwierige Themen geht. Eines sollte man vermeiden – übrigens wie auch bei anderen Artikeln, die über das eigene Haus geschrieben werden –, dass man den Journalisten um eine Vorabversion bittet, um Korrekturen vornehmen zu können. Natürlich hat ein Interviewter immer das Recht auf die **Autorisierung** dessen, was er gesagt hat, aber dies kann zu Konflikten führen: Also sich vorher überlegen, was man sagt. Bei Interviews für elektronische Medien (z. B. Lokalfunk), sind die Chefs so aus dem Häuschen, dass sie sich vor der Kamera verhaspeln oder unklare Auskünfte geben. Der Job der PR-Frau des Hauses ist es deshalb, den Chef vor einem solchen Interview ein wenig zu „briefen" (kurz informieren) und zu trainieren, was gesagt und wie es vor der Kamera gesagt werden sollte und kann. Tipp: Eine natürliche, lockere und unverkrampfte Haltung des Interviewten mit dem Blick zum Interviewer und ab und zu einmal in die Kamera (jedoch nicht ständig!) sowie ein neutraler Ort oder auch ein Hintergrund, der im Zusammenhang mit den Fragen steht, ist sicherlich nicht falsch.

Viele Unternehmen sprechen mit dem Redakteur die inhaltliche Richtung des Interviews vorher ab. Sie scheuen die unstrukturierte Form aufgrund der **Unwägbarkeiten** und lassen sich die Fragen vorher zusenden, damit sachgerechte (richtige?) Antworten hausintern besprochen und gegeben werden können. Oft werden Antworten dann auch noch vorformuliert, und wenn der Journalist erscheint, wird nur noch abgelesen, einmal abgesehen von der einen oder anderen zusätzlichen Bemerkung. Diese Form ist jedoch bei Journalisten unbeliebt, weil keine Überraschungen mehr möglich sind, der

81 Vgl. Schneider/Raue, op. cit. S. 70 ff

Verlauf des Interviews starr wird und die Antworten nicht spontan sind. Die gesamte Spannung geht verloren, und das Unternehmen nimmt sich die Möglichkeit, offene Information zu betreiben. Also: Mut zum Risiko! Kein Journalist „haut" im Übrigen gern und offensichtlich einen Interviewpartner „in die Pfanne".

Solche strukturierten Interviews können zu einem großen öffentlichen Erfolg für ein Unternehmen werden, allerdings auch zu einem „Flop". Gute Vorbereitung ist deshalb eine notwendige Bedingung. Bei Sachinterviews sollte man als Interviewter auch wirklich sachlich knapp bleiben und kann dadurch einiges für die Firma und ihr Ansehen tun. Abschweifungen und Umschweife vermeiden! Bei Interviews zur Person hat man durchaus die Möglichkeit, sich selbst darzustellen, Sympathie- und Imagepunkte für sich und sein Unternehmen bei der Öffentlichkeit und bei den Medien zu sammeln. Bei eigenen Erfolgsangaben bitte nicht übertreiben!

Eine Sonderform des Interviews als Ergänzung: Von Hörfunk- und Fernsehjournalisten wird die Form des **Statements** (O-Ton) gerne verwendet. Das Statement ist eine kurze Stellungnahme oder Aussage durch den Vertreter einer Unternehmung oder einer Organisation zu einem klar definierten Sachverhalt.[82] Diese kurzen Äußerungen sollten ebenso vorbereitet werden wie ein Interview. Denn oft stellen Journalisten die eine oder andere Zusatzfrage und wählen die treffendste bei der Bearbeitung des Ton- oder Videomaterials aus. Statements finden manchmal unangekündigt bei Pressekonferenzen statt. Der Interviewte sollte deshalb aber keine Beklemmungen haben und sich ungekünstelt, aber bestimmt, knapp und genau zur Sache äußern. Auch wenn man „Hänger" (lange Aussagepausen) hat oder Satzenden vergisst, vertrauen Sie auf die Möglichkeiten der Technik: Nach der Schnittbearbeitung klingen Ihre Sätze meist ganz passabel.

82 Vgl. zum Hörfunk-Statement z. B. von LaRoche, W./Buchholz, A. (Hrsg.): Radio-Journalismus, München 1984, S. 36 ff und zum TV-Statement z. B. Schult, Gerhard/Buchholz, Axel (Hrsg.): Fernseh-Journalismus, München 1984^4, S. 227

1.9 Die Pressestory (-reportage): Details und Perspektiven der Firmenwelt

Sie ist die ausführlichste, aber auch schönste Form der schriftlichen Information an die Presse. Die Pressestory (auch als Pressereportage zu bezeichnen)[83] verlässt den starren Rahmen, der in den sachlichen Presseerklärungen, -informationen, -mitteilungen etc. vorgegeben ist. Zwar folgt auch die Pressestory dem Gerüst der W-Fragen, aber sie werden nicht eingangs beantwortet, sondern nach und nach. Die Reportage folgt deshalb ihrer eigenen **Dramaturgie**, deren Höhepunkte und Perspektiven auch in der Mitte oder bis zum Schluss wechseln können. In einem weiteren Punkt unterscheidet sie sich von den anderen schriftlichen Formen: Die persönliche Erfahrung des Verfassers, seine persönlichen Interessen und seine subjektive Interpretation eines Themas treten in den Vordergrund. Die Wahl des Themas ist dabei nicht das Wesentliche: Es geht vielmehr um die Vermittlung, den „Transport“, also die Art und Weise wie einer oder mehrere Aspekte der Welt des Unternehmens dargestellt werden.

Die Pressestory ist im Fall der Pressearbeit eine **Firmen-** bzw. **Unternehmensreportage**, ein **Fallbeispiel** aus dem Unternehmen, aus dem Alltag des Betriebes und den tatsächlichen Geschehnissen oder Teilaspekten von Abläufen der Welt dieser Firma. Die PR-Reportage beschreibt nicht nur anschaulich, verständlich und genau, sie darf auch Bilder und Atmosphäre vermitteln; und vor allem hält sie sich an Menschen, greift Beispiele aus deren Tätigkeit, ihren Problemen, Nöten, Ängsten, Hoffnungen und Erfolgen heraus. Belegen Sie die Erlebnisse von Personen mit deren Vor- und Nachnamen, evtl. ihrer Herkunft, beschreiben Sie ihre Aufgaben und geben Sie ihr Alter an (z. B. Franz Rothaar (48)); die Reportage kann auch dramatisieren und verharmlosen oder einen besonderen Aspekt oder **Details** besonders betonen und herausstellen und zum Angelpunkt der (Unternehmens-)Welt machen. Im Gegensatz zu den oben genannten Darstellungsformen kann die Pressestory auch in der **„Ich“-**

83 In manchen Büchern zur PR wird die Reportage/Story auch „Fallstudie“ genannt, z. B. in Pleil, G., op. cit., S. 83f

Form geschrieben werden. Das gestaltet die Eindrücke persönlicher. Wechseln Sie auch in den Zeiten: Wenn Sie dramatische Vorgänge beschreiben, ist die Gegenwartsform angebracht; das Präsens gestaltet unmittelbarer und „verdichtet" Abläufe, geben sie Zahlen an, stellen sie Vergleiche an, wechseln Sie die Perspektiven.[84]

Diese inhaltlichen und stilistischen Merkmale erhöhen die Identifizierbarkeit von Tätigkeiten, Aufgaben, Rollen und Problemzusammenhängen durch den Leser und verdeutlichen umso mehr die gesellschaftliche Einbettung des Unternehmens oder einer Organisation, je größer die **Anschaulichkeit** der Beschreibung ist. Der Leser erkennt sich so selbst wieder oder kann nachvollziehen, worum es geht und wie wichtig das Beschriebene für ihn selbst sein kann. Weitere Stilelemente und Verdeutlichungen des Inhalts sind deshalb: Zitate von beteiligten Personen oder der Hauptperson, um die es geht (nicht zu viele, aber wesentliche Aussagen), Zustandsbeschreibungen und die Darstellung von Abläufen, Klärung von Zusammenhängen und Verdeutlichung von Ergebnissen, originellen Aspekten und Problemen. Die Pressestory kann durch Bildmaterial ergänzt und veranschaulicht werden. Zwei bis drei Farbfotos mit ansprechenden Motiven sollten wesentliche Passagen, Abschnitte oder Teilereignisse des Geschehens aufzeigen. Die **Fotos** sollten nicht gestellt, sondern, ähnlich wie der Text, aus dem Leben gegriffen sein. Vergessen Sie nicht kurze Bildunterschriften (BUs), und wenn Sie nur Personen zeigen, Namen nicht vergessen!

Trotz dieser breiten inhaltlichen und stilistischen Palette sollte man Acht geben, dass die Pressestory nicht zu umfangreich wird. Maximal drei bis dreieinhalb Seiten sind genug. Journalisten schätzen zu lange Manuskripte (bezeichnet als „Arien", oder „Riemen") nicht. Auch ganz wichtig: Nicht zu umschweifend werden und Nebensächliches vermeiden!

Die Pressestory ist ein ergänzendes Mittel, um mit der Presse in Kontakt zu bleiben. Wenn sie ein interessantes Thema hat und passabel geschrieben ist, hat man durchaus die Chance, dass sie auch veröffentlicht wird. Auf besondere PR-Inhalte sollte man deshalb

84 Vgl. von LaRoche, op. cit., S. 133 ff

weitgehend verzichten, denn mit einem ansprechenden Schreibstil und guten Fotos hat man schon halb gewonnen. Trotzdem sollte man die Erwartungen an den Erfolg zur Veröffentlichung nicht zu hoch setzen. Betriebs- oder Unternehmensreportagen als PR-Artikel haben die besten Chancen, als **Füller** verwendet zu werden, wenn aus redaktionellen oder Umbruchgründen Platz (auch kurzfristig) frei wird. Während des Sommerlochs (zwischen Ende Juni bis Anfang September), wenn das gesamte öffentliche Leben „urlaubt", haben Pressestorys bei Tageszeitungen, Fachblättern und (zwar selten) sogar in regionalen Illustrierten eine Chance, veröffentlicht zu werden. Eine Pressestory sollte am besten vorproduziert werden, damit sie schnell verfügbar ist. Bringt man sie in der Presse nicht unter, steht sie für die eigene Firmenbroschüre zur Verfügung.

1.10 Zielmedien- und zielgruppenspezifische Texte von PR-Profis

Hält man als Unternehmen oder Organisation Kontakt zu verschiedenen unterschiedlichen Medien, ist es angebracht und spricht für die Professionalität der Pressestelle, wenn Presseinformationen, insbesondere Presseberichte, Pressestory und hausinternes Presseinterview so verfasst werden, dass sie zweierlei **Kriterien** in der Ansprache der Öffentlichkeit berücksichtigen: einerseits die Konzeption des Zielmediums (Tageszeitung, Fachzeitschrift, Illustrierte etc.), dessen sprachlichen Stil und dessen Ausdrucksweise sowie seine **redaktionellen Erfordernisse** (Rubriken, Längen für Beiträge); andererseits die Erwartungen und Gewohnheiten der **Leserzielgruppen** (Altersgruppen, Interessen, Leserstruktur, Lesegewohnheiten, Sprachverständnis etc.) dieser Medien.[85] Entsprechen Texte diesen Kriterien, sind sie zielmedien- und zielgruppengerecht geschrieben und gestaltet. Wie kann man sich über die Zielgruppen in Kenntnis setzen? Einerseits über die Analyse des Stils und der Inhalte des Mediums, andererseits über Leseranalysen, die von den Zeitungen und Fachmagazinen in ihren Mediadaten für die Werbeanzeigen veröffentlicht werden. Auch einschlägige Fachzeitschrif-

85 Vgl. Roloff, E. op. cit., S. 31 ff

ten oder -zeitungen geben immer wieder Untersuchungsergebnisse bekannt.[86]

Nach der Durchsicht der Überschriften und generellen Aufmachung von Themen sollte die „Schreibe" des Blattes unter die Lupe genommen werden: Wie sind kurze, wie sind längere Artikel aufgebaut? Eine exakte Inhaltsanalyse von Artikeln in den Zielmedien würde sicherlich zu weit führen, um zu einem gesicherten Ergebnis zu gelangen.[87] Einige Aspekte sind jedoch folgende: Nach der Sichtung des Stils der Überschriften (sachlich, suggestiv, knallig etc.) kann man sich in den Artikeln einen Eindruck über die Häufigkeit des Wortgebrauchs ansehen, also ob ein Medium stärker einen Verbalstil (Adjektive, Verben) pflegt oder einen Nominalstil (viele Hauptwörter). Auch der Fremdwortgebrauch oder der Einsatz von Fachausdrücken lässt sich rasch ermitteln. Außerdem werden die Satzkonstruktionen (lange Relativsätze oder kurze Sätze) ersichtlich. Daraus kann man die **Anpassung** seines PR-Textes an den Schreibstil des Zielmediums vornehmen. Gleicht man seinen Stil dieser Ausdrucksweise ein wenig an, ist schon viel gewonnen. Aber Achtung: Zu viel der Anpassung mündet leicht in einen gespreizten, unlesbaren Stil!

Diese Angleichung an spezifische Charakteristika von Medien und Rezipienten erfordert eine gewisse Erfahrung des PR-Mannes bei bzw. mit den unterschiedlichen Medien, eine gute Kenntnis der Medienlandschaft und ihrer journalistischen Ausprägungen; zumindest eine hohe schreiberische Anpassungsfähigkeit im Texten an die unterschiedlichen Themenschwerpunkte, die Aufbereitung von Inhalten, die Stile und die Art und Weise des Aufmachens von Themen ist wünschenswert. Konkret bedeutet das, fast so schreiben zu können, wie dies bei der „Bild"-Zeitung gehandhabt wird oder auch bei der „Zeit". Zumindest aber: PR-Texte in einem Stil verfassen zu können, wie der potentielle, gedachte Leser des Artikels vermutlich spricht und auch wie er einen Text am besten versteht. Eine längere

86 Vgl. z. B. W&V (Werben und Verkaufen), Medienforschung des Bayerischen Fernsehens, IVW etc.

87 Vgl. Schulz, Winfried: Inhaltsanalyse, in: Fischer Lexikon: Publizistik Massenkommunikation, op. cit., S. 41–63

Beobachtung der unterschiedlichen Medien, ihrer redaktionellen Ausdrucksformen und inhaltlichen Schwerpunkte ist also vorher notwendig. Die Fähigkeit zum zielmedien- und zielgruppenspezifischen Texten, Schreiben und ihrer Aussendung kann generell die Chance der Veröffentlichung erhöhen, da die Inhalte schon an die redaktionellen Gewohnheiten und an Lesererwartungen angepasst sind. Bei allen Presseartikeln muss also immer auf die Lesbarkeit und Verständlichkeit geachtet werden.

Zielmedien- und zielgruppenspezifische Texte sind für Berufsanfänger nicht immer einfach zu verfassen. Eine intensive Beschäftigung mit dem Zielmedium muss stattfinden, und auch der unternehmensinterne organisatorische Aufwand sollte bedacht werden. Zu einem Thema zwei oder drei **verschiedene Fassungen** mit unterschiedlichen Schwerpunkten und in unterschiedlichen Stilen zu schreiben, kostet Zeit. Die Angewohnheit vieler PR-Leute, an alle Medien die gleichen Presseinformationen zu schicken, ist ein Ergebnis der Schwierigkeiten, die sich aus diesen zielmedienorientierten Pressebetreuung ergeben. Die unterschiedlichsten Redaktionen erhalten also in der Regel Standard-Presseartikel, die sie anschließend in vielen Fällen nur durch intensiveres Redigieren in ihr Blatt heben können. Dies verzögert eine problemlose Veröffentlichung der zugesandten Presseinformation, die dann vergessen wird und im Papierkorb landet.

Damit sind wir wieder beim Aspekt der guten Kontakte zum Zielmedium, die eine Klärung ermöglichen, ob eine Presseinfo generell auf Interesse stößt und wie sie aufbereitet werden sollte. Eine Hilfestellung zum zielmedienorientierten Schreiben geben die redaktionellen Themenpläne beispielsweise von monatlichen Fachzeitschriften, die ihre Themenschwerpunkte häufig im Vorhinein angeben und an die man sich als PR-Mann halten kann. Bevor wir als Pressestelle also alles über einen Kamm scheren, könnte vor jeder **Aussendung im Gießkannenprinzip** eine Rücksprache mit ausgewählten Zielredaktionen stattfinden, ob die betreffende Presseinformation möglicherweise anders aufbereitet sein sollte. Dass dieser Vorschlag höheres Engagement bedeutet ist klar und in den wenigsten Fällen kontinuierlicher Pressearbeit wird er wohl umgesetzt werden können. Trotzdem soll auf diese Möglichkeit der Textaufbereitung hingewiesen werden, denn sie verdeutlicht den „Feinschliff", der zur professionellen Pressearbeit gehört. Besonders bei Fachblättern und Branchenzeitschriften ist die stilistische Anpassung erfolgreich und oft verbessern bei diesen Publikationen gut gemachte und veröffentlichte PR-Artikel sogar den eigenen Stil solcher Magazine und auch mancher lokalen Tageszeitung...

1.11 Die Pressemappe: Nicht zu dünn!

Eine Pressemappe ist eine Gesamtinformation über das Unternehmen und wird zu einem bestimmten Anlass, z. B. zu Messen, Pressekonferenzen, Sonderveranstaltungen wie dem Tag der offenen Tür etc., an Journalisten oder Multiplikatoren verteilt. In der Regel folgen Pressemappen in der optischen Aufmachung den CI-Vorgaben (Hausfarbe, Firmensignet etc.). Sie sollten jedoch außer dem Aufdruck „Pressemappe", „(Presse)Information" oder „Presse-Service" keine weiteren oder besonderen Hinweise enthalten, da die Druckvorlage der Hülle bei unterschiedlichen Anlässen wieder verwendet werden kann.

In der Mappe findet der Journalist eine Reihe von Presseinformationen und Artikeln des Unternehmens mit verschiedenen inhaltlichen **Schwerpunkten**. Diese können sich sowohl auf die Veranstaltung selbst beziehen (Schwerpunktthema, Ablauf/Tagesordnung etc.) oder eine gesamte Übersicht der unternehmerischen Leistung umfassen. Oft ist es eine Kombination aus beidem, denn die Pressemappe bietet eine günstige Gelegenheit, den Medien ein Unternehmen oder eine Organisation zu präsentieren. Grundsätzliche Presseartikel zu Produkten, Dienstleistungen und den Geschäften von Unternehmen findet man deshalb in den meisten Pressemappen auf Messen oder bei Veranstaltungen wie z. B. Pressekonferenzen.

Pressemappen werden aufgrund ihres universellen Charakters oft mit Bild- und Fotomaterial, Grafiken und Tabellen, Zahlenspiegeln, Hintergrundinformationen wie z. B. Studien und bereits erschienenen Presseberichten bestückt. Ist der Anlass der Pressemappe eine Konferenz oder eine Tagung, sollten sich in ihr auch die wesentlichen **Redepassagen** der Gastredner oder Vortragenden, persönliche

Angaben über Funktion und Herkunft, evtl. ein Hinweis auf ihre besonderen Leistungen und Verdienste sowie die Altersangaben finden. Wenn Sie Foto- oder Bildmaterial verwenden, vergessen Sie bitte die Bildunterschriften nicht!

Die Pressemappe ist ein längerfristiges **Informationspaket**, denn Artikel und Inhalte können ergänzt oder entfernt sowie Passagen von einzelnen Presseinformationen verändert oder gelöscht werden. Es empfiehlt sich deshalb für jedes Unternehmen, das aktive Öffentlichkeitsarbeit betreibt, immer einen Vorrat an leeren Mappen zu haben, die dann nach Bedarf mit den unterschiedlichen aktualisierten Informationen bestückt werden können: von Messe zu Messe, von Pressekonferenz zu Pressekonferenz, von Anlass zu Anlass. Manche Verbände oder Unternehmen mit hohem PR-Budget leisten sich mehrere solcher Pressemappen, deren inhaltlicher Schwerpunkt angegeben wird und die für besondere Medien oder Anlässe gedacht sind.

Beispielsweise verteilte ein größerer Getränkeverband im Zuge einer Kampagne gegen die Markteinführung der Plastikflasche und für den Erhalt des Glasflaschen-Mehrwegsystems unterschiedliche Mappen: Die so genannte „Basismappe“ enthielt jeweils mehrseitige Informationen zur Tätigkeit des Verbands, zur Qualität der Getränke, zum technischen und organisatorischen Aufwand des Mehrwegsystems. Die „Information Sport“ wurde für die Pressearbeit in einer gezielten, zeitlich begrenzten Kampagne verwendet, die über das sportliche Umfeld (Sportler, Sportveranstaltungen, Sportpresse) informierte. Hier gab es weniger Gesamtinformationen als Artikel zur Gesundheit und zu den gesundheitsfördernden Aspekten der Getränke. In der Mappe „Umwelt“ versuchte man die Abfallprobleme durch die Plastikflasche und die Umweltverträglichkeit der Glasflaschen zu skizzieren. Außerdem dokumentierte man die öffentliche Diskussion in Form von Artikeln aus allen wichtigen Zeitungen.

Nicht alle Unternehmen und Organisationen können natürlich diesen kostspieligen Aufwand betreiben. Für eine einfache Pressemappe ist es deshalb wichtig, dass sie ein möglichst breites Spektrum an Informationen für die unterschiedlichsten Medien anbietet. Bei Veranstaltungen und Anlässen mit überregionaler Bedeutung heißt das, die Informationen so aufzubereiten, dass sie sowohl für die Lokalpresse, die (überregionale) Wirtschaftspresse und andere Medien, möglicherweise sogar für (regionale) Illustrierte verwertbar und verwendbar sind. Achtung: Nicht die Quantität der Informationen ist wichtig, sondern ihre Qualität. Eine Pressemappe mit 20 verschiedenen, womöglich mehrseitigen Presseinformationen ist unübersichtlich, wirkt zusammenhanglos und wird eher beiseite gelegt, als eine, die kompakt die zentralen Informationen bereitstellt. Der Redakteur eines Mediums muss sich in eine konzentrierte Mappe nicht „einarbeiten" und muss nicht die Fülle des Materials durchsuchen. Legen Sie Ihrer Pressemappe deshalb nicht mehr als fünf bis sechs Presseartikel oder -informationen (aber auch nicht weniger als drei, denn das macht einen dürftigen Eindruck!) mit einem, maximal zwei Fotos pro Artikel bei! Und: Ordnen Sie die Presseinformationen in der Mappe nach ihrer **Wichtigkeit**. Der interessanteste Artikel mit der zentralen Aussage kommt als Erster obenauf! Er ist sozusagen der „Aufmacher" oder „Aufhänger" (aktueller Anlass) einer Pressemappe und bietet einen dem Anlass angemessen Einstieg.

1.12 Der Leserbrief und die Gegendarstellung

Zwei Sonderformen des schriftlichen Dialoges von Unternehmen mit der Öffentlichkeit sollen abschließend behandelt werden: der Leserbrief und die Gegendarstellung.

Der Leserbrief ist eine persönliche Antwort oder Stellungnahme des Lesers zu Veröffentlichungen in der Presse. Die meisten Presseprodukte bieten ihrer Leserschaft die Möglichkeit, sich zum Inhalt zu äußern. Diese Art des Leserforums kann natürlich auch von Unternehmen genutzt werden, um in der Öffentlichkeit Stellung zu Artikeln zu beziehen, die über das Unternehmen erschienen sind, oder zu anderen, das Unternehmen am Rande betreffenden Themen. Da der Leserbrief persönlich gezeichnet werden muss, können natürlich auch eigene Stellungnahmen und Interpretationen des Verfassers erwähnt werden. Wenn der Leserbrief jedoch auch **PR-Charakter** haben soll, ist es nützlich, ihn nicht zu sehr mit persönlichen Haltungen zu überfrachten, sondern seine Meinung geschickt mit der des Unternehmens zu verbinden. Sachlichkeit und Knappheit sind besonders wichtig, denn jede Redaktion behält sich das Recht vor, Leserzuschriften rigoros zu kürzen!

Während auf den Leserbrief kein Rechtsanspruch besteht, trifft dies allerdings auf die Gegendarstellung zu. Gegendarstellungen sind der Schutz der Öffentlichkeit, also von Personen, Organisationen oder hier auch von Unternehmen, vor der Informationsmacht der Medien, die eben öffentliche Meinung maßgebend beeinflussen können.

Das Recht auf eine Gegendarstellung hat jeder, ob Einzelperson oder Organisation, deren Ruf durch Massenmedien in verletzender Weise geschädigt wurde oder über die nachprüfbar unwahre **Tatsachenbehauptungen** veröffentlicht wurden. Gegendarstellungen dürfen nicht als Leserbriefe betitelt und formuliert werden. Alle Medien sind verpflichtet, dem Begehren nach einer Gegendarstellung Folge zu leisten. Die Gegendarstellung einer Person oder eines Unternehmens zu einem Sachverhalt muss nach Eingang bei der Redaktion in der nächstmöglichen Ausgabe (noch nicht in Druck bei Presseprodukten, noch nicht aufgezeichnet bei elektronischen Medien) an gleicher Stelle (Rubrik, Sendung) erscheinen wie der Artikel oder die Aussage, in dem die anzugreifenden Behauptungen aufgestellt wurden. Der Umfang der Gegendarstellung muss formalen Kriterien gerecht werden, z. B. darf die Länge in der Regel den beanstandeten Text nicht überschreiten, man muss sich auf tatsächliche Angaben beschränken und kann sie nicht später als drei Monate nach Erscheinen der beanstandeten Aussage einfordern. In der Bundesrepublik regeln Landesgesetze die Formen der Gegendarstellung.[88] Allerdings ist die Veröffentlichung einer Gegendarstellung kein Schuldeingeständnis des Mediums, der Redaktion oder des Redakteurs, und weitere straf- oder zivilrechtliche Forderungen lassen sich daraus nicht ableiten. Dafür steht der formale Rechtsweg zur Verfügung.

Medien haben also eine **Pflicht zur Gegendarstellung**. Wann nun ist eine Gegendarstellung zu verlangen? Wichtig ist, dass man nur bei wirklich falschen Tatsachenbehauptungen reagieren sollte. Das

88 Vgl. Meyn, Hermann: Massenmedien in der Bundesrepublik Deutschland, Ausgabe 1990, S. 213; Auszüge aus dem Berliner Pressegesetz, § 10

Gespräch mit einem Redakteur zur Klärung von Missverständnissen oder Fehlinformationen hilft dem Unternehmen und dem Redakteur mehr als gleich mit „Kanonen auf Spatzen“ zu schießen oder gerichtliche Schritte anzudrohen. Bei wiederholten bösartigen und falschen Behauptungen (aufgrund nachweisbar schlampiger Recherche oder Voreingenommenheit der Redaktion oder bei nachhaltigen Verstößen gegen den Pressekodex) eines Mediums sollte man jedoch nicht lange zögern und eine Gegendarstellung verlangen, evtl. auch gerichtliche Schritte einleiten. Nur so kann der Bürger oder eine Organisation davor bewahrt werden, in unzulässiger Weise in der Öffentlichkeit angeprangert und bloßgestellt zu werden. Wenn eine Zeitung oder ein Sender nun den Abdruck oder das Verlesen einer Gegendarstellung mit nicht völlig von der Hand zu weisenden Argumenten verweigert, ist man auf den Rechtsweg angewiesen oder auf die Erzwingung einer einstweiligen Verfügung nach der Zivilprozessordnung (§§ 935 ff ZPO), die z. B. im Eilfall den weiteren Druck von Exemplaren unterbindet oder einer Redaktion verbieten kann, die beanstandeten Behauptungen weiterhin aufzustellen.

Wichtig für alle Gegendarstellungen: nur die falsche Tatsachenbehauptung aufgreifen und die eigene **Richtigstellung** dagegensetzen! In diese keine persönlichen Äußerungen oder Wertungen einfügen! Das Schriftstück knapp formulieren; es soll nur vom persönlich Betroffenen unterschrieben werden und kann durch einen Notar (bzw. den rechtlichen Vertreter) bestätigt werden. Die Gegendarstellung ist im Gegensatz zu allen anderen erwähnten Presseinformationen eine erzwungene Presseinformation, die natürlich auf ein krass gestörtes Informationsverhältnis zu einer Redaktion oder einem betroffenen Medium hindeutet. Sind Unternehmen immer wieder auf Gegendarstellungen angewiesen, sollte man die Informationspolitik, die Geschäftspolitik und die Mitarbeiter auf ihre Qualifikation, Effizienz oder Loyalität hin überprüfen. Nicht immer sind die Mitarbeiter der Medien die Schuldigen, wenn über eine Organisation oder ihre Mitarbeiter Dinge behauptet werden, die Gegendarstellungen provozieren.

2. Dialoge und Konferenzen: Vom Pressegespräch zum Presseseminar

In den folgenden Formen des Pressekontaktes und der Information der Medien steht der formalisierte, organisierte Dialog mit Medienvertretern im Vordergrund. Flankiert von Presseinformationen steht hier der Austausch zu einem Thema oder zu einem Themenbündel im Vordergrund des Kontaktes: Mehreren Vertretern des Unternehmens auf der einen Seite und den Vertretern unterschiedlicher Medien auf der anderen wird Gelegenheit zum inhaltlichen Gespräch und zum Kennenlernen gegeben. Diese **organisierten Pressekontakte** folgen in ihrem Ablauf immer formalisierten Regeln und Vorgaben: Journalisten und Reporter befragen Unternehmensvertreter oder nehmen Teil an einer zum Pressekontakt oder zum Informationsaustausch (Frage-Antwort, Gespräche, Diskussion) stattfindenden Zusammenkunft. Im Vorfeld dieser Veranstaltungen müssen organisatorische Entscheidungen getroffen werden und die oben erwähnten schriftlichen Presseinformationen (ob als Pressemappe oder als Einzelschriftstück) werden als ergänzende Informationen immer vorher versandt oder vor Ort verteilt. Auch bei diesen Konferenzen ist es wichtig, vorher genau zu prüfen, ob der Aufwand sich lohnt: Gibt es wirklich etwas Bedeutendes, das die Medienvertreter (und den Leser) interessiert, wenn ich sie schon einlade und meine Informationen über diese Gespräche an die Öffentlichkeit bringen möchte? In der Mediengesellschaft werden ja schon die kleinsten Anlässe zur Pressekonferenz hochstilisiert oder jedes Gespräch an dem zwei Journalisten teilnehmen wird als Pressekonferenz bezeichnet.[89] Die mediale Wirkung ist jedoch eher abhängig vom Thema und deshalb kann ein Kontakt zur Presse auch schon mit weniger Aufwand betrieben werden.

89 Vgl. Schneider/Raue, op. cit., S. 36 ff

2.1 Das Pressegespräch und kleine Pressekonferenz: Informelle Atmosphäre

Die einfachste Form eines organisierten Pressekontaktes ist das Pressegespräch. Oft genug kommt es vor, dass es Anlässe außerhalb der Alltagsroutine der Pressebetreuung (Telefonkontakte, Artikelversand) gibt, die aber inhaltlich und deshalb auch den organisatorischen, ortsbedingten, informativen und auch technischen Aufwand einer Pressekonferenz nicht rechtfertigen. Dennoch besteht seitens des Unternehmens der Wunsch nach **Klärung** von Aspekten zu einem Thema. Das Pressegespräch eignet sich insofern sehr gut zu einem informellen, weniger aufwendigen Austausch mit den Pressevertretern. Zu Pressegesprächen kann man schriftlich einladen und damit rechtzeitig über den Anlass und den Veranstaltungsort informieren, aber auch eine telefonische Einladung kann genügen.

Gegenüber einer „klassischen" Pressekonferenz hat das im Auftritt des Unternehmens weniger anspruchsvolle Pressegespräch handfeste Vorteile: Die Zahl der teilnehmenden, eingeladenen Journalisten ist begrenzt auf vier bis fünf, das Pressegespräch hat **intimere Atmosphäre** und dadurch eher informellen Charakter, es erfordert weniger organisatorischen Aufwand und kann die individuellen Interessen der jeweiligen Medien besser bedienen als eine große, eher formalisiert ablaufende Pressekonferenz.

Pressegespräche finden in der Regel hausintern zur persönlichen Information der Redakteure und Reporter von Medien statt, zu denen man gute Kontakte hat und die man über die Entwicklung des Unternehmens auf dem Laufenden halten will. Oft sind dies die Vertreter der örtlichen Presse und die Korrespondenten der Wirtschaftsrubriken von überregionalen Mantelredaktionen. Nicht nur das: Auch bei speziellen, die Öffentlichkeit interessierenden Fragestellungen im Zusammenhang mit der gesellschaftlichen Entwicklung sind Pressegespräche ein guter Anlass, die Position des Unternehmens oder einer Organisation zu verdeutlichen. Der Pressesprecher des Unternehmens ist bei diesen Gesprächen sicherlich zugegen und sollte, je nach Fragestellung, von Mitgliedern der Geschäftsleitung unterstützt werden. Eine so genannte **„Tour d'horizon"**, also inhaltlich weiter reichende Gespräche mit Überblickscharakter und gegenseitiger Informationsaustausch, intensivieren oft die bestehende Kooperation oder lassen neue Möglichkeiten der Zusammenarbeit entwickeln. In der eher zwanglosen Atmosphäre kann auch das Vertrauensverhältnis zwischen Unternehmen und Medien verbessert werden.

Je nach dem Anlass für ein Pressegespräch sollte natürlich auch eine schriftliche Presseinformation vorliegen, die Fragestellungen für eine Diskussion aufwirft oder für die Journalisten eine Einschätzung sowie eine Haltung der Organisation zusammenfasst. Das Gespräch selbst intensiviert sowohl die Fragen wie die Antworten.

Ist das Pressegespräch als **„kleine" Pressekonferenz** gekennzeichnet, sollte natürlich an die Medienvertreter Informationsmaterial verteilt werden. Kleine Pressekonferenzen sind noch immer überschaubar, aber formalisierter und in der Länge auf 30 bis 45 Minuten begrenzt. Die Pressemappe (auch Sichthülle) kann so einige Presseinformationen enthalten, die das zu besprechende Thema skizzieren. Hat ein solches Pressegespräch eher Konferenzcharakter, so sollte auch der eine oder andere organisatorische Aspekt beachtet werden. Der Ort des Gespräches sollte möglichst im Unternehmen sein, kein großer Saal, in dem sich die Gesprächsgruppe verloren vorkommt, sondern eine Räumlichkeit, die gute Gesprächsatmosphäre auch von der Einrichtung her vermittelt, z. B. ein angenehmer Besprechungsraum. Sitzpositionen sollten nicht aufgezwungen werden, Parität sollte herrschen (z. B. runder Tisch). Die Journalisten sollten bewirtet werden (Kaffee, Tee, Mineralwasser, Säfte, kein Alkohol; je nach Zeitpunkt Snacks oder Kuchen), und als Aufmerksamkeit der schreiberischen Zunft gegenüber sollte ein Schreibblock mit Kugelschreiber auf jedem Platz vorhanden sein.

Da Pressegespräche mit ausgesuchten Journalisten **„exklusiv"** geführt werden, sollte man wegen des Grundsatzes der Gleichbehandlung jene Medien nicht vergessen, die nicht vertreten sind. Das Informationsmaterial (Presseinformation zur Veranstaltung oder eigener Pressebericht) für diese Redaktionen sollte am Veranstaltungstag verschickt und eventuell mit einem **Sperrvermerk** (Veröffentlichungsdatum nicht vor dem XY-Tag) versehen werden. Wie lange dauert ein Pressegespräch? In der Regel sind nach einer Stunde alle Themenbereiche besprochen. Dennoch: Warten Sie mit der Vereinbarung späterer Geschäftstermine bis circa eineinhalb bis zwei Stunden nach dem Beginn des Pressegesprächs. Was könnten Anlässe für Pressegespräche sein? Aktuelle Branchentrends, momentane Schwierigkeiten in verschiedenen Unternehmenssparten wie z. B. Personalbeschaffung, Tarifverträge, Beschaffungs- oder Lieferschwierigkeiten, Standortprobleme, Messeplanungen etc.

2.2 Jour fixe: Nur für Großunternehmen und große Organisationen

Eine Sonderform der Pressegespräche sind die ständigen Pressegespräche. Da der Meinungsaustausch bei Pressegesprächen intensiv ist und der Dialog im Vordergrund steht, werden sie aus diesem Grunde oft zu einer festen, meist **regelmäßigen Einrichtung** gemacht. In Form eines halbjährlichen „Jour fixe" kann der Meinungsaustausch mit der Presse oder den Medien noch intensiver gestaltet werden. Diese Form des Pressekontaktes kommt natürlich eher für größere Unternehmen und großes Organisationen in Frage, die solche Treffen auch z. B. vierteljährlich veranstalten können. Vor allem für Großbetriebe und für Konzerne bzw. deren Teilunternehmen sind solche regelmäßigen Kontakte sinnvoll, wenn sie kontinuierlich Neuigkeiten und Innovationen produzieren; z. B. Firmen mit großer, produktiver Forschungs- und Entwicklungsabteilung, stark verzweigten Unternehmensbereichen aus unterschiedlichen Branchen oder auch Forschungseinrichtungen und -institutionen sowie international operierende politische oder wirtschaftliche Organisationen können sich solche regelmäßige Treffen erlauben.

Pressegespräche als feste Einrichtung dienen eher den Kontakten der Geschäftsleitung zu den Medien als der Information der Öffentlichkeit. Ihre Themenbereiche werden je nach Frequenz auf technische, organisatorische oder strategische Inhalte festgelegt, und sicherlich können bei einem besonderen Vertrauensverhältnis auch Hintergrundinformationen ausgetauscht werden. Es ist daher sekundär, ob darüber jedes Mal ein Artikel erscheint. Ist das Thema interessant genug, werden die anwesenden Journalisten ohnehin darüber berichten. Deshalb: Ganz nebensächlich und stammtischartig sollten die Themen auch bei festen Pressegesprächen nicht behandelt werden. Der Ort eines Jour fixe-Pressegesprächs kann ein Besprechungsraum im Unternehmen sein oder das Nebenzimmer in einem Restaurant. Der Jour fixe soll keinen Tag lang dauern. Nach einer bis eineinhalb Stunden müssten auch Fachgespräche ein Ende haben. Denn: Nicht nur für Sie, sondern vor allem für die Journalisten ist Zeit ein knappes Gut!

2.3 Die Pressekonferenz: Gute Planung, gute Vorbereitung

Klassische Pressekonferenzen sind ein Aushängeschild von Unternehmen oder Organisationen und müssen gut vorbereitet und geplant sein. Im Jargon der Journalisten wird sie häufig als „PK" bezeichnet. Einige Tipps im Vorfeld solcher Veranstaltungen:

- Prüfen Sie genau, ob der **Anlass** der Pressekonferenz den organisatorischen **Aufwand** rechtfertigt. Z. B. der Jahres-Geschäftsbericht, die Eröffnung eines neuen Werkes, die Präsentation neuer Produktlinien, neueste und interessante Forschungsergebnisse, die Einführung neuer Technologien, besondere geschäftliche Beteiligungen, Sponsoringeinstieg und -aktivitäten, Standortverlagerungen, Betriebsvereinbarungen, Havarien, Unfälle, Umweltschutzengagements, Veränderungen in der Unternehmensleitung oder im Organisationsvorstand sind sicherlich Anlässe für eine Darstellung vor den Medien. Versetzen Sie sich in die Rolle des Journalisten, der echte, außergewöhnliche News und eben ein wirkungsvolles, lesenswertes Thema präsentiert bekommen will![90]
- Vermeiden Sie das „**Aufblasen**" nebensächlicher Veranstaltungen zu einem Presseereignis, das sich für die Presse anschließend als „Seifenblase" entpuppt. Also: z. B. der „Tag der offenen Tür", der Kauf einer neuen Maschine oder die Anwendung eines Verfahrens (es sei denn, diese sind eine echte, bahnbrechende Innovation) oder die Einstellung eines neuen Werksleiters sind sicherlich kein Anlass zu einer klassischen Pressekonferenz, sondern werden besser in ein Pressegespräch „verpackt".

---

90 Vgl. Georg, R., op. cit., S. 191 f

- Klären Sie mit der Geschäftsleitung lange vor der Veranstaltung den **Teilnehmerkreis** (welche Medien, Tagespresse, Fachpresse, Magazin etc., welche der hauseigenen Mitarbeiter, Referenten und Multiplikatoren? etc.) und die Teilnehmerzahl (zehn bis fünfzehn Teilnehmer sind schon große regionale Pressekonferenzen, und ein Informationsaustausch kann aufgrund der hohen Teilnehmerzahl nur noch begrenzt stattfinden). Richten Sie die Einladung nie an „Ihren" Kontaktreporter oder -redakteur, sondern neben ihm zusätzlich an die Redaktion.
- Legen Sie den genauen **Termin** fest: Besser liegt er immer morgens, da der Geist der Teilnehmer noch aufnahmebereit ist und ein Bericht in den Medien den Nachmittag braucht, um verfasst, umbrochen (Presse), eventuell geschnitten und gemischt zu werden (Sender); mit Ausnahme von Montag und Samstag sind alle Werktage für Pressekonferenzen geeignet. Allerdings sollten konkurrierende Termine und andere Parallelveranstaltungen bei der Terminierung berücksichtigt werden und der unmittelbare Tag vor und nach einem Feiertag wie auch eine Urlaubsperiode sind nicht besonders geeignet. Beginnen Sie eine Pressekonferenz nie nach 11.00 Uhr und seien sie sich im Klaren darüber, dass Konferenzen, die auf den Nachmittag gelegt werden, meist erst am übernächsten Tag in der Zeitung stehen können.
- Sprechen Sie mit der Geschäftsleitung ab, wer der zentrale Gesprächspartner der Presse auf der Seite des Unternehmens sein soll. In der Regel wird dies die Geschäftsleitung selbst sein, denn auf kompetentes Fachwissen muss zurückgegriffen werden können. Die Aufgabe des Pressereferenten ist eher die diskrete **Steuerung** und Lenkung des organisatorischen Ablaufs und die **Moderation** einer Diskussion, die Terminierung von aktuellen Interviews mit der Geschäftsleitung am Rande oder nach der Veranstaltung sowie die Förderung des Dialogs mit den Medien. Als Pressereferent sollten Sie keine Aufgaben der Geschäftsleitung erfüllen wollen!
- Planen Sie den Ablauf der Veranstaltung, ihr technisches Equipment, die Bewirtung (Catering oder hauseigene Verköstigung), grenzen sie die Themenbereiche ein, die angesprochen werden sollen bzw. welche Inhalte als Informationsmaterial (Pressemap-

pe) aufbereitet werden sollen. Wer sorgt für die Räumlichkeiten, die Bewirtung, die Technik, die Ausstattung der Teilnehmerplätze (Schreibblock, Stift, unternehmenstypisches Andenken, evtl. Namensschilder) etc.?

- Klären Sie, wer das **Informationsmaterial** aufbereitet. Geschieht es ausschließlich hausintern oder in Zusammenarbeit mit einem außenstehenden PR-Berater oder einer PR-Agentur? Lassen Sie das fertige Informationsmaterial durch die Geschäftsleitung abzeichnen!

Pressekonferenzen sollten außer Haus, an einem neutralen **Ort** stattfinden, in angenehmen und repräsentativen Räumen (Hotels, Kongresszentren etc.), die sich auch für Foto- oder evtl. Videoaufnahmen eignen. Achten Sie darauf, dass sich ein Empfangsraum bzw. Foyer vor dem eigentlichen Konferenzraum befindet: Hier kann begrüßt werden, können die Pressemappen ausgegeben werden, kann diskutiert, besprochen und kontaktiert werden. Sollten Sie die Pressekonferenz im eigenen Haus machen wollen, ist es wichtig, einen wirklich geeigneten Raum bereitstellen zu können. Im Falle von Konferenzen zu Sponsoringaktivitäten oder Mäzenatentum ist der Ort des Spendenempfängers wegen der Fototermine günstig.

Sind die Fragen im Vorfeld der Veranstaltung geklärt, die Einladungen verschickt, die Zusagen eingetroffen und die Pressemappen fertig, sollte man als Pressebetreuer einige Tage vor Beginn der Pressekonferenz die organisatorischen Details klären:

- Eine **Woche** vor der Pressekonferenz:
  Überprüfen Sie den organisatorischen **Aufbau** und **Ablauf** Ihrer Pressekonferenz: Ist der Raum angenehm und kommunikationsfördernd, ist der Konferenztisch dialogfördernd (face-to-face), also z. B. U-Form, Rechtecks-Form? Ist die Bewirtung sichergestellt (anschließendes Mittagessen, Snacks, Erfrischungen), sind evtl. Namensschilder vorbereitet?
- **Zwei Tage** vor bzw. der Tag vor der Konferenz:
  Weitere Überprüfung der **Räumlichkeiten** vornehmen (geht das Licht, funktionieren Heizung und Belüftung; wenn Sie technische **Geräte** verwenden: Sind z. B. Mikrofone, Lautsprecher,

Laptop/Notebook, Beamer, Overhead, Diaprojektor, Kopiergerät, Telefon(e) etc. funktionstüchtig?).

- Der **Tag** der Pressekonferenz:
  Kurz vor Beginn der Pressekonferenz sollte nochmals eine letzte kurze Besprechung mit der Geschäftsleitung abgehalten werden. Fragen, die man von den Journalisten erwartet, können nochmals durchgesprochen werden. Führen Sie eine letzte Kontrolle der für Sie wichtigen Punkte zum Gelingen der Pressekonferenz durch!
- Während der **eigentlichen Konferenz**:
  Begrüßen Sie die Journalisten einzeln und persönlich, führen Sie sie mit ein paar freundlichen Worten und gezielten Informationen an die Veranstaltung heran; wenn ein steifes, verkrampftes Klima aufkommt, versuchen Sie, die **Atmosphäre** zu lockern, ermuntern Sie die Teilnehmer schon vorher zum Gespräch; stellen Sie den Journalisten ihre Kollegen vor, und geben Sie ihnen vor Beginn der Veranstaltung Gelegenheit zum Durchblättern der Pressemappe; übernehmen Sie die Eröffnung der Konferenz und kommen Sie gleich zum thematischen Schwerpunkt und der Übergabe des Wortes an die Geschäftsleitung; ergreifen Sie nur bei organisatorischen Ansagen das Wort, leiten Sie die anschließende Diskussion, moderieren und dämpfen Sie bei etwa aufkommenden Spannungen. Beauftragen Sie eine Sekretärin oder einen Assistenten mit der Assistenz bei **Pannen**, z. B. für die Ausführung von zusätzlichen Fotokopien oder den Hilferuf nach Technikern, und halten Sie einen **Notfall-Kit** bereit mit z. B. Pflaster, Klebestift, Klebeband etc.

Der Auflauf: Nach dem Statement des Geschäftsführers bzw. Vorstandes (circa 15 bis 20 Minuten) folgen die Fragerunden und evtl. eine offene Diskussion, nach der Schweigeminute nach der zuletzt beantworteten Frage das Dankeschön an die anwesenden Medienvertreter. Wie lange dauert die Pressekonferenz? Kaum länger als eine Stunde, die anschließenden informellen Diskussionsrunden können nochmals 15 Minuten dauern. Die nachgereichten Snacks oder das anschließende Essen verlängern die gesamte Dauer der Veranstaltung um ungefähr eine halbe bis eine Stunde. Überstrapazieren Sie nicht die Geduld und Zeit der Pressekollegen, brechen Sie die Diskussion oder Fragerunde jedoch auch nicht zu schnell ab.

- **Nach** der Konferenz:
  Stehen Sie oder ein Mitglied der Unternehmensleitung den Journalisten für ergänzende Fragen zur Verfügung, versuchen Sie bei Rückfragen der Möglichkeit von Fehlinterpretationen vorzubeugen. Informieren Sie jene Pressevertreter, die nicht bei der Konferenz waren, schicken Sie ihnen die Pressemappe und einen eigenen Pressebericht noch am selben Tag zu.[91]
- Bobachten Sie die Presse bzw. die Medien bis zu drei bis vier Tage nach ihrer Konferenz für eine erste Presseauswertung, um die Resonanz zu ermitteln. Hausintern sollte eine Manöverkritik mit allen an dem Event beteiligten Mitarbeitern erfolgen, um für die nächste Pressekonferenz Verbesserungen vornehmen zu können.

Über erfolgreiche Pressekonferenzen berichtet die Presse oft; auch regionale Hörfunksender erwähnen sie ab und zu in Form von Meldungen. Pressekonferenzen sind eine gelungene Mischung aus Pressekontakt-Veranstaltung und **Dialog** mit der Öffentlichkeit. Aber: Man sollte die Pressekonferenz nicht zu jedem vermeintlichen Anlass nutzen, da sich sonst ihre Informationswirkung reduziert und sie nur außergewöhnlichen unternehmerischen oder organisatorischen Leistungen vorbehalten bleiben sollte. Zudem: Pressekonferenzen sind kostspielig und ihre sorgfältige Planung begrenzt ihre Durchführungsfrequenz auf wichtige Ereignisse.

Schlechtes Beispiel: Eine ausländische Hotelkette präsentierte sich mit einer großen Konferenz in einem der besten Hotels einer süddeutschen Großstadt. Alles war gut organisiert, das Ambiente ein stilvoller Konferenzsaal mit Foyer, rund 40 Journalisten von unterschiedlichen Medien und Multiplikatoren waren gekommen. Die Begrüßung des Pressereferenten war angenehm kurz und der Vortrag des Geschäftsführer informativ zum Unternehmen. Aber: Für die Presse gab es keinerlei „Newswert", außer dass diese Hotelkette sich um neue Kunden und Gäste in Deutschland bemühen, sich also auf dem deutschen Markt etablieren wollte. Nur: Die Hotelkette war nicht so bekannt, dass die Pressekonferenz einen Paukenschlag zum Angriff auf den deutschen Urlauber hätte bedeuten kön-

91 Vgl. Pleil, G., op. cit., S. 76 f

nen. Weitere Wermutstropfen waren eine unprofessionelle Dia-Show, denn immer wieder wurden zu unterschiedlichen Texten die gleichen, zum Teil unscharfen Fotos gezeigt. Das Informationsmaterial in der Pressemappe war zwar kompakt gehalten, enthielt aber stark werbliche Aussagen statt journalistischer Information und keine Presse- sondern Werbefotos wie aus den Katalogen, vom schlechten Deutsch und sprachlichen Stil ganz abgesehen. Beim anschließenden Imbiss (Risotto mit Steinpilzen, kleine, mit Käse, Schinken oder Fisch belegte Schnitten, dazu verschiedene Weine und andere Getränke) wurden die Konferenzteilnehmer zwar wieder entschädigt, das erhoffte Presseecho blieb jedoch aus. Zwei, drei kleinere Meldungen oder Berichte waren die Ausbeute einer kostspieligen Pressekonferenz.

2.4 Die Fachpressekonferenz: Für Spezialisten und Stakeholder

Die Fachpressekonferenz folgt denselben organisatorischen Vorbereitungen wie die „klassische" Pressekonferenz. Für bestimmte **Branchen** und Produkte ist sie die zielmedien- und zielgruppenspezifische Ansprache der Fachmedien und -publikationen.

Statt die Tagespresse oder den Redakteur des allgemeinen Wirtschaftsteils einzuladen, werden zum Thema der Konferenz ausschließlich oder überwiegend Fachjournalisten oder Ressortredakteure mit Branchen- oder Themenkenntnissen eingeladen, die folglich auch mit entsprechend spezifischen Informationen versorgt werden. Das heißt, dass die Texte, Fotos, Bilder, Grafiken der Pressemappen besondere, für **Spezialisten** oder spezielle Zielgruppen wichtige Mitteilungen enthalten sollten. Um das gesamte Spektrum der Medien und damit der gesamten interessierten Öffentlichkeit abzudecken, veranstalten Unternehmen sowohl Pressekonferenzen für die allgemeinen Massenmedien als auch Fachpressekonferenzen.

Fachpressekonferenzen sind spezifische Veranstaltungen, zu denen häufig Referenten mit Spezialwissen (z. B. Mediziner, Elektroniker, Maschinenbauer, IT-Techniker, Softwarespezialisten etc.) eingeladen werden, um über besondere Probleme einer bestimmten Branche, über spezielle Verfahren, den Stand der Technik, über Forschungsergebnisse und Anwendungen oder über neue Produkte

(Einführungen) und deren Hintergrund zu informieren. **Referenten** und **Gastredner** sind umso glaubwürdiger, je weniger sie mit der veranstaltenden Firma in Zusammenhang stehen. Sachliche, unabhängige Informationen, beispielsweise zu den genannten Themenbereichen, sind dem Unternehmen oder der Organisation und ihrem Image zuträglicher und glaubhafter als vom Unternehmen selbst gestellte Informationen oder die Berichterstattung durch Unternehmensmitglieder. Kontakte zu unabhängigen Fachreferenten im Vorfeld solcher Fachkonferenzen, z. B. im Rahmen von Tagungen und Kongressen, zu knüpfen und deren Bereitschaft zu Vorträgen auszuloten, ist deshalb sehr wichtig. Fachreferenten sind am glaubwürdigsten, wenn sie von öffentlichen Institutionen (Wissenschaft, Universitäten, Forschungsinstituten, Laboren, Anstalten, Krankenhäusern, Kliniken etc.) kommen.

Zum Anlass einer interessanten Fachpressekonferenz kann man die alljährlichen **Hauptversammlung** von Aktiengesellschaften machen. Neben den Finanzdaten des Unternehmens lassen sich verschiedene Aspekte des Finanzmarktes, der Produkte, der Technologieentwicklung, des Services, der Börse, der Märkte, der Wirtschaft, der Globalisierung, mit denen das Unternehmen konfrontiert ist, als gute PR-Chance einsetzen und atmosphärisch mit entsprechender Ausstattung des Konferenzortes vermitteln.[92] Nicht nur den Stakeholdern werden dadurch interessante Informationen geboten, auch die Pressevertreter werden etwas zum Berichten haben.

2.5 Die Pressepräsentation: „It's Showtime"!

Eine Sonderform der Pressekonferenz ist die Pressepräsentation. Im Grunde sind alle organisatorischen Planungen ähnlich zu bedenken wie bei der Pressekonferenz. Aber: Die Pressepräsentation wendet sich neben den Medien zusätzlich an ein größeres Publikum, also Multiplikatoren, Persönlichkeiten, Honoratioren etc. Die Zielgruppen sind breiter gestreut, meist ist die Pressepräsentation auch sehr viel aufwendiger veranstaltet und bekommt dadurch den

92 Vgl. Hansen, Jürgen R.: Jede Hauptversammlung ist eine große PR-Chance, in: Public Relations Forum, No. 03/2001, S. 106–107

Charakter eines **gesellschaftlichen Ereignisses**. Nicht nur die Tagespresse, Fachpresse oder andere Nachrichtenmedien sind dabei erwünscht, sondern bei Großunternehmen z. B. auch Illustrierte, Klatschblätter, Hörfunk und TV. Und: Präsentationen haben oft werblichen Showcharakter, sind also stark auf die imagefördernde sowie werbliche Wirkung eines Unternehmens und seiner Produkte ausgerichtet und damit von atmosphärischen, ambientiellen und accessoriellen Elementen abhängig. Die effektvolle Inszenierung von Präsentationen ist mit der Gestaltung von Events vergleichbar (vgl. S. 276 ff).

Pressepräsentationen finden oft im Rahmen von großen Verbraucher- oder Händlermessen statt, denen ein ohnehin großer Teil der Öffentlichkeit oder spezieller Öffentlichkeiten (große Fachmessen) Aufmerksamkeit schenkt. Großunternehmen allerdings nutzen solche effektvollen **Inszenierungen** auch für die Demonstration ihrer selbst. Neben den erwähnten Presseinformationsmitteln werden an dieses breitere Publikum auch Werbemittel und Werbeinformationen verteilt, der organisatorische Rahmen ist stark erweitert und wird mit **Unterhaltungselementen** (Tanzeinlagen, Gesang, Sketche, Stargäste etc.) ausgestaltet. Auch der technisch-optische Aufwand der Präsentation z. B. von Großunternehmen ist enorm: Von der Dia-Show bis zum Firmen- und PR-Film auf Großbildwänden werden alle Möglichkeiten der öffentlichkeitswirksamen Informationsmittel sowie medienwirksamen Abläufen und Vorgängen eingesetzt und genutzt. Anlässe sind z. B. die Vorstellung von neuen Automobilen, Motorrädern, neuen Bürogeräten und Software-Paketen, die breites öffentliches Interesse wecken.

So hat BMW **beispielsweise** die Präsentation einer neuen 7er Limousinenbaureihe vor der Presse und geladenem Publikum auf dem damals neuen Münchener Flughafen zelebriert. Ein Lufthansa-Hangar wurde angemietet und diese Halle für rund 2000 Gäste (Medienvertreter, Großkunden, Zulieferfirmen, Freunde des Hauses, Multiplikatoren etc.) geschmückt und ausgestattet mit Bistro-Stehtischchen, VIP-Restaurant, Getränkeständen. Hinzu kamen Informationsstände und eine Art Pressezentrum. Der damalige Vorstandschef, eingeflogen per Hubschrauber, enthüllte dem staunenden Publikum die neue Baureihe auf einem Podest: Aus einem riesigen Luftballon in Eiform entschlüpfte der neue 7er wie ein

Küken. Gewaltige Trockeneis-Rauchwolken hüllten das Auto ein, untermalt von dramatischer Popmusik. Das Spektakel wurde live über riesige Übertragungswände in der gesamten Halle für die Zuschauer auf den „Billigplätzen“ gezeigt, dazu wurden Informationsfilme gezeigt.

Auf diese Art „Großveranstaltung“ soll hier nicht weiter eingegangen werden, denn aufgrund des umfangreichen organisatorischen Aufwandes und der hohen Kosten ist sie für kleinere und mittelständische Unternehmen im seltensten Fall ein adäquates Mittel im Dialog mit der Öffentlichkeit. Trotzdem sind Pressepräsentationen hin und wieder auch in begrenzterem Rahmen möglich, und der Übergang von der Pressekonferenz zur Pressepräsentation ist fließend: Sobald zu den mündlichen und schriftlichen Presseinformationen zusätzliche technische Mittel (Dia, Film etc.) oder Showeinlagen (Musikband) eingesetzt werden, sachliche Informationen durch werbende Inhalte ergänzt werden, wird eine „einfache“ Pressekonferenz zur Präsentationsshow, die nicht nur die Presse anspricht.

2.6 Weiterbildungsseminare für Medienvertreter zum Wissenstransfer

Um Journalisten auf den Stand des Wissens über eine Branche, den Markt oder bestimmte Verfahren und Techniken zu bringen, sind Einführungs- oder Vertiefungsveranstaltungen ein geeignetes Mittel der Medienarbeit. Die Mitarbeiter von Medien werden so in die Probleme und Zusammenhänge von Unternehmen und von ihrem Umfeld eingeführt. Träger solcher Veranstaltungen sind zumeist Verbände und Institutionen. Besonders für Journalisten, die sich auf ein Themengebiet spezialisieren wollen, sind solche Presseseminare geeignet. Sie sind eine gute Möglichkeit, Informationen, die bereits im Rahmen von Pressegesprächen oder -konferenzen angerissen wurden oder von gesellschaftlichen Gruppen aktuell diskutiert werden, zu vertiefen. Was also bislang eher oberflächlich oder unsachlich besprochen wurde, kann über ein solches **Weiterbildungsseminar** für Journalisten spezieller behandelt und intensiviert werden. Das inhaltliche Ziel von Seminaren ist es, den **Kenntnisstand** und die Argumentationskompetenz von Wirtschafts-,

Fach- oder Wissenschaftsjournalisten aller Medien aufzufrischen, zu verbessern und zu erweitern, um mögliche Fehlinterpretationen und die ungenaue, unsachliche Darstellung von oder Vorstellung über Tätigkeiten und Vorgängen in Organisationen, in Institutionen oder Betrieben in den Medien und damit in der Öffentlichkeit zu vermeiden. Presseseminare eignen sich besonders zum Aufzeigen und der Vermittlung von komplizierten technischen Abläufen, spezialisierten Anwendungen und von innovativen wissenschaftlichen Entwicklungen oder kontrovers diskutierten Themenfeldern (z. B. Gentechnik, Biotechnologie, Atomtechnik, Epidemiologie, Umwelt- und Klimaforschung etc.). Sie dienen damit dem **Wissenstransfer** zwischen Branchenverbänden, Spezialisten oder auch Großunternehmen und den Medien und werden meist von politischen Vereinigungen und Parteien, wirtschaftlichen Branchenverbänden oder von wissenschaftlichen Institutionen initiiert und durchgeführt.

Presseseminare sind damit ein besonderer **PR-Service** für die Presse. Ein ausgewählter Kreis von Journalisten (circa acht bis zehn) wird dazu eingeladen bzw. meldet sich dazu an. Solche Seminare sollten dabei mehrstufig erfolgen: Eine erste Etappe stellt die Informationen und Details zur Verfügung. Durch Vorträge, möglichst von Spezialisten und Experten, wird das Grundwissen über die Problematik vermittelt. In einem dritten Schritt können Workshops und Arbeitsgruppen gebildet werden, um Details oder praktische Anwendungen zu erörtern. Anschließend sollte Gelegenheit zur offenen, problemorientierten Diskussion, zum intensiven Fachgespräch mit den Experten gegeben werden. Je objektiver und selbstloser solche Seminare ablaufen, desto größer ihre Wirkung bei den Journalisten. Tatsächliche, neutrale Informationen sind wichtiger als die versteckte Beeinflussung der Journalisten im Sinne des Unternehmens. Der Pressereferent sollte schon bei der Planung der Inhalte und der Themenstellung des Seminars auf diese Wirkung achten: Werbematerial und Eigenwerbung des Veranstalters sollten deshalb in den Hintergrund treten, z. B. durch neutrales Informationspapier.

Wichtig bei solchen Veranstaltungen: Halten Sie sich an eine **problemorientierte Darstellung** der **Zusammenhänge**, vermeiden Sie stark werbliche Beiträge bei solchen Veranstaltungen. Zeigen Sie objektive Kompetenz statt angewandter Selbstdarstellung. Journalisten auf solchen Veranstaltungen wollen ihr Wissen erweitern und nicht zum Anwalt einer Sache werden. Achten Sie auf die Teilnehmerbegrenzung, damit keine anonyme Veranstaltung daraus wird. Presseseminare können durchaus auf einen ganzen Tag angelegt sein. Die Serviceleistungen im Rahmen der Pressearbeit von Verbänden und Institutionen dienen hier der Orientierung und Aufklärung der Wissensvermittler, also den Journalisten, und damit indirekt auch der Aufklärung der Öffentlichkeit.

2.7 Fachtagungen, Symposien, Foren: Experten für Spezialwissen

Noch objektiver und noch stärker abgelöst von Verbands- oder Unternehmensinteressen sind Fachtagungen oder auch Symposien. Sie dienen primär der Diskussion und dem Dialog innerhalb einer Branche oder Berufssparte. Fachtagungen werden von Verbänden, kooperierenden Firmen oder von Großbetrieben organisiert und diese treten als **Sponsoren** der Veranstaltung auf. Im Vordergrund stehen die vortragenden Teilnehmer, also Spezialisten, Experten und Wissenschaftler, die häufig außerhalb der veranstaltenden Organisationen tätig sind. Sie garantieren damit auch kontroverse **Positionen, Stellungnahmen und Diskussionsstandpunkte** und verschaffen so auch die inhaltliche Distanz zum Veranstalter und damit entsteht eine gewisse Neutralität. Fachtagungen sind deshalb Veranstaltungen, die dem **Wissensaustausch** der Experten dienen und für die Sponsoren imageträchtige PR bieten und bei den angesprochenen Experten- und Wissenschaftlerkreisen für eine hohe Aufmerksamkeit sorgen. Die Themenbereiche denen Symposien gewidmet sind, drehen sich z. B. um Grundlagenforschung, um Entwicklungen in Fachdisziplinen, um allgemeine gesellschaftliche Entwicklungen oder auch um kulturelle Trends; wissenschaftlich abgesicherte Informationen werden ausgetauscht, Expertenmeinungen zu Themen beispielsweise aus der Medizin, der Pharmazie, der Hochtechnologie, der Sozial- und Gesellschaftsforschung, den Veränderungen in Kunst und Kultur, werden diskutiert. Dementsprechend ist auch die Presseresonanz in den Fachmedien, Fachzeitschriften oder Spezialressorts und -publikationen der Medien hoch.

Die Presseinformationen und Pressemappen der Sponsoren oder Träger solcher Veranstaltungen sind auf einen dezenten Auftritt abgestimmt und entsprechend zurückhaltend im Einsatz der Mittel, was die eigene Publizität betrifft. Weder wird der Sponsor sich selbst in das Zentrum der Aufmerksamkeit rücken noch wird er die Vortragenden in den Inhalten einschränken. Die Zusammenfassungen der Referate können durchaus den Briefkopf des Vortragenden oder der Institution tragen, bei der dieser tätig ist. Wird das Material (Referate, Vorträge, Fotos, Bilder, Daten, Tabellen) von der Pressestelle der Sponsoren aufbereitet oder überarbeitet, ist es wie bei Seminarveranstaltungen angebracht, neutrales Papier zu verwenden und den jeweiligen Autor, die Quellen, die Herkunft etc. anzugeben. Ansonsten folgen die Presseinformationen den Vorgaben der Pressekonferenz. Als Pressebetreuer sind Sie natürlich für die Information der Presse und der Medien über die Fachinformationen hinaus zuständig, vermitteln Interviews und Gespräche, machen Fachjournalisten mit Referenten bekannt.

Da sich Fachtagungen und Foren häufig über einen oder zwei Tage erstrecken, müssen, bedingt durch manchmal hohe Teilnehmerzahler, die häufig thematisch unterteilten Vortrags- und Veranstaltungsörtlichkeiten genau geplant und umfassend organisiert werden. Dieser Aufwand ist kostspielig; auch die Honorare der Referenten, die Kosten für ihre Unterbringung und Verpflegung sind hoch, ihre Spesen und Auslagen werden erstattet. Für kleinere und mittlere Unternehmen und Organisationen empfiehlt es sich deshalb, die Veranstaltung auf einen Tag und die Referentenzahl auf zwei bis vier zu begrenzen und ist ohnehin meist auf finanzkräftige Hightechfirmen beschränkt. Um die Kosten solcher Tagungen zu senken, können sich mittelständische Betriebe auch als Kooperationspartner und damit als **Zweit- oder Nebensponsoren** der eigentlichen Trägerfirmen oder -organisationen (Sub- oder Zweitsponsoren) anbieten, die solche Fachtagungen oder Symposien planen (vgl. S. 264 ff).

Fachtagungen dienen der öffentlichen Diskussion, der gesellschaftsorientierten und -orientierenden Auseinandersetzung mit branchen- oder technologiespezifischen Entwicklungen. Die Massen- oder Fachmedien sind hierzu als Beobachter und Berichterstatter eingeladen. Der Effekt für die Öffentlichkeitsarbeit liegt zum einen in den Inhalten und den kontroversen Standpunkten und unterschiedlichen Aspekten, zum anderen im Ereignis selbst; für die Sponsoren ergeben sich darüber hinaus Pluspunkte durch die öffentliche Demonstration ihrer Beteiligung an der gesellschaftlichen, technologischen, forschungsspezifischen, sozialen oder kulturellen Diskussion.

2.8 Informationsveranstaltungen: Reisen, Ausflüge

Neben den besagten Dialogen bestehen eine Reihe von weiteren Möglichkeiten im Kontakt zu den Medien. Informationsveranstaltungen wie Produktvorführungen, Verköstigungen, die Besichtigung von Betriebseinrichtungen sowie die Vorführung von Verfahren und Techniken. Mit ihnen soll der eher informelle Kontakt zu mehreren Journalisten und Multiplikatoren, Fachmedien und Special-Interest-Publikationen verbessert oder ausgebaut werden.

Häufig sind die Erwartungen der Unternehmen an diese Veranstaltungen zu hoch. Unmittelbar folgende Veröffentlichungen sollten dabei nicht erzielt werden. Es geht hier eher um atmosphärische Verbesserungen. Zu diesen eher informellen Veranstaltungen gehören Einladungen zu Ausflügen und Reisen, die dem Erfahrungsaustausch oder dem zwanglosen Dialog dienen. Der hohe finanzielle und organisatorische Aufwand, den viele Großbetriebe, z.B. Automobilhersteller, bei Pressereisen pflegen (Reise, Unterbringung, Verpflegung), setzt jedoch Journalisten häufig unter moralischen Veröffentlichungszwang, dem sie sich mit Berichten und Artikeln „entledigen“. Mittelstandsbetriebe können sich diesen Aufwand häufig nicht leisten. Statt aufwendiger Reisen sind deshalb interne Vorführungen und Führungen wirkungsvoller für die Presse- und Medienarbeit. Deshalb: Bei Einladungen und Reisen den thematisch-inhaltlichen Bezug zum Betrieb nicht verlieren und nicht unbedingt eine Veröffentlichung als Dank für die zur Verfügung gestellten Informationen und Leistungen erwarten!

Instrumente des Presse- und Medienkontaktes

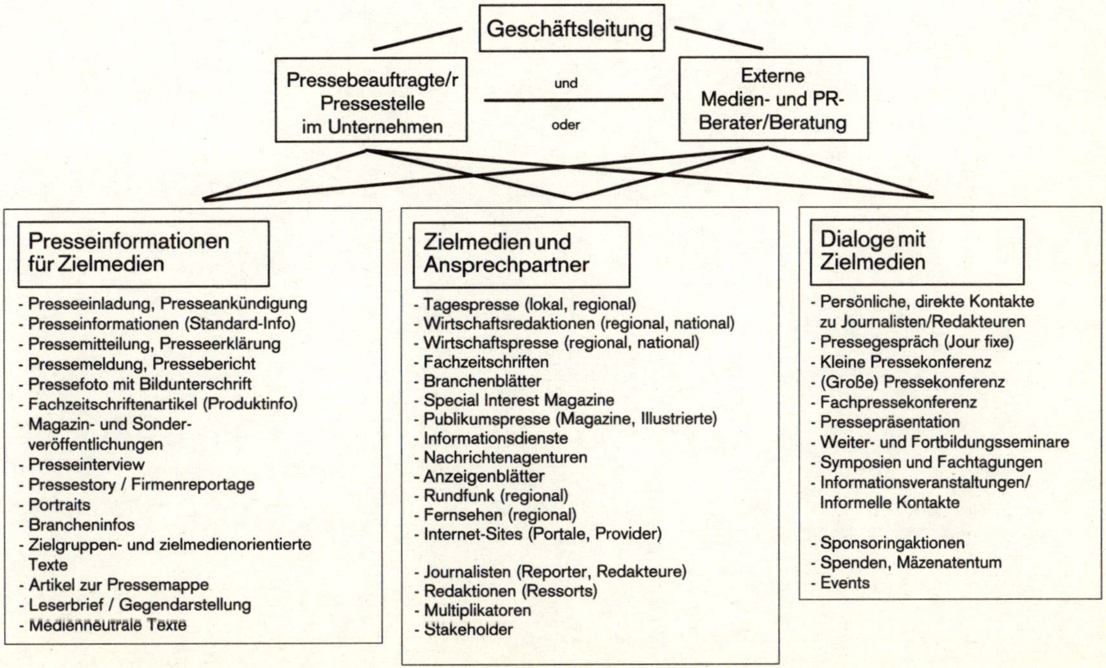

VII. Unterschiedliche Arbeitsweisen: Print- und elektronische Medien

Informationen an die Presse können nicht nur in der traditionellen Form aufbereitet werden, also durch harte Nachrichten über unternehmerische Taten, die Fakten und Daten, sondern auch unter journalistischen Gesichtspunkten: Warum soll nicht einmal eine Personality-Geschichte in einer regionalen oder Stadtillustrierten plaziert werden oder im Sportteil des Lokalblattes der Bereichsleiter erwähnt werden, der bei einem offenen Tennisturnier gut abgeschnitten hat? Auch die interessanten Vorgänge bei der Fertigung von Elektromotoren könnten aus einem bestimmten Blickwinkel thematisiert werden.

Diese Beispiele deuten an, was möglich ist: öffentlichkeitswirksame Themen rund um die **Welt des Unternehmens** darzustellen. Alle Medien können auf diese Weise theoretisch angesprochen werden, und „weiche" Informationen können in die Plazierungen einbezogen werden. Wirtschaften bedeutet ja nicht nur mit harten Tatsachen umzugehen; gewirtschaftet wird von Menschen für Menschen, und diese leben, handeln, freuen sich oder sind auch manchmal verdrossen. Im Unternehmen und um dieses herum spielt sich das Leben ab, mit seinen Höhen und Tiefen. Die Welt des Unternehmens ist deshalb nicht nur die ewige (und damit auch oft ewig langweilige) Geschichte von wirtschaftlichen Erfolgen, technischen Großtaten und positiven Bilanzen, sondern auch das, was Journalisten mit „Fleisch" bezeichnen: der oft persönliche, menschliche und bunte Charakter, die subjektive Note von harten Informationen um harte Fakten herum. Ein großer Teil der Printmedien, aber auch besondere Sendungen in den elektronischen Medien präsentieren ihre Berichterstattung und ihre Themen meist in Bezug zum Menschen, machen ihn zum Mittelpunkt des Geschehens. „Nichts bewegt Menschen mehr als Menschen",[93] denn Menschen machen ja die

93 Motto des Burda-Verlages am Anfang der 90er Jahre

Nachrichten und eben auch die Wirtschaftsberichterstattung über Unternehmen aus.

Warum sollte unternehmerische, aktive Öffentlichkeitsarbeit dieser Tatsache nicht gerecht werden und ausschließlich Presseinformationen veröffentlichen, die nur die sachorientierten Informationen enthalten? **Hard news** (Erfolge, Zahlen, Fakten) sind das Standbein, **soft news** (Menschen, Rahmendaten, Vorgänge) das Spielbein der unternehmerischen Pressearbeit. Letztere sollte deshalb auch den Versuch machen, Nachrichten über die Menschen in Unternehmen an die Medien zu geben. Auch dies ist die Aufgabe der gesellschaftsorientierten Öffentlichkeitsarbeit: die Menschen im Unternehmen den Menschen außerhalb der Unternehmen nahe zu bringen. Wichtig: Unorthodoxe PR-Themen, also solche, die über den alltäglichen Sachstil der Presseinformationen hinausreichen, sollten mit den Zielredaktionen abgestimmt werden.

Für die Kontaktaufnahme der Presse- und Medienarbeiter mit den Massenmedien ist es sinnvoll, ein wenig über die Arbeitsweisen und Strukturen der jeweiligen Redaktionen zu erfahren. Dies ist wichtig für die zielmedien- und zielgruppengerechte Information der Öffentlichkeit sowie die Aussendung von entsprechend gestalteten Presseinformationen.

Die folgende Darstellung der Medienlandschaft und der Schwerpunkte der einzelnen Medien soll jenen Pressereferenten oder Firmenchefs eine Hilfe sein, die redaktionelle Arbeit nur vom Hörensagen kennen; sie sollen damit einen Einblick in die typischen Arbeitsweisen und redaktionellen Abläufe mancher möglicher Zielmedien bekommen.

1. Lokalpresse: Persönlicher Kontakt zählt mehr als die beste Presseinformation

Die Heimatpresse oder auch die **Lokalredaktion** ist für Unternehmen der **Draht** zum nahe liegendsten Massenmedium und damit zur örtlichen und regionalen Öffentlichkeit.

Lokaljournalisten sind in Klein- und Mittelstädten bekannte Persönlichkeiten. Sie werden als Repräsentanten der öffentlichen Meinung gesehen, werden geachtet und wissen meist über alles Bescheid, was am Ort geschieht: vom Unfall an der Straßenecke über das Ergebnis des letzten Fußballspiels bis zu den Interna aus dem Stadtrat. Wenn an einem Ort oder in einer Stadt nur eine lokale Tageszeitung erscheint, also kein Konkurrenzdruck herrscht, sind Lokalredakteure sogar die wichtigsten Kontrolleure über die öffentliche Meinung am Ort. Sie entscheiden, was im Lokalteil erscheint und was nicht.[94]

Oft wird ihnen der Vorwurf der **Hofberichterstattung** für die örtlichen Behörden, Honoratioren und Unternehmen gemacht. Studien belegen, dass die zumeist überlasteten Lokalredakteure unbesehen und unredigiert Verlautbarungen von Behörden und Parteien wiedergeben, deren Leistungen großzügig und so darstellen, wie jene sich gerne sehen. Bei in der Öffentlichkeit strittigen Fragen geben sie nur in seltenen Fällen die unterschiedlichen Standpunkte wieder. Gründe dafür sind: Verschränkungen der Interessen des Verlegers am Ort, kaum Konkurrenzdruck, Rücksichtnahme auf Informanten, persönliche Interessen der Journalisten, wirtschaftlicher Druck auf das Blatt usw.[95] Diese Umstände treffen vor allem dort verstärkt zu, wo es nur noch eine **Lokalausgabe** am Ort gibt (Zeitungssterben, Pressekonzentration) und diese ihren Mantel (überregionaler Teil mit Politik, Wirtschaft, Sport etc.) von einer Zentralredaktion in der nächst größeren Stadt erhält.

Lokalredakteure beschäftigen sich dort, wo keine lokale oder regionale Vollredaktion mehr vorhanden ist – und das ist meist der Fall –, mit allen redaktionellen Themenbereichen: Lokalpolitik, regionale Wirtschaft, bunte Meldungen, Polizeibericht, Feuilleton (Kultur), Sport, Vereinsleben usw. In der Regel sind sie Allrounder, betreuen und bearbeiten mehrere dieser lokalen „Ressorts" gleichzeitig. Der Lokalredakteur ist aufgrund seiner exponierten Position am Ort vielen Menschen bekannt. Pressebetreuer von Unternehmen finden deshalb schnell Zugang zu ihm, sei es durch privaten Kontakt oder durch einen kurzen Anruf bei der Redaktion.

Mit kleineren lokalen Tageszeitungen lässt sich die öffentlich-

94 Vgl. Projektteam Lokaljournalisten (Hrsg.): Lokaljournalismus, München 1998
95 Vgl. Meyn, Ausg. 2001, op. cit., S. 87 ff

keitswirksame Kooperation zwischen ortsansässigen Betrieben und der Presse also unschwer herstellen. Bei keinem anderen Massenmedium fällt Presse- und Öffentlichkeitsarbeit daher leichter. Deshalb ist es auch angebracht, nicht erst einen langwierigen schriftlichen Kontakt über Pressemitteilungen an die Redaktion herzustellen: der persönliche Kontakt und die persönliche Bekanntschaft zählen mehr und sind wirkungsvoller als jede Presseaussendung. Das bedeutet nun nicht, dass Pressemeldungen überflüssig sind, aber die formalen Aspekte, die für andere, vor allem größere Zeitungen gelten, sind weniger wichtig. Und: Hat man den persönlichen Kontakt hergestellt, kann man die Inhalte der Pressemitteilung ohne größeren Aufwand telefonisch oder bei einem Bier im Café neben der Redaktion besprechen.

Fällt der Kontakt zu einem Lokalredakteur dennoch schwer oder hat dieser für einen Pressetermin keine Zeit, schickt er einen freien Mitarbeiter oder der PR-Mitarbeiter kann selbst auf z. B. freie **Reporter** zurückgreifen. Freie Mitarbeiter werden nach „Zeilengeld" (15–20 Cent), also pro veröffentlichte Zeile, bezahlt und sind erpicht auf jeden möglichst langen Artikel, den sie im Blatt haben. Freie Mitarbeiter sind neben den Lokalredakteuren gute Kooperations- und Ansprechpartner für die Medienarbeit von Unternehmen. Da Redakteure oft die „wichtigeren" Artikel verfassen, „wichtige" Termine (Lokalpolitik, größere Veranstaltungen) wahrnehmen, schreiben freie Reporter gerne über das, was „sonst noch anfällt".

Für Unternehmen und andere Organisationen ergeben sich deshalb mehrfach gute Chancen, mit der Lokalpresse zu kooperieren: Der gute Kontakt zur Redaktion ist durch die Struktur der Presselandschaft und der Übersichtlichkeit kleinerer Orte gegeben, der Lokalredakteur hat ein Interesse an der Berichterstattung über die regionale Wirtschaft, der lokale freie Mitarbeiter schreibt nach Rücksprache mit der Redaktion gerne über alles, was ihm unterkommt oder angeboten wird. Für Unternehmen ist das eine gute Ausgangsposition, kontinuierliche Pressearbeit zu betreiben und auch öfter bei Anlässen und Aktivitäten unterschiedliche Formen von **PR-Artikeln** in der Lokalzeitung stehen zu haben: über Firmenfeiern, Mitarbeiterjubiläen, neue Produkte und Maschinen, über Neubauten, neue Räumlichkeiten oder den neuen Chef. Im

Sommer kann es sogar eine schöne lokale Reportage über die schweißtreibende Arbeit an den Maschinen im Sicherheitsgurt-Werk sein ... Nicht zu vergessen: Der Geburtstag des Firmeninhabers oder Geschäftsführers ist allemal eine Personalie wert!

Als junger Reporter einer schwäbischen Lokalzeitung habe ich öffentlichkeitswirksame Artikel über Firmenfeiern und Betriebsbesichtigungen verfasst, über den Einsatz neuer Maschinen und natürlich über die Sitzungen des Kaninchenzüchtervereins, aber auch eine Reportage über den winterlichen Betriebsausflug von Mitarbeitern einer Metallwarenfabrik in die Berge. Erstaunlich ist es trotzdem, dass in Lokalzeitungen relativ wenig Artikel über die lokalen mittelständischen Unternehmen zu finden sind, obwohl bei den Redaktionen die Bereitschaft dazu besteht: Spontan erklärte sich vor einigen Monaten ein Lokalredakteur der Zeitung einer nordwürttembergischen Stadt bereit, einen Artikel über die Verleihung eines industrieinternen Qualitätspreises an eine von mir beratene Formenbaufirma zu veröffentlichen. Dies, obwohl der Redakteur weder von der Firma noch von mir je etwas gehört hatte.

Ganz interessant sind im lokalen und regionalen Bereich auch andere Printmedien und Titel wie z. B. **Heimatzeitschriften**, **Stadtillustrierte** und -magazine oder **Anzeigenblätter** und in manchen Regionen auch regionale Wirtschaftsblätter. Immerhin gibt es von diesen unterschiedlichen Presseprodukten weit über 2.500 Titel, deren Inhalte von brav-langweilig bis zu hochpolitisch reichen.[96] Auch in diesen Presseprodukten lassen sich gerade für kleine Unternehmen öffentlichkeitswirksame Beiträge unterbringen. In den Anzeigenblättern ergibt sich eine für Unternehmen günstige Verbindung von redaktionellen und wirtschaftlichen Interessen. Vorsichtiger sollte man mit Blättern der so genannten Gegenöffentlichkeit sein: sie berichten stark politisch motiviert und pflegen oft eine unternehmensfeindliche Haltung. Trotzdem gilt auch hier: Kontakt aufnehmen und klären, ob sich nicht gerade mit diesen skeptischen Gruppierungen trotzdem eine Zusammenarbeit (z. B. bei Umweltschutz- und sozialen Themen) ergeben kann.

96 Vgl. op. cit., S. 98 ff

2. Überregionale Tagespresse: Kontinuierlich Kontakte aufbauen und pflegen

Die überregionalen Tageszeitungen (mit den Mantelredaktionen für Lokalzeitungen in den Bereichen „Politik“, „Wirtschaft“, „Vermischtes“, „Panorama“ etc.) haben dagegen eine andere Struktur als die lokalen Massenmedien. Bei ihnen geht es formaler zu, denn nicht nur fünf oder zehn Lokalredakteure und ihre freien Mitarbeiter machen hier eine lokale Ausgabe. Hier sind es fünfzehn, fünfundzwanzig oder noch mehr Redakteure, die in Ressortaufteilung eine überregionale Tageszeitung produzieren und als **Mantelredaktion** eine Reihe von lokalen Ausgaben mit internationalen, nationalen und regionalen politischen, wirtschaftlichen und bunten Meldungen beliefern. Zu diesen mittelgroßen regionalen Redaktionen, die Lokalredaktionen beliefern, gehören z. B. die „Stuttgarter Nachrichten“, der „Münchner Merkur“ oder die „Hannoversche Allgemeine“.

In diesen großen Redaktionen stehen die PC-Terminals von mehreren Nachrichtendiensten und Hunderte von Meldungen, Berichten und Sonderreportagen treffen täglich ein und außerdem noch zig Pressemeldungen, -mitteilungen und -einladungen, die neuesten Ausgaben von Branchen-Informationsdiensten und, Unternehmensbroschüren ... Hier gilt es als Redakteur auszuwählen, die aus Sicht der Redaktion für die Öffentlichkeit relevanten Themen zu bearbeiten und ins Blatt zu heben. Die Aufteilung in **Ressorts** und die Bearbeitung der Themen durch unterschiedliche Redakteure bringen eine Anonymisierung der Redaktionsmitglieder: Wer kennt schon den Wirtschaftsredakteur der 50 Kilometer entfernten Mantelredaktion? Diese Verselbständigung der Redaktion aus Sicht der ortsansässigen Unternehmen hat natürlich eine Auswirkung auf die Unabhängigkeit der Journalisten: Seitens der Honoratioren besteht weniger Druck auf die Redakteure und da überregionale Ausgaben in der Berichterstattung eher Konkurrenz haben als Lokalblätter, sind die Informationen meist objektiver und unabhängiger. Probleme der inneren Pressefreiheit, bedingt durch örtliche Distanz und alternative Informationsmöglichkeit der Leser, stellen sich also bei größeren Zeitungen und Redaktionen weniger.

Für unternehmerische Pressearbeit bedeutet dies, dass **Kontaktpflege** über das Telefon und den Schriftverkehr wichtiger wird und oft die einzige Möglichkeit ist, einen Redakteur anzusprechen. Kleinere, regional unbedeutende Unternehmen und Organisationen haben es schwerer, und wenn Sie nicht wirklich ungewöhnliche Leistungen vorzeigen können, ist die Aussicht auf wiederkehrende Präsenz in diesen Blättern relativ gering. Nicht ungeschickt ist es, Lokalredakteure, die man gut kennt, auf ihre „Drähte“ zu überregionalen Ausgaben anzusprechen. Da Mantelredaktionen und Lokalredaktionen – manche Lokalredakteure sind als Korrespondenten der überregionalen Redaktion tätig – technisch und manchmal auch inhaltlich kooperieren, ergeben sich über die guten Verbindungen auch brauchbare Kontakte zur überregionalen Wirtschaftsredaktion.

Die meisten, vor allem größere Unternehmen, können die durch Pressekonzentration oder Standortnachteile bedingten Hindernisse überwinden, um in den überregionalen Teil zu gelangen: Der Kontakt zur Redaktion muss aktiv aufgebaut und danach konsequent und kontinuierlich aufrechterhalten werden, ohne jedoch übertrieben intensiv gepflegt zu werden; die Presseinformationen müssen sachlich gehalten werden und sollten, um redaktionelle Bearbeitungs- und Plazierungshindernisse zu reduzieren, so gut wie möglich zielmedien- und zielgruppenspezifisch formuliert sein; die Inhalte sollten eine gewisse Relevanz in der wirtschaftlichen Öffentlichkeit haben.

Für mittelständische Unternehmen empfiehlt sich eine zweifache Informations- und Kooperationsstrategie mit überregionalen Zeitungen. Die lokale Ausgabe und Redaktion wird stärker über direkte, persönliche Kontakte angesprochen. Informationen über das Unternehmen und seine Mitarbeiter können auch losgelöst von „harten“ Wirtschaftsinformationen sein; Personalien, die eine oder andere „bunte“ Meldung gehören hier zum Dialog mit der Öffentlichkeit. Die größeren Mantelredaktionen müssen dagegen eher mit betrieblichen Wirtschaftsnachrichten (Tatsachen, News, Daten) versorgt werden.

Gleiches gilt natürlich für die bundesweiten, **großen Tageszeitungen** wie z. B. „Die Welt“, die „Süddeutsche Zeitung (SZ)“ oder die

„Frankfurter Allgemeine". Um jedoch Unternehmensmitteilungen und -informationen in der unternehmerischen Öffentlichkeitsarbeit bei diesen großen Zeitungen unterzubringen, muss ein Betrieb eine gewisse Größenordnung oder wirklich besondere Leistungen vorweisen können. Firmen mit unter 50 Millionen Umsatz sind sicherlich zu klein. Die Süddeutsche Zeitung beispielsweise limitiert ihre Unternehmensberichterstattung auf noch höhere Umsätze. Ein redaktionelles Kriterium für eine Firmenmeldung in der überregionalen Tageszeitung ist: Was macht den Inhalt der Meldung interessant? Betrifft sie viele Menschen, ist sie wichtig für den beruflichen Alltag der Leser, ist ein Produkt ein bahnbrechender Renner auf dem Markt? etc. Kontaktaufnahme, Kontakterhalt und -pflege sind bei diesen Zeitungen oft ein langwieriger Prozess, der für den Öffentlichkeitsarbeiter anhaltend frustrierend sein kann, bis endlich eine Mitteilung über seine Organisation oder seine Unternehmung im Blatt erscheint. Aber wenn auch nur eine so genannte „Kurze Firmenmeldung" veröffentlicht wird, ist dies ein Erfolg für seine Arbeit. Manche großen Zeitungen haben **spezielle Rubriken** im Wirtschaftsteil, die besondere Innovationen von Firmen und Unternehmen in Form von Berichten oder in Form von „Firmenporträts" veröffentlichen.[97] In der SZ ist beispielsweise schon vor Jahren unter der Dachzeile „Außenseiter, Dynastien, Newcomer" ein Forum für Unternehmensberichterstattung entstanden, wobei die Kriterien für Artikel z. B. sind: der außergewöhnliche Erfolg einer Firma, dass sie gerade „im (öffentlichen) Gespräch" ist oder dass eine bekannte Unternehmerpersönlichkeit an ihrer Spitze steht, dass sie Börsenerfolge vorweisen kann, etc. Auch in der Rubrik „Personalien" haben hin und wieder Mittelstandsunternehmen PR, beispielsweise, wenn ein neuer Geschäftsführer kommt. In der Regel recherchieren die Redakteure nach Informationen über solche Artikel selbst, die Initiative geht also von den Autoren aus. Aber: Diese Informationen können durch die Pressearbeit von Unternehmen auf eine breitere Basis gestellt werden und dem betreffenden Redakteur als Auswahlhilfe für seine Geschichte dienen.

97 Die in diesen Abschnitten genannten Auswahlkriterien erfolgen nach Angaben der Wirtschaftsredaktion der SZ.

Abschließend einige Worte zur **Boulevard-Tagespresse**. Unabhängig von oft berechtigten negativen Urteilen, häufig mangelnder objektiver Berichterstattung und der Sensationsmache in den so genannten Straßenverkaufszeitungen,[98] vor allem in der „Bild-Zeitung",[99] sprechen diese Zeitungen („Abendzeitung", „TZ", „Express" etc.) große Teile der Öffentlichkeit an und erreichen täglich über zehn Millionen Leser, allein „Bild" rund 4,5 Millionen. Aus diesem Grunde sollten sie in die Öffentlichkeitsarbeit in Form von Infoaussendungen der Unternehmen einbezogen werden. Wenn auch ihre redaktionelle Aufmachung und die Jagd nach dem **Blatt- oder Seitenaufmacher** groß sind und ihre inhaltlichen Schwerpunkte eher das **Sensationelle** um Menschen herum in den Vordergrund rücken, so kann es sich durchaus ergeben, dass die eine oder andere Unternehmensidee doch einen Weg ins Blatt findet. Trotz des meist fehlenden expliziten Wirtschaftsteils in diesen Zeitungen: Für eine Firmenmeldung unter persönlichkeitsbezogenen Inhalten sind auch sie interessante Ansprechpartner, wenn Publicity von einem Unternehmer oder Geschäftsführer nicht gescheut wird. Als freier Reporter während meiner Studienzeit habe ich z. B. über einen Schlagzeug-Großhändler oder über die Eröffnung eines großen Supermarktes mit spektakulärer Eröffnungsshow Artikel im Lokalteil der Münchner „Bild"-Redaktion verfasst. Wichtig bei allen Informationen an Boulevardblätter: immer nur das absolut Wichtigste, Ungewöhnliche mitteilen und, wenn möglich, Menschen in den Mittelpunkt der Information stellen oder sie in Zusammenhang mit den harten Fakts bringen.

3. Illustrierte: Zielgruppeninformation mit „human touch"

Die Möglichkeiten der Zusammenarbeit mit Illustrierten und Magazinen bleibt für kleinere oder mittelständische Unternehmen be-

98 Vgl. Schneider, W./Raue, P.-J., op. cit., S. 11 ff

99 Günther Wallraff hat in „Der Aufmacher", Köln 1977, die zweifelhafte Arbeitsweise der Bild-Zeitung dargestellt. Mittlerweile ist „Bild" jedoch das unterhaltsamste im Sinne nicht ganz ernst zu nehmende der Boulevard-Blätter.

grenzt. Wie in keiner anderen Medienbranche, ausgenommen das private Fernsehen, ist der Druck auf die Redakteure und Mitarbeiter so groß, immer neue, aktuelle Ereignisse, Sensationen und Persönlichkeiten zu entdecken, über die geschrieben werden kann, wie bei den politisch orientierten **Magazinen** („Der Spiegel“, „Focus“), den „bunten“ **Illustrierten** (z. B. „Stern“, „Neue Revue“) sowie den Gesellschafts- und Personalitymagazinen („Bunte“, „Gala“) oder diesen verwandten Produkten (Regenbogenblätter).

Bei den großen Illustrierten und Magazinen findet man als Redakteure die meisten der so genannten **„Macher“**. Und diese sind nicht nur die Chefredakteure oder Ressortleiter, also die tatsächlichen Antreiber selbst. Die Mentalität des „Machens“ in den aktuellen Rubriken hat die meisten journalistisch arbeitenden Mitarbeiter erfasst und durchzieht sämtliche ihrer Tätigkeiten: Alle geben sich vermeintlich oder sind tatsächlich „hungrig“ nach dem Besonderen, dem Außergewöhnlichen, dem Veröffentlichenswerten, nach der guten und interessanten Story. Viele dieser Reporter und Mitarbeiter sind Gehetzte, denn der verlegerische und redaktionelle Erfolg bemisst sich zum einen an der Auflage, der persönliche Erfolg an der tollen Story. So gesehen hat der Journalist bei der Illustrierten mit dem bei der Boulevard-Tageszeitung einiges gemein: die Suche nach dem **Aufmacher**, nach der Sensation. Darin ähneln sich Boulevard-Tagespresse und der Magazinjournalismus.

Dies wirkt sich auch auf die Darstellung der Inhalte aus: Harte Fakten werden seltener nachgefragt als der negative, erschreckende, bewegende Reißer (politisches Magazin oder Illustrierte) und der Erfolg eines Unternehmens ist weniger „in“ als sein Niedergang. Klatschinformationen, wie z. B. dass die unbedachten Äußerungen des Vorstands Müller den Kurs der Aktien seines Unternehmens in der vergangenen Woche haben stürzen lassen, oder die neueste Abendkleidkreation von Dior, die zudem von Gräfin Marissa auf der letzten Festlichkeit getragen wurde, sind je nach Magazintyp wichtiger als das Problem des Vorstandes mit den Lohnforderungen der Gewerkschaft oder der wirtschaftliche Zustand des Hauses Dior. Das Gemüt des Lesers soll gerührt werden, seine Emotionen geweckt und im Zentrum der Reportagen oder Berichte steht der Mensch – oft als Betroffener. Hinzu kommt, dass die meisten Magazine und Illustrierten stark von ihren häufig egozentrischen Chefredakteuren geprägt werden und damit auf eine Linie getrimmt sind, die Themen nach den Kriterien des Verkaufs und nicht nach klassischem Aufklärungs- oder Informationswert zu bestimmen.[100]

Bei den vielen anderen Special-Interest-Magazinen, Heften und Blättern geht es zwar weniger sensationsorientiert zu, doch ist auch hier der Konkurrenzdruck (z. B. Frauenillustrierte, Modeillustrierte, Fernsehzeitung, Fitnessmagazine, Sportzeitschriften etc.) sehr groß und die Suche nach interessanten Themen findet hier ebenso statt. Harte Wirtschaftsinformationen über mittelständische Unternehmen oder wirtschaftliche Details sind selten ein Thema, der „Knaller" oder die „schöne" und/oder „interessante" Geschichte für die Leserzielgruppen werden gesucht oder sinnvolle Produkt-, Service- und Verfahrensinformationen. Vor allem **Special-Interest-Titel** unterschiedlichster Themenschwerpunkte bieten die Chance für Unternehmen, diesbezügliche Presseartikel zu lancieren und so auch mit Illustrierten kooperieren zu können. Neben diesen speziellen Leserzielgruppen bieten jedoch schon die **Rubriken** (z. B. Medizin, Gesundheit, Technik, Umwelt, Schönheit, Körperpflege, Essen und Trinken, Sport, Freizeit, Fitness, Urlaub, Geld/Geldanlage, Erotik, Computer, Internet, Automobil etc.) klassischer Magazine Möglichkeiten zur Zusammenarbeit und sprechen die Zielgruppen an, die für ein Unternehmen interessant sein könnten. Sie lassen die Presseninformationen an Illustrierte genau eingrenzen und können damit gezielt verfasst werden. Illustrierten-Redakteure und Ressortmitarbeiter sind zudem auf Pressekonferenzen an Anwendungsbeispielen von Produkten, Zusatz- und Hintergrundinformationen interessiert oder auch generell an Trendprodukten, dem letzten Schrei, dem „was jetzt angesagt" ist.

Bei der Zusammenarbeit mit Illustrierten können nicht nur die üblichen Presseaussendungen zum Erfolg einer bei Magazinen redigierten Veröffentlichung führen. Man kann auch versuchen, zielgruppenspezifisch zu informieren. Wichtig für alle Informationen an die Redakteure von Illustrierten: Die Presseinformation sollte objektiv, knapp verfasst und inhaltlich einigermaßen an die Berichter-

100 Vgl. Anderson, R./Bruhns, W./Eckardt, E. et al.: Medienmacher, Hamburg 1996

stattung und den Stil der visierten Rubrik angepasst sein. Sinnvoll ist es, z. B. als Beweis für die Qualität des Produktes, dass man in einer Presseinformation erwähnt, eine bekannte Referenzperson oder einen Star (Schauspieler, Sportler, Professor, Wissenschaftler, Experte etc.) als **„Testimonial“** (Beweis- bzw. Belegperson) zu erwähnen und wenn möglich zu zitieren. Inhaltliche Schwerpunkte sollten weniger harte Wirtschaftsinfos sein, sondern eher die „soft news“ oder Serviceinformationen mit „human touch“, also der menschlichen Seite der Tatsachen und Ereignisse. Gut ist es dann, wenn Sie Ihr Produkt mit solch einem berühmten Käufer schmücken können, am besten noch mit einer Anekdote oder einem Ereignis verbinden und im Pressetext erwähnen können.

Für ein medizintechnisches Unternehmen z. B. konnte ich als Berater der Abteilung Öffentlichkeitsarbeit in mehreren großen Illustrierten Artikel über neue Produkte in der Rubrik „Medizin“ oder „Gesundheit“ unterbringen. Die Presseinformationen zum Produkt (einer Weltneuheit) des Betriebes wurden zwar gekürzt und nur die Kerninformationen wurden durch die Redaktionen verwertet, erfüllten für das Unternehmen jedoch den Zweck einer Markt- und Kundeninformation und damit die Information einer breiten Öffentlichkeit über den üblichen Kanal der Fachzeitschriften hinaus. Mit zusätzlichen Recherchen bei Experten und mit Zitaten wurden die Presseinformationen bei diesen Illustrierten aufbereitet. Allerdings wurde der Produktname in den meisten Artikeln nicht genannt, um werbliche nicht mit redaktionellen Inhalten zu vermengen. Hat sich ein Redakteur jedoch zu einer redigierten Fassung einer Presseinformation entschlossen, kann der Text auch ohne Namensnennung eindeutig die Marke eines Produktes demonstrieren, z. B. durch die Form des Produktes auf dem Foto zum Artikel oder durch dessen Beschreibung. Man sollte jedoch nicht auf (versteckt) werblichen Inhalten bestehen; seriöse Redakteure würden dies als Eingriff in ihre journalistische Freiheit interpretieren.

Produkt- und/oder Firmennamen, die über Presseinformationen in redaktionellen Artikeln und Texten plaziert und erwähnt wurden, werden als so genannte **Product Publicity** bezeichnet. Sowohl in den Illustrierten (Service- und Magazinteile) und Special-Interest-Magazinen, wie auch auf den privaten TV-Sendern (z. B. Gewinnspielsendungen, Service-Sendungen, Fernsehshows) hat diese Form der PR-Platzierungen in den letzten Jahren zugenommen. Die steigende Zahl der Spezialzeitschriften unterschiedlichster Themenschwerpunkte wird die Chance dieser PR-Form weiter erhöhen. Das heißt, dass die mehrfach erwähnte Bedeutung von PR-Inhalten für redaktionelle Inhalte in den kommenden Jahren noch steigen wird und neben Großunternehmen auch Mittelstandbetriebe verbesserte Chancen haben, erfolgreiche Pressearbeit bei Magazinen zu machen.

4. Wirtschaftspresse: Kompetenzgrad und Marktmacht als Hürde

Die Wirtschaftsblätter sollten das eigentliche Medium für die Öffentlichkeitsarbeit mittlerer Unternehmen sein. Problem: Auch Wirtschaftszeitungen sind betriebswirtschaftliche Einheiten, die den Gesetzen des Marktes unterworfen sind. Folglich sind auch sie nicht ausschließlich dazu da, für die mittelständischen Unternehmen zu publizieren, und Pressearbeit muss auch mit ihnen gepflegt und gehegt werden. Bis man schließlich die Kooperationsbasis hat, vergeht oft lange Zeit, denn auch bei Wirtschaftszeitungen wählen die Redakteure aus, welche Pressemitteilung oder welche Information an ihre Leser weitergereicht werden soll. Das Angebot an Wirtschaftszeitungen und Blättern in der Bundesrepublik ist groß. Von Wirtschafts-Tageszeitungen bis zum Wirtschafts-Gesellschaftsblatt ist das Spektrum sehr vielfältig und reicht vom „Handelsblatt" über die „Financial Times Deutschland" bis zur „Wirtschaftswoche", „Impulse" oder dem „Managermagazin" etc.

Je nach Konzeption und Zielgruppen des Blattes stehen demnach auch unterschiedliche **Schwerpunkte** in der Berichterstattung zur Disposition. Speziell für den mittelständischen Unternehmer konzipiert ist z. B. „Impulse", für aktuelle Informationen auch hin und wieder das „Handelsblatt": Hintergrundinformationen über Unternehmensentwicklungen und Persönlichkeiten aus der (Groß-) Industrie bringt das Managermagazin; die „Wirtschaftswoche" informiert über gesamtwirtschaftliche Entwicklungen, Trends und Unternehmen mit Wirtschaftsmacht; die beiden Tageszeitungen bringen dagegen Meldungen, Berichte, Hintergrundinformationen zu allen Aspekten der Wirtschaft inklusive Informationen über große Mittelstandsbetriebe. Die einzelnen Publikationen sind nie so eindimensional ausgerichtet, wie die hier genannten Schwerpunkte annehmen lassen, zumeist ist das Informationsangebot weiter gefasst, und die Inhalte und Rubriken dieser Magazine überschneiden sich. Als Objekte der Unternehmens-PR sind alle denkbar, Platzierungen von Themen sind jedoch immer von den Kriterien Wichtigkeit, Neuheit, Ungewöhnlichkeit abhängig. Presseinformationen werden bei allen Magazinen ebenso wie bei den Publikumszeitschriften und Illustrierten nach den Kriterien der Relevanz selektiert, harte Nachrichten (stärker vertreten im „Handelsblatt") mischen sich mit leichter lesbarem Stoff in den Magazintiteln.

Vor der persönlichen Kontaktaufnahme mit der Redaktion eines Wirtschaftsmagazins sollte man sich als Pressearbeiter eines Unternehmens Gedanken darüber machen, was man anzubieten hat, wenn sich eine Redaktion schon mit einem beschäftigen soll. Pressearbeit über die gängige Alltagsarbeit hinaus muss deshalb berücksichtigen, dass die Redakteure Wirtschaftsspezialisten, häufig gestandene **Wirtschaftsjournalisten** sind: Wahrhaftigkeit und Überprüfbarkeit von Informationen an sie sollten deshalb Priorität haben, Anregungen für besondere Geschichten oder Berichte sollten inhaltlich Hand und Fuß haben. Und: Der Kompetenzgrad des PR-Mannes ist nicht unwichtig. Haben seine Informationen Hand und Fuß ist die Chance einer Veröffentlichung höher.

Für die Presse- oder PR-Abteilungen der Großbetriebe ist der Kontakt zu den Wirtschaftsblättern relativ leicht, da große Namen hinter denen sich Marktmacht verbirgt, es immer leichter haben, in die Medien zu gelangen. Auch werden diese Betriebe häufiger von den Medien selbst nachgefragt und dadurch stabilisiert sich der Kreislauf an Pressearbeit und journalistischer Tätigkeit fast wie von selbst: Stürzt der Aktienkurs eines Großbetriebes, steht es am nächsten Tag im „Handelsblatt", ist der Kurs noch am gleichen Tag auf der Website der „Financial Times Deutschland" zu finden oder wird am Abend in den Wirtschaftsnachrichten von „n-tv" kommentiert. Die Chance, als Klein- oder Mittelstandbetrieb mit einer Unternehmensmeldung in Wirtschaftsmagazine zu kommen, ist relativ gering, sofern nicht ein besonderes Produkt, eine echte Innovation am Markt oder außergewöhnliche Strategien ein Unternehmen über die anderen heraushebt (Kompetenz, Marktmacht). Beachtet werden sollten die so genannten Sonderveröffentlichungen und Magazinteile in diesen Heften mit unterschiedlichen Schwerpunkten, z. B. zu Software, HiFi-Elektronik, Telekommunikation, Computer, Reisen etc. In diesen **Sonderteilen** mit Themenschwerpunkten lassen sich Informationen leichter plazieren. Voraussetzung hierfür ist jedoch der gute Kontakt zu einem Medium, damit man über die redaktionelle Planung Bescheid weiß.

5. Fachzeitschriften: Spezialisten für spezielle Information

Bei den Fachzeitschriften dagegen fällt es mittelständischen Betrieben aus Industrie, Gewerbe und Handel leichter, ihre Presseinformationen unterzubringen. Zum einen bestehen über die **Anzeigenschaltungen** in den meisten Fällen bereits gute Kontakte zu diesen Publikationen. Das bedeutet, wenn ein (auch kleiner) Anzeigenetat in der Zeitung geschaltet wird, ist meist die Bereitschaft der Redaktion zur Zusammenarbeit auch gegeben. In der Regel sind Fachzeitschriftenredaktionen nicht sehr groß, und bei fünf oder sechs Redakteuren und Mitarbeitern spricht es sich schnell herum, wer in ihrem Blatt mit Anzeigen wirbt. Zum anderen sind Fachzeitschriften von ihrer Konzeption her auf Informationen von Unternehmen angewiesen und für Anregungen durchaus empfänglich.[101]

Neben der üblichen Pressearbeit können deshalb bei guten Kontakten zu einer Redaktion auch **Anregungen** für spezielle Aufsätze, Artikel, Reportagen oder sogar Serien gegeben werden. Die Zusammenarbeit mit den Fachzeitschriften aus der Branche des Unternehmens, das Pressearbeit macht, ist deshalb zumeist lohnend. Hier hat sie für das Unternehmen große Bedeutung und bietet dieser spe-

101 Vgl. Böhme, Hans-W.: Der Wert von Fachzeitschriften für den Unternehmenserfolg, Aachen 1995

zialisierten Öffentlichkeit gute Orientierungsmöglichkeiten und damit auch oft einen echten Dialog mit den Teilöffentlichkeiten und Fachkräften. Zum anderen bieten Fachmagazine einen Austausch mit dem Markt und den Kunden: Ihre Themen reichen über Brancheninfos, Marktentwicklungen, Unternehmensporträts und Produktneuheiten bis zu wirtschaftlichen Zusammenhängen, Personalien und Serviceteilen.

Fachzeitschriften-Redakteure sind im Gegensatz zu den Redakteuren von reinen Wirtschaftsmagazinen, die weitgehend den journalistischen Kriterien der Aktualität und Neuigkeit gerecht werden müssen, weniger breit gefächerten Interessen der Leserschaft verpflichtet. Inhalte von Fachzeitschriften sind zumeist Informationen über Grundsätzliches oder spezielle Zusammenhänge von Anwendungen, Verfahren, Abläufen einer speziellen Branche und ihre Redakteure sind bei Ideen und Initiativen von Seiten der Unternehmen zumeist sehr kooperativ. Schließlich sind ihre Informationen an ein spezielles Publikum gerichtet, das sich mit seinen Interessen ja genau an sie wendet.

Dadurch ergeben sich gute Formen der Zusammenarbeit, die sich in der gemeinsamen Gestaltung z. B. von Reportagen, Fachaufsätzen oder -serien niederschlagen können oder auch in speziellen Fragestellungen, in denen unternehmerische Kompetenz zu interessanten Einzelbeiträgen in den betreffenden Publikationen führen kann. Neben diesen rein fach- oder branchenspezifischen Informationen veröffentlichen Fachzeitschriften natürlich auch andere Informationen über Unternehmen: Warum nicht die zuständige Fachzeitschrift darüber informieren, dass der Firmenchef gerade seine Erfindungen und Patente auf einer Geschäftsreise in Malaysia verkauft hat? Zudem können durchaus besondere Innovationen, die ein Produkt erbringt, in die Presseinformationen einfließen. Es ist jedoch von der Konzeption der Zeitschrift bzw. dem Redakteur abhängig, ob sie dann auch in die redaktionelle Bearbeitung Eingang finden und im „Original", also weitgehend unredigiert, veröffentlicht werden. Tipp: Bei aller Liebe zu technischen Details, zur exakten Beschreibung und zum Beleg – nie zu ausführlich formulieren!

Auch angrenzende **Branchenblätter** zum Geschäftsfeld eines Unternehmens sind als Zielmedien lohnend. In speziellen Rubriken oder in Sonderveröffentlichungen bieten sie die Möglichkeit, Informationen als Servicebeiträge, als Produktneuheit etc. unterzubringen. Bei einem Maschinenbaubetrieb können durchaus neben den Fachzeitschriften der Branche auch Blätter über Vertrieb, Logistik oder Kundendienst und Service in die Pressearbeit einbezogen werden. Viele Fachzeitschriften bieten in z. B. Rubriken wie „Produkte“ oder „Neuheiten“ zudem die Möglichkeit an, gezielt **Produktinformationen** unterzubringen.

Für alle Presseprodukte, ob Fachzeitschrift, Wirtschaftspublikation oder Illustrierte, gilt, dass sie, sei es konzeptionell von den Zielgruppen her gesehen oder inhaltlich in Form einzelner Artikel, parteilich sein dürfen.[102] Mit Ausnahme der reinen Nachrichten oder Berichtsrubriken können Printmedien sich also zum „Anwalt“ verschiedener Gruppierungen oder Meinungen machen, die sonst nicht oder kaum zu Wort kommen. Der ständige Leser eines Presseproduktes kann in etwa abschätzen, was ihn in seinem Blatt erwartet. Unternehmen können diese Form der **Parteilichkeit** für sich nutzen, wenn sich die Gelegenheit ergibt, also z. B. in der Öffentlichkeit kontrovers diskutierte Themen anstehen, und ihre Position und Meinung über Presseinformationen mit Hilfe der Printmedien der Öffentlichkeit kundtun. Auf diese Weise können sie also über ihre Branchenblätter und die Fachzeitschriften durchaus Einfluss auf die **Meinungsbildung** ausüben. Auch für diese Informationen gilt, die Unternehmensaussage in den Vordergrund zu stellen und nicht mit dem Versuch der untergeschobenen Produktinformation möglicherweise mühsam aufgebaute Kontakte aufs Spiel zu setzen.

6. Öffentlich-rechtliche Hörfunk- und Fernsehredaktionen: „Connections“ – einziger Zugang

Parteinahme oder Anwaltschaftlichkeit ist dagegen bei den öffentlich-rechtlichen Hörfunk- und Fernsehstationen (alle regionalen Hörfunk- und TV-Sender der „ARD“, „ZDF“ und Deutschland-

102 Dies wird durch die Kennzeichnung der Artikel oder der Seiten erreicht, teilweise gehört dieser meinungsmachende Stil jedoch auch zum Programm der betreffenden Publikation.

funk) nicht erwünscht, sondern sie widerspricht geradezu ihrem Informationsauftrag, der sich an den Prinzipien der Ausgewogenheit orientiert, also an der Darbietung und Darstellung aller Meinungen, Richtungen und Bedürfnisse der gesellschaftlich relevanten Gruppen.[103] Dies betrifft sowohl die gesamte **TV-Programmgestaltung** wie auch einzelne **Sendeformen** und **Einzelbeiträge**. Natürlich schnüren diese Richtlinien journalistisch engagierte Tätigkeit ein, andererseits jedoch erfüllen sie den nützlichen Auftrag dieser bis vor einigen Jahren monopolistischen Informations- und Meinungsmedien. Trotz hehrer Ziele sind öffentlich-rechtliche Sendungen dennoch nicht frei von gezielten Presseinformationen der Unternehmen, die dann z. B. als Servicebeiträge deklariert werden können und Firmen eine millionenfache PR ermöglichen.

Beispiel: Die Presseeinladung einer Consulting-Gesellschaft liegt auf dem Tisch des jungen TV-Reporters eines großen süddeutschen öffentlich-rechtlichen Senders. Keine große Angelegenheit: Vom Filmischen her gesehen nichts Besonderes, da es um die Pressekonferenz zur Präsentation eines bekannten Verkehrsweges nach Italien geht; „Kopfsalat" nennen TV-Reporter das, denn von Konferenzen bringt man meist Schnitte von Referenten, Persönlichkeiten, von anderen Journalisten und sonstigen Gästen zum Sender zurück. Für unseren Reporter ist das kein großes Thema, nicht attraktiv genug, nichts fürs Auge des Fernsehzuschauers und auch sonst gibt es keinen besonderen „Newswert". Schon will er die Einladung auf die Seite legen und sich interessanteren Themen für die abendliche aktuelle Sendung zuwenden, da kommt ein zuständiger Redakteur ins Reporterzimmer und meint nur: „Vergessen Sie die Pressekonferenz der XY nicht, wir machen „eins-dreißig" (= eine Minute, dreißig Sekunden) für die Ausgabe zwei." Wie schon erwähnt, sind freie Reporter auf Termine angewiesen, und der Reporter sagt sich, „wenn sonst nichts anfällt". Auf der Pressekonferenz präsentiert sich das, was oben schon erwähnt wurde: Köpfe, Köpfe ... darunter der Präsident der italienischen Region, die an diesem Verkehrsweg liegt, sowie Vertreter der veranstaltenden Consultingfirma; und natürlich eine Menge von Informationsmaterial wie Pressemappen, Prospekte, Plakate, alle mit dem Signet der Beratungsfirma ...

Der Reporter gibt seinem Kamerateam die Angaben zu den Einstellun-

103 Vgl. z. B. Schult, G./Buchholz, A. (Hrsg.): Fernsehjournalismus, München 1984²

gen und bringt dem Sender die bestmöglichen Schnitte dieses „Aktuellen Kurzberichts" – der eigentlich eine plazierte Presseinformation ist – für die zweite Abendausgabe der Nachrichtensendung mit. Zwar wird aus „einsdreißig" (1 Min. 30 Sec.) nach der Bearbeitung und Mischung nur noch „eins-null-drei", aber für die Firma und die italienische Region war die Konferenz damit ein voller Erfolg. Außerdem bekam der Reporter eine Menge privater Geschenke mit: Fotobildbände, Bücher, Landkarten und einen Korb mit drei Flaschen guten Weins, nicht zu vergessen eine Konserve hervorragenden Schinkens aus dieser Gegend.

Während der Reporter den Film schneidet und mischt (Ton-Besprechung des Filmmaterials), hört er nebenbei, dass der Auftrag zur Aufnahme der Konferenz „von ganz oben" gekommen war, also vom Chefredakteur. Erst einige Monate später erfährt der Reporter, dass der Chef der Consultingfirma gut mit dem Chefredakteur bekannt ist und sich die beiden auch politisch nahe stehen...

Solche **Freunde** oder gute **Bekannte** sollte jedes mittelständische Unternehmen oder dessen Führungskräfte bei den öffentlich-rechtlichen Sendeanstalten haben, denn dann wäre die Kooperation mit diesen halbstaatlichen Medieninstitutionen viel leichter. Unser Beispiel ist nicht aus der Luft gegriffen. Es zeigt, was Beziehungen in der Öffentlichkeitsarbeit nützen, vor allem, wenn man mit dem öffentlich-rechtlichen Hörfunk und Fernsehen kooperieren möchte. Die wenigsten mittelständischen Unternehmen verfügen über einen direkten Draht zu den redaktionellen Planern bei aktuellen oder Magazinsendungen. In der Regel ist die Kontaktaufnahme und -pflege zu den öffentlich-rechtlichen Anstalten eine langwierige Aufgabe, von Zufällen und der gesellschaftlichen Position eines Unternehmers abhängig.

Hat man es jedoch geschafft, dass aus journalistischen oder öffentlichkeitsrelevanten Erwägungen ein Reporter mit Kamerateam auf einer Pressekonferenz der Firma erscheint, so kann man fast sicher sein, dass Informationen auch gesendet werden. Dies hat mit den Produktionskosten bei elektronischen Medien zu tun, die im Vergleich zu anderen Medien enorm hoch sind. Angefangen beim Presseinterview einer Zeitung, das mit Kugelschreiber, Papier und einfachem Tonaufnahmerecorder produziert wird, über das Rundfunkinterview, das ein Stereotonaufnahmegerät benötigt, im Studio geschnitten und gemischt werden muss, bis zum Fernsehinterview mit der EB-Kamera, deren Bandmaterial geschnitten, gemischt und besprochen werden muss, „explodieren" die Kosten gleichsam. Derart kostspielige Termine (z. B. Konferenzen) „in den Sand" zu setzen, leisten sich die wenigsten öffentlich-rechtlichen Anstalten. Auch wenn am Abend nur „null-fünfundvierzig" bei der Sendung herausspringt – immerhin, man war als Firma im Fernsehen ...

Die Zusammenarbeit mit **Hörfunkredaktionen** dagegen ist profaner, denn die Produktion von Beiträgen ist weniger aufwendig. Die redaktionelle Struktur der meisten öffentlich-rechtlichen Hörfunksender ist breiter gefächert als beim Fernsehen. So eröffnet eine Vielzahl von Redaktionen gute Möglichkeiten der Kontaktaufnahme durch Unternehmen. Eine Kooperation lässt sich mit einigen Redaktionen denken: Nachrichten, Politik, Wirtschaft, Regionale Redaktionen, Jugendfunk, Erwachsenenbildung, Wissenschaftsredaktionen, Musik- und Magazinredaktionen, Service, Ausländerprogramme etc.

Rundfunkredakteure können flexibler arbeiten als TV-Journalisten. Sie sind nicht abhängig vom Drehort oder von Standorten, müssen keine besonderen Einstellungen berücksichtigen und daher auch keine besondere „Aufnahmeregie".[104] Und: Die Auswahl der Themen für eine Rundfunksendung folgt noch stärker den Kriterien der Ausgewogenheit und der Chancengleichheit, das heißt, dass möglichst viele (die wesentlichen) an einer Thematik betroffenen Parteien zu Wort kommen sollen. Und dieses „zu Wort kommen" gilt ebenso für Unternehmen und sonstige Organisationen, auch, wenn sie nur als einer von vielen der unterschiedlichen Diskussionspartner vorgestellt werden.

Öffentlich-rechtliche Sender sind in ihren Sendungen penibel darauf bedacht, Produkt- oder Firmennamen aus Gründen der **„Schleichwerbung"** zu vermeiden. Bestehen Sie als Unternehmen nicht auf Nennung von Namen oder Marken, einerseits ist es sinnlos, denn man würde gegen die Trennung von werblichen und redaktionellen Inhalten verstoßen, andererseits würde man die Zusammenarbeit verhindern. Der Wert des Erscheinens in Rundfunk oder Fernsehen im Zusammenhang mit einer öffentlichkeitsrele-

104 Vgl. von LaRoche, W./Buchholz, A.: Radio-Journalismus, München 1992

vanten Berichterstattung ist deshalb immer höher einzustufen als der Transport von „gekaufter" Produktinformation. Sicherlich, auch öffentlich-rechtliche Sender/Sendungen sind z. T. aus Kostengründen gezwungen, zusätzliche Gelder für Produktionen zu bekommen. Und auch ihre kreativen Mitarbeiter sind nicht ganz frei von den Verlockungen hoher Honorare, wenn sie in Sendungen beiläufig Markennamen nennen lassen.

Vor diesem Hintergrund haben es natürlich **Verbände**, Vereine und andere relevante Organisationen einfacher als Unternehmen, gezielte Öffentlichkeitsarbeit in Zusammenarbeit mit Sendern zu betreiben. Ihre Organisationsform (viele Mitglieder, unterschiedliche gesellschaftliche Gruppierungen, evtl. wirtschaftliche, technische Kompetenz etc.) kommt natürlich dem Sendeauftrag der öffentlich-rechtlichen Anstalten entgegen, ein breites Spektrum gesellschaftlicher Realität zu zeigen und nicht gesonderte Unternehmensinteressen zu publizieren.

Auch die Plazierung von bestimmten Produkten mit dem Markennamen, also das **Productplacement**, z. B. in Form der Darstellung von Getränken in Fernsehserien oder bei Gewinnspielen, gehört seit Jahren zum Alltag der Grauzone zwischen Öffentlichkeitsarbeit und Werbung. Die Kosten dafür werden oft als Produktionszuschüsse deklariert. Die Zeitschrift „Wiener" hat im Frühjahr 1990 einen Versuch gestartet und eine fiktive Textilfirma bei bekannten TV-Moderatoren anfragen lassen, was es kosten würde, ihre Jacketts in den von diesen moderierten Sendungen zu tragen. Bis auf einige hatten sich laut Auskunft des Blattes die meisten Moderatoren gegen die Zahlung z. T. hoher Honorare dazu bereit erklärt.[105] Was Anfang der 90er Jahre bei Journalisten noch Naserümpfen hervorrief, ist mittlerweile jedoch gang und gäbe auf den Sendern, vor allem privaten TV-Anbietern und gehört zum festen Bestandteil des Kommunikationsmix von Unternehmen. Wenn auch die Übergänge fließend sind, gehören solche speziellen Werbeformen jedoch eher in den Aufgabenbereich der Werbe- und

105 Vgl. Zeitschrift „Wiene", 6/1990; allerdings bestreiten einige der Moderatoren, je Zusagen für Angebote gegeben zu haben; einer z. B. ging sogar gerichtlich gegen den Autor der Reportage vor.

Sponsoringabteilung oder zum Produktmarketing. Allerdings: Die synchrone Anwendung von Kommunikationsmitteln und -wegen, die Verbindung von Pressearbeit und PR, Werbung und Sponsoring (Cross-Media/Medienverbund) macht es notwendig, auch Productplacements und Product Publicity zum Aufgabenbereich der PR-Arbeiter zu machen.

7. Private Hörfunk- und Fernsehsender: PR-Möglichkeiten mit Nord-Süd-Gefälle

Grundsätzlich: Private Sender sind von der Kooperation mit Wirtschaftsunternehmen abhängig. Die Ausgangsposition der Öffentlichkeitsarbeit, mit ihnen zusammenzuarbeiten, ist deshalb günstiger als bei den öffentlich-rechtlichen Anstalten. Aber es gilt auch: Je größer ein privater Rundfunk- oder Fernsehsender ist, desto näher rückt er in seiner Organisationsstruktur und damit im Bürokratisierungsgrad an die öffentlich-rechtlichen Anstalten heran. Es muss mehr geplant werden, die Produktionen sind aufwendiger und größer, verschiedene Redaktionen teilen sich die Arbeit. Oft sind Redaktionen bei privaten TV-Anstalten auch an unterschiedlichen **Standorten** untergebracht (z. B. Frühstücksfernsehen von „RTL" in Luxemburg, die Nachrichten dagegen in Köln), was die Kontaktaufnahme nicht gerade erleichtert. Für mittlere Unternehmen und Organisationen gleicht aus diesem Grund die Informationsarbeit mit großen privaten TV-Sendern jener mit den öffentlich-rechtlichen Anstalten: Medienarbeit muss kontinuierlich betrieben werden, um die Chancen eines öffentlichkeitswirksamen Dialoges zu erhöhen. Ist dann ein TV-Redaktionsteam zu einer Veranstaltung erschienen, kann man davon ausgehen, dass der Beitrag aus Kostengründen auch gesendet wird. Die großen privaten TV-Sender kooperieren seit einiger Zeit auch mit regionalen Studios und TV-Anbietern bei so genannten regionalen Fenstern im Mantelprogramm, die lokale und regionale Berichterstattung bringen. Zum Ansprechpartner für die Öffentlichkeitsarbeit der mittleren Unternehmen werden dann die **regionalen Studios** oder Fernsehgesellschaften.

Nirgendwo im Bereich der Medien ist die Vermischung von klassischer Presse- und Öffentlichkeitsarbeit mit werblichen Zielsetzungen stärker ausgeprägt als bei den privaten Hörfunk- und TV-Sendern. Der Grund liegt sicherlich in ihrer Finanzierungsstruktur begründet, die sich statt durch Rundfunkgebühren durch Werbeeinnahmen tragen müssen. Dies hat zweierlei Auswirkungen für die Öffentlichkeitsarbeit: Zum einen ist es leichter, mit Unternehmensinformationen an die Öffentlichkeit heranzutreten, zum anderen ergeben sich neben der klassischen Betreuung der Redaktionen auch neue, interessante Wege der Öffentlichkeitsarbeit.

Die regionalen Studios sind, ähnlich wie bei den öffentlich-rechtlichen Anstalten, zuständig für die lokale und regionale Berichterstattung. Die Tätigkeiten und Aktivitäten von ansässigen Unternehmen und Institutionen fallen deshalb unter ihre Zuständigkeit; private, regionale Stationen haben ein der Lokal- und Regionalpresse ähnliches breit gestreutes redaktionelles Aufgabengebiet. Deshalb kann beispielsweise eine größere Sponsoraktion von einem Unternehmen durchaus Erwähnung in einem regionalen Filmbericht finden.

Häufig werden auch redaktionelle Beträge in Sendungen plaziert, die durch Hörfunk- oder TV-Agenturen in Zusammenarbeit mit dem auftraggebenden Unternehmen bei den ausgewählten Hörfunk- oder TV-Sendern in Magazin-, Nachrichten- oder Servicesendungen „on air" gehen. Die Schwierigkeit in diesen redaktionell gesendeten Beiträgen ist es, die Hürde der Redaktion zu überspringen, also faktisch richtiges, hörenswertes und anschauliches Material für die Hörer mit so genannten **Pressekits**, also den aufs Hören (für den Hörfunk) zugeschnittenen Presseinformationen aufzubereiten. Hörfunkgerechte Ideen mit guten Kenntnissen über die Zielsender, aktuelle PR-Beiträge mit aktuellen Interviews, O-Tönen, gute Hörproben (z. B. für Produkte) oder Geräusche, gehören deshalb zum Standardprogramm einer guten Hörfunk-Agentur.[106]

Neben der klassischen Kontaktarbeit und der Versorgung mit Presseinformationen wird auf vielen privaten Hörfunk- und TV-Stationen die Möglichkeit des „gekauften" redaktionellen Raumes – ähn-

106 Vgl. Zehrt, Wolfgang: PR im Hörfunk, in: Public Relations Forum, No. 3/2001, S. 122–125

lich einer PR-Anzeige in den Printmedien – geboten. Die **Sponsorsendungen** sind in zwei unterschiedlichen Formen möglich. Bei der einen wird nur der Firmenname des Sponsors, getrennt vom redaktionellen Teil, vor einer Sendung oder einem Beitrag gezeigt oder erwähnt, die redaktionelle Gestaltung bleibt also ganz in den Händen des Senders. Die andere Form ist die redaktionelle Kooperation des Sponsors mit der Senderredaktion, vorbehaltlich natürlich, dass die Inhalte öffentlichkeitsrelevant sind und nicht ausschließlich werblichen Zielen dienen. Die Kosten von Sponsorsendungen sind je nach Sender, Sendezeit und -dauer unterschiedlich hoch.

Die Sponsorsendungen sind eine legalisierte Form der Mischung von PR- und Werbeinhalten, bei der ein Unternehmen oder eine Institution als zahlender Auftraggeber eines Spots, Jingles oder einer Produktpräsentation im Umfeld des Programmablaufes des Senders auftritt und als solcher auch kenntlich gemacht wird durch Einblendung des Logos oder durch z. B. Wortinformationen im „Off“: „Dies ist eine Sendung der Firma Tron“ oder „Diese Sendung wird Ihnen präsentiert von der (Fa.) XY“. Die vom Unternehmen gesponserte Sendung sollte Themen von allgemeinem öffentlichem Interesse oder die Interessen von bestimmten Zielgruppen aufgreifen; es macht deshalb Sinn, sich im Umfeld von Nachrichten, Magazinsendungen, Talkshows, Fernsehfilmen, Serien oder Spielfilmen eine Sendeform auszusuchen, damit die erhoffte Wirkung mit der Reichweite von mehreren Millionen Zuschauern auch eintritt. Beispiele: Der Wetterbericht kann als Sponsorsendung von einer Kosmetikherstellerin laufen, die täglichen Börsenberichte (z. B. auf „n-tv“) können von einer Bank gesponsert sein, Verkehrsmeldungen können als Servicemitteilungen von Autohäusern deklariert werden. Einige private TV-Sender bieten so genannte **Special-Events** als Rahmen für Sponsorsendungen an, wie z. B. die Berichterstattung von Preisverleihungen, Wahlen oder kulturellen Ereignissen. Im Bereich der Sponsorsendungen wird die Mischung von redaktioneller Arbeit und werblichem Ziel deutlich: Die Betreuung von Sponsorsendungen oder ähnlichen Mischformen der Presse- und Werbearbeit in Zusammenarbeit mit den neuen privaten Sendern ist, wie schon erwähnt, zu einem Teil der Öffentlichkeitsarbeit von Unternehmen geworden.

Private elektronische Medien sind aufgrund ihrer Finanzierung durch Werbeeinnahmen (Werbespots) auf diese zusätzliche Einnahmequelle angewiesen. So kommt es, dass auch Grauzonen der Öffentlichkeitsarbeit, also z. B. **Productplacements**, auf privaten Sendern eher möglich sind als in den öffentlich-rechtlichen Anstalten. Je kleiner ein Sender ist, desto kooperationsbereiter ist er in dieser Hinsicht auch im Rahmen echter Öffentlichkeitsarbeit, da die Möglichkeiten für Werbeeinnahmen nicht von vornherein beschnitten werden sollen. Diese grundsätzliche Bereitschaft zur redaktionellen Kooperation wird auch durch Redaktionsstatute und restriktive Landesmediengesetze (Trennung von Werbung und redaktionellen Inhalten) nicht geschmälert. Das Frühstücksfernsehen der großen privaten TV-Sender bietet durchaus eine Möglichkeit, in redaktionell gestalteten Sendungen Produktwerbung in Form von kenntlich gemachten Placements als Ergänzung zur „normalen“ Information und Öffentlichkeitsarbeit zu betreiben.

Privater Hörfunk und Privates Fernsehen finden in der Bundesrepublik flächendeckend statt. Es herrscht jedoch ein leichtes Nord-Süd-Gefälle in der Verbreitung und in den Möglichkeiten der Platzierung von Productplacements und **Product Publicity**, was auf die unterschiedlichen Presse- und Landesmediengesetze zurückzuführen ist. Ende 1989 standen im Bereich Hörfunk den elf nord- und mitteldeutschen (inklusive Berlin) regionalen privaten Radiostationen über hundert lokale und regionale Sender an den unterschiedlichsten Standorten in Süddeutschland (Bayern, Baden-Württemberg) gegenüber. Mittlerweile sind es rund 230 private Rundfunkstationen, die national oder regional Programme anbieten. Beim privaten Fernsehen war und ist das Nord-Süd-Gefälle weniger groß, da der technische Aufwand eines TV-Senders mit 24 Stunden-Programm ungleich höher ist und sich zumeist erst bei bundesweitem Empfang und damit entsprechend hohen Werbekontakten lohnt.

Süddeutsche Unternehmen und Betriebe haben durch die Dichte der Rundfunksender deshalb eher die Möglichkeiten zur Kooperation im redaktionellen Bereich und damit für klassische Pressearbeit. Fast jede Region in Süddeutschland wird mit Sendungen (manchmal auch nur über einige Stunden) von privaten Radiostationen versorgt, und diese machen in der Anzahl der Zuhörer den öffentlich-rechtlichen Sendern Konkurrenz. Diese weit verbreitete Nutzung von regionalen Rundfunksendungen ist auch interessant für den Kontakt der Unternehmen zur Öffentlichkeit: Lokale und regionale Privatradios entwickeln eine starke Hörerbindung, wie ehedem die lokalen Tageszeitungen eine starke Leserbindung. Da sich lokale und regionale Stationen mit ihren redaktionellen Inhalten und in unterschiedlichsten Sendeformen den lokalen Belangen widmen, ist der Kontakt zu ihnen eine lohnende Tätigkeit. Wirtschaftsmeldungen über besondere Aktivitäten oder Aktionen gehören zu ihrem täglichen Sendeprogramm.

Diese Wirtschaftsinformationen können in Form von so genannten **Sonderwerbeformen** ergänzt werden. Zu diesen gehören die genannten Sponsorsendungen und außerdem Gewinnspiele, magazinartige Sendungen oder Beiträge mit Zuhörerbeteiligung. Diese Formen der Kombination von Öffentlichkeitsarbeit, Information und Werbung findet man vor allem bei den regionalen Hörfunksendern, die eben Sonderwerbeformen anbieten: z. B. Gewinnspiele, Quizsendungen, Befragung von Firmenmitarbeitern etc., die im Rahmen des redaktionellen Teils einer Sendung (jedoch auch unter Nennung des Sponsors) verbreitet werden. In den verschiedensten privaten Radiostationen im Bundesgebiet habe ich als Berater des bereits erwähnten Getränkeverbandes Gewinnspiele „on-air" veröffentlicht. In diesen Gewinnspielen mit möglichst kurzer Sendedauer wurden Informationen zur Organisation mitgeteilt, deren Inhalte dann bei den Zuhörern „abgefragt" wurden. In Gewinnspielen oder Befragungen wird der Dialog mit der Öffentlichkeit am deutlichsten sichtbar.

Wichtig ist die Auswahl der Lokalradios nach Programmkriterien (Inhalte, Sendeformen, Präsentation und Zielgruppen) als Kooperationspartner in der Öffentlichkeitsarbeit. So genannte **Dudelsender**, bei denen der Musikanteil im Programm sehr hoch ist, sind für die Wirtschaftsberichterstattung nicht unbedingt die besten Partner: Der Anteil an Wortmeldungen ist zu gering, um eine kontinuierliche Kooperation anzustreben. In vielen Städten haben sich gleich mehrere Lokal- oder Regionalsender etabliert (z. B. in Großstädten wie Hamburg, München, Berlin, Nürnberg, Ludwigshafen, Würzburg, aber auch in kleineren Städten wie Reutlingen, Freiburg, Kempten,

Straubing). Sie lassen so eine Auswahl zu, wenn man zielgruppengerechte Medienarbeit leisten will. Die Programme – am häufigsten werden sie von den Programmanbietern als so genannte „bunte Programme“ für 14- bis 50-Jährige bezeichnet – weisen damit keine gravierenden Unterschiede in den Inhalten und Präsentationsformen auf, außer in der Hörerreichweite. Das Programmspektrum reicht jedoch in extremen Fällen vom eher beschaulichen Lokalfunk bis zum engagierten politischen Alternativsender.

8. Nachrichtenagenturen: Hohe Verbreitung für Wirtschaftsinformationen

An anderer Stelle wurde bereits auf die Ausstoßkapazität an Informationen durch die Nachrichtenagenturen hingewiesen. Nachrichtenagenturen sammeln, recherchieren und verbreiten Nachrichten und Informationen. Sie beliefern die meisten Tageszeitungen und Magazine mit unterschiedlichsten Inhalten aus allen gesellschaftlichen Bereichen (z. B. dpa-Basisdienste über Inland, Ausland, Wirtschaft, Kultur, Sport etc.). Die meisten kleinen Tageszeitungen sind auf diese Informationen angewiesen. Die **Korrespondenten** und Rechercheure der Agenturen sind in regionalen Büros über ganz Deutschland verstreut (und natürlich weltweit) und berichten auch über regionale Ereignisse. Damit sind sie für Presse- und Öffentlichkeitsarbeit wichtige Ansprechpartner. Natürlich gelten auch für die Journalisten der Agenturen die Kriterien der Wichtigkeit für die Öffentlichkeit, bevor sie zu einem Termin erscheinen. Und: In der Zentrale der Nachrichtenagentur werden die Nachrichten, Meldungen und Berichte nochmals auf diese Kriterien hin überprüft, bevor sie an die Zeitungen weitergeleitet werden. Dann allerdings stehen die Chancen nicht schlecht, nicht nur lokal, sondern überregional eine Information in der Presse zu haben.

Presseeinladungen und -informationen an Nachrichtenagenturen zu schicken hat einen Vor- und einen Nachteil. Vorteilhaft für die Öffentlichkeitsarbeit von Unternehmen ist die große Distributionsbreite der Informationen über die Nachrichtenagenturen, das heißt, dass die Information an die meisten Zeitungen geht. Der Nachteil ist der **Selektionsprozess** und damit, ob eine Meldung im Apparat der Agentur hängen bleibt oder zur Veröffentlichung freigegeben wird, also, ob sie für Letztere wichtig genug erachtet wird, den Kunden (Zeitungen, Zeitschriften) per Computerabruf auf dem Bildschirm zur Verfügung gestellt zu werden. Die dpa gibt pro Tag circa 100.000 Wörter im Wirtschafts-Basisdienst heraus wobei es wiederum der Selektion der Redaktionen unterliegt, welche Artikel daraus veröffentlicht werden. Weiterer Nachteil: Nicht immer kann verfolgt werden, in welcher Zeitung oder Zeitschrift nun eine Information über das Unternehmen erscheint, da der Abruf der Nachrichten den Redaktionen vorbehalten bleibt. Genaueste Pressebeobachtung wird deshalb notwendig.

Um bei dieser Flut von Wirtschaftsinformationen gezielter vorgehen zu können, können die Redaktionen spezieller **Wirtschaftsnachrichten-Agenturen** kontaktiert werden. Die Wirtschaftsverbände in den Bundesländern betreiben Büros oder Agenturen, die ausschließlich Wirtschaftsthemen und verwandte Bereiche weitergeben (z. B. IBW, Informationszentrale der Bayerischen Wirtschaft) und somit die Chancen einer Verbreitung von Unternehmensnachrichten an die Medien und damit an die Öffentlichkeit erhöhen. Bundesweit tätig ist der „vwd", der Vereinigte Wirtschaftsdienst, der auch regionale Büros und Redaktionen in den Bundesländern unterhält. Besonders in den letzten Jahren hat sich Reuters als Nachrichtenagentur für Wirtschaftsmeldungen und -informationen profiliert. Mit dem privaten Nachrichtensender „n-tv" kooperiert die Agentur intensiv und kann auch als Ansprechpartner für größere Mittelstandbetriebe und deren Presseinformationen gelten.

Neben den Informationsdiensten der großen Nachrichtenagenturen erscheinen täglich, wöchentlich oder monatlich Hunderte von Spezialinformationsdiensten und so genannten **Newslettern** als Heftchen oder Broschüren, die berufs- und branchenspezifisch von großen Verbänden, Einrichtungen und Parteien herausgegeben werden und teilweise interessantes Insiderwissen an ihre Abonnenten verbreiten (z. B. für Medien: „Kress-Report" oder die Wirtschaft: „Platow-Brief"). Wichtig beim Medienkontakt über diese Dienste ist es, sich vorher über die Kunden, die Auflagen, die Abnehmerzahlen und die Zielgruppen zu informieren, damit die Informationen auch bei den von den Unternehmen avisierten Zielgruppen „ankommen“ und nicht irgendwo unnötig versiegen.

9. Medienneutrale Pressearbeit: „One Content fits All“?

In den letzten Jahren sind die Stichworte „Medienneutrales Publizieren“, „Cross-Media Publishing“ und „Medienverbund“ aufgekommen. Alle Bezeichnungen gehören zu einer Entwicklung, die mit der Differenzierung und Diversifizierung der Massenmedien und Spezialmedien im Zusammenhang steht. Die Vielfalt der Medien und ihre unterschiedlichen Zielgruppen haben zur Folge, dass Medienarbeiter auf diese immer differenzierteren Rezipientengruppen reagieren müssen. Deshalb müssen Informationen und Inhalte auf diese immer stärker ausufernden technischen Möglichkeiten und zugleich entstehenden **Wahrnehmungs-, Nutzungs- und Gebrauchsgewohnheiten** zugeschnitten sein. Dies jedoch erhöht den Arbeitsaufwand an der Auswertung von Mediadaten, an Recherchen, an Fachkenntnissen und auch an die Anforderungen, die Inhalte, die diese Zielgruppen interessieren, genau zu platzieren, aufzubereiten und zu präsentieren.

Die Überlegungen entstammen der Werbe- und Medienwirtschaft, bzw. sind teilweise technisch bedingt. Während die technischen Argumente durchaus nachvollziehbar sind und im Kern die Möglichkeiten ausschöpfen wollen, die durch die Digitalisierung von Informationen entstanden, ist der inhaltliche Aspekt von Cross-Media problematischer: Nämlich in allen Medien einsetzbare, zu chiffrierende und zu dechiffrierende Digital-Informationen zu generieren, zur Verfügung zu stellen und vorzubereiten, damit sie von allen diesen technischen Plattformen, Softwareprogrammen, Informationsträgern und Publikationstechniken verwendet werden und zum Einsatz kommen können. Die Grundaussagen (Basisdaten) können also von allen Medien gelesen und verwendet (medienneutral) publiziert werden. Diese Überlegungen machen das medienneutrale Aufbereiten und Publizieren in zweifacher Hinsicht sinnvoll: Zum einen spart es technischen Aufwand und rationalisiert Arbeitsabläufe, Daten sind überall einsetzbar und abrufbar („One Size fits All"). Zum anderen sind diese Daten auf den unterschiedlichsten Plattformen, Datenträgern und Publikationstechniken erweiterbar und ergänzbar durch jene Fachkräfte, die diese Techniken beherrschen. Das bedeutet, dass z. B. eine Werbe- oder PR-Information, gespeichert als Text-, Bild- oder Bewegtbilddatei in überall lesbaren, gängigen Datenbasisformaten theoretisch in allen Medien komplett oder in Teilen zum Einsatz kommen kann.

Ein weiterer Aspekt: In der Unternehmenskommunikation, im Kommunikationsmarketing und in der Werbung, ist der Trend zum **Cross-Media-Einsatz** von Daten in den letzten Jahren immer wichtiger geworden. Das betrifft nicht nur Text und Bilddateien wie z. B. Fotos und Texte von Produkten und Marken sowie deren Bilder, die in den unterschiedlichsten Medien (z. B. TV, Kino, Anzeigen, Werbebanner etc.) in ähnlicher oder gleicher Form publiziert werden. Auch das Merchandising von Produkten (z. B. Harry Potter-Artikel) über unterschiedlichste Wege und Informationskanäle hat einen Beitrag dazu geleistet, verschiedenste Medien einzusetzen, um einen hohen Wiedererkennungswert von Kernbotschaften über Produkte und Marken, Claims, Slogans und Inhalte zu erreichen. In der Werbung und für werbliche Zwecke kann also wie in der technischen Zurverfügungstellung die One Size fits All-Strategie bei den Kernaussagen („One Content fits All") durchaus Sinn machen: Man ist in allen Medien präsent, überall sind die gleichen Botschaften und Aussagen abrufbar, Identifizierung und Identifikation beim Käufer und Konsument wird geschaffen, gleichgültig, ob dieser TV-Zuschauer, Cineast, Internetsurfer oder Zeitungsleser ist. Das ZDF hat beispielsweise Ausschnitte von Sendungen und Sendekonzepte Cross-Media auf eine CD-ROM gespeichert, mit Zusatzinformationen zum Sender versehen und zudem die Online-Bestellung von Merchandising-Artikeln für Serien gleich mitverpackt. Diese Mehrfachverwertung über Cross-Media macht für eine Reihe von Branchen Sinn, nicht jedoch für Mittelstandbetriebe.[107]

107 Vgl. Hauptmaier, Helmut: Kommunikation im Medien- und Produktverbund: Funktionen des Cross-Media-Publishing für das ZDF, in: Krzeminski, Michael/Zerfaß, Ansgar (Hrsg.): Interaktive Unternehmenskommunikation, Frankfurt/M. 1998, S. 303–314

Insofern schafft das medienneutrale Publizieren zumindest theoretisch die Basis für die Integrierte Kommunikation[108] vieler Aussagen und Messages in der Unternehmens- und Produktkommunikation. Allerdings ist es eine Streitfrage in der Zunft der Werber, ob die Tendenzen zur Vereinheitlichung für alle Bereiche der Werbe- und Unternehmenskommunikation für alle Branchen und Unternehmensgrößen Sinn machen: Einerseits liegt der Vorteil in der Rationalisierung der technischen Aufbereitung und der Präsentation der Inhalte (keine anderen Claims oder Fotos), andererseits bedeutet eben genau jene Rationalisierung auch den Verlust, differenzierte Inhalte für differenzierte Spezialzielgruppen bereitstellen zu können. Der Ruf nach verbesserter Kommunikation, Verzahnung und der Nutzung von Synergieeffekten zwischen Werbung, Sponsoring, PR und nach der Einrichtung zentraler, steuernder Kommunikationsinstanzen für Unternehmen ist folglich nur bedingt richtig: Die Reaktion auf die Differenzierung der Kommunikation kann deshalb nicht Zentralisierung sein, sondern muss **Flexibilisierung** oder eine **Schwerpunktverlagerung** der Kommunikationsstrategien sein. Das bedeutet: Eine zentrale Stelle (Integrierte Kommunikation) macht dann Sinn, wenn einfache Unternehmensstrukturen und einfache Produkt- und Dienstleistungsangebote bestehen. Ist dies nicht der Fall, ist die medienneutrale inhaltliche Aufbereitung nicht angebracht, sondern Messages und Botschaften müssen je nach Rezipientengruppe fokussiert präsentiert werden. Es kann aber auch bedeuten, dass sich beispielsweise klassische Werbekampagnen mit Anzeigen und TV-Spots durch PR-Instrumentarien ersetzen lassen.[109]

Für die Presse- und Medienarbeit bzw. PR-Arbeit bedeutet Medienneutralität dies: Nach wie vor gilt das Gebot der zielgruppen- und zielmedienorientierten Aufbereitung von Unternehmensinformationen. Im Falle von einfachen Informationen, z. B. Pressemeldungen oder -berichten können die Inhalte medienneutral an alle

108 Vgl. Kontaktarme Nachbarn, o. N., in: Werben&Verkaufen, No. 29/2001, S. 25 ff

109 Im Falle der Whisky-Marke Chivas Regal hat diese Flexibilisierung funktioniert; vgl. Müller, K./Schwarzkopf, S.: Marken-PR statt Markenwerbung, in: Public Relations Forum, No. 1/2001, S. 16 ff

lokalen, regionalen Tageszeitungen oder sogar Fachblätter aufbereitet und versandt werden, wenn diese einfache, wenige Aussagen beinhalten. Damit wird es den Journalisten und Redaktionen von vornherein überlassen, die von Unternehmen verteilten Informationen zu verarbeiten und entsprechend dem Zielmedium aufzubereiten. Komplexere Artikel dagegen sollten jedoch so zielmedienorientiert wie möglich aufbereitet werden. Denn man stelle sich vor: die Reportage über ein Unternehmen in der Fachzeitschrift würde beispielsweise in gleicher Form und mit identischen Inhalten nach der Idee „One Content fits All", als Information auf der Website des Unternehmens stehen. Die Statik dieser Präsentation eines interessanten Inhalts wäre kaum zu überbieten, denn der Websurfer erwartet im Netz nun einmal eine andere Aufbereitung und Präsentation der Inhalte als in der Fachzeitschrift (vgl. Kap. PR im Netz, S. 247 ff). Beobachtbar ist auch, dass Cross-Media zunächst eher den Weg aus den Printmedien in das Internet findet, jedoch nicht umgekehrt Inhalte des Web in die Printmedien übernommen werden. So stellen AOL oder T-Online cross-media aufbereitete Inhalte von vielen Magazinen, Zeitungen oder Sendern als internen Service zur Verfügung, nur wenige Illustrierte (mit Ausnahme von Special-Interest-Magazinen, wie z. B. „Tomorrow") bieten ausführlich und kontinuierlich umgewandelte Inhalte aus dem Netz auf ihren gedruckten Seiten an. Die Hinweise auf Websites oder Homepages in den Rubriken von Publikumspresse-Titeln können ja nicht als Cross-Content gedeutet werden.

Medienneutralität und Cross-Media sind deshalb für die PR- und Medienarbeit nur in den Kernaussagen von Bedeutung, die eine zielgruppen- und zielmedienorientierte Aufbereitung dieser nicht überflüssig machen. Insofern sind die Strategien des so genannten medienneutralen Publizierens für die Presse- und Medienarbeit nur bedingt tauglich und würden konsequent angewandt ihre Wirkung reduzieren.

VIII. PR-Kommunikation: Publikationen, Interne Kommunikation, Spezielle PR

Dieses abschließende Kapitel soll einen Einblick in erweiterte Arbeits- und Hilfsmittel in der PR-, Medien- und Öffentlichkeitsarbeit geben. Ohne hier auf detaillierte Pläne und Strukturen einzugehen, werden diese ergänzenden Maßnahmen und Instrumente im Grundriss skizziert. In vielen Fällen handelt es sich um Zwitterformen zwischen der Presse-, Medien- und Öffentlichkeitsarbeit und ihren angrenzenden Kommunikationsbereichen der Werbung, Verkaufsförderung und Unternehmenskommunikation. Diese Bereiche leisten konzeptionelle und inhaltliche Beiträge zur den Aktivitäten der PR-Kommunikation (Synergieeffekte). Das Spektrum der **PR-Kommunikation** reicht von Unternehmenspublikationen über interne PR-Maßnahmen und das Sponsoring bis hin zu speziellen PR-Formen wie der Internet- oder der Event-PR.

1. Unternehmenspublikationen als Mittel der PR

Unternehmen oder Organisationen haben neben den in den vorigen Kapiteln genannten Mitteln und Wegen zum Ansprechen der Öffentlichkeit eine Reihe von flankierenden zusätzlichen und ergänzenden Informationsmöglichkeiten. Diese müssen nun nicht ausschließlich als klassische Publikationen der Öffentlichkeitsarbeit konzipiert sein, wie z. B. die Imagebroschüre, sondern sie können, auch wenn sie ursprünglich anderen Zwecken dienten (z. B. dem Jahresbericht), nützliche Dienste im Dialog mit speziellen Zielgruppen oder der gesamten Öffentlichkeit leisten.

Natürlich wird sich ein kleinerer oder mittelständischer Betrieb nie alle diese zusätzlichen Mittel der Öffentlichkeitsarbeit leisten können. Je nach Unternehmenssituation und Bedarf ist es deshalb notwendig, die Wahl für die eine oder andere Publikation zu treffen oder sie nach und nach zu realisieren. Besondere Ereignisse oder Situationen in den Entwicklungsphasen einer Unternehmung bei denen Publikationen angedacht werden, können z. B. besondere, neue Vorgaben im Unternehmen (Zieländerung), starke Veränderungen im Management, in der Produktpalette, in der Organisationsform, in der Gründungsphase oder bei Fusionen und Umbenennungen eines Firmennamens etc. sein.

1.1 Firmenbroschüren: Die Welt des Unternehmens

Oft ungemein luxuriös, mit vielen Fotos und im Vierfarbdruck, auf teurem Papier aufgemacht sind Informations- und Imagebroschüren von Großunternehmen. Die Kostengrößenordnungen schwanken je nach Aufmachung, inklusive der entsprechenden Auflage, zwischen 30.000 und 60.000 Euro, einschließlich der Kosten für Konzeption, Redaktion und Layout. Das teuerste Produkt (Umfang 54 Seiten), das ich konzeptionell und redaktionell im Auftrag einer Agentur für einen großen Automobilhersteller fertig stellen sollte, bewegte sich inklusive einer Druckauflage von rund 50.000 Exemplaren auf fast 400.000 DM zu – Kosten, die völlig überzogen sind, und ein Aufwand, den das Feed-back nicht rechtfertigt.[110]

Wie kommen solche monströsen Summen zustande? Einmal natürlich durch die Exklusivität der Aufmachung. Vierfarbfotos, viele Schrifttypen, Grafiken, umfangreiche Texte etc. sind kostenintensiv. Wenn man sich als Unternehmen die Broschüre außerdem von einer teuren CI- oder Werbeagentur machen lässt, sind die Kosten ohnehin hoch, bezahlt man den Namen der Agentur und ihren Verwaltungsaufwand mit. Firmenbroschüren mit einem Seitenumfang von mehr als 20 bis 24 Seiten sind unnötig, kostspielig und überschreiten bei den meisten mittelständischen Unternehmen den Raum, der von redaktionell zu behandelnden Themen gefüllt werden kann. Als letzter kostentreibender Punkt ist die konzeptionelle Beratung der Agenturen zu nennen, die die Bedürfnisse der Unternehmen zudem oft falsch einschätzen.

Dabei sind Firmenbroschüren durchaus ein sinnvolles Informationsmittel des Unternehmens, nach innen und nach außen. Image-

110 Firmenbroschüren oder Geschäftsberichte werden von den Zielgruppen in der Regel zwischen 3 und 5 Minuten lang eher durchgeblättert als gelesen.

oder Informationsbroschüren verhelfen dem Unternehmen zur eigenen **Identität** und zur **Identifikation** der Tätigkeiten und Leistungen: Nach innen bei den Mitarbeitern, nach außen durch grundsätzliche Information beispielsweise für Journalisten bei den Massenmedien, aber auch für Kunden, Banken, Versicherungen, Gesellschafter, Verbände, Handelskammern, Geschäftspartner, Messebesucher oder Parteien und Gewerkschaften.

Die Übergänge von Image- zu Informationsbroschüren sind für den Leser häufig kaum feststellbar. Deshalb hier kurz skizziert die Unterschiede zwischen Image- und Informationsbroschüre: **Informationsbroschüren** zeigen die gesamte Leistungsbreite, die Aktivitäten und Tätigkeiten eines Unternehmens eher unter sachlichen Gesichtspunkten. Sie vermitteln die Inhalte neutraler und sind damit inhaltlich wie optisch stärker nach journalistischen Kriterien aufbereitet. Die Themenwahl folgt redaktionellen Kriterien und zeigt die Vielfalt der „Welt eines Unternehmens", von der Entwicklung eines Betriebes über dessen Produkte bis hin zu den Geschäftsfeldern und dem Engagement des Betriebes in „non-business" Bereichen und die Aktivitäten der Mitarbeiter. Informationsbroschüren wenden sich damit an ein breiteres Lesepublikum, sind deshalb manchmal im Illustriertenstil (nicht immer konsequent am CD ausgerichtet) gelayoutet und sind zur langfristigen Öffentlichkeitsarbeit besser geeignet als Imagebroschüren. **Imagebroschüren** folgen dagegen konzeptionell und inhaltlich eher dem Zweck, das Unternehmen und seine Leistungen von den Erfolgen her zu skizzieren und darzustellen. Häufig werden Imagebroschüren mit enormem Aufwand produziert und Hochglanzpapier oder ein designter Stil der Aufmachung sind Standard. Imagebroschüren folgen stringent vorgegebenen CD-Richtlinien und sind optisch häufig ästhetisierende Produkte: Der Betrieb versucht, sich von seiner besten Seite her darzustellen, inhaltliche Schwerpunkte sind deshalb Verfahren, Produkte, Techniken, Stückzahlen. Imagebroschüren wirken beim breiten Publikum häufig beschönigend, unter Verkaufsaspekten sind sie jedoch sinnvoll. Ihre Zielgruppe sind Multiplikatoren und Geschäftspartner.

Beide Broschürenformen sind meist als Aushängeschild eines Betriebes gedacht, mit hohem Realisierungs- und Produktionsbudget ausgestattet und dürfen deshalb einiges kosten. Für die Öffentlichkeitsarbeit sollte man als Mittelstandbetrieb eine Firmenbroschüre eigentlich von Beginn an eher als Informationsbroschüre denn als Imagebroschüre konzipieren. Die stärker redaktionell-lebendig ausgerichtete Darstellung beeinflusst das Image des Betriebes langfristig positiver als eine auf den aktuellen Erfolg einer Firma abgestellte Imagebroschüre. Imagebroschüren eignen sich eher für Akquisitionszwecke, dienen der Anbahnung neuer Geschäftskontakte und Kooperationen.

Ob als Informationsbroschüre oder Imagebroschüre konzipiert, Firmenbroschüren haben trotz der Aufgabe der Informationsvermittlung und als Aushängeschild einer Firma einen gravierenden Nachteil: Da Unternehmen sich ständig in einem Entwicklungsprozess befinden, sind Broschüren inhaltlich-konzeptionell bald überholt und entsprechen nach eineinhalb bis zwei Jahren nicht mehr dem Stand der Dinge. Jedoch alle zwei Jahre eine neue Image- oder Informationsbroschüre zu entwickeln, ist zu teuer.

Deshalb einige Hinweise, wie eine **Firmenbroschüre** kostengünstig und trotzdem wirkungsvoll auch von mittelständischen Unternehmen produziert werden kann:

- Wenn der Entschluss zur Realisierung einer Firmenbroschüre gefallen ist, klären Sie in der vorkonzeptionellen Phase mit allen Geschäftsbereichen, wozu die Broschüre dienen soll und welche Inhalte mitgeteilt werden sollen!
- Legen Sie einen Redaktionsschluss und einen Erscheinungstermin (z. B. für eine Messe) des Heftes fest; unbestimmte Fertigstellungs- und Auslieferungsdaten lassen eine Broschüre nie in Druck gehen.
- Begrenzen Sie den Umfang der Broschüre entsprechend Ihrem Budget und gehen Sie nicht über 24 Seiten! (Wer nutzt schon das Heft eines mittelständischen Unternehmens wie eine Illustrierte und will immer noch mehr wissen?) Gehen Sie aber auch nicht unter zwölf Seiten, denn Ihr Heft wirkt sonst zu schmal und wie ein Prospekt!
- Gestalten Sie die Broschüre nach interessanten inhaltlichen Gesichtspunkten; texten sie journalistisch-informativ und nicht werblich; zeigen Sie die ganze Welt ihres Unternehmens, auch

seine Probleme und eventuelle Schwachstellen; erwähnen Sie Mitarbeiter; bringen Sie Reportagen und Interviews; verfassen Sie Grundsatzartikel und legen Sie Wert auf ein abwechslungsreiches, jedoch nicht verwirrendes Layout (Orientierung evtl. an guten Zeitschriften-Layouts); folgen Sie jedoch, soweit vorhanden, CD-Vorgaben, ohne sie sklavisch und zu starr anzuwenden!

- Verwenden Sie Fotos (vierfarbig) und Grafiken zur Veranschaulichung, jedoch ohne zu übertreiben. Das senkt die Kosten für Grafik und Lithographien! Achten Sie darauf, dass keine „Bleiwüsten" entstehen, also Seiten, auf denen außer Text nichts zu sehen ist!
- Nehmen Sie für die Beschreibung der Inhalte immer den aktuellsten Stand, damit Ihre Broschüre möglichst lange Gültigkeit hat! Sollte Sie doch nach eineinhalb Jahren überholt sein, behelfen Sie sich mit Einlegern, also mit in die Broschüre eingelegten aktualisierenden Einzelheiten. Das kommt billiger, als eine ganz neue Broschüre zu realisieren, und bringt den Leser trotzdem auf den neuesten Stand!
- Schätzen Sie die Druckauflage genau ab und lassen Sie nicht 10.000 Broschüren drucken, wenn Sie nur 5.000 brauchen. Aber: Bei Messen oder anderen Großveranstaltungen (z. B. Präsentationen) steigt der Bedarf an Exemplaren gewaltig!

Natürlich wird eine Broschüre wesentlich billiger, wenn man sie selbst redaktionell bearbeitet. Dies hat aber auch einen entscheidenden Nachteil: Man selbst ist betriebsblind und sieht mögliche, inhaltlich interessante Aspekte oder aufbereitenswerte Motive weniger. Ein externer Berater oder eine Agentur sehen einen Betrieb mit anderen Augen, legen, natürlich nach Absprache, Wert auf andere Schwerpunkte, damit die Broschüre ein erfolgreiches Produkt für den Kontakt mit der Öffentlichkeit wird. Firmenbroschüren können in Zusammenarbeit mit freiberuflichen, professionellen Beratern, Redakteuren oder kleineren Agenturen bereits zur Hälfte der eingangs genannten Preisgrenzen verwirklicht werden. Immer wieder wurden Firmenbroschüren als überflüssig und zu kostspielig bezeichnet, ihre Wirkung wird jedoch oft unterschätzt. Gut gemachte Firmenbroschüren wirken nicht nur durch den dezenten Firmenauftritt, sondern durch die sachliche, interessante Information. Zuweilen werden sie sogar über viele Jahre von ihren Lesern aufgehoben.

1.2 Haus- und Kundenzeitschriften: Informationen nach innen und außen

In den letzten Jahren immer stärker als ein Mittel der PR- und Öffentlichkeitsarbeit eingesetzt werden Kunden- und Hauszeitschriften oder -informationen. Viele Großunternehmen leisten sich Kundenmagazine und -hefte, um diese als After-Sales-Instrument bei der Kundenbindung einzusetzen. Aufwendig gemacht sind sicherlich die Hefte der Automobilindustrie wie z. B. das „BMW-Magazin", „Christophorus" von Porsche oder die Inflight-Broschüren der Fluggesellschaften. Auch Kreditkarteninstitute (Visa, American Express) oder Versicherungen (AOK: „Bleib Gesund") pflegen ihr Image und den Kundenkontakt über mehr oder weniger teuer aufgemachte Hefte und Heftchen. Ihre Auflage wird auf rund 340 Millionen Exemplare geschätzt, und es gibt über 2.000 einzelne Titel![111] Hier deshalb einige Hinweise zu Haus- und Kundenzeitschriften.

Wie an anderer Stelle schon angedeutet, gilt es, Öffentlichkeitsarbeit erst zu betreiben, wenn im Unternehmen Information weitgehend offen gehandhabt wird. Neben der organisationsbedingten Transparenz und dem Zugang zu Informationen ist die **Hauszeitschrift** oder **Mitarbeiterzeitung** eine gute Möglichkeit, firmenintern zu motivieren und den Dialog unter Mitarbeitern und in der Belegschaft zu fördern. Allein die Tatsache, dass es ein solches Instrument gibt, bringt einen Zuwachs an internem Image. Hauszeitungen oder Hauszeitschriften müssen keine teuren Produkte sein, wichtig ist, dass es überhaupt ein Forum gibt, das über Geschehnisse, Abläufe und Tätigkeiten des Unternehmens informiert. Der Phantasie in der Form des Auftritts sind bei Hauszeitungen keine Grenzen gesetzt. Vom vierseitigen A3-Format oder einem acht Seiten A4-Format bis zum kleinen Quaderformat, als Schwarzweißblatt mit Schmuckfarbe oder als Hochglanzheft, in halbjährlicher, vierteljährlicher oder

111 Vgl. Meyn, op. cit., S. 129

monatlicher Erscheinungsfrequenz – der Zweck und das Ziel sind Identität und **Identifikation**.

Die Hauszeitung kann dabei alle **Themenbereiche** (Ressorts) umfassen, die die Welt eines Betriebes ausmachen: Firmensport, Vereinsleben, kulturelle Aktivitäten, geschäftliche Entscheidungen, Geschäftsverlauf, neue Mitarbeiter, Jubiläen, neue Produkte, neue Maschinen, Marktentwicklungen, neue Ideen, Meinungen, externe Rahmenbedingungen der Märkte, Unterhaltung (z. B. Kreuzworträtsel, Preisausschreiben, Cartoons, schwarzes Brett) etc. Häufig sind die Inhalte von Hauszeitschriften leider eine Art Hofberichterstattung, die beschönigend die Schokoladenseite des Betriebs darstellen. Dies jedoch führt zur Langeweile beim Leser. Warum sollen beispielsweise in der Hauszeitung nicht kontrovers Inhalte diskutiert oder kritische Artikel abgedruckt werden? Als Forum der Mitarbeiter ist dies sogar notwendig und die Firmenleitung kann aus den verschiedenen Argumenten durchaus Nutzen ziehen. Gerade aus konstruktiver Kritik erwachsen dem Unternehmen Vorteile in Form von Ideen oder Innovationen in den technischen, organisatorischen oder personellen Bereichen. Das Argument „Wer zahlt, hat das Sagen“, also der Unternehmer, ist in diesem Falle verkehrt! Es ist also ungeschickt, die Meinung der Firmenleitung zu sehr in den Vordergrund zu rücken, und fördert nicht unbedingt die Akzeptanz der Zeitung und die Motivation bei den Mitarbeitern. Also: Die Hauszeitschrift nicht als Mitteilungsblatt der Geschäftsleitung missbrauchen, sondern als Austauschmedium von Informationen, und auch von Geschichten aller Mitarbeiter einsetzen, denn für die ist sie ja gedacht. Und diese sollten zur inhaltlichen Gestaltung bzw. Mitarbeit aufgefordert und herangezogen werden und ihre Beträge dazu liefern.

Ein Allheilmittel zur Identitätsförderung ist die Haus- oder Mitarbeiterzeitung jedoch nicht. Wenn organisatorische oder personelle Defizite vorhanden sind, kann sie die internen Probleme nicht lösen. Was ihre Kosten betrifft: Vielleicht lässt sich der eine oder andere Zulieferer, Kooperationspartner oder Abnehmer der Produkte, Waren oder Dienste des Hauses zu einer Anzeige im Hausblatt überreden, eine Anregung, die für kleinere Betriebe sinnvoll sein kann. Die Hauszeitung kann nicht nur die interne Motivation steigern und die betriebliche Transparenz erhöhen, sie wirkt auch nach außen und demonstriert bei den Medien oder in der Öffentlichkeit in den meisten Fällen ein weitgehend intaktes betriebliches Leben.

Bereits in ihrer Konzeption unterschiedlich ist die **Kundenzeitschrift**. Sie wendet sich direkt an die Öffentlichkeit, genauer gesagt an eine spezielle Öffentlichkeit, nämlich an die Verbraucher, Kunden, Abnehmer, Händler etc. und zählt damit zu den Instrumenten des neudeutschen Begriffs der **Customer Relations**. Ziel von Kundenzeitungen ist es, eine engere Bindung des Kunden (= Lesers) an das Unternehmen und seine Produkte zu erzielen und ihn in die Unternehmenstätigkeiten einzubinden bzw. ihn daran teilhaben zu lassen. Kundenhefte sind vor allem für den After-Sales-Bereich des Vertriebs interessant; denn die Kundenkontakte über das eigentliche Geschäft aufrechtzuerhalten und zu pflegen ist in Zeiten der Kunden und Abnehmermärkte ein wichtiges Instrument und damit wiederum ein Akquistitions- bzw. Pre-Sales-Instrument in den Strategien der **Kundenbindung**.[112]

Kundenzeitschriften haben neben der imagebildenden und personenbindenden Funktion weitere Ziele. Ihre Aufgabe besteht auch in der Darstellung von Produkten, ihrem Hintergrund, ihren Anwendbarkeiten und Anwendern, was heißt, dass die Produktinformation hier ausgefeilter dargestellt wird als z. B. in Prospekten. Service-Beiträge, Produktionsverfahren und Einsatzmöglichkeiten von Produkten, ihre Erfinder oder Gestalter, die Vertriebsmannschaft, Probleme bzw. ihre Lösung bei der Entwicklung von Produkten, auch völlig vom Unternehmen abgelöste Beiträge (Reiseberichte, Autotests) können hier publiziert werden. Informieren Sie den Leser auch über die gesellschaftlichen oder technischen Prozesse und die Relevanz der Unternehmensleistungen in diesem Zusammenhang. Der Schwerpunkt des Inhalts sollte den Leser zur Identifikation mit dem gesamten Unternehmen, seinen Aktivitäten, seinen Mitarbeitern und Produkten anregen.

Eine Kundenzeitschrift muss etwas darstellen, in der Aufma-

112 Vgl. Tomczak, Torsten/Dittrich, Sabine: Erfolgreich Kunden binden – Eine kompakte Einführung, Zürich 1997

chung und im Inhalt interessant gestaltet sein. Sonst besteht die Gefahr, dass sie neben den einfachen Werbeprospekten, Werbebriefen und sonstigen Werbeinformationen am Arbeitsplatz oder im Privatbereich der Kunden untergeht und im Papier- oder Abfallkorb verschwindet. Kundenzeitschriften sind längerfristige Projekte. Ihre Konzeption und die Budgetmittel müssen deshalb vor der Entscheidung zu ihrer Realisierung genau geprüft werden; denn eine Kundenzeitschrift, die nach einem Jahr eingestellt werden muss, ist schlecht fürs Image und war nichts als hinausgeworfenes Geld.

Manche Unternehmen (z. B. Sparkassen, Banken, Industriefirmen) leisten sich auch Bücher zum Unternehmen und lassen diese von externen Autoren verfassen. Je spannender und wechselvoller die Geschichte eines Hauses ist, desto mehr kann sich eine solche Publikation als Imageinstrument eignen. Als repräsentatives Geschenk für Multiplikatoren und Journalisten zu Jubiläen oder Fusionen bieten **Unternehmensbücher** einen detaillierten historischen Abriss über Firmen und erhalten manchen Aspekt einer Unternehmensentwicklung für die Nachwelt. Oder sie erzählen die Geschichte von Gründerpersönlichkeiten, denen damit ein „Denkma" gesetzt wird. Andererseits sind Autoren (Journalisten, Schriftsteller) solcher Werke teuer (circa 6.000–10.000 Euro, je nach Seitenumfang) und die Realisierung (Recherche, Texten/Schreiben, Illustration, Produktion) ist langwierig. Wenn die Inhalte zudem langweilig wiedergegeben sind, stehen die zumeist aufwendig hergestellten Schmöker häufig in den Bücherregalen der Multiplikatoren und verstauben.

1.3 Geschäftsberichte: Alljährliche PR

Größere mittelständische Unternehmen mit über ca. 16 Mio. Euro Jahresumsatz, über 250 Mitarbeitern und über ca. 8 Mio. Euro Bilanzsumme sind entsprechend den EG- und HGB-Richtlinien verpflichtet, ihre Jahresbilanzen zu veröffentlichen.[113]

Dies kann in Form einer Anzeige oder auch mit Hilfe eines Ge-

113 Vgl. §§ 267 u. 325 HGB, in: Beck'sche Kurz-Kommentare; Baumbach/Duden/Hopt: Handelsgesetzbuch, München 1987[27], S. 692–695 u. S. 783–788

schäftsberichtes stattfinden. Letzterer hat den Vorteil, dass er inhaltlich den gesetzlichen Vorschriften entspricht, darüber hinaus jedoch auch als ein Instrument der Öffentlichkeitsarbeit genutzt werden kann. Neben das ohnehin zu veröffentlichende Zahlenmaterial stellen viele Großunternehmen im Geschäftsbericht Einzelpunkte der Bilanz vor und berichten in Text und Grafik über das abgelaufene Geschäftsjahr; das Publikum, die Aktionäre und Stakeholder werden damit über das trockene Zahlenmaterial hinaus mit ergänzenden Informationen versorgt: das Geschäftsjahr wird plastischer, Gewinne werden doppelt geschätzt und Verluste verständlicher. Die Tätigkeiten und die Aktivitäten, die zur Bilanz des Unternehmens geführt haben, werden damit tranparenter, das Zahlenmaterial wirkt weniger abstrakt und die anonymen Angaben der Einzelposten der Bilanz in Kontoform werden mit unternehmerischem Leben erfüllt. Vor allem von börsennotierten Unternehmen, die in der jährlichen Hauptversammlung auf dem Prüfstand stehen, schätzen die Vorstände einen bunten Geschäftsbericht, der versucht, verständlich zu machen, warum die Aktie in den Keller ging.

Allerdings kann der Geschäfts- oder Jahresbericht ein noch interessanteres PR-Informationsmittel sein, wenn er textlich über den berichtenden Stil hinausreicht und auch inhaltlich rein sachbezogene Aussagen zur Bilanz hinter sich lässt. So gesehen kann der Geschäftsbericht zu einer Art jährlichem **Periodikum** des Unternehmens werden, inhaltlich und im Layout aufgeteilt in Rubriken wie bei einem Magazin oder einer Themenheft. Darüber hinaus kann man neben berichtenden Artikeln auch unabhängige, journalistische Darstellungsformen einsetzen, z. B. eine Reportage über eine bestimmte Produktionsform, ein Interview mit dem Geschäftsführer oder einen Grundsatzartikel zur Konjunktur oder der Branche. Zur verkappten Imagebroschüre sollte man den Geschäftsbericht dennoch nicht machen: Vor allem bei schlechten Zahlen werden sich die Anteilseigner über das schlecht angelegte Geld einer teuren Aufmachung des Berichts ihre Gedanken machen ...

Geschäftsberichte werden von Gesellschaftern, Geschäftspartnern und Wirtschaftsredakteuren gelesen, allerdings in der Regel selten länger als fünf bis sieben Minuten. Wichtig ist deshalb die Darstellung Ihrer unternehmerischen Highlights in prägnanter

Form, damit sie auch bei diesem kurzen Durchblättern wahrgenommen und registriert werden.

1.4 PR- und Unternehmensvideos: Lebendige Darstellung im Bewegtbild

PR- und Unternehmensfilme sind, ähnlich wie Firmenbroschüren, ein Medium zur Demonstration unternehmerischer Kompetenz und Leistungsfähigkeit. Sie folgen damit auch weitgehend deren Inhalten und Zielen. Ihre Einsatzmöglichkeiten im Dienst der Öffentlichkeitsarbeit sind ähnlich: z. B. für Messen, für Präsentationen, für die Vorführung bei Firmenveranstaltungen; und warum nicht auch zum Versand an ausgewählte Redaktionen?

PR-Videos haben gegenüber der Unternehmensdarstellung mittels gedruckter Broschüren einen großen Vorteil: Sie zeigen alle Vorgänge und Abläufe genauer, veranschaulichen die **Tätigkeits- und Arbeitsabläufe**, Vorgänge, Techniken, die Entstehung und Funktionen von Produkten besser und zeigen am Rande immer mehr auch das atmosphärische **„Arbeiten"** bzw. „Leben" in einem Unternehmen. Neben der Anschaulichkeit und der verbesserten Nachvollziehbarkeit dessen, was im Unternehmen vor sich geht, macht ein gutes Firmenvideo neugierig und ist imageträchtig. Mit Hilfe bewegter Bilder auf einem Bildschirm bleiben Menschen an Messeständen und bei Präsentationen eher stehen, weil die Informationsaufnahme vereinfacht ist – man muss nur zuschauen und hören.

Aber: Firmenfilme, heute meist mit sendefähigen Aufnahmetechniken wie U-Matic High Band, Betamax oder jüngst mit digitalen Aufnahmeträgern gedreht, sind nicht billig. Ab 30.000–50.000 Euro kosten von professionellen Videoproduktionen hergestellte Filme mit einer Dauer von sechs bis sieben Minuten. Den Kosten sind allerdings nach oben keine Grenzen gesetzt. Und dies liegt nicht nur am Treatment oder Drehbuch, sondern vor allem an der anschließenden Nachbearbeitung (Schnitt, Tricks, Animationen, Mischung, Computerbearbeitung etc.) des gedrehten Materials.

Für die Herstellung eines PR-Films sollten einige Hinweise beachtet werden, wenn Sie den Zweck und die Ziele Ihrer Produktion (Absprache mit Geschäftsleitung) festgelegt haben:

- Klären Sie, wie lange Ihr Informationsfilm maximal werden soll. Länger als sechs bis sieben Minuten sollte ein Videoband für Messestände, Firmenjubiläen, zum Versand für Geschäftskontakte oder für die Präsentation im Foyer der Verwaltung nicht werden. Sie wollen ja keinen Spielfilm drehen, der nach gewisser Zeit wegen der Wiederholung der Inhalte langweilig wird!
- Lassen Sie sich alternative Angebote für die gesamte Produktion machen; die Kosten variieren häufig von Filmgesellschaft zu Filmgesellschaft. Kleinere Gesellschaften sind oft billiger und produzieren mit den gleichen Mitteln. Vielleicht ist es sogar möglich, mit den neuen preiswerten Digitalkameras selbst die Aufnahmen zu machen und Regie zu führen.
- Legen Sie unbedingt einen Fertigstellungstermin für die Produktionsgesellschaft fest! Dies gilt für jeden einzelnen Schritt der Produktion (Treatment, Storyboard, Drehbuch, Drehtage, Schnitt, Mischung) wie für das Herstellen der Kopien.
- Arbeiten Sie selbst ein Treatment oder Drehbuch[114] aus, oder arbeiten Sie daran mit, das senkt die Kosten für die kreativen Leistungen. Halten Sie sich bei der Darstellung an länger gültige Inhalte, denn alle zwei Jahre kann man sich als Mittelständler keine neue Produktion leisten!
- Organisieren Sie die Drehtage genau, planen Sie weit voraus (circa 2 Monate) und klären Sie alle Drehorte mit dem Regisseur oder Kameramann vor Drehbeginn; begleiten Sie das Team bei jedem „Dreh“!
- Achten Sie inhaltlich auf abwechslungsreiche Darstellung, auf sachliche, nicht überschwenglich positive Aussagen und bei den Einstellungen/Szenen auf Lebendigkeit. Zeigen Sie nicht nur Maschinen, Produkte, Logos, sondern Vorgänge, Menschen und Tätigkeiten, machen Sie Statements und Interviews. Zeigen Sie die Entstehungsschritte und die Anwendungsmöglichkeiten von Produkten! Werden Sie in den Aussagen nicht zu werblich, denn Sie wollen einen Informationsfilm, keinen minutenlangen Werbespot!

114 Vgl. Field, S./Märthesheimer, P./Längsfeld, W.: Drehbuchschreiben für Fernsehen und Film, München 1987

- Wenn Sie einen Produktfilm produzieren, gilt auch hier: Menschen müssen damit in Zusammenhang gebracht werden. Einstellungen nur mit technischen Aussagen wirken leblos und unpersönlich!
- Schauen Sie, wenn es organisatorisch möglich ist, bei der Filmbearbeitung (Schnitt, Mischung) zu; Ihre inhaltlichen Hinweise können für die Bearbeitung wichtig sein! Achten sie darauf, dass die **Einstellungen** und **Schnittfolgen** zum Gezeigten passen, also nicht zu kurz, zu lang, zu schnell werden oder zu langsam.
- Wenn Ihr Unternehmen CD-Vorgaben hat entwickeln lassen, versuchen Sie, diese in Vor- und Abspann (Logo, Hausfarbe) unterzubringen und weniger in der filmischen Darstellung (es sei denn, Sie machen einen Film über CD/CI-Entwicklung); zu viel Achtsamkeit auf CD-Merkmale führt häufig zur ästhetisierenden Darstellung banaler Vorgänge, die in Starrheit mündet.
- Lassen Sie genügend Kopien (je nach Einsatz) von ihrem Film ziehen, behalten Sie die Aufnahmekassetten und das so genannte Masterband (das fertige Filmprodukt, von dem Kopien gezogen werden).

Ganz wichtig bei der Produktion eines Firmenvideos ist neben der Bilder- und Schnittfolge und des originalen, unverfälschten Aufnahmetons der Filmtext: Printtexte schreiben ist eine Sache, für bewegte Bilder texten eine andere. **Filmtexte** müssen fürs Hören geschrieben sein, also allgemein verständlich und kompakt sein. Gleichzeitig müssen sie zu den Bildern passen, die gezeigt werden. In der Regel sind im Treatment/Drehbuch die Sätze zu den Einstellungen oder Bildern festgelegt. Achten Sie bei der Mischung des Materials jedoch auf die Flexibilität der Aussagen, die manchmal verlängert oder zumeist gekürzt werden müssen. Textpausen sind oft sinnvoll, wenn sie zum Bild passen, wirken jedoch wie Textlücken, wenn die Bilder davonlaufen. Auch die Musik muss wohldosiert eingesetzt werden, denn sie bringt Emotionen ins Spiel: Technomusik passt vielleicht zu raschen Roboterbewegungen, allerdings weniger zu einer Landschaft.

Da Videofilme kostspielige Produktionen sind und von mittelständischen Unternehmen in der Regel mit firmenunabhängigen

Produktionsfirmen hergestellt werden, ein Tipp zur Kostensenkung: Suchen Sie auf dem freien Markt nach Redakteuren und Kameraleuten, die freiberuflich bei TV-Stationen tätig sind oder waren. Die **Kooperation** mit diesen kann zur Einsparung der Kosten führen, und Produktionen im oben angegebenen Umfang können bis zu einem Drittel kostengünstiger werden. Die Qualität des Videofilms ist dabei weder schlechter noch weniger professionell, im Gegenteil: TV-Redakteure oder Reporter sind mit der Materie „Kurzer Film" vertraut, denn in ihrer alltäglichen Arbeit bei den TV-Sendern produzieren sie oft Beiträge in ähnlicher Länge (z. B. für Magazin-Sendungen) und haben deshalb ein Gespür für die sachliche, kurze Information sowie ihre filmische und textliche Umsetzung, auch in der Darstellung spezieller Probleme.

Die imagebildende Wirkung von gut gemachten Firmenvideos ist inner- und außerhalb des Unternehmens nicht zu unterschätzen. Dank des Mediums können Unternehmen, besser als bei der gedruckten Information, lebendiger und anschaulicher skizziert werden. Unternehmensintern können PR-Filme als Mittel zur Identifikation der Mitarbeiter mit der Firma, den Produkten und den Arbeitsabläufen eingesetzt werden. Bei einer Vorführung schaffen sie neben der Transparenz und der Verdeutlichung des eigenen Arbeitens und Tätigseins auch eine willkommene Abwechslung im Arbeitsalltag. Außerhalb der Firma verdeutlichen und zeigen PR-Filme die Leistungsbreite, das Know-how, den technischen Stand eines Unternehmens und können zu Akquisitions-, Informations- und Präsentationszwecken sowie auf Messen eingesetzt werden.

2. Interne PR-Maßnahmen: Motivation und Transparenz

Nicht uninteressant sind interne Maßnahmen, die mehrere Ziele gleichzeitig verfolgen und neben der Haus- oder Mitarbeiterzeitschrift durchgeführt werden können. Die Weihnachtsfeier, das Betriebsfest oder der Abteilungsumtrunk gehören zu den Standards solcher Motivations- und Informationsmaßnahmen.

Darüber hinaus gibt es eine Vielzahl weiterer Maßnahmen, Initiativen und Aktivitäten, die einer Organisation hilfreich sein können, beispielsweise dem Betriebsklima förderlich sind, der Motivation dienen und die Loyalität der Mitarbeiter zur Arbeitsgruppe und zum gesamten Betrieb steigern. Zudem lassen solche internen Kommunikations- und Informationsmaßnahmen die Arbeit des PR- oder Informationsmitarbeiters auch im Hause erfolgreich gestalten und tragen zur Transparenz im Unternehmen bei. Interne PR werden häufig auch als **Labor Relations,** als Internal Relations oder als **Interne Kommunikation** bezeichnet. Interne Kommunikation kann sich einerseits auf das interne Informationswesen eines Betriebes begrenzen: Von der einfachen Wandzeitung bis zur Mitarbeiterzeitschrift (von und für die Mitarbeiter), von der Hauszeitschrift (management- und imageorientiert) bis zur Werkszeitung (z. B. im Boulevardstil) oder internen Informationssystemen via LAN (lokale PC-Netzwerke) mit Redaktionssystemen für einzelne Arbeitsgruppen und Geschäftsbereiche sind alle Formen der Kommunikation denkbar.

Andererseits kann Interne Kommunikation viel umfangreicher sein und greift dann in organisatorische Strukturen und Abläufe ein. Die Aufgabengebiete können beispielsweise sein: Die Durchsetzung von Corporate Identity-Strategien, die Erarbeitung und Festlegung von Unternehmensleitlinien, die Entwicklung und Fixierung von Visionen und Unternehmenszielen, die Implementierung von Merkmalen einer Unternehmenskultur, die Gestaltung von Arbeitsabläufen im Teamwork, die Kommunikation zwischen Arbeitsgruppen und Abteilungen oder auch Kommunikations- und Motivationsschulungen in Workshops etc.

Bei allen internen Kommunikations-Maßnahmen sowohl im Bereich von Publikationen oder auch umfassenderen organisatorischen Kommunikationsinstrumenten gelten folgende Bedingungen:

(1) Für die Zielgruppen (Einzelpersonen, Gruppen) müssen relevante Inhalte vermittelt werden.
(2) Die Informationen müssen einen Rückkanal (Feed-back) haben, um Kommunikation zu ermöglichen.
(3) Die Kommunikation und die Information und damit die Kooperation müssen institutionalisiert sein.
(4) Die Kommunikation muss systematisiert und koordiniert, der Informationsfluss gewährleistet sein.

(5) Die Kommunikation muss offen gehalten werden, um Inputs einer interessanten und interessierten Umwelt (Individuen, Gruppen) zu ermöglichen.

Was bei Großbetrieben mittlerweile häufig zum Alltag gehört, bedeutet für kleinere und mittlere Betriebe oft einen nicht unerheblichen Aufwand an Zeit und Kosten. Damit zumindest ein Anfang für Interne Kommunikation gelegt wird, können diese Betriebe folgende **Veranstaltungen** initiieren. So etwa eine kleine hausinterne Demonstration über die Entstehung der Presseartikel, die eine Ausstellung über die gesamte Entwicklung der PR- und Pressearbeit des Hauses (z. B. auch mit Artikeln aus früheren Medien), das Aufzeigen der Entwicklung von Anzeigenmotiven oder von Prospekten im Laufe der Jahre, der Aushang einer Fotoserie über die Fertigungsabläufe einer neuen Maschine, der interne Betriebsrundgang durch die neue Produktionshalle, der Besuch von einzelnen Arbeitsgruppen oder Teams bei anderen Abteilungen, um Arbeitsabläufe zu erklären, die Ausstellung von lokalen Künstlern im Foyer des Unternehmens, die Präsentation eines neuen Auftrages und seine Anforderungen für alle Mitarbeiter, die Dokumentation über einen erfolgreich abgeschlossenen Auftrag oder ein beendetes Geschäft. Diese internen Kommunikationsmaßnahmen sind auch für kleinere Unternehmen und Firmen erschwinglich und gehören zu den Aktivitäten der internen Motivation, zu denen neben den Mitarbeitern des Hauses deren Angehörige, die Geschäftspartner oder auch die Öffentlichkeit eingeladen werden können.

Solche Maßnahmen fördern die Interne Kommunikation und können der Kern weiterer und umfangreicherer Aktivitäten werden, die mit dem Wachstum eines Betriebes einhergehen. Sie bieten Gesprächsstoff, schaffen Transparenz, bringen Auseinandersetzung mit dem Betrieb, steigern das Selbstbewusstsein der Mitarbeiter und verdeutlichen seitens der Unternehmensleitung bzw. der PR-Abteilung, dass die übrigen Belegschaftsmitglieder nicht nur als isolierte Arbeitskräfte gesehen werden, sondern als Menschen, die zum Unternehmenserfolg beitragen.

3. Investor und Customer Relations: Spezielle Zielgruppen ansprechen

Seit einigen Jahren, spätestens jedoch seit dem Börsenboom ist der Begriff der so genannten Investor Relations als Teil der Public Relations entdeckt worden. Im Grunde bezeichnet dieser nichts anderes als die Pflege der Kontakte zu den Investoren, Finanzpartnern, Anteilseignern einer Firma und die Versorgung dieser mit Informationen zum Unternehmen. Große **Kapitalgesellschaften** der Industrie, Banken, Versicherungen etc. haben sich dieses spezielle Segment der Stakeholder ausgesucht, um diese Partner über die Geschicke eines Betriebes und seiner Tochtergesellschaften auf dem Laufenden zu halten. Die persönliche Einladung zur Vollversammlung und die Bewirtung der Aktionäre ist dabei schon eine Selbstverständlichkeit, die natürlich beispielsweise auch Kleinaktionären zuteil wird.[115]

Investor Relations konzentrieren sich damit vor allem auf für die **Investitionen** von Kapitalgebern interessante **betriebswirtschaftliche Mitteilungen**: Vorhaben in der strategischen Planung, bei den Investitionen und Ausgaben, den Umstrukturierungen und Rationalisierungsmaßnahmen, das Finanzgebaren oder die Kapitaldecke und natürlich die Gewinnerwartungen und Aussichten des Unternehmens sind Themen der Investor Relations. Neben der Information der Investoren in Form von **Info-Briefen**, Mitteilungen, **Newslettern**, dem Versand von Broschüren und Unterlagen, stehen den Unternehmen natürlich eine Reihe von Maßnahmen zu Verfügung, die die Kontakte intensiveren und den Service für diese spezielle Zielgruppe erhöhen: Informationsveranstaltungen und jederzeit abrufbare Informationen auf der Homepage von Unternehmen gehören zu diesen ergänzenden Kontaktmöglichkeiten. Nur den Großinvestoren sowie institutionellen Anteilseignern und Fondsgesellschaften sind dagegen auch interne Informationen und persönliche Kontakte zum Management vorbehalten. Investor Relations kommt heute

115 Vgl. Häring, Christian: Einfluss von IR auf klassische PR-Arbeit, in Public Relations Forum, No. 04/2000, S. 175–179

eine große Bedeutung zu, da es aus der Sicht des Kapitalnehmers nicht nur bei einem einmal investierten Betrag der Investoren bleiben soll, sondern auch um künftige Geschäfte und Finanzspritzen sowie den Kauf von Aktien auf dem freien Markt oder auch bei der Ausgabe von jungen Aktien oder Vorzugsaktien zur Kapitalschöpfung. Investor Relations sind deshalb gleichzeitig auch immer Customer Relations.

Die Nähe und die inhaltlichen Überschneidungen zur Presse- und PR-Arbeit für breitere Zielgruppen legt natürlich nahe, dass neben dem Finanzhintergrund des Unternehmens in die Informationen der Investor Relations auch Produkt- und Bracheninformationen einfließen oder die Investoren auch über Marktentwicklungen und Kundengruppen informiert werden. Da sich dieses Werk eher der mittelständischen PR verpflichtet fühlt, sollen weitere Informationen zu Investor Relations der besonderen Literatur hierzu überlassen bleiben.

Eine weitere Spezialzielgruppe sind die Kunden. Für sie wurde im Zusammenhang mit den Kundenbindungsstrategien des Marketing und der PR-Kommunikation der Begriff der **Customer Relations** entwickelt. Es steckt die Idee dahinter, dass ein Kauf oder die Inanspruchnahme einer Dienstleistung immer auch bedeutet: Nach dem Kauf ist vor dem Kauf. Customer Relations bestehen deshalb aus zwei Bereichen: den Maßnahmen zur Gewinnung von Neukunden und der Betreuung der bestehenden Kunden, die für jedes zu tätigende Geschäft wieder umworben und gewonnen werden müssen. Ein Teil des Instrumentariums für den Kundenkontakt wurde schon an anderer Stelle erwähnt. Als klassische Instrumente der Kundenbindungs-PR können dabei Tage der offenen Tür oder die Kundenmagazine oder Anwender- und Verbraucherzeitschriften angesehen werden, wie sie skizziert wurden. Neben dieser Form der Kundeninformation bestehen natürlich weitere Möglichkeiten wie der Aufbau von **institutionalisierten Kontakten,** die auch cross-media oder werblich eingesetzt werden können. Im Nahrungsmittel und Konsumgüterbereich gehören beispielsweise regelmäßige Verköstigungen (Weinproben, Speiseproben) dazu oder die Einrichtung von Teststudios, bei denen Kunden tatsächlich kochen können. Das Maggi Kochstudio beispielsweise besteht nicht nur virtuell im Fernsehen, sondern existiert tatsächlich und kann für Kochtests mit potentiellen Kunden eingesetzt werden. Das Kochstudio dient also dem direkten Kontakt zum Kunden, kann mit TV-Werbespots beworben werden und kann zu Fachzeitschriften-PR genutzt werden.

Für Handel und Gewerbe bestehen ebenso Chancen zur Kundenbindung via PR: Betriebsfeste, Warenproben, Testprodukte, Give-Aways (kleine kostenlose Geschenkartikel) und Gimmicks, also Aufmerksamkeiten (z. B. Geburtstagswünsche mit Karten an Kunden, Weihnachtskarten etc.) und Preisausschreiben. Ebenso sind heutzutage **Informationsservices** (Newsletter in Printausgabe oder elektronisch via E-Mail oder eine sinnvolle Homepage) solche Instrumente. Ergänzt werden können diese durch den Versand oder die Bereitstellung von digitalen Medien, wie beispielsweise CD-ROMs, die über das Unternehmen und seine Produkte für diese spezielle Kundengruppe Auskunft geben.

Alle solche Maßnahmen und Instrumente haben mit Public Relations, aber auch klassischer Werbung und dem Kommunikationsmarketing zu tun und gehören zum gesamten Repertoire des Kontaktes zu speziellen Öffentlichkeiten, hier der Kunden. Wichtig bei diesen Initiativen ist es, dass sie aufeinander abgestimmt und synchronisiert werden. Die Botschaften sollten am besten für den Einsatz in mehreren Medien entwickelt werden. Die Wirkung der gemeinsamen Maßnahmen und Initiativen soll die **Personalisierung** und die **Individualisierung** des Kunden sein: Sie sollen seinen Kontakt und sein Zugehörigkeitsgefühl zum Betrieb und seinen Produkten verbessern und erhöhen. Der Kunde soll sich persönlich betreut fühlen und er soll den Eindruck bekommen, keine anonyme Nummer zu sein, sondern ein schätzenswerter Mensch mit individuellen Bedürfnissen, der sich aufgehoben bei diesem Unternehmen mit diesen Produkten fühlt.

Ob Investor oder Customer Relations, drei Punkte gilt es bei den Maßnahmen zu diesen speziellen PR-Formen zu beachten:

- Sie müssen kontinuierlich stattfinden und konsequent umgesetzt werden.
- Sie müssen synchronisiert aufeinander abgestimmt sein.
- Sie müssen personalisiert sein und den Kunden individualisieren.

Trotz aller vermittelten Kommunikations-Instrumentarien: Die beste und wirkungsvollste Kundenbindungs-PR ist überflüssig, wenn nicht der persönliche Kontakt zwischen Investoren und Unternehmen, zwischen Kunden und Betrieb besteht. Im persönlichen Gespräch sind Freundlichkeit, Aufmerksamkeit, Hilfsbereitschaft sowie Flexibilität und ein qualitativ hochwertiges Produkt (auch Dienstleistung und Waren) die wirklichen Instrumente der Customer Relations.

4. PR im Internet und Multimedia

Seit Mitte der 90er Jahre des letzten Jahrhunderts geistern sie durch die Vorstellungswelt der Medienmacher, PR-Mitarbeiter und der Werbetreibenden: Das Internet ist das Kommunikationsmedium der Zukunft und Websites sind das Aushängeschild der Unternehmen. Über das Netz ließe sich in dieser Welt alles machen: Kommunizieren, Informieren, Demonstrieren, Präsentieren, Buchen, Bestellen, Einkaufen, Verkaufen ... Das Internet wurde zur perfekt auszubauenden, vernetzten Parallelwelt, die für den Einzelnen und Gruppen, den Bürger und den Staat, den Konsumenten und die Wirtschaft zum bequemen Allheilmittel der Kommunikations- und Wirtschaftskrise wurde. Mittlerweile ist Ernüchterung eingetreten und der Blick auf das neue Medium, die Internetwirtschaft und seine Gebrauchs- und Einsatzfähigkeit, ist kritischer geworden. Dabei ist der Absturz der hochfliegenden und an der Börse hochnotierten neuen Unternehmen des Internet und der entstandenen Dienstleistungsunternehmen vermutlich nicht nur auf ihre mangelnde ökonomische Basis zurückzuführen.

Vielmehr könnte der Grund für die zu geringe Akzeptanz des Netzes als ökonomisches Instrument tiefer liegen – beispielsweise in den evolutionär bedingten Gewohnheiten der menschlichen Interaktion und des menschlichen Kommunikations- und Wahrnehmungsapparates. Ein Kauf im Internet bleibt ein virtueller Akt, der Klick auf einen Button zum Kauf einer Ware ersetzt den realen Handschlag nicht, die E-Mail- oder SMS-Kommunikation kann reale Gegenwart eines Gesprächs- oder Verhandlungspartners im

Augenkontakt nicht ersetzen und der **kognitive Aufwand** zu kommunizieren, könnte für die Individuen einfach zu hoch sein.[116] Hinzu kommt, dass die Form der Kommunikation, die sich in der hohen Beliebtheit der Chats, Diskussionsforen und Communities zeigt, aus anderen Gründen entstand, als aufgrund der Suche nach wirtschaftlichen Fakten und Daten: Diese Kommunikationsforen schätzen und nutzen bestimmte Zielgruppen (z. B. die Profi-User) unter Umständen nur als Basis für den Austausch von Informationen und für Branchen- oder persönlichen **Klatsch**. Da Gerüchte und Meinungen zur Pflege des grundsätzlichen Kommunikationsbedürfnisses des Menschen gehören, findet gerade in den Foren nicht der Austausch von harten Infos statt, sondern Spekulationen und Vermutungen um Inhalte. Außerdem könnte das Medium selbst die Botschaft und damit das Faszinierendste am Internet sein.[117]

Die genannten Überlegungen lassen nicht gerade den Schluss zu, dass dem Internet als Basis für Wirtschaftskommunikation, für das Online-Marketing oder die Internet-PR eine rosa Zukunft bevorsteht. Es ist deshalb keine Bilderstürmerei, wenn ich behaupte, dass Internetpublikationen und damit also bebilderte, bunte Internet-PR nur einen begrenzten kommunikativen Wert für die aufkommende, vernetzte Cyber-Society hat.[118] Der kommunikative Wert für Wirtschaftsinformationen ist nur erreichbar und damit auch erfolgreich, wenn ganz bestimmte Bedingungen dieses Mediums erfüllt sind. Erst dann erweist sich die PR im Internet als ein sinnvolles und ergänzendes Instrument zu den bereits skizzierten PR-Maßnahmen.

4.1 Publikationen im Internet: Anders als in Printmedien

Grundsätzlich unterscheidet sich die Präsentation von Inhalten in elektronischen Publikationen, Netz-Publikationen oder in Softwareprogrammen von der Darstellung von Inhalten in Printmedien

116 Vgl. Bild der Wissenschaft online: Der Mensch ist nicht für die virtuelle Kommunikation geschaffen, http://www.wissenschaft.de, 22. 08. 2001

117 Vgl. Bolz, N.: Der geschwätzige Affe, in: Der Spiegel, No. 12/2001

118 Vgl. Bühl, Achim: Cybersociety – Mythos und Realität der Informationsgesellschaft, Köln 1996

durch drei Merkmale: Das Medium ist verschieden und damit die Wahrnehmung seiner Inhalte, die Aufbereitung und Abrufbarkeit der Inhalte erfolgen unterschiedlich und ergo sollten durch die ersten beiden Bedingungen auch die Inhalte anderer Natur sein.

(1) Zunächst zum **Medium**: Das Internet wird anders wahrgenommen als ein Printmedium. Es wird in anderer Körperhaltung rezipiert, die Augen sind stärker beansprucht als bei Printmedien, die Handhabung zum Abruf der Informationen ist eine andere und es werden andere Körperfunktionen aufgerufen. Man sitzt zumeist am Medium Internet und es muss anders bedient werden. Im Gegensatz zur Zeitung oder dem Magazin, die einfach gelesen werden und deren Seiten man umblättert, erfordern Software-Programme und das Internet einen höheren **Bedienaufwand** (z. B. Mausklicks, Mausbewegungen, Tastatur- und Texteingaben), der mit dem Auge stark koordiniert sein muss. Um Informationen zu bekommen, ist zudem der Zwischenschritt des Öffnen neuer Fenster oder Programme notwendig, was den Aufwand, um zur Information zu gelangen, erhöht. Die **quasi-chaotische Struktur** des Netzes erfordert bereits beim Einstieg in die Suche nach Informationen eine ganze Reihe von Eingaben (Einschalten eines PC, Aufruf von Zugangsprogrammen, Aktivierung von Suchmaschinen, Portalen, Links), demgegenüber das Aufschlagen einer Zeitung wie eine stupide Tätigkeit erscheint. Hinzu kommt die Begrenztheit des Anschlusses, also der Nutzung. Zwar steht der Mobilfunk weitgehend überall zu Verfügung, es sind jedoch immer technische Instrumente (PC, Modem, ISDN-Anschluss, Handy, Notebook, UMTS-Gerät) notwendig, um sich einzuloggen. So werden die inhaltliche Vielfalt und Fülle des Mediums sowie auch dessen weit reichende Mobilität und seine potentiell ubiquitäre Präsenz durch den **technischen Einsatzaufwand**, der gleichzeitig seine Voraussetzung ist, wiederum reduziert. Diese motorischen, taktilen und haptischen sowie technischen Voraussetzungen bedeuten, dass das Internet zwar mannigfaltigen, aber nicht universellen Zielgruppen zur Verfügung steht.

(2) Die Aufbereitung der Inhalte im Internet erfolgt auf der Basis vielfältiger Möglichkeiten von Softwareprogrammen: Sie kön-

nen ohne großen technischen Aufwand problemlos bebildert und animiert werden, Farben und unterschiedlichste Textformen, aber auch grafische Lösungen sind möglich. Hinzu kommt, dass **Links** (Querverwiese) auf andere Inhalte und Aussagen den eigentlichen Wert des Netzes ausmachen, was es wiederum zu einer unerschöpflichen Informationsquelle macht. Nicht genug damit: Daten können hin und her geschoben werden, heruntergeladen oder hochgeladen werden, Originalinhalte können ergänzt, verändert und weitergeschickt werden. Demgegenüber wirkt natürlich ein Buch, eine Zeitung oder ein Printmagazin wie ein Relikt aus der Steinzeit. Gleichzeitig sind die unbegrenzten Möglichkeiten des Netzes und seine **Darstellungsvielfalt** von Inhalten auch sein Manko: Zunächst ist da die Sprache, zumindest im World Wide Web: Um die gesamte Fülle von Informationen abrufen zu können, muss der User zumindest des Englischen mächtig sein und sich zudem mit Anglizismen und Web- bzw. internetspezifischen Ausdrücken ein wenig auskennen. Für die ganz große Masse von potentiellen Usergruppen ist diese Bedingung bereits ein Hindernis, wirklich kommunizieren zu können, also Inhalte und deren Bedeutung zu begreifen. Sofern man diese Voraussetzungen zum Abruf von Informationen im Internet erfüllt, ist der User noch mehr gefordert: Zum Informationskern, den der User eventuell gefunden hat, wird er mit einer Fülle weiterer, ergänzender und zusätzlicher, häufig auch **redundanter Informationen** befrachtet, und überladene Websites und Homepages erschweren umgekehrt die gezielte Suche nach und die Rezeption von Information. Die Folge: Informations-Überfluss und Verwirrung der Wahrnehmung. Vor allem immer neue Softwareprogramme, der Ausbau der Werbung im Internet und die werbetreibende Wirtschaft waren Protagonisten und Urheber dieser Überfrachtung.[119] Obschon in den letzten Jahren klarere Strukturen ins World Wide

119 Die Wirtschaft und die Werbung propagierten intensiv die Chancen von Werbeinformationen im Internet, begriffen die technischen Möglichkeiten als Spielwiese und Experimentierfeld, was enorm zum Verlust der potentiellen Klarheit der Struktur von Informationen im Internet beitrug!

Web und das Internet Einzug gehalten haben (Portale, Suchmaschinen, neue Domain-Extensions), blinken auf der großen Anzahl der Websites und Homepages eine Reihe von Werbebannern, öffnen sich ungewollt für den User Popup-Menüs, bewegen sich Bilder mehr oder weniger ruckartig, blinken Grafiken in bunten, schrillen Farben, wechseln Schriften unentwegt ihre Größen oder wandern ungewollt Links über den Bildschirm. Ein Klick genügt und schon ist der User auf einer neuen Website, von der er nie wieder zurückkehrt, nicht weil er nicht mehr will, sondern weil viele kein Zurück ermöglichen – „lost between time and space". Printmedien dagegen bieten Ordnung, Ruhe, Strukturen, die die Selektion von Informationen einfacher, berechen- und erwartbar und damit weniger anstrengend ermöglicht.

(3) Die bisherigen **Usergewohnheiten** und die Rezeption des Netzes und deshalb auch die Zielgruppen sind eine Folge der beiden genannten Punkte. Die beiden User- und damit Zielgruppen lassen sich in die Professionellen User und in die so genannten Public Surfer einteilen (vgl. Kap. III.14). Ihre „Anwesenheit" im Internet und damit die Chance, dass sie als Rezipienten für PR-Inhalte eines Unternehmens in Frage kommen, lässt sich in etwa so unterscheiden: Während der professionelle User, also der Profi-User, das Netz als berufliches Instrument begreift und gezielt Homepages und Websites aufsucht, Suchmaschinen aktiviert und spezielle Portale nutzt, ist der Public Surfer ein Gelegenheitsbesucher von Sites, dessen Interessen an bestimmten Informationen eher zufälliger Natur sind. Die beiden typisierten Pole der Zielgruppen lassen sich wie folgt charakterisieren. Der **Profi-User** ist jener, der interessant für die PR im Internet gelten kann: Zu diesen Zielgruppen gehören z. B. Journalisten, Medienschaffende, Geschäftsleute und -partner, Kooperationspartner, Multiplikatoren und Branchenkenner, evtl. interne Angestellte, die auch als **Online-Workers** (Webmasters, Online-Journalisten, E-Commerce-Unternehmen) tätig sind. Diese User sind daran interessiert, rasch und problemlos an die Informationen zu gelangen, die sie abrufen möchten, diese herunterzuladen oder Dateien weiter zu verschicken. Sie suchen Kernaus-

sagen, Botschaften, manchmal Zusatz- und ergänzende Informationen. Sie nutzen das Netz auch häufig für den beruflichen Datentransfer. An bunten Bildern und verspieltem Aufbau einer Page sind sie weniger interessiert, an Foren und Communities nehmen sind sie allenfalls aus besonderen Anlässen teil und sie sind eher enttäuscht oder sogar verärgert, wenn zu viel redundante Informationen bereitgestellt werden und ihnen der Weg zu den gewünschten Inhalten schwer gemacht wird, weil dies zu viel Zeit kostet. Profi-User sind aus beruflichen Gründen häufig mehrere Stunden pro Tag online oder rund um die Uhr am Netz angeschlossen.

Beim **Public Surfer** verhält es sich anders: Er ist der Allerwelts-User, nutzt das Netz eventuell für sein Homebanking, bucht hin und wieder eine Reise, an manchen Abenden ist er in Spezialchats zu finden und er klickt sich regelmäßig oder ab und zu in ein Forum ein bzw. ist Mitglied in einer Community. Er hat Interesse am Kontakt mit Menschen, er sucht den Austausch und ist im Netz eher aus Freizeit- oder Ablenkungsgründen zu finden, er loggt sich also zeitweise im Netz ein. Gezielte Informationssuche findet bei ihm nur punktuell und eher zufällig statt. Der Public Surfer ist multimedial orientiert, freut sich über die Abwechslung auf dem Schirm, und wenn er auf interessante Informationen stößt, freut er sich an Dateien, die er herunterladen kann (Bilder, Bewegtbilder, Texte etc.) und an Diensten, die ihm etwas bringen, wie z. B. Updates für seine Software oder Spiele. Da der Anteil beider Zielgruppen in den nächsten Jahren steigen wird und den Anteil der ehemals als Cyberfreaks bezeichneten User relativieren, sind beide Gruppen für PR im Netz interessant.[120] Solche hochspezifischen Zielgruppen wie die beschriebenen haben Printmedien in den seltensten Fällen Allenfalls Fachzeitschriften oder Wissenschaftspublikationen haben Lesergruppen, die den Profi-Usern vergleichbar sind. Der Public Surfer ist andererseits noch am ehesten mit dem Illustrierten- oder Special-Interest-Titel-Leser vergleichbar und dennoch unterscheidet er sich durch sein relativ hohes Kommunikations- und Kon-

120 Vgl. Fuchs, Peter/Möhrle, Hartwin/Schmid-Marwede, Ulrich, op.cit.

taktbedürfnis von diesem. Das Web bietet damit eine Leistung, die Printmedien kaum erfüllen können.

Das Internet ist damit hauptsächlich ein **Datenübertragungs-Medium**, das mit einigen Ausnahmen sogar eher text- als bildorientiert zu nutzen ist und von den wichtigsten Usergruppen auch als solches eingesetzt und gebraucht wird. Jede Konzeption für eine Homepage sollte sich diese Schlussfolgerung zu Eigen machen und die Inhalte entsprechend einer **Informationsplattform** gestalten und aufbereiten.

4.2 Darstellung der Inhalte: Zumeist für spezielle Zielgruppen

Es scheint vor dem Hintergrund wichtig zu erkennen, dass sich die üblichen Zielgruppen von Printmedien im Internet nicht ohne weiteres, wenn überhaupt, ansprechen lassen. Für jedes Unternehmen ist dies die Voraussetzung, um den Kosten- und Pflegeaufwand für seine Internet-PR gezielt und professionell einzusetzen. Je nach Branche können also die User-Gruppen stärker in Richtung Profi-User und/oder Online-Worker oder in Richtung Public Surfer tendieren. Wobei letztere Zielgruppe für viele Mittelstandsunternehmen oder auch Gewerbebetriebe eher nicht in Frage kommt, weil sie neben der Diffusität ihrer Interessen und Netzgewohnheiten zudem für lokale oder regionale PR-Aktivitäten im Internet kaum Interesse zeigt. Es ist muss also klar sein, dass Internet-PR zumeist für **spezielle Zielgruppen** gemacht werden soll und in den wenigsten Fällen für ein breit gestreutes Massenpublikum gedacht ist. Daraus folgt: Dem allgemeinen Wahn der Webmaster und Webdesigner zu folgen, die das technisch Machbare als oberstes Gebot begreifen, ist ein unnötiger, weil verpuffender Zeit-, Pflege- und Kostenaufwand.

Folgende Tipps zum Aufbau der Struktur einer PR-orientierten Homepage und der Aufbereitung der Inhalte:

Klären Sie vor der Umsetzung des Projekts, ob Sie die **Manpower**, die Zeit und das Geld für eine PR-orientierte Homepage ausgeben wollen bzw. können. Eine **Homepage** ist mit ungefähr 3.500 bis 5.000 Euro von externen Beratungs- oder Webdesignfirmen auf die Beine zu stellen. Viele Unternehmen haben jedoch auch die Möglichkeit, eigene Mitarbeiter mit dem Entwurf und der Pflege zu beauftragen. Nicht das **Design** der Homepage oder die **Plazierung** von sinnvollen PR-Inhalten im Internet sind deshalb das größte Problem, sondern die **Pflege** der Inhalte, nachdem man online gegangen ist. Eine Homepage, die monatelang nicht verändert bzw. upgedatet wird, ist für PR-Belange überflüssig.

Der Aufbau Ihrer Homepage zur Verbreitung von PR-Inhalten sollte einfach, klar und logisch sein. Vermeiden Sie eine überflüssige Tiefe Ihrer Homepage (wenige *.htm-Adressen) und verzichten Sie bereits in der Planung des Auftritts (Skizze des Homepageaufbaus mit den Inhalten auf jeder Seite und den Links zwischen den einzelnen Pages) auf zu viele **Subpages** oder Subsites (URL); achten Sie auf einen einfachen, verständlichen **Aufbau der Bedienerführung**, der durch eindeutige Symbole und Zeichen gewährleistet wird, und überfrachten Sie Ihre Pages nicht mit unnötigen grafischen Rahmen, Kästchen, Bildern und Flash- oder Gif-Animationen oder Popup-Fenstern und zu vielen Scrollboxen, die den Betrachter vom Wesentlichen, nämlich den zu erhaltenden Informationen, ablenken. Natürlich sollten Sie Ihre Logos oder Firmenslogans entsprechend dem Corporate Design unterbringen. Legen Sie nur **Links** zu wirklich für den Zugreifer (User) interessanten Adressen (evtl. zum Verband oder zu kooperierenden Unternehmen). Telefon- und Fax-Nummern, Firmenadresse, Ansprechpartner, E-Mail-Adresse sind Standardinformationen auf jeder Homepage.

Achten Sie bei der **Aufbereitung der Inhalte** darauf, dass Sie nur das Wichtigste über Ihr Unternehmen plazieren, denn Ihre User sind Informationssucher. Konzentrieren Sie sich auf Inhalte zum Unternehmen, seinen Produkten, Dienstleistungen oder Waren und geben Sie nur knappe und präzise Aussagen ins Netz. Der Aufbau von Informationen sollte nach einer **Hierarchie der Wichtigkeit** folgen, wie Sie bereits an anderer Stelle beschrieben wurde (vgl. Kap. IV.7.1). Auf der ersten Seite (*/index) könnten etwa Informationen zum Unternehmen und seinen Teilbereichen oder bereits zu wichtigen Produkten, Waren oder Dienstleistungen abrufbar sein. Die folgenden Seiten sollten Sie nach dem Prinzip der abnehmenden Wichtigkeit zuordnen, wobei Sie im Zweifelsfall Inhalte und Aussagen eher weglassen als hinzufügen sollten. Es ist nicht unbedingt wichtig, dass Sie alle Ihre Produkte oder Services in der Homepage unterbringen und detailliert beschrieben. Übernehmen Sie nicht einfach bestehende PR- oder Informationstexte, sondern versuchen Sie diese nochmals auf ihre Einfachheit und den Gehalt an Kernaussagen hin zu verbessern und zu konkretisieren.

Ein wichtiger Punkt ist die Pflege und **Aktualisierung** der Inhalte Ihrer Homepage: diese sollten in der Regel nicht älter sein als zwei bis drei Monate. Besser ist es natürlich, wenn die Homepage kontinuierlich auf den neuesten Stand von Unternehmensinformationen gebracht wird. Neben den aktuellen Unternehmens- und Produktinformationen können natürlich auch Aktivitäten des Betriebes in PR-trächtigen Bereichen ins Netz gestellt werden, also Informationen über Sponsorings, Messen, Events und sonstige Ereignisse im und um das Unternehmen, die für Profi-User von Interesse sind. Achten Sie jedoch auf Ihre Zielgruppen: Profi-User interessiert es nicht, wenn Sie den lokalen Sportverein unterstützen, allerdings befriedigen Sie durchaus deren **Informationsbedürfnis**, wenn Sie Innovationen, Auslandsaktivitäten oder neue Geschäftsabschlüsse bekannt geben. Die Public Surfer könnten dagegen neugierig sein auf Anwendungen und Einsatzgebiete Ihrer Produkte (wenn jene für diese Zielgruppe interessant sind). Wichtig also: Gestalten und entwerfen Sie Ihre Homepage für spezielle Zielgruppen und nicht für ein breites Massenpublikum, es sei denn sie wissen, dass Ihre Homepage vielfach von diesem frequentiert wird bzw. werden wird.

Illustrieren Sie Ihre Inhalte, aber überfrachten Sie Ihre Homepage und Ihre Informationen oder Dateien nicht mit zu stark vom Wesentlichen ablenkender optischer **Darstellung**. Das Netz ist vorwiegend ein textorientiertes Medium. Achten Sie auf die Größe des **Speicherbedarfs** Ihrer Homepage und Ihrer Einzeldateien, der Bild- oder Bewegtbild-Dateien sowie Grafiken (z. B. *.jpg- oder *.gif-Dateien), bei denen Sie pro **Dateigröße** auf nicht mehr als 30 bis 50 KB Umfang gehen sollten, und überschreiten Sie bei der Menge der Kilobytes pro Seite (Pages) nicht mehr als circa 200 Kilobyte: Nicht jeder Surfer verfügt über einen ISDN- oder High-Speed-Anschluss sowie einen großen Arbeitsspeicher, so dass die Ladezeiten des Aufbaus Ihrer Homepage auf den fremden Systemen der User zu lange dauern könnten.[121] Achten Sie bei der **Typografie** auf die Darstellung der Schriften. Bei zu großer Typografie (ab circa 12 Pt.) wird Ihre Homepage beispielsweise auf Laptops anders umbrochen dargestellt, weil Ihre htm-Originalseite zu breit oder zu lang für die Darstellung auf einem Notebook ist. Auch zu kleine Schriften sind von Nachteil, denn diese können je nach Browser oder Betriebssystem unter Umständen kaum noch lesbar sein. Auch ist der ständige Schriftgrößen und Typografiewechsel eher verwirrend als dem Inhalt förderlich; begrenzen Sie also Ihre Homepage auf maximal drei unterschiedliche Schriften.

Sollten Sie **Downloads** für ganze Texte, Textpassagen, Programme, Bilder oder Videoclips und Animationen (z. B. *.avi, *.mpeg) über den Zugriff auf **Datenbanken** anbieten, achten Sie auch hier auf einfache Handhabung, die Formate der Dateien und ihre Größe; wenn allein das Herunterladen von Dateien schon zehn oder zwölf Minuten dauert, sind auch Profi-User genervt. Bezeichnen Sie die Dateien in deren Benennung sinngemäß dem Inhalt der Dateien, damit die Informationssucher sie auf ihrem eigenen System nach dem Downloaden auch schnell zuordnen können. Dies erfordert ein klare Verzeichnisstruktur und einfach begreifliche Pfade.

Wenn Sie ein **dialogorientiertes Instrument** des Internet einrichten wollen, also ein Diskussionsforum oder eine **Community**, klären Sie vorher nochmals Ihre Manpower ab. **Foren** müssen gepflegt werden, Ihre Themen und Inhaltsbereiche sollten im Zusammenhang mit den Geschäftsfeldern Ihres Unternehmens stehen und sie haben vielfach einen aktuellen Themenkreis. Zudem bedeuten sie einen erhöhten Aufwand in der Pflege des Internet-Auftritts: Es muss sich jemand um die Besucher oder Chatter kümmern, wenn die durch die Usergruppen verbreiteten Anregungen und Aspekte für das Unternehmen nutzbar gemacht werden sollen. Diese Auswertung ist zeitraubend und erfordert viel Engagement, Fachkenntnis und Fähigkeiten Ihres betreuenden Webmasters in Sprache und Aus-

121 Natürlich werden immer schnellere Systeme mit höherem Speicherplatz verfügbar; die Erfahrung zeigt jedoch, dass der Einsatz verbesserter Technik auch den Einsatz immer komplexerer also zeit- und speicherplatz-extensiver Software bedingt. Es ist deshalb sinnvoll, immer unterhalb der Möglichkeiten zu bleiben.

druck. Hinzu sollten Kontaktfähigkeit und eine Spürnase für die Gestaltung und Führung von Themen sowie die Leitung von Diskussionsgruppen kommen, kurz: Er sollte in PR bewandert sein. Foren und Communities haben den Zweck der User- und damit Kundenbindung.[122] Vor allem Communities schaffen über virtuelle Räume ein Wir- bzw. **Zugehörigkeitsgefühl** und ermöglichen den Austausch von Fachwissen und Erfahrung und persönliche Kontakte zwischen den Usern, aber auch zwischen Unternehmen und den Usern, die zugleich Kunden sind. Es macht jedoch für Mittelstandsbetriebe keinen Sinn, sich ein Forum einzurichten, wenn die Inhalte dieser Austauschplattformen banal sind. Eine Community für die Anwendung von Kleinteilen in der Automobilindustrie einzurichten, macht wenig Sinn. Diesen Austausch von Experten überlässt man besser diesen selbst über E-Mail, Redaktionssysteme und LANs. Es ist jedoch durchaus sinnvoll, wenn sich beispielsweise Kraftfahrzeughändler derselben oder auch unterschiedlicher Automarken in einer Community zusammenfinden, um sich über Probleme und Lösungswege angespannter Märkte, mögliche Rationalisierungsmaßnahmen, den Umgang mit den Herstellerfirmen oder gemeinsame Aktionen auszutauschen. Für Betriebe mit anwendungsorientierten Produkten und Waren, für Genossenschaften und Handelsorganisationen, aber auch für kleinere Dienstleistungsunternehmen können sich Foren, Communities und sogar Chats als **Quelle des Kundenfeedbacks** und des direkten Dialogs mit den Kunden lohnen. Dies bringt Austausch und schafft Vertrauen. Tipp: Vor der Einrichtung von dialogorientierten Internetstrategien sollten Sie prüfen, ob Ihr Geschäftsfeld thematisch für ein Forum in Frage kommt, wie groß die Usergruppe sein kann und ob Sie sich mit anderen Unternehmen zu einer diesbezüglichen Zusammenarbeit zusammenschließen sollten. Bei der Einrichtung von Foren und Communities sollte sich jedoch jedes Unternehmen im Klaren sein, dass die User auch häufig den Austausch von Informations-Schrott, wie etwa von Gerüchten und Klatsch, pflegen werden.

Mit der PR im Internet schafft man sich als Unternehmen eine

122 Vgl. Hagel, J./Armstrong, A.: Net Gain, Profit im Netz, Wiesbaden 1998, S. 171 ff

Schaltstelle zwischen dem eigenen Betrieb und den Journalisten. Neben der Verbreitung von Informationen und der Kommunikation mit Redakteuren der Fach- und Branchenmedien über E-Mails (Mailing-Listen), ist auch der Versand von so genannten Newsletters denkbar. Newsletters sind wiederkehrende Publikationen, also eine Art Pressedienst, die ursprünglich als Print-, in diesem Fall jedoch als elektronische Post verschickt werden.[123] PR- und Medieninhalte können auf diese Weise sehr bequem an Multiplikatoren, die Medien auch an eingegrenzte Teilöffentlichkeiten verteilt werden. Den Möglichkeiten der Darstellung dieser Newslettern sind keine Grenzen gesetzt, allerdings sollten die bereits erwähnten Bedingungen bei ihrer Konzeption berücksichtigt werden. Auch Teile der Pressemappe oder einzelne Artikel sind auf diese Weise allen Redaktionen zugänglich bzw. können auf der Homepage in einer Datenbank abrufbar für den Download zur Verfügung gestellt werden.

PR im Internet ist also nur dann erfolgreich, wenn eine Reihe von Faktoren und Bedingungen erfüllt werden bzw. erfüllt werden können. Dann allerdings kann PR übers Internet eine durchaus lohnende, multiplizierende Wirkung erzielen, die einem Betrieb nicht nur einen neuen Informationskanal eröffnet, sondern auch zur Imagebildung des Unternehmens bei Multiplikatoren, Stakeholdern und speziellen Öffentlichkeiten bzw. Teilöffentlichkeiten beiträgt. Viele Betriebe der so genannten „Old Economy" haben die jungen Firmen der „New Economy" (Internetprovider, -designer) mit der Betreuung ihres Internetauftritts beauftragt. Allerdings besteht in vielen Fällen der Eindruck, dass bei diesen Auftritten viele Chancen zu vernünftiger PR und sinnvollem Datentransfer vergeben wurden. Statt sinnvollen **Informationsplattformen** wurden **Spielwiesen** für die Macher der Homepages geschaffen, die viele Regeln der Wahrnehmung und Informationsaufbereitung sowie der Public Relations und Medienarbeit außer Acht lassen. Diese Regeln jedoch gilt es im Sinne erfolgreicher PR auch im Internet zu wahren.

123 Vgl. Stadthoewer, Frank: Online-Pressedienste als Schaltstellen zum Journalisten, Das Beispiel News Aktuell, in: Krzeminski, Michael/Zerfaß, Ansgar, op. cit., S. 167–180.

4.3 Interaktive multimediale PR-Anwendungen

Was für die PR im Internet gilt, ist auch weitgehend für interaktive, multimediale Anwendungen in denen PR oder Inhalte der Unternehmenskommunikation plaziert werden sollen, gültig. Die Bedingungen für die Internet-PR wurden bereits genannt, so dass es sich bei den hier genannten Anwendungen weitgehend um **Offline-Medien** handeln soll, bei denen Inhalte auf digitalen Datenträgern plaziert, verteilt und vertrieben werden. Multimediale Anwendungen erweitern die Informationskanäle z. B. vom Lesen aufs Hören oder Sehen von Bildern und Videos.

Interaktive Kommunikation bedeutet, dass einerseits ein offener Rückkopplungskanal für ein Feed-back von Inhalten besteht, die entweder zeitgleich von Mensch zu Mensch online mit Hilfe von Software sowie Redaktionssystemen übermittelt werden können. Hierzu zählen das Internet oder lokale Netzwerke (LAN), die zu Informations- und Austauschzwecken eingesetzt werden, sowie Online-Umfragen zum Zweck der Marktforschung oder Datenbanken. Interaktiv bedeutet aber andererseits auch, dass Kommunikation zwischen Mensch und Maschine offline via **Software** möglich ist, wobei das Feed-back des gedachten menschlichen Empfängers erst zeitversetzt stattfinden kann, wie dies z. B. bei Informationen über Disketten, CD-ROM oder DVD der Fall ist. Diese Datenträger wirken wie Printmedien und das Feed-back der Rezipienten findet anonym statt, beispielsweise über Imagesteigerung, Abverkaufserhöhung oder durch Produktänderungen sowie Veränderungen der Kommunikationsinhalte auf Seiten des PR-Treibenden, also Unternehmens aufgrund mangelnden Feed-back durch die Kunden.

Interaktive und multimediale Anwendungen haben sui generis den Reiz, dass sie ähnlich den Online-Produkten im Internet den Macher zur **Überfrachtung** der Inhalte mit den Möglichkeiten der Software-Tools verleiten. Viele CD-ROM-Informationen und vor allem die neue Speichertechnik in DVD lassen neben Text-, Bild- und Videofilminformationen eine Fülle von Darstellungen zu, die ein Unternehmen umfassend präsentieren können. Hinzu kommt, dass mit den CD-Brennern die Reproduktion dieser Inhalte rasch und ohne großen Aufwand möglich ist. Sofern ein Unternehmen diese interaktiven Medien intensiv zur Präsentation und zum Verkauf von Produkten nutzt, haben sie mehr eine werbliche als eine PR-Funktion. Die meisten Großunternehmen präsentieren sich auf CDs in aufwendigem Stil und demonstrieren damit ihren Zugang und Umgang mit der neuen Technik. Unter PR-Gesichtspunkten macht eine interaktive CD-ROM beispielsweise Sinn, wenn der Geschäftsbericht auf CD erscheint und mit Grafiken, Animationen und Bewegtbildern das Geschäftsjahr darstellt. Sofern die erwähnten Online-Newslettern auch auf CD-ROM erscheinen sollen und mit zusätzlichen Informationen aufbereitet werden, sind jene auch ein interaktives Medium, bei dem der Rezipient unterschiedlichste Dateiformen und damit Inhalte nutzen kann, da das Problem des Speicherplatzes reduziert wird. Auch Lern-, Lehr- und Weiterbildungsmaterial und -unterlagen können über Software und damit CD-ROMs problemlos und ansprechend aufbereitet werden. Ebenso sind CD-ROMs als interaktive Kataloge mit der Präsentation der Funktion von Produkten und Waren, mit Anwendungsdarstellungen und dem Zeigen der Einsatzmöglichkeiten von Produkten, heute gang und gäbe. Wie diese Beispiele zeigen, überschreitet man mit diesen Inhalten und Informationen jedoch die Welt der klassischen, gezielten PR-Information.

Wenn auch die Übergänge zur Unternehmenskommunikation und zu den vielfältigen Aktivitäten der Marketingkommunikation in den neuen Medien[124] fließend sind: Interaktive Medien und Datenträger sind nur von begrenzter Bedeutung für klassische PR-Inhalte und ihre umfangreichen Darstellungsmöglichkeiten von Inhalten eher für die Werbekommunikation oder die umfassende Unternehmenskommunikation geeignet. Es gibt allerdings einen klassischen Bereich, in dem CD-ROMs auch unter den Gesichtspunkten der PR sinnvoll sind: Pressemappen können komplett auf CD-ROM an Redaktionen geliefert bzw. verschickt werden. Vor allem zu Messezeiten oder für PR-Events können neben oder statt des häufig kiloschweren Pressematerials CDs eingesetzt werden. Auch in technischer Hinsicht macht die PR-CD Sinn: Texte, Fotodateien und Grafiken sind cross-media einsetzbar, in den entsprechenden For-

124 Vgl. Pradel, Marcus: Marketingkommunikation mit neuen Medien, München 1997

maten auch von den Redakteuren auf deren PC-Systemen les- und redigierbar, Grafiken und Fotos können sogar in den Druck des Printmediums übernommen werden.

Beispiel: Für eine Anlagenbaufirma habe ich zu Zeiten der Hannover Messe regelmäßig die Unterlagen für die Presse (Artikel, Fotos, Grafiken) auf CD-ROM überspielt. Bequem als Text- oder Grafikdateien auf den Redaktionssystemen zu reproduzieren, waren die CDs bei den Fachjournalisten ebenso begehrt wie die traditionellen Pressemappen. Es ist wichtig, dass die Verzeichnis-Struktur der Inhalte einfach und klar ersichtlich ist und der Redakteur beim Öffnen der CD weiß, wo er seine zu verwendenden Texte, Fotos, Bilder findet. Weiterer Vorteil: Die Qualität des Fotomaterials kann durch entsprechende Bearbeitungssoftware problemlos verbessert werden durch Retuschen, Farbveränderungen, Ausschnittvergrößerung etc. und auf die Bedürfnisse und Ziele der Medienarbeit abgestimmt werden. So gesehen war das Dateimaterial auf der CD häufig von besserer Qualität als die Fotos in der Pressemappe.

Als multimediale Anwendung sei auch noch **Business-TV** erwähnt, die stark den Aspekt der internen PR (vgl. Kap. VIII.2) berührt. Es sind nur Großunternehmen, die es sich leisten können, einen eigenen „Haussender“ zu betreiben, denn der große technische und redaktionelle Aufwand setzt hohen finanziellen Einsatz voraus und natürlich eine große Zielgruppe, also die Mitarbeiterzahl. Der Vorteil dieses Medium liegt in seiner Anschaulichkeit, Synchronizität, Authentizität und der Aktualität seiner Inhalte.[125] Dies gilt auch für Videokonferenzen, die die hausinterne Kommunikation vor allem für Weltkonzerne vereinfachen, deren Mitarbeiter auf unterschiedliche Standorte oder Kontinente verteilt sind. Theoretisch und mit entsprechender Ausstattung und Konzeption hat jeder Mitarbeiter und jedes Team im Haus die Chance, sich zu Wort zu melden und den Dialog mit allen Personen oder Gruppen aus den Führungsebenen oder Abteilungen zu führen. Diese Medien dienen deshalb mehr der inneren Transparenz als der Kommunikation mit den Medien nach außen. Als digitale Medien können Sie natürlich in Zukunft mit allen anderen hier erwähnten Medien über Soft-

125 Vgl. Will, Michael: Business TV. Die digitale Zukunft der Unternehmenskommunikation, in: Krzeminski, M./Zerfaß, A., op. cit., S. 273–285

warelösungen verbunden und gekoppelt werden, also dem Internet, lokalen Netzwerken, der Abspielung von CD-ROMs und anderen Datenträgern.

5. Publicityträchtige PR-Maßnahmen: Sponsoring, Events, Placements

Die folgenden Maßnahmen sind mit der Presse- und Medienarbeit kombinierte Instrumente des PR-Dialoges, wobei die eigentliche Medienarbeit ein begleitendes Instrument darstellt. Alle diese Maßnahmen richten sich direkt an Kundengruppen und Teilöffentlichkeiten. Sie benötigen einen hohen Organisationsaufwand zumeist die genaue Kenntnis von Zielgruppen und Medien und sind im Gegensatz zur klassischen PR-Arbeit ohne externe Kooperationspartner bei ihrer Planung, Ausrichtung und Durchführung in der Regel nicht zu realisieren.

5.1 PR-Klassiker: Tag der offenen Tür, Firmenjubiläen, Betriebsbesichtigungen

Einem breiteren Publikum aus der Öffentlichkeit sowie den Medien im direkt **Kontakt** ein Unternehmen oder eine Organisation nahe zu bringen ist die Aufgabe von Firmenveranstaltungen wie Tagen der offenen Tür, Firmenjubiläen und Betriebsbesichtigungen. Solche Veranstaltungen sind bereits traditionelle Mittel in der Kommunikation mit der Öffentlichkeit und werden schon seit den Anfängen der Public Relations durchgeführt. Sie drücken den Wunsch des Unternehmens aus, sich der Öffentlichkeit zu präsentieren, sich darzustellen, um Verständnis zu werben und Wissen über die Organisation zu vermitteln. Das Interessante daran: Die Rezipienten können den Betrieb unmittelbar kennen lernen, Kommunikation findet direkt und im Gespräch statt.

Diese PR-Veranstaltungen werden auch oft kombiniert durchgeführt; Anlässe für Betriebsbesichtigungen oder den Tag der offenen Tür können z. B. das Firmenjubiläum sein, die Vorstellung neuer Produkte oder die Einweihung neuer Ausstellungs- und Produktionsräumlichkeiten. Ohne ausführlicher auf die genaue Planung und die organisatorischen Umstände sowie auf die einzelnen öffentlichkeitswirksamen Teilveranstaltungen und Unterhaltungsaktionen einzugehen, einige Hinweise dazu:

- Tage der offenen Tür sind eine Gelegenheit, mit dem Endverbraucher, Kunden, Händler und der gesamten interessierten Öffentlichkeit direkten Kontakt aufzunehmen und zu kommunizieren. Die **Gäste**, also die Öffentlichkeit, stehen im Mittelpunkt des Geschehens! Vor allem für lokale und regionale Medien sind diese Veranstaltungen immer einen oder mehrere Berichte wert. Für die meisten unbedarften und neugierigen Besucher ist dies die beste Gelegenheit, ein Unternehmen von innen zu sehen, „hautnah" zu begreifen, wie ein solcher Betrieb funktioniert. Oft haben diese Besucher über das Unternehmen schon gelesen und gehört, allein das sinnliche Erlebnis, es „mit eigenen Augen" zu sehen, wie ein Produkt hergestellt wird, die Maschinen, Verfahren und Abläufe vonstatten gehen, ist Anreiz genug, um bei Tagen der offenen Tür große Besucherzahlen zu erzielen. Natürlich sollten neben den Betriebsführungen und den üblichen **Informationsmaterialien** zusätzliche Mittel eingesetzt werden, die den **Erlebnischarakter** (Event) der Veranstaltungen erhöhen, z. B. Dia-Shows, AV-Demonstrationen (Audiovisuelle Medien mit Ton und Bild) oder Firmenvideos; und natürlich müssen Spektakel (z. B. Musikband, Vorführung der Leistungsfähigkeit der Produkte, Kinderaktionen, Spiele, Quiz, Preisausschreiben etc.) die Highlights solcher Veranstaltungen sein. Achten Sie bei Tagen der offenen Tür darauf, dass der Betrieb nicht in den empfindlichen Bereichen (Labore, Vorstandszentrale, Kasse etc.) zugänglich ist! Zu offen sollte ein Betrieb im eigenen Interesse nicht sein. Achten Sie auf eine ständige Betreuung der Besucher in für das Knowhow empfindlichen und wichtigen Räumlichkeiten; schützen Sie die Besucher in Bereichen mit Gefahrenpotential durch Sicherheitsmaßnahmen, sofern diese überhaupt zugänglich gemacht werden sollen!
- Viele Unternehmen veranstalten und organisieren kontinuierliche **Betriebsbesichtigungen** auch während der üblichen Betriebszeiten; diese sollten für möglichst kleine, überschaubare Gruppen (20 bis 25 Personen) stattfinden, die sich auf genau vorgeschrie-

benen „Pfaden“ mit einem betriebsangehörigen Führer bewegen. Zeigen und veranschaulichen Sie die wichtigsten **Teilbereiche**, und lassen Sie Funktionen und Zwecke erklären! Betriebsbesichtigungen halten den für die PR-Kommunikation so wichtigen direkten Kontakt mit Teilöffentlichkeiten; bei größeren Unternehmen oder Betrieben mit speziellem Know-how, interessanten Produktionsräumen oder -verfahren oder Produkten demonstrieren diese Touren den offenen Charakter eines Hauses; zudem sind sie für die Medien ein immer wiederkehrender Anlass zu kleineren Reportagen oder Ankündigungen nicht nur während z. B. der Urlaubszeit.

- **Jubiläumsveranstaltungen** sind ein Aushängeschild einer Unternehmung oder Organisation. Feiern Sie nur bei „runden“ Zahlen (10, 20, 25 Jahre etc.) und wenn es wirklichen Anlass dazu gibt! Wenn der Firmenchef 65 Jahre alt wird, ist das eher eine Pressemeldung. Der Aufstieg einer Firma vom Handwerksbetrieb zur modernen Fabrik in 50 Jahren dagegen ist schon eine echte Feierlichkeit wert. Jubiläumsveranstaltungen sollten bei den Kommunikationsmaßnahmen natürlich über die üblichen Presseinformationen und Informationen (Ankündigung, Einladungen) für die Medien hinausgehen und neben dem Informationsmaterial für die geladenen Multiplikatoren und Gäste (Prospekte, Broschüren, Werbemittel) auch eine Festschrift bzw. Jubiläumsschrift umfassen. Sie bietet den Medien eine komprimierte Übersicht des Anlasses und der Entwicklung der Betriebes bzw. einer Organisation. Jubiläumsveranstaltungen müssen umfassend geplant werden (eventuell durch ein Planungsteam), die Einladungs- und Gästeliste muss lange vor der Veranstaltung (circa acht Wochen) feststehen. Machen Sie das Jubiläum zu einem gesellschaftlichen Ereignis (Jubiläumsball, Festveranstaltung, gute Bewirtung), geben Sie den Medien und der Öffentlichkeit Anlass zum Kommen (Pressekonferenz, Jubiläumsfeier, vielleicht eine Spende für karitative, humanitäre oder Umweltorganisationen)! Und: Die **Mitarbeiter** und die gesamte Belegschaft sind es, die bei Jubelfeiern im Mittelpunkt der Veranstaltungen stehen! Dies schafft nach innen Zusammenhalt und zeigt nach außen, dass es nicht die Betriebsleitung allein ist, worauf der Erfolg gründet.

Diese traditionellen, aber im lokalen und regionalen Raum immer sehr wirksamen Veranstaltungen in der Öffentlichkeitsarbeit sind in den letzten fünf Jahren durch weitere Möglichkeiten der PR ergänzt worden, die den Imageaspekt oder den „Goodwil" von Unternehmen im Kontakt mit der Öffentlichkeit stärker hervorheben als die direkte „Tuchfühlung" mit dem einzelnen von draußen kommenden Menschen, der nur vorübergehend Gast im Betrieb ist.

5.2 Sponsoring: Beteiligung und Verantwortung zeigen

Grundsätzlich fällt das Sponsoring (engl. = finanzielle Unterstützung, Förderung) in die Mischformen der **Unternehmenskommunikation** und verbindet cross-media mehrere Bereiche des Dialoges mit der Öffentlichkeit. Mit der eigentlichen Pressearbeit hat es nicht mehr unmittelbar zu tun, denn Direktkontakte mit den Kunden, Werbeziele, Medienarbeit werden dabei synchron eingesetzt. Es haben sich viele Sponsoringformen eingebürgert, die sich pressewirksam nutzen lassen oder die sich als besonders öffentlichkeitswirksam darstellen lassen.[126] Von Letzteren soll hier die Rede sein, nicht unbegründet, wie sich zeigt:

Unsere gegenwärtige gesellschaftliche Entwicklung, in der die Öffentlichkeit einen Widerspruch zwischen ökologischen Bedürfnissen und unternehmerischer Tätigkeit sieht, zwischen Unternehmertum und abhängiger Arbeit, verlangt Informationen und Aktivitäten von Firmen und Betrieben, die ihre „Umweltverträglichkeit" oder ihre ökologisch ungefährlichen, in den Anwendungsfolgen abschätzbaren, nicht übertechnisierten Produkte und Verfahren – so sie vorhanden sind – in der Öffentlichkeit präsentieren oder die Verantwortung gegenüber den Mitarbeitern immer wieder hervorheben. Eine andere aktuelle Problematik ergibt sich aus dem Wohlstand in den westlichen Industriegesellschaften: Wo überall gut und viel verdient wird, die materielle Orientierung um sich greift und konsumorientierte Attribute den Maßstab für sozialen Erfolg und Aufstieg darstellen, entstehen nicht zu unterschätzende Gegenströ-

126 Vgl. Berndt R./Hermanns, A.: Handbuch Marketing-Kommunikation, Wiesbaden 1993

mungen, die diesem Materialismus sehr skeptisch gegenüberstehen. Häufig werden Unternehmen („das große Geld") dann als unsoziale, nur gewinnbezogene Organisationen gesehen, die keine kulturellen, sozialen oder sogar humanitären Aufgaben wahrnehmen. Aus diesen Gründen sind wiederum Unternehmen dazu aufgerufen, eine soziale, kulturelle Aufgabe und **Verantwortung** zu übernehmen oder, sofern sie schon vorhanden ist, auch zu demonstrieren. Einige dieser neuen, modernen Aufgaben in der Öffentlichkeitsarbeit von Unternehmen werden nachfolgend skizziert.

Die Schaffung einer imagebildenden Atmosphäre für Unternehmen im Dialog mit der Öffentlichkeit mittels Sponsoring, z. B. im **Kultur-, Sport-, Sozial-, Wissenschafts- und Ökosponsoring** oder durch **Wettbewerbe** und Veranstaltungen mit kulturellem Hintergrund (Musik- und Kunstsponsoring), wird ergänzt durch den Zweck des Informations- und Wissenstransfers an ein breites Publikum. Außerdem sind Sponsoringaktionen ihrer wirklich ethischen Funktion wegen, etwa durch die Förderung junger Künstler, in Form von Spenden an Altenheime oder durch die Beteiligung von Unternehmen an Umweltschutzaktionen in ihrer Breitenwirkung für den Sponsor nicht zu unterschätzen. Auch der Aufbau und die Weiterentwicklung von **organisatorischen Strukturen** einer Sponsoringaktion (Entstehung von bürgerschaftlichem Engagement z. B. für Behindertensport oder karitative Initiativen) können häufig erst durch ordnende Hand (Manpower, Ausrüstung) oder den finanziellen Beitrag eines Sponsors erreicht werden. Viele Mitbürger profitieren davon und schätzen das Engagement der Betriebe in den genannten Sponsoringbereichen.

Die klassischen Sponsoringformen haben sich in den letzten Jahren gewaltig entwickelt und sind eine zukunftsträchtige Form der Public Relations.[127] Dies hat mehrere Gründe: Die privaten Medien sind zu einer echten Alternative für die Zuschauer der öffentlich-rechtlichen Radio- und TV-Anstalten geworden und auf Einnahmen werblicher Art angewiesen. Übertragungen und die Berichterstattung über solche Sponsorings sind gut für die Einschaltquoten, je größer das Interesse der Zuschauer an ihnen ist. Aber nicht nur die

127 Vgl. Hermanns, Arnold (Hg.): Sport- und Kultursponsoring, München 1989

nationalen Ereignisse sind für die Medien interessant, auch im regionalen oder lokalen Bereich ist die Berichterstattung z. B. bei Sportereignissen nicht unbedeutend. Zudem stoßen die Sponsor-Unternehmen in eine gesellschaftliche Lücke: Zu Zeiten leerer Kassen und mit dem Rückgang öffentlicher Subventionen ist es geradezu notwendig, die entstandenen Defizite zu stopfen oder auch neue oder bislang ungeförderte Formen von Kultur- oder Sportereignissen zu schaffen. Sponsoringaktivitäten von Unternehmen sind damit nicht nur ein imagebildendes PR-Instrument, sondern eine gesellschaftliche Aufgabe und dienen wie es viele Teilöffentlichkeiten sehen, häufig einer **guten Sache**. Sie entwickeln damit die Aufgabe der Mäzene weiter, wie dies schon seit Jahrhunderten in Europa der Fall war.

Was bekommen die Sponsoren für ihr Engagement? Welche sind die **Vorteile**? Generell erhoffen sich Sponsoren einen so genannten **Imagetransfer**, was bedeutet, dass das öffentliche Image bzw. die Wertschätzung der Aktivitäten und Tätigkeiten (z. B. guter Zweck, sinnvoller Nutzen, hohe Reputation etc.) des Gesponserten durch die Kooperation und Zusammenarbeit auf ihre Produkte und ihr Unternehmensimage übergehen. Dabei ist die Erwartung langfristig angelegt: Sponsoring führt nicht innerhalb kurzer Zeit, sondern mittelfristig zu einer Übertragung der positiven Haltung des Publikums zum Sponsornehmer auf den Sponsorgeber.[128] Neben der erhofften medialen Präsenz durch PR-Artikel oder auch in Form von Beiträgen in Rundfunk und Fernsehen haben Sponsoren die Möglichkeit, sich vor, während und nach der Veranstaltung mit **Logos**, **Markensymbolen** und **Slogans** an den zentralen Stellen und Orten (Eingänge, Foyers, Säle etc.) zu präsentieren, die bei Gästen, Zuschauern und Besuchern hohe Kontaktzahlen garantieren und gut geeignet für Fototermine oder Videoaufnahmen sind. Auf den Programmheftchen und in den Werbeanzeigen zu Sponsorships plazieren sie die Firmensymbole oder werden namentlich erwähnt, hinzu kommt ihre Publizität über die von der Trägerorganisation gestreuten oder initiierten Presseartikel. In vielen Sponsoringarten ist es üblich, dass **Ausrüstungsgegenstände** durch Symbole oder Logos gekennzeich-

128 Vgl. Hätty, A.: Der Markentransfer, Heidelberg 1989

net werden, z. B. Musikinstrumente, Monitore, Fahrzeuge, Anzeige- und Übertragungswände, Kleidung der organisatorischen Mitarbeiter, wissenschaftliche **Ausstattungsgegenstände** etc. Im Sportsponsoring ist es üblich, dass neben den genannten Plazierungsmöglichkeiten auch die Sportler auf ihren Trikots das Logo des **Hauptsponsors** tragen oder in den Sportarenen die Symbole oder Namen der Firmen auf Plakaten und den Stadionbanden gut sichtbar sind. Bei allen Sponsorings können die Hauptsponsoren **Prädikate** nutzen und können sich als „Offizieller Ausstatter", oder „Offizieller Lieferant" oder „Förderer von ..." bezeichnen. Bei vielen Sponsorings kommt außerdem hinzu, dass das gesponserte Ereignis oder Objekt nach dem Sponsor (**Namensgebung**) genannt wird. Als Nebensponsoren gelten alle Firmen, die sich zwar durch finanzielle oder Sachbeiträge an einem Ereignis beteiligen, jedoch nicht in dem großen Umfang wie der Hauptsponsor. Demzufolge sind ihre Platzierungsmöglichkeiten von Firmenbotschaften im Zusammenhang mit dem Ereignis auch anteilig begrenzt. Sponsoren sehen im Sponsoring die Möglichkeit, Zielgruppen in nicht-kommerziellen Situationen anzusprechen oder sie direkt und unmittelbar zu erreichen, oder auch Gruppen zu erfassen, die mit den klassischen Kommunikationsmaßnahmen nicht erreichbar sind. Den größten Nutzen sehen Sponsoren jedoch in einer langfristigen Image- und Bekanntheitssteigerung, deren Ursache sie meist in der medialen Berichterstattung und deren Multiplikationseffekt sehen.

5.2.1 Traditionelles Sponsoring: Beteiligung und Engagement

Beim traditionellen, klassischen Sponsoring fördert ein Betrieb oder beteiligt sich ein Unternehmen finanziell, organisatorisch oder ideell an einem bestehenden Ereignis, an Einzelveranstaltungen oder Veranstaltungsreihen. In der Regel sind diese **Veranstaltungen** und Aktionen beim Publikum schon eingeführt und werden von einer Trägerorganisation ausgerichtet. Je nach der Höhe des finanziellen oder materiellen Beitrags fungieren die sich beteiligenden Unternehmen auf vertraglicher Grundlage als Haupt- oder Nebensponsoren. Sponsoring findet auf vielerlei Weise statt; hier soll nur auf einige wesentliche Formen eingegangen werden, die nicht ausschließlich dem Zweck der Public Relations oder der Werbung dienen. Ein Unterscheidungskriterium soll dabei die gesellschaftliche und soziale Relevanz der Sponsoraktivitäten sein:

Sponsoring kann in der **Unterstützung von bestehenden Aktionen, Veranstaltungen** oder auch von **Organisationen und Einrichtungen im sportlichen, sozialen, ökologischen oder humanitären Bereich** stattfinden: Vom lokalen oder regionalen Sportclub über soziale Dienste und Einrichtungen wie die Altenpflege, Behinderten- oder Bedürftigeneinrichtungen sowie regionale Umweltschutzinitiativen oder -verbände bis hin zu humanitären nationalen oder internationalen Hilfswerken und -organisationen, bieten sich für Unternehmen die unterschiedlichsten Möglichkeiten. Vor allem bisher von Sponsoring nicht erfasste, „unentdeckte" Aktivitäten von Clubs, Vereinen oder Bürgerinitiativen sind attraktiv. Nicht nur, dass sie den Betroffenen Hilfe leisten, sie entlasten auch die Trägerorganisation, ihre Mitglieder und alle anderen Mentoren von bürgerschaftlichen Engagements oder Vereinstätigkeiten und festigen auf diese Weise die demokratische Gesellschaft, das Miteinander von gesellschaftlichen Gruppen und den Austausch zwischen diesen. So gesehen ist Sponsoring ein stark an den Zielen der PR orientiertes Kommunikationsinstrument von Firmen. Natürlich haben diese Sponsoringformen ihre Unwägbarkeiten, beispielsweise, wenn sich eine durch einen Betrieb unterstützte Initiative frühzeitig auflöst, ihre Ziele nicht erreicht oder sich als Scharlatanerie herausstellt. Aus diesem Grund muss sich jeder Betrieb, der sich im Sponsoring engagieren will, einer Prüfung seiner eigenen Ziele unterziehen und die Auswahl der zu sponsernden Organisation nach den Kriterien der **Glaubwürdigkeit**, des **Sinns** und der **Ziele** der Tätigkeiten und Aktivitäten der Gesponserten, dem Grad ihrer **Bedürftigkeit** und der **Anzahl** der zu sponsernden Ereignisse vornehmen. Die Prüfung, ob eine Organisation kontinuierlich oder punktuell unterstützt werden soll oder überhaupt ein Engagement verdient, ist von den genannten Kriterien abhängig. Natürlich ist es am einfachsten, einen ortsansässigen Sport- oder Kulturverein zu unterstützen. Häufig verfügen diese jedoch über gefestigte finanzielle Strukturen, so dass die Wirkung des Sponsoringengagements sich vielleicht als hoch medienwirksam erweist, aber gleichzeitig auch bereits bestehende Strukturen beim Gesponserten noch mächtiger oder verkrusteter werden lässt, als diese schon sind.[129] Gemeinsam erzielen dann zwar Sponsoren und Gesponserte eine prächtige Public Relation und Medienabdeckung, der ursprüngliche Sinn der Förderung von unterentwickelten Strukturen bleibt jedoch auf der Strecke. Schwieriger, aber gleichzeitig auch verantwortungsbewusster, ist die Unterstützung der bislang von Medien wenig oder nicht abgedeckten förderungsfähigen Aktivitäten, denn so sponsert man einen guten Zweck und liefert den Medien Themen mit Neuigkeitswert und das Ungewöhnliche. Dies erfordert allerdings Phantasie bei der Auswahl des Sponsoringnehmers, eine Chance, die sich Mittelstandbetriebe nicht entgehen lassen sollten. Tipp: Kooperieren Sie vorab zur Information über Gegebenheiten mit lokalen und regionalen öffentlichen Institutionen, sozialen und karitativen Einrichtungen (Umweltämter, Kulturämter, soziale Organisationen etc.), Vereinen (Musikvereine, Natur- und Umweltschutzverbände und -gruppen, Bürgerinitiativen), oder Vertretern gesellschaftlicher Gruppen oder Initiativen und stellen Sie die Notwendigkeit und Bedürftigkeit für ihr Sponsoring fest.

Eine klare und relativ problemlose Form des Sponsorings ist es, sich an der **Ausrichtung von kulturellen, musischen oder sportlichen Wettbewerben** mit Preisverleihung zu beteiligen oder sich als Unternehmen einfach bei punktuellen Veranstaltungen wie Konzerte und Ausstellungen (z. B. in der Popmusik und klassischen Musik, in der plastischen Kunst, der Grafik, Ölmalerei, Elektronikkunst, dem Kunsthandwerk, der Lyrik, Literatur, dem Gesang, Breitensport, Fitnessveranstaltungen, Extremsport, Behindertensport etc.) zu engagieren. Diese sind ohnehin öffentlichkeitswirksam und demonstrieren unternehmerisches Engagement über die rein wirtschaftliche Tätigkeit einer Firma hinaus. Achten Sie bei der Ankündigung von Wettbewerben oder Veranstaltungen unter Ihrer Beteiligung darauf, dass Sie Ihre Zielgruppen auch erreichen, kooperieren Sie

129 Vgl. Kunczik, M., op. cit., S. 152 ff und 192 ff. Es ist vor allem die gesellschaftskritische Sicht der PR, die diese Problematik als gegenseitige Stabilisierung von Unternehmen und Organisationen sieht. Auch unter dem Gesichtspunkt der Interorganisationsbeziehungen kann die Unterstützung bereits bestehender mächtiger Organisationen als Mittel zur Kontrolle der Medienabdeckung begriffen werden.

mit den Medien und publizieren Sie gut platziert, z. B. mit Presseartikeln und Informationen sowie Anzeigen in der lokalen und regionalen Presse oder auch mit Meldungen im regionalen Hörfunk; am besten gewinnen Sie eine lokale Zeitung oder einen regionalen Sender als Kooperationspartner und Mitorganisator (Nebensponsor) des Ereignisses. Bei Wettbewerben sollten Sie auf die Glaubwürdigkeit achten: Nichts ist peinlicher als eine geringe Teilnehmerzahl bei einem Wettbewerb, bei dem nur wenige oder dilettantische Aspiranten ihre Arbeiten einreichen. Achten Sie bei **Preisverleihungen** in der Bewertung und bei der Preisverteilung auf die Objektivität der Jury, die am besten auch durch firmenunabhängige Persönlichkeiten und Experten besetzt wird! Wettbewerbe bieten durchaus auch die Möglichkeit einer Kooperation von zwei oder mehreren Firmen, die die anfallenden organisatorischen Kosten aufteilen. Presse- und medienwirksam sind: die Ausschreibung des Wettbewerbes selbst, eventuell eine kleinere Pressekonferenz oder ein Pressegespräch bei der Vorstellung (Ziele) des Wettbewerbes, die Bestandsaufnahme oder der Zwischenbericht über die eingereichten Arbeiten und den Fortgang des Wettbewerbes, die Prämierung in Form einer Veranstaltung (Preisverleihung) und eine Art Nachlese zum Wettbewerb.

Beispiele: Ein Mittelstandsbetrieb der Industrie in Baden-Württemberg hatte sich begrenzt auf die finanzielle Unterstützung von Nachwuchsmusikern in der Klassik verpflichtet. Ein Konzert von Konservatoriumsabsolventen sollte, ausgerichtet durch die Gemeindeverwaltung der Stadt am Standort des Unternehmens, stattfinden. Die regionale Presse kündigte das Ereignis schon Monate vorher an, schrieb über den Zweck der Veranstaltung und nannte mehrfach den Hauptsponsor, also besagtes Industrieunternehmen. Beim und nach diesem für die Region kulturellen Ereignis, dem eigentlichen Konzertabend, gab es Fototermine mit Gemeindeoberen, tags darauf erschienen Kritiken der gelungenen Veranstaltung als Aufmacher in der Ortspresse und weitere Artikel folgten. Im Konzertsaal, aber auch vor der Veranstaltungshalle präsentierte sich der Betrieb mit Fahnen und seinem Logo. Auf der Veranstaltung konnte das Unternehmen sein Engagement bestens demonstrieren und später auch in hausinternen Publikationen erwähnen.

Dieses Sponsoringaktion brachte Imagegewinn, zeigte kulturelles Engagement und erzielte eine hohe Medienabdeckung. Andere Betriebe, z. B. Banken, richten in Kooperation mit den örtlichen Kulturämtern oder Kunstvereinen seit Jahren in ihren Räumlichkeiten Ausstellungen aus, bieten Kindern und Jugendlichen Mal- oder Gestaltungswettbewerbe an oder unterstützen Vereinigungen bei Seniorentagen und Feiern.

Medienwirksam und medienträchtig in allen Print- und elektronischen Medien sowohl beim Sponsoring wie auch bei den Events sind folgende Etappen der PR-Kommunikation:

- Die Ankündigung/Initiative zum Sponsoring und die Art des Sponsoring
- Die Ziele und die Zielgruppen des Sponsorings und die gesellschaftlichen Zusammenhänge
- Einzelne Sponsoringaktionen oder eine Reihe von Sponsoringmaßnamen
- Die Auswertung und Nachbereitung der Sponsoringaktionen
- Die Zweitauswertung der Informationen über die gesamten Sponsoringmaßnahmen.

In der Regel verfolgen alle Sponsoring-Maßnahmen immer den Gedanken des „do ut des" (lat.), also dem Prinzip „Gebe, damit dir gegeben wird". Während das klassische Sponsoring in der Regel außerhalb der Medien stattfindet und deren Aufgaben der Berichterstattung einsetzt und nutzt, ist die folgende Form des Sponsoring eine Mischform zwischen Werbung und PR, die medienintern oder in Kooperation mit zumeist elektronischen Medien stattfindet.

5.2.2 Sponsoring von Sendungen: Nahe an der TV-Werbung

Eine weitere Form des Sponsoring, die vor allem mit dem privaten Fernsehen (teils auch dem Hörfunk) verbunden ist, gilt dem sponsern von **Sendungen** und **Sendeformaten**. Die Unterstützung von Sendungen (z. B. Warsteiner die Formel 1-Übertragungen auf „RTL" oder die Firma Novoferm die Sportberichterstattung auf „n-tv") ist nichts anderes als die Schaltung eines kurzen Werbespots in einem bestimmten Sendeumfeld und deshalb schon weit entfernt vom klassischen Sponsoring. Es handelt sich also zumeist um eine Form der Werbekommunikation. Gesponsert werden können natürlich theoretisch alle Formen von Sendungen oder Informationen im Hörfunk und Fernsehen, z. B. der Wetterbericht, die Sportberichte, Magazinsendungen und ganze Sendereihen oder Serien. Allein ihre kurze Präsentationsform entfernt sie von PR-Maßnahmen: „Diese Sendung wird Ihnen präsentiert von ..." oder „Die folgende Sendung wird unterstützt von ..." sind die Standardformulierungen, die manchmal durch einen zusätzlichen Satz ergänzt werden. In der Regel dauern diese Spots nur fünf bis acht Sekunden.

Sie als Sponsoraktivitäten zu beschreiben kommt wohl eher dem Mangel an einer genauen Bezeichnung nahe, als der ursprünglichen Bezeichnung des Sponsoring und seiner Aufgabe: Außer dem Bekanntheitsgrad der Firma wird hier nichts oder nur wenig gesponsert. Denn was als Sponsoringbeitrag fließt, ist nichts anderes als die Bezahlung einer Sendezeit eines **TV-Werbespots** in einem speziellen Sendeumfeld. Das war vor einigen Jahren noch anders, als die privaten Sender noch Sendeformate nur mit externer finanzieller Unterstützung entwickeln und auf die Beine bekamen. Damals war also das sponsern von Sendungen noch ein Beitrag zur Realisierung einer „guten Sache", nämlich des Aufbaus und der Unterstützung privaten Fernsehens. Die ehemalige Mischform zwischen PR und Werbung in Form des Sponsorings von Sendungen hat sich damit heute zur reinen TV-Werbung entwickelt: Im Vordergrund steht die zumeist hoch frequente und damit teure Präsentation eines Unternehmens, einer Marke oder eines Produktes. Deutlich wird dies beispielsweise in der Präsentation des Wetters durch die Dresdner Bank im Fernsehen. Dieses Beispiel zeigt auch, wie wenig Gedanken sich die Firmen, die Sendungen sponsern, über einen Bezug ihrer Geschäftsfelder zu den gewählten Sendeformaten machen. Was haben die Dresdner Bank oder Union Investment mit dem Wetter zu tun? Soll symbolisiert werden, dass Geld und Wetter ähnlich unberechenbar sind? Der PR- und Sponsoreffekt dieser Spots tendiert gegen Null, aber der Werbeeffekt ist hoch, da im Umfeld von Nachrichtensendungen hohe Einschaltquoten garantiert sind.

Das Anliegen, mit der Öffentlichkeit in Kontakt zu treten und eigentliche Informationsarbeit zu leisten, und sei dies nur, um ihr zu verdeutlichen, dass eine bestimmte Sendung tatsächlich nur durch ihren Beitrag zustande kam oder dass an einem Abend durch Initiative eines Unternehmens Filme ohne Werbeunterbrechung gesendet werden (Warsteiner Filmnacht), ist der reinen werblichen

Präsentation gewichen, die außer der Firmenbotschaft dem Zuschauer keinen weiteren Nutzen oder Sinn bietet. Der Wetterbericht oder die Sportnachrichten werden sicherlich auch ohne diese „Sponsoren" oder auch mit anderen gesendet. Bei dieser Form von Sponsoring ist eine Unterscheidung zu Werbespots oder den so genannten **Dauerwerbesendungen** (Teleshopping) in der (eben werblichen) Wirkung nicht mehr möglich.

Etwas anders verhält es sich mit **Themensendungen** auf Spartenkanälen wie z. B. „n-tv". Beispielsweise werden die Sendungen „Handelsblatt-Ticker" oder „Tomorrow-News" von externen, kooperierenden Medienunternehmen (Handelsblatt-Gruppe, Burda) gesponsert, mit Inhalten beliefert und in Kooperation produziert. Bei solcher Art Sendungen stellt sich tatsächlich die Frage, ob der Sender „n-tv" die Informationen ohne die Kooperationen in dieser Form präsentieren könnte, wenn er nicht Inhalte, Nachrichten und Kommentare gesponsert bekäme. Neben dem Sponsoringeffekt (gute, interessante News für einen Sender zur Unterstützung des Programms) ist auch ein PR-Effekt damit verbunden, der dem Zuschauer Zusatzinformationen bietet und eine Imagesteigerung der Sponsoren bewirkt, da der Nutzwert für den Zuschauer sehr hoch ist.[130]

Für Mittelstandsbetriebe des verarbeitenden Gewerbes könnte die zuletzt genannte Form des Mediensponsorings auf nationaler Ebene zwar interessant sein, sie ist in der Regel jedoch unerschwinglich und erfordert zu viel eigenen Aufwand. Allenfalls die Kooperation eines regionalen Verlagshauses oder von regionalen Handels- und Dienstleistungsunternehmen mit den Redaktionen regionaler Sendefenster ließen sich denken.

Bessere Chancen bestehen dagegen in der Kooperation mit regionalen TV- oder Rundfunkstationen, die redaktionelle Beiträge oder Sendungen zu lokalen Themen aus der Wirtschaft oder aus ansässigen Branchen senden. Sollte Ihr Betrieb in eine solche Kooperation einsteigen wollen: Achten Sie beim Sponsern von Sendeformen (regionales Wetter, Sport, Nachrichten, Magazine, Service-

130 Vgl. Mast, Claudia: Nutzenorientierte Wirtschaftsberichterstattung – Neue Akzente in den Präsentationsstrategien der Presse, in: Mahle, Walter (Hg.): Orientierung in der Informationsgesellschaft, Konstanz 2000, S. 63–74

sendungen) darauf, dass Ihr Haus einen **Produkt- oder Geschäftsfeldbezug** zur Sendung oder zu Wortinhalten oder Beiträgen in dieser hat – das erhöht die Glaubwürdigkeit des Sponsorships, verbessert die Wirkung Ihrer Inhalte, verdeutlicht Ihren unternehmerischen Bezug zu besagten Inhalten. Dass beispielsweise ein Garagentorhersteller den Sport präsentiert, wie Novoferm auf „n-tv", ist nicht unbedingt nachvollziehbar.[131] Sollten Sie eine redaktionelle und damit thematische Kooperation anstreben, prüfen Sie vorher die Themenvielfalt und die geplanten Sendeinhalte mit der Redaktion und klären Sie die Frequenzen des von Ihnen gelieferten Materials, damit Ihnen während des Zeitraums Ihres Sponsorships die Themen nicht ausgehen und Sie unter Zeitnot geraten! Denn im Gegensatz zum einfachen Präsentations-Spot, der immer den gleichen Inhalt (eben wie ein Werbespot) zeigt, wechseln hier die Themen und Inhalte entsprechend der aktuellen Entwicklung des Markt-, Branchen- oder Technikumfeldes und diese müssen geplant, realisiert, bearbeitet und präsentiert werden.

5.2.3 Spender und Mentoren: Selbstlosigkeit ist relativ

Trotz der materiellen Orientierung im Sponsoring gibt es eine weitere Art der PR- und Marktkommunikation, die dem ursprünglich ideellen Charakter nahe kommt: Bei **Spenden** und **Spendenaktionen** steht tatsächlich das Geben im Vordergrund und nicht primär der öffentlichkeitswirksame Medienauftritt. Mit einer **Sach-** oder **Finanzspende** an soziale Einrichtungen und Institutionen, an Gruppen von Bedürftigen oder auch Einzelpersonen leisten Sie einen offensichtlichen Beitrag zur steigenden Verantwortung der Unternehmen in der Gesellschaft. Spenden sind an keinerlei Bedingungen des Verhaltens und Handelns des Empfängers geknüpft. Im Gegensatz zum Sponsoring, das eine Art Gegengeschäft ist, steht hier die weitgehend selbstlose **Unterstützung** im Vordergrund. Spenden kehren die Situation des Sponsoring um: Man spendet nicht, um in die

131 Den gedanklichen Bruch versucht die Firma dadurch zu schließen, indem die zweite Staffel des Spots mit einer Jugendfußball-Mannschaft hinter dem Garagentor gezeigt wurde. Vorher war nur das Garagentor sichtbar. Dennoch: Es fällt schwer, den Bezug Firma-Produkt-Sport herzustellen und dies Beispiel ist ein Beleg dafür, dass es sich um einen Werbespot, nicht um ein Sponsoring handelt.

Presse zu kommen, sondern um etwas zu tun; der Spendenaufwand steht zumeist auch in keinem Verhältnis zum möglichen erwartbaren Medienecho. Wenn die Medien über Spenden eines Unternehmens berichten, ist dies zwar ein erwünschter und willkommener Nebeneffekt, der zwar „mitgenommen" wird, aber in der Regel eine punktuelle Aktion ist und damit auch rasch in seiner Öffentlichkeitswirkung verpufft. Ganz so selbstlos sollte man hinsichtlich der PR jedoch als Unternehmen nicht sein: Laden Sie zur Übergabe Ihrer Finanzspende (großes Scheckformular oder Riesengeldschein) die Medien ein – der **Fototermin** wird Ihnen nicht schaden. Ist es eine Sachspende, können Sie diese durchaus medienträchtig inszenieren; wählen Sie den Ort entsprechend der Wirkung Ihrer Gabe aus. Soll ein Artikel daraus gemacht werden, ist es nützlich, wenn ein Unternehmensvertreter im Interview ein wenig zum Hintergrund des Zusammenhangs, der Situation des Spendenempfängers und dem Bedürfnis zu Spenden, sagen kann. Wenn die Spende steuerlich abzugsfähig (gemeinnützige Vereine, Parteien, öffentliche Einrichtungen etc.) ist – umso besser.

Beispiel: Ein Fahrzeugbaubetrieb stellt Spezialfahrzeuge für den Krankentransport, das Rote Kreuz und andere Krankentransporteure sowie soziale Dienste her. Im jährlichen Abstand spendete die Firma regelmäßig einen Wagen an das Rote Kreuz, den Malteser-Hilfsdienst oder den Johanniter-Unfalldienst. Jede Übergabe der Fahrzeuge wurde in der Presse mit einem Foto oder mit Artikeln veröffentlicht. Effekt: Als Hersteller solcher Spezialfahrzeuge ist das Unternehmen nicht nur in der Branche und bei potentiellen Auftraggebern und Käufern der Fahrzeuge bestens bekannt, sondern auch in der Öffentlichkeit über die Region hinaus.

Selten öffentlich bekannt und deshalb auch wenig medienträchtig ist heutzutage die rein ideelle Unterstützung von Ideen und Idealen von Personen oder Gruppen durch Personen, Gruppen und Unternehmen (z. B. im politischen, gesellschaftlichen, künstlerischen Bereich). Sofern diese tatsächlich rein ideeller Natur war oder ist, sprach oder spricht man von Mentoren (Unterstützer, Förderer) und von Protegés (Schützlinge, Geförderte). Häufig ist diese Form des „Sponsoring" jedoch verdeckt und findet zumeist ohne öffentlich-mediale Beteiligung statt, was in einer materialistischen Gesellschaft, die nur finanzielle Mittel öffentlich schätzt, nicht verwunderlich ist. PR-wirksam lässt sich heutzutage **Mentorenschaft** selten einsetzen, da das Risiko für Firmen darin besteht, auf Gebieten Farbe zu bekennen oder Positionen beziehen zu müssen, bei denen ein Teil der Kundschaft oder auch der Mitarbeiter anderer Meinung sein könnte und damit verloren wäre. Im Sinne von Zivilcourage jedoch und mit steigender gesellschaftlicher Verantwortung von Unternehmen könnten die bisher stark auf persönliche und private Beziehungen hinter verschlossen Türen beschränkten ideellen Förderungen eine größere Rolle in der PR von Firmen erlangen.

Die Palette solcher Mischformen der Informationsaufbereitung reicht natürlich weit über diese Beispiele hinaus, umfasst Spezialveröffentlichungen in Printmedien (Beilagen, Magazinbeiträge) und weitere öffentlichkeitswirksame Aktivitäten, die als Placements von Produkten in Film, Fernsehen und Funk (FFF-Maßnahmen) oder als PR-Anzeigen und Werbesendungen umgesetzt werden können. Die Übergänge zur Werbung, der Verkaufsförderung, der Unternehmenskommunikation, den Kundenbindungsprogrammen und dem Eventmarketing sind dabei fließend.

5.3 Events: Ereignisse mit hoher Medienaufmerksamkeit

Am ehesten dem Charakter der Mäzene entsprechen Veranstaltungen und Events, die durch die Initiative von Unternehmen oder Organisationen erst ins Leben gerufen werden. Der Unterschied: Mäzenatentum entstand nicht immer aus einem Verantwortungsgefühl, sondern war häufig auch Ursache von Spleens der Geldgeber oder ihrem Wunsch, sich zu verewigen. Dadurch entstanden nicht nur schöne Gärten, Bauten oder Straßenzüge oder teilweise schon traditionelle Festlichkeiten in Städten und Gemeinden in ganz Europa, sondern die Geber verewigten sich auch in den Geschichtsbüchern als Gönner und Förderer von Kultur, technischen und gestalterischen Leistungen, die häufig erst die Nachwelt zu würdigen anfing. Ganz so historisch bedeutsam sind die heutigen Sponsoren und Eventmacher nicht. Denn zumeist folgen sie dem Prinzip „Panem et circenses“ (Brot und Spiele), also dem Motto der römischen Cäsaren, die mit Großveranstaltungen das Volk hinter sich scharen wollten, vor allem, wenn es diesem schlecht ging ...

Unter **Event** wird heute eine von einem Unternehmen oder einer Organisation ausgerichtete Veranstaltung oder Veranstaltungsreihe verstanden, die bei hoher medialer Abdeckung oder in Kooperation mit den Medien (Cross-Media: Print-, elektronische Medien und häufig auch Internet) ein Zusammentreffen der Mitglieder von gesellschaftlichen Teilgruppen, Subkulturen oder Kundengruppen an einem bestimmten Ort ermöglicht, die ein mentales, emotionales oder rationales Interesse an diesem Event zum Zweck des gemeinsamen Genusses, des Erlebens, des Austausches und der Teilhabe an materiellen, produktbezogenen oder ideellen Inhalten vereint.

Im Vergleich zur Präsentationen, die für Presse, Medien und Multiplikatoren ausgerichtet werden, sind die Zielgruppen von Events die Anwender, User oder Interessenten von Produkten oder Produktgruppen, aber auch von Marken und Unternehmen. Unter verhaltenwissenschaftlichen Gesichtspunkten sind Events kultische Veranstaltungen, die das Erleben materieller Dinge zum Gegenstand zeremonieller und ritualisierter Handlungen machen. Die Werbe- und Marktkommunikation inszeniert und nutzt damit archaische Verhaltenswiesen des Menschen.[132] Inwieweit dies als perfide zu werten ist oder als zwangsläufige Entwicklung der materialistischen Gesellschaft oder unter wirtschaftlichen Auspizien als letzter Ausweg für Unternehmen gesehen wird, Kunden zu finden und zu binden, sei dahingestellt.

5.3.1 Erschaffene Events – Brot und Spiele für viele

In unserer Spaß- und Freizeitgesellschaft sind es nicht mehr die Cäsaren, die dem Bürger Ablenkung bieten wollen, sondern die Großunternehmen, die sich bemühen, ihr **Image** zu verbessern und damit Käufer und Kunden hinter sich und ihre Produkte zu bekommen. Großunternehmen sind bei dieser Form der Marktkommunikation die Protagonisten, ob Handelsunternehmen, Dienstleistungskonzern oder Industriebetrieb. Viele versuchen von der **Erlebnisgesellschaft** ein Stückchen zu ergattern und zum Zweck der Publicity, des Images, aus Gründen der Public Relations oder mit

132 Vgl. z. B. Eibl-Eibesfeldt, Irenäus: Der vorprogrammierte Mensch, München 1982, S. 240–248

dem Hintergrund der Werbung, Ereignisse und Erlebnisse zu schaffen. Ganz so eigennützig sind viele dieser von Unternehmen initiierten kulturellen Events oder Ereignisse jedoch nicht. In vielen Fällen erschaffen sie tatsächlich neue Dimensionen des Kulturgenusses für die Bürger oder auch Möglichkeiten der Rezeption von kulturellen Highlights. Beispielsweise hat die HypoVereinsbank in München die Kunsthalle auf die Beine gestellt, eine Einrichtung, die ihresgleichen sucht, was den Blick auf Kunstepochen oder Stile der Malerei oder Plastik betrifft. Die Unterstützung von Rockkonzerten oder die Ausrichtung von Musikveranstaltungen im großen Stil (z. B. Philip Morris Deutschland: The Night of the Proms oder das Adidas Streetball-Event) sind dagegen reine Unterhaltungsevents, deren Zweck es vordergründig durchaus ist, Kultur und Szene zu fördern, in vielen Fällen jedoch das Ziel haben, Kunden zu binden und zu gewinnen. Zunächst ist das durchaus legitim, wenn jedoch vor allem zweifelhafte Subkulturen gefördert und sogar inszeniert werden, die aus dem Blickwinkel der gesellschaftlichen Verantwortung problematisch erscheinen, ist die Schaffung von Events abzulehnen. Beispielsweise, wenn vermeintliche Foren und Szenen aufgebauscht oder sogar erst geschaffen werden, die der Abweichung legalen Zivillebens Vorschub leisten, z. B. der Drogen- und Gewaltkriminalität. Manche dieser erschaffenen Ereignisse sind demnach unter Kriterien gesellschaftlicher Kommunikation zuweilen einfach überflüssig.

Vielen der durch Unternehmen geschaffenen gesellschaftlichen Ereignisse muss man jedoch zugute halten, dass sie tatsächlich ohne privatwirtschaftliches Engagement gar nicht erst zustande gekommen wären. Mittlerweile ist das so genannte **Eventmarketing** zu einem geflügelten Wort geworden für das gesamte Handling und die PR- sowie Kommunikationsarbeit solcher Veranstaltungen. Es gilt, den Konsum und damit die Produkte der Firmen in einen ritualisierten, quasi-kultischen **Erlebniszusammenhang** zu stellen, Gefühle von Sympathie für Marken und Firmen aufzubauen und damit die Überflussgesellschaft, deren Emotionslosigkeit offensichtlich ist, im Sinne des Spaßhabens mit Hilfe der **Inszenierung** und dem Aufbau von **Emotionen** zu bewegen. Insofern reagieren Firmen mit der Ausrichtung oder Beteiligung an solchen Events nur auf die Gemütslage der westlichen Konsumwelt: Abgestumpfte Käufer, die alles schon haben oder bekommen können, können nur noch über ihr Verhalten und ihre Emotionen gewonnen und gebunden werden.[133] Der Aufbau und die Inszenierung von kulturellen Events (Konzerttourneen, Wanderausstellungen) und gesellschaftlichen Ereignissen (Bälle, Festlichkeiten, Medienveranstaltungen) sind dabei noch die neutralste Möglichkeit. Ein Event wäre jedoch keines, wenn nicht etwas **Spektakuläres** geboten würde, etwas, das die Besucher so noch nicht bzw. noch nie gesehen, gehört und damit erlebt haben. Die Inszenierung solcher Ereignisse verlangt deshalb nicht nur die genaue Kenntnis der Zielgruppen, sondern auch enorme Phantasie und Einfühlungsvermögen für deren Bedürfnisse und Wünsche. Ein anderer Aspekt: Es gilt das Rituelle, das Kultische auf diesem Event zu vermitteln, das Wir-Gefühl des Publikums zu stärken und damit die Ausgrenzung oder Abwehr von gedachten „Eindringlingen", also z. B. Konsumenten, die noch andere Produkte als die eigenen als Alternative sehen, zu bewirken. Mit der Stärkung eines Wir-Gefühls der bereits gewonnenen Kunden findet auf die Nicht-Konsumenten des Produktes oder der Ware eine Sogwirkung statt. Sie wollen nach gelungenen Events auch zur Gruppe der User des Produktes gehören, um ihr Ausgegrenztsein zu überwinden – so zumindest eine gruppensoziologische Erklärung der Wirkung von kultischen Events für Konsumprodukte oder -waren. Die wichtigsten Zielgruppen von Events sind in der Regel das jugendliche Konsumentenpublikum und die trendorientierten Zielgruppen der bis zu 40-Jährigen mit höherem Kaufkraftpotential.

Der Trend zum Event ist unübersehbar: Nicht nur in den Metropolen, sondern auch in der Provinz werden Ereignisse geschaffen, Kaufhäuser, Ladenketten, Möbelhäuser usw. veranstalten so genannte Events (häufig als Hausmessen). Im Gegensatz zu einigen Großbetrieben, die tatsächlich eine gesellschaftliche oder kulturelle Aufgabe haben und einen Sinn hinter ihren Events sehen, sind die Veranstaltungen in kleineren Städten, am Stadtrand, auf Parkplätzen, in Straßenzügen oder den Eingangshallen von Bahnhöfen reine

133 Vgl. Nickel, Oliver: Eventmarketing – Grundlagen und Erfolgsbeispiele, München 1998

Verkaufsveranstaltungen, die mit unprofessionellen Auftritten von Laiendarstellern jeglicher Couleur und der schwachen Vermittlung von Emotionen weder einen Beitrag zur Verbesserung der Gemütslage der Konsumenten leisten noch eine Lücke im Kulturbetrieb schließen. Die regionale Begrenztheit, auch organisatorisches Unvermögen, fehlende Finanzkraft oder der Mangel an Vorstellungsvermögen der Initiatoren, ein echtes Ereignis zu kreieren, machen ein Event, der nichts weiter ist als eine zweitklassige VKF-Veranstaltung zum Schimpfwort. Da nützen auch die in der PR der Veranstalter bemühten Vergleiche zu den Gauklermärkten des Mittelalters nichts oder deren ständige Wiederholung von Superlativen.[134]

Wichtig bei der Entscheidung des Unternehmens für eine der Formen von Events ist dabei ein gewisser Bezug des Geschäftsfeldes oder der Geschäftstätigkeiten zum Event. Einem Mittelstandsunternehmen, das Entsorgungsprobleme mit seinem Abwasser hat und deshalb das Grundwasser verschmutzt, nimmt man in der Öffentlichkeit schwerlich ab, dass es gleichzeitig für die Reinhaltung von Flüssen eintritt und eine Schlauchbootaktion mit Riverrafting, Quellwassertrinken und Würstelstand ins Leben ruft, bei der Bach- und Seeufer einer Region von mechanischer Verschmutzung gereinigt werden. Gerade solche besonderen Sponsoringformen sollten einen Hintergrund im Unternehmen haben und mit der dortigen Firmenkultur und dem Gebrauch oder der Anwendung von Produkten, Waren oder Dienstleistungen in gewissem Einvernehmen stehen. Gleichzeitig ist es wichtig, dass diese Events nicht einfach „gekauft" werden sollten, also mit der **Finanzierung** des Events schon alles geklärt ist und die Ausrichtung und Organisation der Aktion an ein beauftragtes Unternehmen abgegeben wird. Gute Events sind immer an eine Idee oder eine Vision des Unternehmens geknüpft und der Öffentlichkeit sollte immer ein nachvollziehbares, legitimes Interesse des Unternehmens verdeutlicht werden, also echtes Engagement; das Anliegen des Unternehmens muss sich mit den Interessen von Teilen der Öffentlichkeit decken. Die hier geforderte **Glaubwürdigkeit** kann also nur dann hergestellt werden, wenn sich

134 Einen brauchbaren Fahrplan für die Durchführung von Events bieten Brückner, Michael/Przyklenk, Andrea: Event-Marketing, Frankfurt 1998

tatsächlich Teile der Geschäftsführung oder führende Mitarbeiter des Betriebes an der Organisation und der Durchführung der Events beteiligen. Und nicht nur Personen sind gefragt, auch der Einsatz eigener Mittel, wie Maschinen oder Know-how sollte erfolgen und für solche Aktionen zur Verfügung gestellt werden. Je enger der Bezug des Events zu den Aktivitäten oder Produkten des Unternehmens, desto besser. Je stärker also die Verbindung zwischen guter Inszenierung des Ereignisses (also der **Emotion**) und der glaubwürdigen Deckungsgleichheit der Interessen von Unternehmen und Publikum (also des **Verstandes**), umso wirkungsvoller und nachhaltiger ist die Veranstaltung.

Nochmals: Allein mit Brot und Spielen ist es nicht getan, es sei denn, eine Firmenführung sieht die Bürger als dumme Masse, die sich ködern lässt. Achten Sie bei Event-Aktionen auf die ethischen und moralischen Maßstäbe und Regeln! Wenn beispielsweise ein Sanitärartikelunternehmen ein Sportereignis z. B. für Behinderte ausrichtet, begibt sich die Firma auf ein problematisches Feld und ihr Begründungs- und Glaubwürdigkeitsnotstand führt zu einem peinlichen Desaster in der PR, der Medienabdeckung und der Marktkommunikation. Ähnlich wie bei der Suche nach Sponsornehmern sollte die Betriebsleitung auch hier vorab recherchieren und Informationen sammeln über Gegebenheiten und mit lokalen und regionalen öffentlichen Institutionen kooperieren; arbeiten Sie mit sozialen und karitativen Einrichtungen (Umweltämter, Kulturämter, soziale Organisationen etc.), privaten Vereinen (Musikvereine, Natur- und Umweltschutzverbände und -gruppen, Bürgerinitiativen), oder Vertretern gesellschaftlicher Gruppen zusammen, um die Idee eines Events zu festigen, die möglichen Zielgruppen zu erfassen und den Bedarf an eines entsprechenden Spektakels zu klären. Interessant ist es, sich mit der „Szene“ oder den **„Subkulturen“** (eigenständigen kulturellen Einheiten, die vom Mainstream unterscheidbar sind) am Ort zu verständigen. Natürlich ist der Zugang hier nicht ganz einfach und Betriebe können sich zur Informationsbeschaffung den **Trendscouts** der Marktforschung, beispielsweise für die Einschätzung der regionalen Jugendkultur, bedienen oder sich allgemeinen Trends anschließen, wie sie in Spartensendern (z. B. „MTV“, „Viva“) gezeigt werden und ein Event entsprechend ausrichten. Andere Subkulturen dagegen sind nur durch intensive Beschäftigung und Recherchen sowie auch durch Marktforschungsergebnisse zu ermitteln. Sehr wichtig: Die Örtlichkeit, wo Ihr Event stattfinden soll und die Atmosphäre sowie das Ambiente und das soziale Umfeld Ihres Events. Achten Sie auf rechtliche Rahmenbedingungen und natürlich die Kosten. Für Mittelstandsbetriebe ist es nicht ganz einfach ein wirkliches Event auf die Beine zu stellen, das durch seine Inszenierung das verwöhnte Publikum und die (regionalen) Medien beeindruckt und automatisch mit dem Firmennamen verbinden lässt.

Ein gelungenes Event, das die Dimension eines wirklichen Ereignisses erreicht, hat nachhaltige Wirkung bei den Zielgruppen und den Medien: Es verbessert das Image des Initiators, bindet die Kunden durch das Erleben des Events aufgrund des Dabeiseins und erzielt Medienecho, weil es einen Newswert besitzt. Im Konsumgüterbereich, bei Bekleidungs- und Gebrauchsgütern sind Szeneprodukte für großartige Events geeignet, für gewerbliche oder Handelsprodukte sind die Bedingungen für Events eher schlechter.

5.3.2 Bestehende Events: „Me too" ist meist zu spät

Das Einsteigen bei bereits existierenden Events ist nichts anderes als Sponsoring in der Rolle eines Zweitsponsors. Im Gegensatz zum eigentlichen Initiator und Träger von Event-Veranstaltungen spielt man als zweiter oder dritter Initiator („Erfinder") immer eine nachgeordnete Rolle. Das gilt sowohl für die Synergieeffekte bei der Kommunikation, der Darstellung in den Medien wie auch für den Auftritt während des Events selbst. Häufig wird der zweite oder dritte „Erfinder" eines Ereignisses als **„Me too"-Initiator** begriffen. Ähnlich der Situation bei Marketingmaßnahmen von Nachahmerprodukten in der Markenführung (Markenstrategie)[135] wird der „Erfinder" eines Events organisatorische und kommunikative Vorteile haben. Allein Verträge mit dem Erfinder können die Position der Nachahmer verbessern helfen, z. B. indem die Gleichrangigkeit der

135 Vgl. Dichtl, E./Eggers, W. (Hrsg.): Marke und Markenartikel als Instrumente des Wettbewerbs, München 1992

beteiligten Firmen in Bezug auf den medialen Auftritt festgelegt wird; allerdings werden dadurch auch die finanziellen und organisatorischen Kosten für die „Einsteiger“ steigen. Ähnliches gilt auch für komplette **Nachahmer-Events**, die ähnliche Zielgruppen und ähnliche Veranstaltungsformen zum Ziel haben. Wenn also schon ein Event veranstaltet werden soll, dann ist ein Unernehmen am besten dran, wenn es ein **Original** schafft, bei dem alle anderen möglichen Wettbewerber das Nachsehen haben.

Dennoch ist die Position eines Zweitinitiators nicht immer unbedingt schlechter: Verbesserungen am „Produkt“ Event sind durch die Erfahrungen des Initiators auswertbar, Verbesserungen in der Veranstaltung selbst (Ablauf, Highlights), der Örtlichkeit (z. B. Industriehalle oder Ballsaal, Waldlichtung oder Flussniederung) sind möglich, wie auch eine verbesserte Ansprache der Zielgruppen (Jüngere, Ältere, Milieus etc.) und die Intensivierung und Streuung der Medienkommunikation.

5.3.3 Punktuelle Messe-Events

Den Events verwandt sind Messeveranstaltungen, die neben dem Verkauf von Produkten einen Anspruch auf deren spektakuläre Inszenierung bzw. deren ungewöhnliche Präsentation zum Ziel haben. Da diese Inszenierung beispielsweise von Produktinnovationen oder Produkteinführungen häufig auf einen Tag der Messe beschränkt ist, ist auch das Presse- und Medienecho auf die eigentliche Präsentationssituation während der Messe oder Ausstellung konzentriert. Je nach Branche und Größe eines Betriebes ist es vor allem die Fachpresse und sind es die Special-Interest-Medien, die mit diesen **punktuellen Ereignissen** angesprochen werden. Weil Messen in der Regel schon eine hohe Aufmerksamkeit bei der Presse genießen, benötigt die Präsentation von Produkten als Messe-Event besondere Leistungen und Anstrengungen in der Pressearbeit bereits im Vorfeld des Ereignisses, damit das Außergewöhnliche einer Messepräsentation auch tatsächlich die Aufmerksamkeit der Medien hervorruft.[136] Zur Kanalisierung der Presseinformationen über besondere Ereignisse auf Messen und Ausstellungen mit meh-

136 Vgl. Clausen, Elke: Mehr Erfolg auf Messen, Landsberg 2000

reren Tagen Dauer steht in der Regel ein Presseservice der Messegesellschaften mit einem Pressebüro und Pressefächern zur Verfügung. Zum Aufgabengebiet des Presseservices gehört es auch, zeitliche Überschneidungen von Präsentationen und Events durch die **Koordination** der Aktionen der verschiedenen Aussteller weitgehend zu vermeiden.

Beispiele: Organisatoren der Avantgarde Modemesse für avantgardistische junge Mode in München waren eine Reihe von Modehäusern, kleiner Modeateliers und freischaffender Modedesigner. Die Deutsche Wrigley's Kaugummi Handelsniederlassung wollte das Event, nämlich die Präsentation der jungen, noch unbekannten Haute Couturiers und Pret-à-Porter-Schneider, über Sponsoring unterstützen. Die Marketingabteilung des weltweit größten Kaugummiherstellers war von der Idee begeistert: Zielgruppe für die Steigerung des Images waren junge, modeorientierte, am besten nicht rauchende Leute zwischen 16 und 30, die Münchner Zeitungen halfen als Sponsoren mit und für Wrigley's war die Sache klar: Wir setzen uns an die Spitze eines Trends, fördern junge Schneider, sind auf der gut besuchten Veranstaltung (mit Modeschauen, Tanzballett, Rockgruppe etc.) mit Give-Aways, Fähnchen und Bannern präsent, bei der symbolischen Übergabe des Schecks durch den Geschäftsführer haben wir Fototermine – ergo: Der Abverkauf von Wrigley's steigt, unsere Kaugummi-Produkte werden noch bekannter. Die Messe, die eigentlich zu einem gesellschaftlichen Ereignis für junge Szeneleute aus der Modebranche werden sollte, war jedoch kaum dieses gesellschaftliche Ereignis, das man sich erhofft hatte: Die Örtlichkeit, ein ehemaliges Fabrikgelände, das für Ausstellungszwecke umgebaut worden war, bot keine räumlich passende Atmosphäre und war zu stark in einzelne Örtlichkeiten und Räume aufgeteilt, so dass kein richtiges Show- und Glamourfeeling aufkam: Die Stände der Jungcouturiers waren weit verstreut, die eigentliche Show fand auf einer Bühne statt, die in ihrem original 50er Jahre-Stil eher unpassend als anregend war. Weder die Besucherzahlen noch das Medienecho waren für die Sponsoren so attraktiv, als dass von einem „tollen" Event gesprochen werden konnte.

Medienwirksam und medienträchtig für Pressearbeit und PR-Informationen in allen Print- und elektronischen Medien sowohl beim Sponsoring wie auch bei den Events sind folgende Etappen der PR-Kommunikation:

- Die Ankündigung/Initiative zum Event,
- die Bekanntmachung der Ziele und die Zielgruppen des Events,
- die gesellschaftlichen Zusammenhänge der Aktionen beim oder um das Event,
- das Event und sein Ablauf selbst,
- die Auswertung und Nachbereitung des Ereignisses,
- die Zweitauswertung der Informationen darüber.

Zur **Ergebniskontrolle** von Events und Messen gehören die quantitative und qualitative Auswertung der Presseaktivitäten und das interne Sammeln von Belegexemplaren; ausgiebiger und besser in der Abdeckung sind dagegen beauftragte Mediendienste wie z. B. Ausschnittdienste und Dienstleister zu elektronischer Auswertung (z. B. Media Control). Langfristig ist auch eine Überprüfung des Images über Umfragemethoden der Marktforschung angebracht, da sowohl beim Sponsoring wie bei Events der erwartete positive Imagetransfer auch negativ sein kann, also beispielsweise, wenn die gesponserte Organisation oder das Event durch veränderte Rahmenbedingungen selbst negativ eingeschätzt wird und damit für den Sponsor wertlos oder sogar schädlich ist.

Über eines muss sich der Initiator oder Sponsor von Events immer im Klaren sein: Mit Presse- und Medienarbeit allein kann ein Event für die angedachten Zielgruppen nicht bekannt gemacht werden. **Werbung** in unterschiedlichster Form und häufig durch ihren massiven Einsatz, z. B. mit Anzeigen, Plakaten, Flugblättern und eventuell auch Rundfunk- oder TV-Spots, müssen die Pressearbeit flankieren und stützen. Auch der Einsatz von **Propagandisten,** also Personal im Mundpropgandaeinsatz bei den Zielgruppen an „Szeneorten", die z. B. durch Giveaways auf das Event aufmerksam machen, gehören zu den ergänzenden Maßnahmen. Dies bedeutet: Nur die Nutzung einer Palette von Instrumenten des Kommunikationsmarketing, die synchron eingesetzt werden, können ein Event wirklich erfolgreich machen.

5.4 Zwitter der Pressearbeit: Placements und PR-Anzeigen

Das Wort klingt professionell und modern – Placements sind „in". Für Mitarbeiter in großen PR- und Werbeagenturen ist das Wort die

Legitimation für erfolgreiche Öffentlichkeitsarbeit in elektronischen Medien wie Fernsehen und Rundfunk. Genau genommen ist jede Veröffentlichung von Firmeninformationen aufgrund guter Pressearbeit ein so genanntes Placement. Heute allerdings gilt es zu unterscheiden zwischen dem Placement gegen Rechnung und dem „echten" Placement. Das **Productplacement** muss deshalb als **Zwitterform** der Presse- und Medienarbeit bezeichnet werden, denn einerseits veröffentlicht das Unternehmen ja journalistisch verfasste Presseinformationen, die auch im redaktionellen Teil angeboten werden, andererseits ist es durch die Möglichkeit, den vorgesehenen Raum zu bezahlen, nichts anderes als Werbung.

5.4.1 TV-Placements: Einmal- oder Mehrfachwirkung

Vor allem die Fachpresse und die elektronischen Medien bieten Placements gegen Kostenbeteiligung an, wie z. B. Platzierungen oder Einstreuungen von Unternehmensinformationen im redaktionellen Teil. Häufig wird dies auch im Gegengeschäft von Fachzeitschriften- und Branchenverlagen angeboten: Ein redaktioneller Beitrag in der Fachzeitschrift erfolgt dann, wenn in der Ausgabe auch eine Anzeige geschaltet wird. Dies ist natürlich keine professionelle Pressearbeit, die ja durch ihren realen Newswert in redaktionelle Rubriken vorstoßen will. Im Rundfunk und Fernsehen sind es dagegen die Nennung oder die Präsentation von Produkten durch einen Moderator (z. B. in Ratesendungen, Spielshows, Magazinsendungen, Infotainmentsendungen etc.), die als Placements gelten. Placements in dieser redaktionellen Form werden als **Product Publicity** bezeichnet. Manche Privatsender sind darauf bedacht, sich zu dieser manchmal zu offensichtlichen Publicity zu bekennen, um keine rechtlichen Folgen zu gegenwärtigen, denn redaktionelle Beiträge und Werbebeiträge müssen in Deutschland aus presserechtlichen und wettbewerbsrechtlichen Gründen optisch oder akustisch voneinander getrennt sein.[137] Man lässt dann im Abspann von Sendungen einen Hinweis abrollen: „Unsere Moderatoren wurden ausgestattet von ...".

Beim TV-Film oder im Kino-Spielfilm sind dagegen in den letzten

137 Vgl. Schultze, Reinhard D.: Product Placement im Spielfilm, München 2001

Jahren Placements gang und gäbe geworden. Die Anwendung von Produkten wird bereits im Vorfeld einer TV- oder Filmproduktion mit den Filmproduktionsgesellschaften vereinbart, in die Drehbücher eingearbeitet und am so genannten Set (Drehort) werden diese in die Filmhandlung integriert. Beispielsweise in Fernsehserien ist die Plazierung von Produkten üblich: Die Hauptdarsteller fahren bestimmte Automarken, hören Musik aus bestimmten Hi-Fi-Anlagen, tragen Kleidungsstücke besonderer Marken oder essen bestimmte Produkte. Die Kameraeinstellungen schwenken unauffällig über ein Produkt oder ein Logo hinweg oder zeigen einen Schauspieler bei der Nutzung und Anwendung eines Produktes. Vor allem Automobilhersteller sind im Filmgeschäft tätig: z. B. helfen Mercedes-Geländewagen im Kampf gegen Dinosaurier in „Jurassic Park", Detektiv „Matula" in der TV-Serie „Ein Fall für Zwei" fährt Alfa Romeo, BMW lieferte die Polizeiwagen für den Krimikommissar „Derrick" und den Agentenwagen für eine „James Bond"-Folge, Toyota war der Lieferant für das Auto im Film „Zurück in die Zukunft". Auch Hersteller von Konsum-, Gebrauchs- und Luxusgütern sind bei den **Produktionsgesellschaften** willkommen als Zahler für die **Produktionskostenzuschüsse** von Koproduzenten, wie diese finanziellen Beiträge für Placements bezeichnet werden: Pepsi-Cola („Top Gun"), Marlboro („Gib Gas, ich will Spaß"), Becel-Margarine (TV-Serie „Lindenstraße"), Kellogg's („Rocky"), Sony („007 – James Bond"), Texas Instruments („Ghostbusters"), Miele (TV-Serie „Lindenstraße"), Omega („007 – James Bond") – alle diese Firmen waren (sind) mit Placements ihrer Produkte dabei. Ob Bekleidungshersteller (Adidas in TV-Serie „Schöne Ferien") oder Kreditkartenunternehmen (American Express in „Beverly Hills Cop"), Productplacements versprechen vor allem in absehbar erfolgreichen Hollywood-Produktionen eine weltweite Publizität und einen Imageschub für Großbetriebe. Ein spektakuläres Beispiel lieferte das Transport- und Paketunternehmen Federal Express, das im Abenteuerfilm „Cast Away" („Verschollen") mit Tom Hanks eigentlich die Hauptrolle spielt, weil der auf einer Insel gestrandete Held ein Angestellter dieser Firma ist und ihre Pakete und das FedEx-Logo sich in viele Filmeinstellungen einarbeiten ließen.

Im Fernsehen und im Rundfunk, in privaten wie öffentlich-rechtlichen Anstalten, werden für einzelne Sendungen oder TV-Serien Produkt-Placements angeboten oder findet so genanntes **„Namedropping“**, also die beiläufige Nennung von Namen, Firmen, Produkten statt; die Kosten berechnet der Produzent oder die Produktionsfirma oder sie müssen mit einem Moderator unter der Hand abgesprochen werden, was Letztere ungern zugeben. Es vergeht jedoch kaum eine Talkrunde, in der prominente Interviewgäste nicht ihre jüngsten Bücher oder Filme plazieren können, schön kaschiert als redaktioneller und moderierter Teil der Sendung. Vor allem Produkt-Placements sind rechtlich umstritten, denn der redaktionelle Teil von Presse- und elektronischen Medien muss, wie erwähnt, im Schriftbild, akustisch oder optisch von werblichen Inhalten unterscheidbar sein.[138] Dennoch greift diese Form der auch so genannten **Präsentationswerbung** immer mehr um sich, ein Trend, der sich durch die Konkurrenz bei TV-Anstalten (Jagd nach Einschaltquoten, hohe Produktionskosten für manche Sendungen) und die Verschärfung des Wettbewerbes auf dem Markt der Pressemedien, vor allem bei Fachzeitschriften und Special-Interest-Titeln, noch verstärken wird. Es wird also trotz der rechtlichen Grenzen immer wieder Verstöße und Grenzfälle geben, die mittlerweile zum Alltag der TV- und Informationsgesellschaft gehören und nicht sanktionierbar sind.

Dass Placements nicht nur für Großkonzerne in Frage kommen, zeigt folgendes **Beispiel**: Ein großer mittelständischer Hersteller von Hubwagen bekam vor einigen Jahren die Gelegenheit, in einer TV-Krimiserie ein Placement vorzunehmen. Der TV-Kriminalfall sollte die Beamten unter anderem in die Türkei und dort in den Hafen von Izmir führen. Auf ihrer Verbrecherjagd streiften die Schauspieler durch Lagerhallen und über Lagerplätze. Am Set hätten deshalb die Hub- und Ladewagen der Firma in die Handlung eingebaut werden können. Mehrmals sollten im Bildhintergrund gewaltige Kisten und Warenberge auf den Hubgabeln der Fahrzeuge verfrachtet werden, das Firmenlogo sollte gestreift werden. Für die Firma also eine gute Gelegenheit, ihre Produkte einem breiteren Publikum als dem der Fachzeitschriften oder Wirtschaftsnachrichten nahe zu bringen und zudem die Internationalität der Produkte zu zeigen. Das Projekt

138 Vgl. Schultze, R., op. cit.

scheiterte unerwarteter Weise an einer kompletten Umstrukturierung des Unternehmens, die durch die Übernahme durch einen anderen Hersteller bedingt war.

Das Beispiel zeigt, dass auch Mittelstandsbetriebe für diese Placements in Frage kommen, sofern nicht zu hohe finanzielle Hürden (Produktionskostenzuschüsse) im Wege stehen.

5.4.2 Dauerwerbesendungen: Redaktionell hoher Aufwand

Aufwändiger als einfache Placements sind die oben erwähnten **Dauerwerbe- oder Informationssendungen**, denn sie erfordern hohes redaktionelles Engagement des auftraggebenden Unternehmens. Auch sie sind eine Zwitterform der Presse- und Medienarbeit, denn einerseits bereiten diese Sendungen ihre Inhalte durchaus redaktionell auf (z. B. Sendungen für Sportgeräte oder Heimwerkerartikel) und werden in Kooperation mit einem Sender oder TV-Kanal erarbeitet. Sie laufen jedoch während einer gekauften Sendezeit (Einblendung: Dauerwerbesendung, Teleshopping). Dem Zuschauer bieten diese Sendungen oder TV-Kanäle in der Regel moderierte Magazin- oder Showsendungen an, die Produkte oder Produktgruppen präsentieren. Mit Hilfe von ergänzenden Filmbeiträgen, Showeinlagen, Online-Bestellnummern und besonderen Preisangeboten während der Sendung (Rückkoppelungskanäle via Telefon) bieten diese Sendeformate Ihrem Unternehmen oder zusammengeschlossenen Branchenfirmen die Möglichkeit, Firmen- und Produktinformationen zu verbinden. Der konzeptionelle und redaktionelle Aufwand ist dabei nicht unerheblich und muss durch externe Profis (Redaktion, Moderation, Dreharbeiten für Beiträge und Zuspielungen, Aufnahmeleitung, Regie) geleistet werden. Solche Werbesendungen können z. B. die Pressearbeit und traditionelle Werbung von Unternehmen ergänzen oder beispielsweise auch die Verbandsarbeit unterstützen. Beispielsweise konnte die PR-Spot-Kampagne der privaten Versicherungen im Rundfunk Mitte der 90er Jahre nicht nur über die angespannte Situation der staatlichen Rentenversicherung aufklären und informieren, sondern gleichzeitig auch die Produktvorteile privater Altersvorsorge nennen.

Vertreter der reinen Lehre von Presse- und Öffentlichkeitsarbeit sehen bezahlte Placements und Dauerwerbesendungen natürlich als unsaubere Arbeit an, andere halten diese Zwitterformen für legitim, bieten sie doch Unternehmen die Möglichkeit, in Print- oder elektronischen Medien einen Auftritt und Breitenwirkung zu haben, den sie mit klassischer PR-Arbeit nie erreichen würden. Festzuhalten bleibt, dass die Wirkung von Placements zweischneidig ist, denn neben der gelungenen Verbreitung kann sich auch ein negativer **Imagetransfer** ergeben: Bei den Printmedien besteht die Gefahr, dass ein unredigierter, werblich formulierter Pressetext von den Lesern „enttarnt" wird (schlecht für die Firma und für die Redaktion der Fachzeitschrift), bei Placements in TV-Sendungen kann durch die Unbeeinflussbarkeit des Verlaufs von Livesendungen oder der Inhalte eines Drehbuches ein Produkt plötzlich in einen negativen Kontext stehen. Für kleinere und mittelständische Betriebe sind gekaufte PR-Placements auf die Dauer ohnehin zu teuer, so dass – günstige Gelegenheiten einmal ausgenommen – klassische, redaktionelle Presse-Placements über die professionelle Pressearbeit die bessere Empfehlung bleiben.

5.4.3 PR-Anzeigen und Sonderveröffentlichungen: Im Zielmedium integrierte Form

Ganz ähnlich wie bei den Placements in den elektronische Medien verhält es sich bei **PR-Anzeigen** in Printmedien. PR-Anzeigen (oder **Image-Anzeigen**) werden zwar als solche gekennzeichnet und sind inhaltlich eher informativ als werblich, aber der Raum, auf dem die Anzeige erscheint, ist bei der Anzeigenabteilung gekauft. PR-Anzeigen gleichen im Schriftbild und in der Schriftart dem redaktionellen Teil einer Zeitung und sind dadurch kaum von den eigentlichen redaktionellen Inhalten zu unterscheiden, ihre Inhalte sind weitgehend Textbeiträge, manchmal in wertender Sprache.[139] Überschriftengrößen und Layout sind gleich oder ähnlich wie der redaktionelle Umbruch gestaltet und auch der Schreibstil nähert sich dem Trägermedium an (z. B. in der Bild-Zeitung und anderen Boulevardblättern). Von den üblichen Werbeanzeigen unterscheidbar

139 Vgl. Ahlke, K./Hinkel, J.: Sprache und Stil, Konstanz 1999, S. 134

sind diese PR-Anzeigen ganz offensichtlich: keine ganzseitigen Farbfotos, keine großen Grafiken, keine Claims und Schlagworte. Klein im Eck eines Kastens um den PR-Text, unter- oder oberhalb eines Fließtextes steht klein gedruckt das Wort „Anzeige“, um der rechtlichen Form Genüge zu leisten. In den Fachzeitschriften kosten die so genannten PR-Anzeigen (i. e. Placements) weniger als der gleiche Raum für eine entsprechend große Werbeanzeige. Sie bieten Unternehmen die Möglichkeit, Informationen nach außen hin auf den ersten Blick als redaktionelle Beiträge erscheinen zu lassen und erhöhen die Chance des Gelesenwerdens. Gelungene Image-Anzeigen-Kampagnen waren z. B. die in der Publikumspresse erschienenen Themen der Chemieindustrie (Titel: „HighChem“) oder der Degussa als weltweiter Rohstoffverarbeitungsbetrieb.

Eine weitere Form von PR-Möglichkeit in den Printmedien sind so genannte **Beilagen- oder Sonderveröffentlichungen** (auch **Supplements**). Hiermit können Unternehmen oder Organisationen einem Teil (z. B. regional) oder der gesamten Auflage einer Zeitschrift, eine eigene Veröffentlichung (mehrere Seiten) hinzufügen und selbst redaktionell gestalten. Natürlich muss dieses Supplement bezahlt werden, und mittlere Unternehmen können sich aus Kostengründen solche PR-Supplements nur in regionalen oder lokalen Printmedien (Stadtzeitungen, regionale Illustrierte) leisten. Beilagen und Beihefter erfordern viel konzeptionelle und planerische Arbeit, müssen zielmediengerecht plaziert werden. Von reinen Werbebeilagen unterscheiden sie sich durch die eher redaktionelle Aufbereitung der Inhalte, liefern Hintergrundinformationen und Zusammenhänge von Marken, Produkten, Unternehmen. Wichtig: Supplements sollten von echten Profis umgesetzt werden. In der Regel sollten deshalb externe PR-Agenturen mit einer Grafikabteilung zur Realisierung solcher Sonderveröffentlichungen beauftragt werden. Manchmal helfen auch Verlage und Medienhäuser, bei denen die Beilagen eingeheftet werden, mit speziellen Redaktionen oder Redakteuren und Layoutern weiter.

Kontributoren und Elemente der PR-Kommunikation

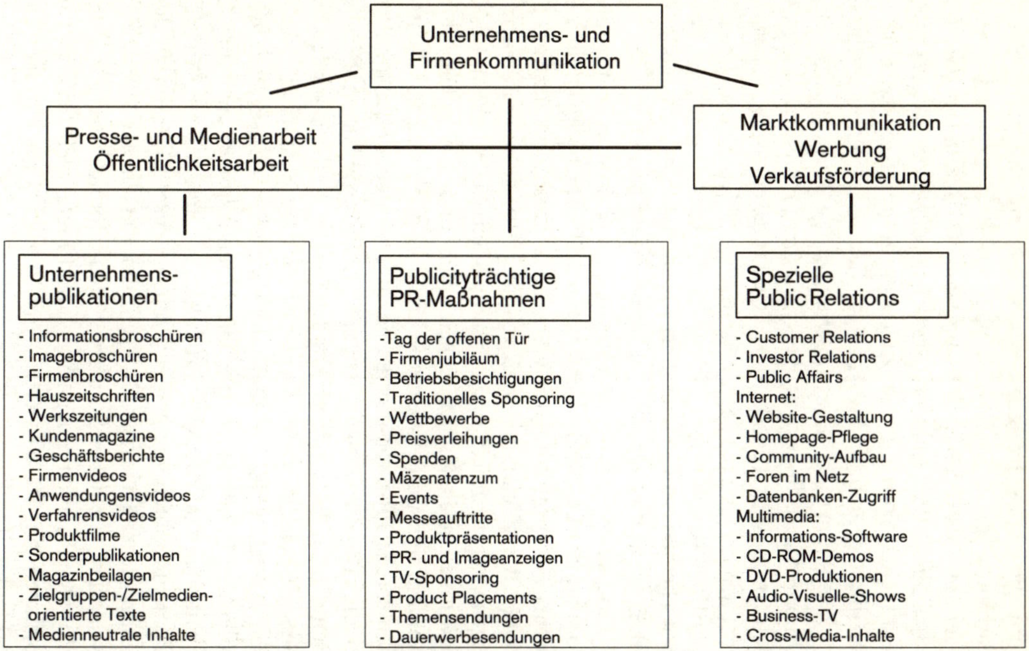

IX. PR-Planung, Kooperationen und Erfolgskontrolle

Folgende Abschnitte behandeln Aspekte der Kampagnenplanung, der Budgetierung und Kooperation im PR-Bereich sowie der Erfolgskontrolle. Tipps und Hinweise zum Alltag der Presse- und Medienarbeit oder von Public Relations-Aktivitäten, erleichtern die Arbeitsorganisation und die Zusammenarbeit mit Medien.

1. Adressenverzeichnis – „Conditio sine qua non"

Der Austausch von Visitenkarten gehört noch immer häufig zum Ritual eines Erstkontaktes im Geschäftsleben, ihre Sammlung und Aufbewahrung jedoch ist problematisch. Ein Adressen- und Telefonverzeichnis von allen Kontaktpersonen, Gesprächs- und Kooperationspartnern, Journalisten, Medienvertretern und auch von Multiplikatoren ist eines der wichtigsten Arbeitsinstrumente des PR-Mannes/der PR-Frau. Am besten ist es, die Personen mit einem inhaltlichen **Stichwort** oder kurzen **Kommentar** sowie zum Arbeits- und Berufsfeld, der Firma, dem Medium zu versehen, für die jene tätig sind. Im Zeitalter der Computer ist es keine große Schwierigkeit, mehrere hundert Adressen im System zu speichern, nach Sachgebieten zu ordnen und schnellstens abzurufen. Machen Sie hin und wieder ein Backup dieser Dateien. Durch den PC wird zwar das persönliche Adressbuch mit dem aktuellen Alltagsregister für unterwegs nicht ersetzt, lässt aber mit einer Wiedervorlagefunktion oder auch bei der Wiederdurchsicht längst vergessene Adressen abrufen, kontaktieren und aktualisieren. Adressenverzeichnisse sind eine „conditio sine qua non", also eine unabdingbare Voraussetzung für die wirkungsvolle PR-Arbeit, auf die kein professioneller Mitarbeiter verzichten kann.

2. Arbeitsarchiv – sofort griffbereit

Sammeln und archivieren Sie sämtliche von Ihnen verfassten Konzeptionen, Ideenskizzen und auch versandte Informationsunterlagen, von der Budgetplanung oder der Broschürenkonzeption über die Presseeinladung bis zur kompletten Pressemappe – auch Handskizzen, sofern sie weiterverwendet wurden, gehören dazu. Dies lässt Informationen zurückverfolgen und dient als Beleg Ihrer (ordnungsgemäßen) Tätigkeit. Dokumentieren Sie auch alle Kontakte und die **Gesprächsinhalte** mit kurzen Notizen, sofern Sie nicht ohnehin kurze **Gesprächsberichte** für hausinterne und -externe Unterredungen, Briefings, Diskussionen und Sitzungen verfassen. Ganz wichtig: Sollten Sie Texte, Planungen oder einzelne Kampagnenschritte vom Chef abzeichnen lassen müssen, behalten Sie diese Dokumente mit der Unterschrift oder dem Abzeichnungskürzel in Kopien bei sich und legen Sie diese zu den zugehörigen **Jobs** (Einzelarbeit, Einzelauftrag, Teiltätigkeiten) einer Kampagne oder eines Projekts. Dies kann zur Klärung von später auftretenden Missverständnissen mit Auftragnehmern bei der Durchführung einzelner Jobs oder auch bei der Rechnungsstellung durch externe Firmen beitragen.

Außerdem haben Sie mit einem Archiv die Möglichkeit, frühere, bei einer neuen Gelegenheit wieder interessante oder auch in Teilen wieder verwertbare **eigene PR-Artikel** schnell bei der Hand zu haben, die dann überarbeitet und aktualisiert auf den neuesten Stand gebracht werden können. Bei einer reinen Archivierung auf dem PC sollten Sie darauf achten, dass immer die letzten Fassungen bzw. Textversionen besonders gekennzeichnet (z. B. durch Dateibezeichnungen oder -erweiterungen) sind.

3. Marktforschung: Ergebnisse können nützlich sein

In den vergangenen 40 Jahren hat sich die Marktforschung zu einem wichtigen Instrument der Marktinformation (Informationen aus den Märkten) von Unternehmen entwickelt: Kaum ein Großunternehmen, das nicht Marktstudien zur Erfassung seiner Marktsegmente, zur Beurteilung der Marktchancen von Produkten und zur Einschätzung der potentiellen Käufer- oder Kundenzielgruppen einsetzt. Für Marketingabteilungen sind die Ergebnisse von Marktforschungen ein wichtiges Kriterium bei der Entscheidungsfindung zur technischen Verbesserung von Produkten, ihrem Design, ihrer Verpackung, sowie den Vertriebs- und Verkaufsmöglichkeiten oder der Gestaltung von Werbeinstrumenten und -formen für Waren geworden. Marktforschungsmethoden helfen jedoch auch bei der Diversifikation von Produkten, der Entwicklung von Innovationen und der Überprüfung des Images von Unternehmen.[140]

Während die Bedeutung von Marktforschung für **Marketingentscheidungen** und Werbemaßnahmen von Unternehmen zweifellos wichtig ist, ist ihr Wert für die Planung der klassischen Presse- und Medienarbeit eingeschränkt. Beispielsweise sind die Kommunikationspartner, also die Empfänger der Botschaften und Aussagen von Pressearbeit bzw. Werbung unterschiedlich: Im Falle der Werbung sind es Käufer- und Kundenzielgruppen, die erreicht werden sollen, im Falle der Public Relations sind es die Medien und ihre Rezipienten sowie die Teilöffentlichkeiten oder Interessentengruppen am Unternehmen, die mit den Käufern von Produkten in der Regel nicht identisch sind. Marktforschungsergebnisse stellen also meist nur einen Ausschnitt der Kommunikationspartner für PR dar, zumal davon ausgegangen werden muss, dass nur ein Teil der Rezipienten von **PR-Botschaften** auch mögliche Käufer sind. Die Kommunikationszielgruppen sind demnach nur im Falle der Durchführung **Produkt-PR** weitgehend deckungsgleich. Zum anderen sind die Methoden der Marktforschung und deren Ergebnisse nicht immer dazu geeignet, für PR- und Medienarbeit verwertbare Informationen bereitzustellen, da sich ihre Fragestellungen zumeist auf Produkte, Käufer und Marktsegmente beziehen und detailliert mit Marktdaten beschäftigen.

Erst die von Produkten losgelöste **Interpretation** der Ergebnisse von Marktstudien und die Auswahl von für die PR-Aufgaben aus-

140 Vgl. Kamenz, U.: Marktforschung, Einführung mit Fallbeispielen, Stuttgart 1997

sagefähigen Bereichen können deshalb für die Entwicklung von PR-Botschaften interessant sein. Für die PR-Arbeit sind also hauptsächlich Marktstudien relevant, die sich bereits in ihrer Gesamtkonzeption oder in Teilbereichen auf Fragestellungen der PR beziehen. Beispielsweise können dies Studien zum Image von Unternehmen sein, ihrem Bekanntheitsgrad, ihren Kommunikationsmaßnahmen, den Aussagen und Inhalten von Botschaften oder auch der Bezug von Geschäftsfelder oder von Aktivitäten eines Betriebes zu gesellschaftlich relevanten Themen. Da sich groß angelegte, teure Feldstudien zu PR-Zwecken in Kooperation mit Marktforschungsinstituten für Mittelstandsbetriebe oder PR-Agenturen kaum lohnen, empfehlen sich selbst durchgeführte **Befragungen** und Interviews bei Teilöffentlichkeiten und Kundengruppen, um zu PR-Relevanten Daten zu gelangen. Diese Methoden lassen sich ohne großen Aufwand als schriftliche Befragungen (Versand von Fragebögen) oder Straßeninterviews (vor Ort) vom PR-Mitarbeiter entwickeln und durchführen. Ihre Ergebnisse (z. B. über die Inhalte und Qualität von Informationsmaterial oder das Image des Betriebs etc.) können in die PR-Arbeit einfließen.

Für die PR-Arbeit sind besonders Ergebnisse der empirischen Feldforschung nützlich, die sich mit den der Marktforschung verwandten Forschungsgebieten beschäftigen. Beispielsweise die **Mediennutzungs- und die Medienwirkungsforschung** (Welche Medien werden wie lange vom Rezipienten genutzt? Welche Inhalte und Themen sind für den Mediennutzer verwertbar? Mediadaten von Zielmedien) können für die Wege und Streuung sowie die Inhalte von PR-Botschaften aussagefähig sein. Auch die **Demoskopie**, also die Meinungsforschung oder die **Milieuforschung**, die sich mit der Entwicklung und Ausprägung von sozialen Gruppen beschäftigt, sind der PR-Arbeit nützlich. Ergebnisse der **Sozialforschung**, die sich mit der gesellschaftlichen Entwicklung (längerfristige Veränderung von Gewohnheiten, Bedürfnissen etc.) auseinander setzen sowie der **Trendforschung**, die **Konsum- und Verhaltenstrends** in sozialen und Konsumentenmilieus erfasst, können für die Entwicklung von PR-Aktivitäten wichtige Informationen liefern. Sie alle lassen nicht nur die Inhalte der PR-Botschaften konkretisieren, sondern auch die Öffentlichkeit (Teilöffentlichkeiten) von Unternehmen besser bestimmen.[141] Demnach ist für PR-Arbeit hauptsächlich der Bereich der Sekundärforschung relevant, also die Verwertung von bestehenden, meist schon interpretierten Daten von veröffentlichten Studien. Deren Ergebnisse findet man in einschlägigen Datenbanken, bei Markt-, Wirtschafts- und Sozialforschungsinstituten sowie in Fachpublikationen und -zeitschriften, aber auch in Tageszeitungen und Special-Interest-Titeln.

4. Budgetierung: Immer ein wenig mehr

Ein wichtiges Instrument der finanziellen Organisation der PR-Tätigkeit über das Jahr (Geschäftsjahr) ist die Festlegung des **Budgets**, also des Finanzhaushalts und der -mittel für die Presseaktivitäten. Als Planungselement im Unternehmen ist die Budgetierung ein wichtiger Aspekt bei der Entwicklung von Presse- und PR-Aktivitäten und der Planung von Kampagnen. Während ein Budget auch die internen Kosten (z. B. Mitarbeiterlöhne, Betriebskosten) berücksichtigt, bezeichnet das Wort **Etat** in der Regel das Volumen aller extern an Kooperationspartner zu vergebenden Aufträge in konzeptionellen, kreativen, technischen und organisatorischen Bereichen. Kosten, die Sie bei einem kompletten PR-Auftritt, also beim PR-Budget ihres Hauses berücksichtigen müssten, sind beispielsweise:

- Löhne und Gehälter der PR-Mitarbeiter,
- Berater- und Agentur-Honorare,
- Kosten einer/von Pressekonferenzen (Räume, Bewirtung),
- Druckkosten von Einladungen, Informationsbroschüren,
- Herstellungskosten für Kunden- und Mitarbeiterzeitschriften,
- Kosten für Pressegeschenke und Veranstaltungen für die Presse,
- Schaltpreise für PR-Anzeigen und Sonderpublikationen,
- Produktionskostenzuschüsse für Placements,
- Herstellungskosten für Firmenvideos,
- Kosten der Realisierung von Internetauftritten,

141 Meinungsforschungs- und Sozialforschungsinstitute liefern Daten zu unterschiedlichsten Bereichen, definieren auch Veränderungen in neuen sozialen Gruppen; z. B. Sinus-Studien zu den neuen sozialen Gruppen.

- Herstellungskosten für CD-ROMs,
- Kosten für Sponsoringbeteiligungen,
- Spendenausgaben,
- Kosten von Events,
- Laufende Kosten für Papier, Druckerpatronen, Folien,
- Telefon, Fax, Porto,
- Spesen und sonstige Ausgaben.

Behalten Sie sich ein finanzielles Polster, eine Art „Kriegskasse" für im Vorfeld schwer zu kalkulierende Posten und unerwartete Ereignisse. Vor allem im Krisenfalle ist ein solches Polster wichtig, um den kommunikativen Schaden beim Image zu begrenzen oder zu reduzieren.[142]

Wie hoch soll das Budget sein? Fünf Wege stehen für die Festlegung seiner Höhe zur Auswahl:

(a) Übriges Geld als **Anteil aus dem Unternehmensgewinn** wird als Etat für das kommende Jahr zur Verfügung gestellt. Nachteile sind: Personenabhängigkeit und zähe Verhandlungen („Welcher Bereich bekommt wie viel?") mit anderen Managementbereichen (z. B. Werbung).

(b) Festlegung eines **bestimmten Prozentsatzes** vom Umsatz einer Unternehmung oder Organisation (Schwankungsbreite ungefähr zwischen drei bis zehn Promille des Umsatzes). Diese Methode ist starr und unflexibel, eine „Kriegskasse" für Sonderaktionen bei Bedarf ist nicht eingeplant.

(c) Bei der **Mini-Max-Methode** werden Unter- und Obergrenzen eines Budgetrahmens entsprechend den Zielen festgelegt. Hier ist der Nachteil von (a) vorhanden, die Flexibilität wird jedoch erhöht: Das Budget hat einen Ausgabenkorridor, der entsprechend den Zielen und Maßnahmen höher oder niedriger ist.

(d) **Aufgaben-Methode**: Bei dieser wird die Höhe des Budgets an den Mitteln ausgerichtet, die zur Erreichung der geplanten PR-Ziele notwendig sind. Dabei sollten Sie natürlich vorher wissen, was bestimmte Aktionen kosten könnten und ihr Einsatz bewirken kann.

142 Vgl. Bruhn, M., op. cit., S. 578 ff

(e) Bei der **Erfahrungsmethode** wird das Budget des Vorjahres als Hauptkriterium herangezogen. Die Höhe des letzten Budgets und die erreichten Kommunikationsziele werden verglichen und das neue Budget bestimmt. In der Regel wird ein geringer Prozentsatz zum Vorjahr aufgeschlagen.

Der Budgetplan kann nach verschiedenen Kriterien oder Kategorien aufgeteilt werden. Wichtig ist hierbei die übersichtliche Tabellenform, in der die Planung der Aktivitäten und Aktionen über das Jahr nach Monaten (z. B. Januar bis Dezember) festgelegt wird und die Einzelaktionen festgehalten sind. Dies dient der Übersicht der Kostenverteilung und Terminplanung beim Einsatz der Gelder. Die Verteilung des Budgets sollte grundsätzlich nach **Sachkriterien** und nach **zeitlichen Kriterien** erfolgen. Sachkriterien definieren sich über die Inhalte, Botschaften und Aufgaben der PR und können beispielsweise dadurch bestimmt sein, wie hoch die Anteile eines PR-Budgets für die Verbreitung von Unternehmensinhalten im Verhältnis zu Produktinformationen sein sollen. Auch die Definition von Zielmedien oder Zielgruppen bzw. Teilöffentlichkeiten kann ein Sachkriterium der Aufteilung sein. Zeitliche Kriterien sind dagegen die Konzentration der Instrumente und Maßnahmen auf eine bestimmte Periode (Messezeit) oder die kontinuierliche, gleichmäßige Verteilung der Budgetmittel über das gesamte Jahr.

Budgetpläne können inhaltlich gegliedert werden in:

- Gesamtbudgets (sämtliche internen und externen Kosten) und ihre Teilkosten mit einem Vorjahresvergleich zur Transparenz der Entwicklung. Dieses Gesamtbudget kann weiter aufgeteilt werden, z. B. nach:
- Aktions- und Organisationsbudget (Pressekonferenzen, Pressegespräche, Jubiläumsfeiern, Kosten für Saalmieten etc.);
- Dokumentationsbudget (Kosten für Dienstleister bei der Dokumentation, abonnierte Zeitschriften und Info-Dienste);
- Kooperations- und Beratungsbudget (Fremdkosten wie Grafiker, freie Texter, Berater, Agenturen);
- Streubudget (bei Sponsorsendungen, PR-Anzeigen, Placements etc.);
- Verwaltungsbudget (Telefonkosten, Porto, Schreibkräfte etc.).

Eine prozentuale Berechnung und nominale Nennung der Teilkosten jedes Budgetpostens im Verhältnis zum Gesamtbudgets empfiehlt sich zur Übersicht der Kosten- und Ausgabenentwicklung sowie aus Gründen der Ziel-Mittel-Nutzen-Relation. Bei der Aufstellung eines PR-Etats sind natürlich die internen Kosten nicht zu berücksichtigen, sondern hier werden alle durch den Anfall von Kooperationen (Berater, Agentur, Druckerei- und Produktionskosten, Ausgaben für PR-Aktionen, Spesen etc.) entstehenden Kosten festgehalten.

5. Kampagnenplanung – der rote Faden

Eine der wichtigsten Aufgaben der Presse- und Öffentlichkeitsarbeit ist die genaue Planung und Durchführung von Presseaktionen, von der Aussendung der Presseinformationen bis zum Abschluss einer Aktion oder eines Events. Neben der alltäglichen Kontaktpflege und Information bestimmter Medien oder Teilzielgruppen der Öffentlichkeit sind gezielte, geplante Kampagnen mit mehreren kombinierten und abgestimmten Einzelaktivitäten ein Mittel zur Ansprache einer breiten Öffentlichkeit oder auch von Teilöffentlichkeiten. Kampagnen umfassen die zeitlich und inhaltlich abgestimmte, **synchronisierte Planung** und **Durchführung** der PR-Aktivitäten und Maßnahmen, beispielsweise bei einer Produkteinführung:

- Presseankündigung an verschiedene Medien,
- detaillierte Presseinformationen zum Produkt, hierzu: Abstimmung mit der Werbeabteilung bzgl. der Anzeigenschaltung,
- Presseeinladung zur Pressekonferenz,
- Pressekonferenz mit Verteilung von Unternehmensinformationen und Produktinformationen bei der Produktpräsentation auf einer unternehmensinternen Veranstaltung,
- Presseeinladungen und Einladung an Multiplikatoren sowie begleitendes Informationsmaterial zur Präsentation des Produktes bei weiteren, außerbetrieblichen Aktionen, wie auf Verkaufsveranstaltungen, in Form eines Event oder auf Messen, hierzu: Abstimmung mit der Werbung zur Anzeigenschaltung und den Organisatoren der Messe/des Events,

- die Nachlese zum Echo auf die Aktionen in den Medien und in der Öffentlichkeit,
- Kampagnendokumentation.

Wie diese Aufzählung zeigt, sind eine Reihe von Instrumenten, Maßnahmen und Aktionen zu koordinieren und mit anderen **Kontributoren** (Beitragenden Abteilungen und Bereichen des Unternehmens; vgl. Grafik) der PR-Arbeit abzustimmen und zu synchronisieren. Die Planung einer Kampagne kann deshalb als roter Leitfaden gesehen werden, der umso nützlicher wird, je größer und umfangreicher die Kampagne wird.[143] Zur Konzeption, Planung und Durchführung einer Kampagne sind folgende wesentliche Schritte im Vorfeld notwendig:

- **Kampagnenziele** lange vorher klären (Vorgespräche, Abstimmung mit der Geschäftsleitung und anderen betroffenen Teilbereichen des Unternehmens);
- Analyse des **Ist-Zustandes**, der derzeitigen Lage sowie der Durchführungsmöglichkeiten der Kampagne; interne und externe Kriterien sind: die Budgethöhe, organisatorische und personelle Gegebenheiten. Der **Kampagnenzeitraum** (Laufzeit) sollte lange vor dem Start der Kampagne festgelegt sein (vier bis sechs Monate) und ihre stattfindenden Aktionen in eine günstige Periode des Jahres fallen; diese sollten mit den anderen Kontributoren zur PR geklärt und abgestimmt sein;
- **Entwicklung** und **Auswahl** von Handlungsoptionen, alternativen oder kombinierten Strategien im PR-Mix (imagebildende, informative, werbliche etc. Zielrichtung der Kampagne; Zielgruppen, Wege und Mittel der Information, Aufwand, organisatorische und zeitliche Möglichkeiten; Abstimmung der Maßnahmen und Aktivitäten, Prüfung der Durchführbarkeit und Erfolgschancen etc.);
- Entscheidung für eine bestimmte **Form der Kampagne** mit der **Abfolge** und dem **Ablauf** der entsprechenden Einzelmaßnahmen (detaillierte Ausarbeitung von Aktivitäten, Budget, Zeitablauf und Terminierung, Personal- und organisatorischer Aufwand, Kooperationspartner, Beratungspartner etc.);

143 Vgl. Bruhn, M., op. cit., S. 555 ff

- Planungsaufstellung (Welche Aktivitäten wann, wo, mit wem, für wen? Detaillierte Zeitvorgaben für Aktionen, organisatorischen Ablauf festhalten, einen **synchronisierten Ablaufplan**, natürlich lange vor dem Kampagnenstart, erstellen, um den Zeitdruck zu reduzieren!);
- Realisierung und **Durchführung** der Kampagne nach den Vorgaben (Achtung: Don't worry, Zeitdruck herrscht auch nach der besten Vorausplanung immer!).

Pläne werden gemacht, um die Realität einer Idee oder Vorstellung anzupassen. Häufig werden Planungsziele jedoch nicht erreicht oder abgewandelt. Für jede Kampagne ist es wichtig, Zeitpuffer einzuplanen und sich auf ungeplante Ereignisse einzustellen. Kampagnen können aus dem Ruder laufen durch technische Widrigkeiten und Pannen, durch fehlgeplante organisatorische Hemmnisse und Verzögerungen bei Einzelereignissen und -aktionen der Kampagne. Die Kampagnenplanung hilft jedoch, bei entstehenden Abweichungen und Schwierigkeiten, wieder auf den gedachten Weg zurückzukehren und die Orientierung nicht zu verlieren. **Improvisationstalent** und **Flexibilität** sind bei jeder Kampagne vonnöten: Ob zeitliche oder sachliche Panne – wird eine Aktion der Kampagne gestört, sind sachlich-inhaltliche Alternativen und punktuelles Problemlösungsverhalten gefordert. Störungen und Engpässe sind also eher die Regel als die Ausnahme. Wichtig ist, dass sie das Gesamtkonzept nicht gefährden. Allein die hier eingangs genannten Maßnahmen zu einer Produkteinführung sind ohne Fixierung in einem Organisations- und/oder Ablaufplan nicht durchzuführen. Entfällt eine Maßnahme oder Etappe, kann die Kampagne auch ohne diese erfolgreich zu Ende geführt werden.

Es empfiehlt sich deshalb, auch schon bei kleineren Presse- und PR-Kampagnen einen Kampagnenplan aufzustellen und sich weitgehend daran zu halten. Dies nicht nur, um in der Übung zu bleiben für größere Kampagnenprojekte, sondern auch um sich eine gewisse **Disziplin** in der Öffentlichkeitsarbeit aufzuerlegen. Sie bringt Konsequenz in die Durchführung einzelner Maßnahmen und hilft, konzentrierte Arbeit am roten Faden entlang zu leisten.

6. PR-Erfolgskontrolle: Orientierung und Anregung

Der Bereich der PR-Dokumentation und der Überwachung bzw. die Erfassung des PR-Erfolges gestaltet sich weitaus schwieriger als in der Werbung möglich ist. Umsatzsteigerungen, die Erhöhung von Abverkaufszahlen oder das Listing von Produkten und Waren in Handelsketten sind materielle, berechenbare Ergebnisse. In der Pressearbeit und in der PR dagegen geht es um psychologische Aspekte des Erfolges, wie beispielsweise die Wertschätzung eines Unternehmens oder sein Image in der Öffentlichkeit. Eine Erfolgsmessung ist deshalb ohne aufwändige Umfragen oder Interviews bei Teilöffentlichkeiten, Zielgruppen und Szenemitgliedern nicht möglich. Es gibt dennoch einige Methoden und Verfahren, die eine annähernde Beurteilung des Pressearbeitserfolgs bieten.

6.1 Erfolgskontrolle interner oder externer PR-Arbeit

Die Zählung von Artikeln oder die Häufigkeit von Erwähnungen in Publikationen ist zwar einerseits ein Beleg für die Aktivitäten der Pressestelle oder eines externen PR-Beraters, die Anzahl der als **Clippings** (Ausschnitte) bezeichneten Präsenzbelege in der Presse ist jedoch nur unter Kostenerwägungen interessant. Vor allem PR-Agenturen sind auf diese **quantitative Erfolgskontrolle** übergegangen, um ihren Kunden eine hohe Zahl von Clippings (ausschneiden, kopieren, archivieren) präsentieren zu können, damit ein offensichtlicher Grund besteht, ihre Honorar- und Beratungskosten zu legitimieren und abzusichern. Natürlich sind Clippings der materialisierte Beweis für Presse- und PR-Aktivitäten, denn je mannigfaltiger das Medienecho in der Publikation von Artikeln, Aussagen oder in der Erwähnung des Unternehmens oder der Produkte, desto manifester auch der Erfolg von Aussendungen oder Aktionen. Diese Auszählungen sollten systematisch auf abgeschlossene Presseaussendungen erfolgen oder auf medienwirksame Aktivitäten des Unternehmens. Auch eine Unterteilung der Pressepräsenzen nach Themengebieten, Inhalten und den publizierenden Medien ist sinnvoll. Damit wird es möglich, eine Beurteilung und die Relevanz der Themen für kooperierende Zeitungen oder Fachzeitschriften zu ermitteln, sowie auch die Mediendurchdringung (Erscheinungsfrequenzen, Medienarten) zu erfassen.[144]

Aussagefähiger ist es jedoch für die Erfolgskontrolle, neben der Quantität auch die Qualität des Medienresponses als Maßstab heranzuziehen. Die **qualitative Erfolgserfassung** der Präsenz in den Medien erfordert allerdings einen höheren Aufwand. Die so genannten **Inhaltsanalysen** erfassen nicht nur die Häufigkeit der Nennungen von Firmennamen, Produkten und Begriffen, sondern auch die Zusammenhänge und Wertungen, die ein Unternehmen oder seine Produkte in der Berichterstattung der Medien erzielt: Wie sind Inhalte und Aussagen, die Sie publiziert haben wollten, verpackt worden, welche Inhalte und Schwerpunkte sind verändert worden oder überhaupt nicht erschienen? Haben die Journalisten kommentierende und wertende Äußerungen verwendet? Wurde unser Unternehmen oder seine Produkte in einen Markt- oder Branchenkontext gestellt? Ist ein Bezug zu gesellschaftlich relevanten Fragen hergestellt worden? Wurde unsere Präsentation überhaupt erwähnt, ist unsere Sponsoraktion positiv oder kritisch beurteilt worden? Natürlich können die Fragestellungen der Inhaltsanalysen professionalisiert werden, man kann bestimmte Kriterien und Aspekte der erschienenen Texte systematisch und in Rastern erfassen.[145] Der Aufwand dafür ist jedoch hoch und übersteigt die Aufgaben der Alltagsarbeit in der PR, so dass es bei den genannten Hinweisen zu Fragestellungen der qualitativen Auswertung bleiben soll. Auch **Input-Out-Analysen** konzentrieren sich auf die qualitative Analyse der Medieninhalte. Dabei werden jedoch die Presse- und PR-Aussagen, die das Unternehmen verbreitete mit jenen verglichen, die später tatsächlich in den Medien veröffentlicht wurden. Diese Gegenüberstellung gibt Auskunft über den Erfolg von bestimmten Themen, Aussagen und Inhalten und zeigt, welche Maßnahmen und Informationen eher sinnvoll oder welche für die Medien weniger wichtig waren (Relevanzkriterium). Auf diese inhaltlichen Schwerpunkte kann das Unternehmen also künftig verzichten.

144 Vgl. Bruhn, M., op. cit., S. 596 ff

145 Vgl. Schulz, W.: Inhaltanalyse, op. cit.

Noch schwieriger als in den Medien ist die Erfolgsmessung der PR-Aktivitäten in der Öffentlichkeit oder bei Teilöffentlichkeiten. Während die Erfassung von subjektiven, **atmosphärischen Beurteilungen** durch Praktiker, Journalisten und Multiplikatoren nur ein – zwar tendenziell häufig richtiges – Meinungsbild (z. B. zum Image) liefert, können **Wirkungsanalysen** besseren Aufschluss über Aktionen geben. Wirkungsanalysen erfordern jedoch Befragungsmethoden aus der empirischen Meinungsforschung und erhöhen die Ausgaben für die PR-Kommunikation. Panel-Untersuchungen, also wiederkehrende Vergleichsuntersuchungen mit strukturierten Fragen bei ähnlichen Zielgruppen über einen bestimmten Zeitraum, geben Auskunft über einen möglichen Meinungswandel in der Öffentlichkeit. Beispielsweise können Fragen zum Firmenimage oder zu Unternehmensaktivitäten gestellt werden, wie etwa zum Bekanntheitsgrad des Firmennamens, des Produktlogos, zu vom Unternehmen gesponserten Ereignissen etc.). Die Auswertung der Befragungen führt zu einer Bewertung der Presse- und PR-Aktivitäten.[146]

Mit diesen Methoden haben Sie eine Möglichkeit zur Korrektur und **Verbesserung** inhaltlicher, aber auch organisatorischer Aspekte (z. B. gelungene oder misslungene Pressekonferenz, Aktion etc.) und sie haben natürlich Kriterien zur Bewertung der gesellschaftlichen Relevanz Ihrer Aktivitäten. Mit den qualitativen Verfahren steigen Kosten und Aufwand, so dass sie in Mittelstandsbetrieben selten angewendet oder beauftragt werden. Diese müssen sich demnach in der Regel mit der bei Beratern und Agenturen üblichen Kontrolle über die Wirkung von Maßnahmen über die Clipping-Zählung, also der Erfassung von einzelnen erschienenen Artikel bzw. Erwähnungen (elektronische Medien) oder atmosphärischen Beurteilung begnügen.

Eine weitere Kontrolle ergibt sich durch die Zählung von **Kundenreaktionen** aus der Öffentlichkeit oder aus Marktsegmenten auf Presseartikel hin. Solche Reaktionen, in der Regel nicht gerade üppig und nur dann eindeutig auf Pressearbeit zurückzuführen, wenn

146 Vgl. Bruhn, M., op. cit.

kaum andere Kommunikationsmaßnahmen stattgefunden haben, bieten einen gewissen Anhaltspunkt. Zählbar sind beispielsweise Produktanfragen durch Kunden beim Unternehmen aufgrund von Presseveröffentlichungen oder die Nachfragen von Kunden oder Händlern zur Zusendung weiteren Informationsmaterials. Auch die Zahl der Aufforderungen durch die Medien, sich z. B. mit Fachaufsätzen oder besonderen Artikeln an Sonderseiten, Rubriken, Magazinteilen etc. zu beteiligen, sollte berücksichtigt werden sowie die Nachahmung (Nachahmereffekt) eigener Kampagnen durch Mitbewerber, wenn diese offensichtlich ist.

6.2 Dokumentation: PR-Beobachtung mit Lerneffekt

Beobachten Sie die mediale Wirkung Ihrer Öffentlichkeitsarbeit genau! Sammeln und archivieren Sie alle Veröffentlichungen, Berichte, Artikel, die über Ihr Unternehmen, Ihre Produkte und PR-Aktionen erschienen sind oder in denen der Betrieb und seine Aktivitäten auch nur am Rande erwähnt worden ist. Lassen Sie sich **Belegexemplare** (Zeitungen, Zeitschriften, Tonband, Videoband) von den Journalisten zusenden, die über Ihr Unternehmen veröffentlicht haben. Die Lokalzeitung und eine oder zwei regionale Zeitungen können Sie noch selbst beobachten, wahrscheinlich auch die Fachzeitschriften, mit denen sie kontinuierlich zusammenarbeiten. Die bundesweite Nennung oder Erwähnung in den Medien kann jedoch in der Regel nicht erfasst werden. Es gibt eine Reihe von Dienstleistungsfirmen (z. B. Media-Control, Argus Ausschnittdienst), die nach entsprechenden Inhalten, Schlagworten und Namensnennungen (Stichworte, Themenbereiche) gezielte **Presse- und Medienbeobachtungen** für auftraggebende Firmen, Agenturen etc. durchführen. Die Suchergebnisse (etwa Firmennamen, Produktnamen, Markenbezeichnung, Produktgruppen-Bezeichnungen etc.), aber auch Themengruppen werden in Form von Dokumentationen und Kopien (Fotokopien von Artikeln, Kopien von Hörfunk-, TV-Beiträgen oder Faksimiledateien) zugestellt und zur Verfügung gestellt.

Die Pressebeobachtung muss aber über die Dokumentation von Belegexemplaren oder von Belegartikeln hinaus reichen. Sammeln

Sie aus den Ihnen zugänglichen Print- und elektronischen Medien Beiträge, Berichte und interessante **Artikel**, die für Ihr Unternehmen, Ihre PR-Arbeit und Ihre Branche oder das Tätigkeitsfeld des Betriebes relevant sein können: Politik, Wirtschaft, Soziales, Kultur, Sport, Techniken, Märkte etc. ..., damit sind Sie immer auf dem Stand der gesellschaftlichen Diskussion. Bei Bedarf können Sie damit über größere Zeiträume Entwicklungen von Themen erfassen, beurteilen und Ihre Schlussfolgerungen in die Ideen zur PR-Arbeit und etwa auch in die Pressearbeit einfließen lassen. Die tägliche **Pressesichtung** liefert einen Überblick der Diskussionsthemen in der Öffentlichkeit. Kocht ein Thema gerade hoch, besteht für das Unternehmen die Chance, rasch einen topaktuellen Bezug zu sich oder seinen Produkten herzustellen. Die Kranken- und Rentenversicherungen hatten und haben beispielsweise durch die Diskussion und Thematisierung der Altersversorgung in der Öffentlichkeit gute Chancen, aktuell über ihre Angebote und Leistungen zu berichten. Oder: In unsicheren Zeiten haben kleine oder mittelständische Sicherheitsdienste gute Möglichkeiten, mit PR-Artikeln in Fachzeitschriften unterzukommen.

Mit der Dokumentation der Presseauswertung, die nach Schlagwörtern oder **Themenbereichen** geordnet werden kann, hat eine Pressestelle eine ständige Übersicht der Presse- und Medienveröffentlichungen zum Unternehmen und verschafft sich einen Überblick der Branchen- und Marktentwicklung im regionalen und lokalen Bereich. Diese Übersicht bietet auch die Möglichkeit, das Image des Hauses bei den Medien und in Teilöffentlichkeiten oder das einer gesamten Branche einzuschätzen. Zudem ergeben sich über die eigenen Beobachtungen und Auswertungen der Artikel **Anregungen** für Themen und inhaltliche Schwerpunkte für alle hausinternen oder -externen Publikationen und Presseinformationen des Unternehmens.[147] Ganz nebenbei können die erschienenen Artikel für die Aufbereitung und das Verfassen von eigenen Presseinformationen genutzt werden: Elemente zur Verfeinerung des Schreibstils werden aufgenommen, können geübt und erlernt wer-

147 Vgl. Königer, Paul/Reithmayer, Walter: Informationsmanagement, Hamburg 1998

den. Dazu kommt die Möglichkeit, für das zielmedienorientierte Schreiben dazuzulernen und künftige Presseinformationen danach zu formulieren.

Die Dokumentation ermöglicht Ihnen auch die **Kontrolle** der Wirkung Ihrer Bemühungen und Aktivitäten. Je mehr Artikel über Ihr Unternehmen erscheinen, umso erfolgreicher war Ihre Tätigkeit zumindest in quantitativer Hinsicht. Gewissermaßen ist die Dokumentation damit auch ein Maßstab für den Erfolg der Presse- und PR-Arbeit.

6.3 PR-Briefings: Laufende Tätigkeiten überprüfen

Ob die PR-Arbeit weitgehend hausintern geleistet wird, oder ob sie von einer externen PR-Agentur durchgeführt wird: Konzeptionen, Kampagnenplanungen und Projekte sollten mit Hilfe so genannter **„Briefings“** geplant und überwacht werden. Briefings sind Informationsbesprechungen, bei denen die wichtigsten Inhalte und Daten von PR-Vorhaben ausgetauscht werden. In der Regel wird der Begriff für Besprechungen zwischen Auftraggeber (Unternehmensleitung) und Auftragnehmer (PR-Agentur) verwendet, wobei dem Auftragnehmer die wichtigsten Inputs zur Umsetzung und Erfüllung eines Auftrages gegeben werden. Briefings werden auch hausintern zwischen Abteilungen vorgenommen.

Briefings sind für die Überprüfung laufender PR-Tätigkeiten und -Projekte ein sinnvolles Steuerungsinstrument und können während dieser zur Erfassung des Standes oder Fortschritts eines Projektes eingesetzt werden. Briefings lassen sich in drei Stufen einteilen: Bei einem **Erstbriefing** skizziert der Auftraggeber seine Vorstellungen und die wichtigsten Aspekte eines Projektes (z. B. Planung und Inhalte einer Kampagne). Der Auftragnehmer sollte diese Inputs sorgfältig festhalten und sich die Vorstellungen des Auftraggebers zu Eigen machen. Das Erstbriefing dient dem Austausch von Rahmenbedingungen, Inhalten und Zeitplänen. Beim so genannten **Zweitbriefing** informiert der Auftragnehmer den Auftraggeber über den Stand eines laufenden Projektes (z. B. über den Stand einer Planung oder Konzeption) oder der Auftragnehmer präsentiert bereits vorläufige Ergebnisse. Bei Zweitbriefings können auch Missverständnisse ausgeräumt werden, Vorschläge und Ideen konkretisiert werden. Dieser Austauschprozess ermöglicht eine Überprüfung fortschreitender Tätigkeiten und Korrekturen von Fehlentwicklungen (vgl. Kampagnen Kap. IX.5). Zweitbriefings können als Überwachungs- und Überprüfungsinstrument der PR sinnvoll eingesetzt und z. B. in besonderen Phasen wiederholt werden (Drittbriefing). In der letzten Etappe, dem so genannten **Debriefing**, ist die Steuerungsphase beendet, und ein Vorhaben wird entsprechend dem Stand des letzten Briefings durchgeführt. Debriefings werden auch als Besprechungen nach dem Abschluss eines Projekts zur „Manöverkritik" eingesetzt. Als Instrument der Überprüfung und Steuerung dienen sie damit auch zur Kontrolle von PR-Arbeiten.

7. Weiterbildung: Schritte zur Karriere

Müßig zu sagen, dass ein Presse- und Öffentlichkeitsarbeiter informiert sein muss, die gesellschaftliche Entwicklung und natürlich die branchen-, unternehmens-, markt- oder technikspezifischen Prozesse im Unternehmensumfeld kontinuierlich verfolgen sollte. Das „Ohr" am Puls der Zeit zu haben und gleichzeitig die **Fachkenntnisse** in der Branche und die Kenntnisse über Zielgruppen und Teilöffentlichkeiten zu vertiefen, gehört zu den Grundlagen gesellschaftsorientierter und aktiver Öffentlichkeitsarbeit. Zur Information gehört natürlich auch die Weiterbildung, also die Teilnahme an Fortbildungs- oder Qualifizierungsveranstaltungen, Workshops, Informationsveranstaltungen, Lehrgängen, Vorträgen oder berufsspezifischen Kongressen und Messen. Die Teilnahme an solchen Möglichkeiten innerhalb und außerhalb des Unternehmens liefern immer neue Aspekte und Ideen für die Tätigkeit. Sie erhöhen die **Kompetenz** und ergänzen die Erfahrungen.

Bei aller Alltagsarbeit und Fachqualifikation sollte ein PR-Mann/eine PR-Frau auch auf die Entwicklung ihrer Führungsqualitäten achten. Der berufliche Einstieg in Form einer One-Man-Show (Mädchen für alles) in der PR ist erst der Beginn einer möglichen Karriere. Je mehr Organisationstalent und Motivationsvermögen sich zu den fachlichen Qualifikationen gesellen, desto eher steigen die Aussichten, auf der Karriereleiter nach oben zu kommen. Am besten, man beginnt mit dem **Networking** und baut für die PR-Arbeit seines Hauses ein Geflecht von Kontakten zu Kooperationspartnern, Agenturen, freien Mitarbeitern (Textern, Grafikern, freien Journalisten), Produktionsfirmen (Druckereien, Softwareentwicklern, Videoproduktionen, Webdesignern etc.) und technisch-planerischen Partnerbetrieben (Messebau, Eventplaner, Sponsoring-Agenturen etc.) auf. Sich dieser Strukturen zu bedienen, mit ihnen umzugehen und darin im **Team** zu kooperieren, ist der erste Schritt. Da diese Kooperationen ohnehin Verhandlungsgeschick, Überzeugungsvermögen und Organisationstalent in der Alltagsarbeit verlangen, ist die Feuerprobe eines PR-Talents die gelungene Durchführung kontinuierlicher Presse- und PR-Arbeit oder der erfolgreiche Ablauf einer PR-Kampagne im Verlauf von zwei bis drei Jahren.

Das Netzwerk liefert weiterführende Kontakte und Informationen für den **Arbeitsplatzwechsel** in ein anderes Unternehmen und die berufliche Weiterentwicklung in eine leitende oder eine **Führungsposition** in Marketingteams, PR-Stäben oder Kommunikationsabteilungen.[148] Bis Headhunter auf einen PR-Mitarbeiter zukommen, ist es zwar ein langer Weg, aber dieser ist nicht unerreichbar.

8. Kooperation mit externen PR-Beratern: Erfolg mit „Outsourcing"

Eine Pressestelle, ein PR- oder Öffentlichkeitsarbeiter kostet Geld. Eine Alternative zur Einrichtung einer hausinternen Position oder PR-Stelle bietet Mittelstandbetrieben die Kooperation mit einem externen **PR-Berater** oder einer **PR-Agentur** (nicht Werbeagentur), die in der Regel sämtliche Aufgaben in der Presse- und Öffentlichkeitsarbeit wahrnehmen. Um trotz begrenztem oder knappem Unternehmensbudget professionelle PR-Arbeit betreiben zu können oder auch weil die PR-Arbeit nur zeitlich begrenzt über einen bestimmten Zeitraum vorgenommen werden soll, ist die Zu-

148 Vgl. Ludwig, B., op. cit.

sammenarbeit mit externen Auftragnehmern eine gute Alternative zur hauseigenen Presse-, PR- oder Informationsstelle. Für grafische oder fotografische Aufgaben ist es ohnehin oft notwendig, Aufträge außer Haus (auf neudeutsch: „outgesourced") zu vergeben. Im Textbereich sind freie Texter, freie journalistische Mitarbeiter und **Redaktionsbüros** eine willkommene und sinnvolle Entlastung für die Geschäftsführer oder leitenden Angestellten, die sich mit der Pressearbeit herumschlagen. Für umfangreichere PR-Arbeiten oder Werbung haben leitende Angestellte ohnehin weder die Zeit oder das Feeling. Vor allem, wenn ein externer professioneller PR-Berater oder externe PR-Beraterin schon Erfahrungen in der Branche gesammelt haben, sie auch konzeptionell arbeiten und planen können, von internen Abläufen eine Vorstellung haben und die Facetten des PR-Geschäfts kennen, empfiehlt sich die Kooperation.

Ein Problem bei freien oder externen Beratern stellt sich allerdings: Wie sind diese dem Unternehmensablauf anzugliedern? Sicherlich können diese Berater aus organisatorischen Gründen nicht ständig im Betrieb präsent sein – müssen sie auch nicht, denn PR-Arbeit erfordert keine arbeitsorganisatorische Symbiose. Wichtig ist jedoch der direkte Zugang eines Externen zur Geschäftsleitung, um wie bei einem internen Mitarbeiter auch den reibungslosen **Informationsfluss** garantieren zu können. Zu beachten ist auch, dass die wichtigsten Geschäftsbereiche, die Sekretariate und die Telefonzentrale über die Existenz dieses Beraters informiert sind und etwaige Nachfragen von Medien an diesen umgehend weitergeleitet werden. Im Übrigen stellen sich in der Zusammenarbeit von Unternehmensleitung und Berater oder Agentur die gleichen Probleme der gegenseitigen Information wie beim hauseigenen Pressebetreuer: Größtmögliche **Beteiligung** an den internen Abläufen, umfassende Information, gegenseitiges Vertrauen und die Achtung der Kompetenz gehören auch hier zu den wichtigsten Bestandteilen der Kooperation für die erfolgreiche PR- und Medienarbeit des Unternehmens. Neben den anfänglichen Grundsatz- und Strategiegesprächen, den Recherchen und Konzeptionsentwicklungen, sichert ein Treffen pro Woche oder alle 14 Tage zwischen Geschäftsleitung und Berater den Informationsfluss während der Alltagsarbeit (Kampagnenvorschläge, Abliefern von Texten, Plänen, Vorschläge für Inhalte oder Medienaktionen). **Briefings** (gegenseitige telefonische, persönliche Kurzinformationen oder Mitteilungen per E-Mail zu laufenden Aktionen und Projekten) ergänzen den Informationsfluss, damit der externe Mitarbeiter seine Jobs (Arbeitsaufträge) in seinem Büro erledigen kann.

Outsourcing hat weitere **Vorteile**: Besprechungen und vertrauliche Gespräche oder Arbeitstreffen können außer Haus in den Räumlichkeiten des Beraters oder in den **externen Büros** der PR-Agentur abgehalten werden. Dies schafft für die Geschäftsführer oder leitenden Mitarbeiter des Unternehmens eine inhaltliche Distanz vom Arbeitsalltag und von Arbeitsabläufen, die kreativen Leistungen und PR-Ideen förderlich ist sowie den sachlichen und persönlichen Kontakt zwischen den Kooperationspartnern vertieft. Die Zusammenarbeit mit einem externen Berater oder mit einer kleinen Agentur ist auch von den **Kosten** her interessant. Die Leistungen werden per Rechnung pauschaliert oder je nach Projekt berechnet. Sie sind zumeist für kleine oder mittlere Unternehmen auch erschwinglich und sind in der Regel günstiger, als einem PR-Mitarbeiter 35.000 bis 40.000 Euro Gehalt zu bezahlen, zuzüglich der Kosten zur Einrichtung und dem Betriebsbedarf des Arbeitsplatzes. Hinzu kommt der Vorteil der für das Unternehmen abzugsfähigen Mehrwertsteuer aus den gestellten Rechnungen sowie die Möglichkeit, einen externen PR-Mitarbeiter von Fall zu Fall zu engagieren oder eine Kooperation bei nur mäßigem Erfolg auch abzubrechen. Gegenüber einem fest angestellten Mitarbeiter fallen demnach keine ständigen Lohn- oder Gehaltskosten, Lohnnebenkosten, Sozialleistungen etc. an und ist kein Kündigungsschutz vorhanden. Es ist dennoch empfehlenswert, auch einem externen PR-Mann, einer externen PR-Frau eine gewisse Sicherheit zu bieten, sei es in Form von längeren oder umfangreicheren Projekten oder mittels eines Rahmenvertrages. Das schafft Motivation und Vertrauen.

Von der **Loyalität** der externen Kooperationspartner kann sicherlich ebenso ausgegangen werden wie bei einem internen Mitarbeiter: Schließlich verliert ein Berater oder die kleine Agentur einen wichtigen Klienten, wenn sie illoyal handelt (z. B. Interna verplaudert). Durch längerfristige Vereinbarungen und **Verträge** bei der Zusammenarbeit (z. B. Zwei- bis Fünfjahresverträge) kann ein PR-Berater oder ein PR- und Redaktionsbüro eng an den Betrieb gebunden werden und wird zu einem organisatorischen Ablaufbestandteil wie eine interne Position auch. Darüber hinaus sichern solche Kooperationsvereinbarungen den Auftragnehmer (Auftragssicherheit) wie auch den Auftraggeber (Planungs- und Durchführungssicherheit) ab.

Während ein interner Mitarbeiter den Vorteil der kurzen Wege bietet, oft aber durch organisatorische Einbindung in das Unternehmen auch in seiner inhaltlichen Entfaltungsmöglichkeit auf sich selbst begrenzt ist, bringt eine externe Beratungsfirma oder PR-Agentur ihr gesamtes Know-how ein, löst Arbeiten kreativer und nutzt bereits vorhandene Kontakte zu Medien. Die so genannte **Betriebsblindheit**, die zu immer gleichen PR-Aktionen, Formen von Texten und zur konzeptionellen wie organisatorischen Verkrustung führt, wird dadurch umgangen. Die Zusammenarbeit zwischen Berater und Unternehmen kann dabei inhaltlich trotzdem sehr eng gestaltet werden und ist eine Frage der Arbeitsorganisation und jeweiligen Kooperationsvereinbarung. Einige Vorteile externer Betreuung sind: optimierte, professionalisierte Leistung durch bereits vorhandene Kontakte und Know-how; optimierte Etatverwaltung, um den Kunden zufrieden zu stellen; Unabhängigkeit vom organisatorischen Ablauf innerhalb des Unternehmens. Von einfachen Pressetexten, den Kontakten, der Kampagnenplanung und -durchführung bis zum Unternehmensfilm und der Etatverwaltung bieten selbständige Berater und Agenturen alle Leistungen, die in der PR- und Öffentlichkeitsarbeit anfallen.

8.1 „PR-Coach" für den Anfang

Will man die Presse- und Medienarbeit beginnen, ist es nicht ganz ungeschickt, sich als Unternehmen einen externen Berater ins Haus zu holen, der die Grundlagen für eine vom Start weg professionelle Arbeit legt – vor allem, wenn völlig unbedarfte hausinterne Mitarbeiter PR-Arbeit anfangen sollen. Dieser **PR-Consultant** oder auch eine PR-Agentur kann eine Analyse der bestehenden Aktivitäten (sofern vorhanden) vornehmen, neue Initiativen planen, Schwerpunkte festlegen und hauseigene Mitarbeiter an die Tätigkeiten heranführen sowie gezielte Alltagsarbeiten betreuen. Auch erste Texte können verfasst oder kleinere Kampagnen geplant und in Zusammenarbeit mit dem/der hauseigenen PR-Betreuer/in durchgeführt werden. Dieser interne Mitarbeiter wird dadurch in die Aufgabengebiete, Maßnahmen und Inhalte der künftigen PR eingeführt. Der PR-Berater ist damit der Coach oder Trainer, der einer hauseigenen „Mannschaft" über einen Zeitraum von drei bis sechs Monaten beibringt, PR-Arbeiten selbst zu planen und durchzuführen (Coaching). PR-Workshops und Informationsveranstaltungen können diese Einführung ergänzen. Fällt die Zusammenarbeit mit der betreuenden Firma erfolgreich aus, kann die Kooperation verlängert und auf deren professionelle Leistungen immer wieder, vor allem bei speziellen Aufgaben, zurückgegriffen werden. Die Erfahrungen aus der Kooperation können Synergien im Unternehmen selbst freisetzen, aber auch die Kommunikationsarbeit des Unternehmens erfolgreich implementieren und auf den richtigen Weg bringen.

Beispiel: Ein nicht ganz kleiner süddeutscher Reinigungsmaschinenhersteller mit rund 200 Mitarbeitern hatte seine so genannte Verkaufsförderungsabteilung als zentrale Anlaufstelle für Information, werbliche Maßnahmen, Aktionen, Media-Abteilung, PR-Stelle, Grafik- und Fotoabteilung organisiert. Das klingt gewaltig kompetent und umfangreich. Leider arbeitete in dieser „Abteilung" nur eine einzige Person, die für alle genannten Tätigkeiten zuständig war! Bei genauerem Hinsehen war die Person außerdem nicht der Geschäftsleitung unterstellt, sondern hatte eine reine Sachbearbeitungsfunktion mit keinerlei besonderer Kompetenz: Sie konnte keine Entscheidungen treffen, weder über PR-Maßnahmen oder über werbliche Aktivitäten, noch über die grafische Gestaltung oder Ausgaben etc. Jeder Schritt, jede noch so kleine Aktion, jede Presseinformation musste noch von weiteren drei bis vier Stellen abgesegnet werden, damit jeder so genannte Entscheider noch seinen besonders „wichtigen Beitrag" dazugeben konnte, um sich und seinen Bereich etwa in den Texten wiedererkennen zu können. Die Folge: schlechte, lange Texte, extreme Zeitdauer bis zur Veröffentlichung von PR-Informationen und Prospekten oder bis zur Fertigstellung der Planung des Schaltetats der Anzeigen etc.

Der Betrieb blockierte sich selbst, und erst mit der **Implementierung** einer offenen, organisatorisch verankerten Kommunikations- und Informationskultur sowie der Einführung einer kontinuierlichen Presse- und PR-Arbeit im PR-Coaching wurden die personellen und organisationsbedingten Probleme mit der internen und externen Kommunikation bewusst: Künftig wurde eine PR-Stelle eingerichtet, die Presse- und Medienarbeit wurde professioneller, die Werbung, die Verkaufsförderung und Medialeistungen wurden an eine externe Werbeagentur vergeben.

8.2 Akzeptanz und kurze Wege: Erfolgreiche Kooperation

Bei der kontinuierlichen Zusammenarbeit mit externen Beratern gilt wie beim internen Mitarbeiter die gegenseitige Akzeptanz von Unternehmen und Berater. Sie muss sich nicht nur auf dessen **Kompetenz** und seine **Professionalität** erstrecken, sondern auch auf seine **Persönlichkeit**. Dieser Hinweis ist wichtig, denn im Gegensatz zur Kooperation mit einer Werbeagentur sind PR-Beratungen stärker mit strategischen und organisatorischen Fragen der Unternehmensführung konfrontiert und eingebunden. Für Werbeagenturen erfolgen die Aufträge für bestimmte Projekte oder ganze Kampagnen, die diese weitgehend selbst und in der Regeln ohne den direkten Kontakt zur Geschäftsführung des Auftraggebers entwickeln: Die Marketing- oder Vertriebsmitarbeiter auf der Seite des Unternehmens kontaktieren mit Konzeptionern, Textern, Grafikern auf der Agenturseite und deren Vorschläge für Inhalte, Grafik, Slogans, Fotos etc. sind oft eine Geschmacksfrage, über die sich ein Firmenchef erst gar nicht streiten will. Im Falle der PR-Kooperation sind jedoch neben dem journalistischen Handwerk weitere Leistungen des Beraters gefragt, die über die Realisierung von Projekten oder Maßnahmen hinausreichen: Routine im Umgang mit den Medien, kommunikations-strategische Kompetenz und Durchblick, planerisches Geschick, Erfahrung in interner Organisation, Verhandlungs- und Persönlichkeitsmerkmale, Vertrauenswürdigkeit etc.

Bei erfahrenen PR-Beratern oder -Agenturen kann man diese Professionalität voraussetzen, die eine hohe Arbeitseffizienz und -intensität einschließt.[149] Der **Output** des Beraters für das Unternehmen kann deshalb, auch unter Zeitdruck, sehr hoch sein, was in

149 Vgl. Bolander-Wachtel, Sabina: PR- und Medienberater, Hamburg 1999

jedem Fall die Kosten rechtfertigt. Diesen Arbeits- und Ergebnisfluss durch unternehmensinternes Kompetenzgerangel, Eifersüchteleien und Eitelkeiten, Mobbing zu verzögern oder zu stoppen, spricht nicht für eine zielorientierte Unternehmenskultur. Auch dieser Hinweis ist wichtig, denn nicht nur in Großunternehmen sind die betriebsinternen Hierarchien, Konkurrenzen und die Angst vor Fehlern ein effizienzhemmendes Problem, sondern in vielen mittelständischen Betrieben behindern gerade diese „weichen" **Organisationsmerkmale** die Einführung von PR-Kommunikation.

Einem externen Berater oder den Mitarbeitern einer Agentur zig Korrekturen, Änderungen bei den Entwürfen von Kampagnen, Konzeptionen, Texten und Inhalten von PR-Produkten oder Dienstleistungen aufgrund von Besserwisserei, Unsicherheit, Inkompetenz, Eitelkeit zuzumuten, ist für den Auftraggeber selbst nervtötend, für den Berater eine demotivierende Kooperation.

Beispiel: Für ein größeres Industrieunternehmen hatte ich als Angestellter einer Beratungsfirma für Unternehmenskommunikation eine Firmenbroschüre zu realisieren. Nach sage und schreibe vier Konzeptionsänderungen, fünf Änderungen im Gesamtlayout, fünf Gesamttextänderungen und -korrekturen ging schließlich die Broschüre in Druck, ganz zu schweigen von den Diskussionen über einzelne Ausdrücke und Textpassagen. Dabei lag das Problem bei der firmeninternen Abstimmung und Information: Keiner der Geschäftsbereiche wusste, welche Zielsetzung das Broschürenprojekt hatte, es gab keine Verständigung über die Inhalte, jede Abteilung achtete peinlich darauf, dass ihr nichts an Information „gestohlen" und keine Arbeitszeit der Mitarbeiter bei Recherchegesprächen weggenommen würde. Die Berater, also ich und mein Team, mussten diese Defizite ausbaden. Klar, dass die Anfangseuphorie über das tolle Broschüren-Projekt beim Artdirektor, dem Layouter und meiner Text-Assistentin nach der dritten Version komplett verschwunden war.

Während meiner Tätigkeit in diesem Hause wurde deutlich: Das Unternehmen war nach althergebrachten Kriterien organisiert, es herrschte eine straffe **Kontrollhierarchie** und keine offene **Firmenkultur**, die Mitarbeiter waren teilweise überfordert; strategisches Marketing, kontinuierliche PR-Arbeit, professionelle Werbung waren selbst für manche Mitglieder der Geschäftsleitung ein Fremdwort, oder sie konnten sich zumindest nur wenig darunter vorstellen. Erst durch die Kooperation mit dem externen Berater wurden den Entscheidern in diesem Betrieb die selbst gemachten Hindernisse klar.

Die meisten Agenturen sind aus oben genannten Gründen dazu übergegangen, in die Kostenangebote für konzeptionelle und textbezogene PR-Leistungen eine begrenzte Zahl von Korrekturphasen für Texte, Grafik und Layout einzuplanen. Was darüber hinausreicht, wird gesondert berechnet. Dies zwingt die auftraggebenden Firmen, bereits im Vorfeld zu Projekten oder Kampagnen, einen notwendigen Informationsaustausch zwischen den Entscheidern zu pflegen sowie in den Vorgesprächen und während der Realisierungsphase klare Aussagen zu treffen und damit auf die Kostenentwicklung bei Projekten zu achten.

Nicht nur das schleppende Prozedere in der Umsetzung von kommunikativen Aussagen ist oft Anlass für unbefriedigende Zusammenarbeit und nicht immer überzeugende Ergebnisse. Oft ist die Betriebsorganisation selbst ein Hemmnis für die Realisierung guter Vorsätze. PR-Arbeit bedeutet, sich über die Wichtigkeit des **internen Informationsflusses** bewusst zu sein. Ohne diese Einsicht, verzögert sich alle Kommunikation nach außen. Von großer Bedeutung ist also bei der Zusammenarbeit mit Externen, sich als Unternehmen oder als Geschäftsführer über folgende Bedingungen der Partnerschaft zu PR-Kommunikationszwecken im Klaren zu sein:

Der Berater und die Form der Beratungsleistungen müssen im Haus bekannt gemacht werden, die Zusammenarbeit muss auf gegenseitiger Akzeptanz und Kompetenz beruhen (inklusive dem unbürokratischen Kontakt zur Geschäftsleitung), Informationen und Inhalte zur PR-Kommunikation müssen vorbereitet sein, der Informationsfluss im Haus und zum Berater muss gewährleistet sein (kurze Wege), der/die externen Berater dürfen nicht wie x-beliebige Lieferanten behandelt werden (was leider noch oft genug zum schlechten Unternehmensstil von mittelständischen Betrieben gehört).

PR-Planung, -Kooperation und -Controlling

PR- und Medienarbeit

Konzeption, Umsetzung, Management von Maßnahmen und Aktivitäten in der PR

PR-Planung

- Adressverzeichnis (Medien, Journalisten, Redaktionen, Kooperationspartner)
- Arbeitsarchiv (Skizzen, Ideen, Besprechungsberichte, Veröffentlichungsbelege, Job-Dokumentation, Abzeichnungen)
- Networking (Kontakte zu PR-Kooperationspartnern und Auftragnehmern aus den Bereichen Planung, Kreation, Technik)
- Budgetierung (Orientierung am Vorjahr und Sachkriterien, Erweiterung nach Bedarf)
- Kampagnenplanung (Synchronisierung mit anderen den Kommunikationsbereichen des Unternehmens, Planerstellung, Flexibilität in der Durchführung)

PR-Controlling

- Erfolgskontrolle
  Quantitativ: Clippings, Wortzählungen
  Qualitative Methoden:
  Inhaltanalyse, Input-Output-Analyse
- Dokumentation (Belegexemplare, Pressesichtung nach Themen, interessante Artikel, Briefings)
- Auswahl der PR-Kooperationen
  - PR-Coach (Implementierung)
  - PR-Berater (Projekt- und kontinuierliche Betreuung)
  - Full Service (Kontinuierliche Betreuung in erweiterten PR-Bereichen)
- Kostenüberwachung (Einzelleistungen, Projektleistungen, Pauschalleistungen, Budgetverwaltung)
- Weiterbildung (Trainings, Fortbildungsseminare)

9. Auswahl der Beratungsfirmen: Einige Kriterien

Nicht einfach ist für Unternehmen die Auswahl eines externen Unternehmens für die Presse- und PR-Arbeit. Die Kompetenz, der Ruf, die Kosten des Beratungsunternehmens spielen dabei eine Rolle. Es gibt in Deutschland mehrere tausend PR-Berater und -Agenturen; viele davon haben sich auf Branchen spezialisiert. Sie betreuen vom Großkunden bis zum kleinen Betrieb sämtliche Arten und Formen von Unternehmen.

Große Industrieunternehmen können sich renommierte hoch spezialisierte Berater und Agenturen leisten.[150] Für den mittelständischen oder kleineren Betrieb können jedoch nicht unbedingt die Größe und Eleganz von Büroräumlichkeiten, der besonders kompetente Auftritt der Mitarbeiter einer PR- oder Werbeagentur oder ihr Umsatzvolumen ausschlaggebend sein. Es gibt einige andere ergänzende Merkmale, die man festhalten kann und die für oder gegen eine Beratungsfirma zur Kooperation sprechen:

- Hat der PR-Berater/die PR-Agentur Erfahrung in Ihrer Branche, Ihrem Tätigkeitsbereich? Es gibt Beratungsfirmen, die sich auf branchenspezifische PR spezialisiert haben. Das bedeutet nicht, dass **Spezialagenturen** deshalb von vornherein besser sind als eine **Allround-Agentur**, die neben Ihrem Unternehmen Betriebe aus anderen Branchen betreut. Allrounder mit weniger Erfahrung in Ihrer Branche können kreativer sein, neue Ideen mitbringen, Synergieeffekte von unterschiedlichen PR-Maßnahmen erkennen und umsetzen. Bereits in Ihrer Branche tätige Agenturen verfügen dagegen über längerfristige, bessere Kontakte zu den Spezialmedien, die Einarbeitungszeiten sind vielleicht kürzer. Es besteht allerdings die Gefahr der Routinearbeit und dass die Kunden der Beratungsfirma sich mit Ihrer Zielgruppe überschneiden.
- Ist die PR-Beratung eine große oder kleine Firma? Eine große **PR-Agentur** (ab circa sechs bis sieben fest angestellten Mitarbeitern) ist infolge der höheren Mitarbeiterkosten in der Regel auch teurer als ein kleiner PR-Partner; sie verfügt jedoch auch über die größere Anzahl an möglichen **Spezialisten**, die in Ihrer Branche bereits Erfahrung haben. Der Nachteil einer größeren Agentur ist dagegen, dass Ihr Unternehmen einer von mehreren Kunden ist und Ihre Aufträge nicht vom Chef selbst, sondern von seinen Mitarbeitern geleistet werden. Ein Einzelberater, Freiberufler (PR-Consultant) oder eine kleinere Beratungsfirma kümmern sich um

150 Vgl. Kalt, Gero/Steinke, Peter (Hrsg.): Erfolgreiche PR, Frankfurt 1992

Ihre Kommunikationsprobleme intensiver, ist meist kostengünstiger, und der **Agenturchef** berät Sie noch selbst; ein nicht unwichtiger Aspekt: Denn Sie und Ihr Unternehmen werden nicht von einem zum anderen überlasteten Kontakter geschickt.

- Wie treten die Berater auf, wenn Sie sie zu einem Vorstellungs- oder Kontaktgespräch einladen? Porschefahrer müssen nicht notwendigerweise auch erfolgreiche PR-Berater sein, der topmodische Anzug zeugt nicht unbedingt von Kompetenz. Wichtig sind: Grundsätzliche journalistische und Medienerfahrung im Beruf, die ansehnliche Tätigkeitsmappe mit PR-Artikelnachweisen und Veröffentlichungen, mit dem Verweis auf PR-Kampagnen und -Planung, problemorientierte Antworten auf Ihre Fragen und sinnvolle Kommentare zu Ihren Erstinformationen, das Notizenmachen (eventuell Protokoll), die Demonstration von Kompetenz, ohne die „Kein Problem"- und „Machen wir alles"-Floskeln sind Indikatoren für eine gute Zusammenarbeit. Schließlich der persönliche Eindruck, denn die „Chemie" zwischen Auftragnehmer und Auftraggeber muss genauso stimmen wie beim Einstellungsgespräch eines internen PR-Mitarbeiters.
- Sollen Sie einer **Werbeagentur** Ihre PR-Kommunikation übertragen? Die Werbeagenturen sind in den letzten zehn Jahren immer stärker dazu übergegangen, auch Leistungen aus dem PR-Bereich anzubieten, und nennen sich „Full Service"-Agenturen. Es sind jedoch zweierlei Schwerpunkte der Kommunikation, die mit Werbung bzw. Presse- und PR-Arbeit angestrebt werden. Ein guter Werbetexter muss nicht zwangsläufig ein guter Artikelschreiber sein und umgekehrt, werbliche Aussagen sind anders gewichtet und wollen Produkte verkaufen, die Werbekommunikation zielt auf eine Rückkoppelung durch den Kunden in Form von Abverkaufszahlen. PR-Kommunikation dagegen konzentriert sich auf den Dialog und will Images bilden. Große Werbeagenturen verfügen sicher über unterschiedlich ausgebildete Fachkräfte, die auch journalistisch arbeiten können. Mit kleineren Werbeagenturen auch wirkungsvolle Medienarbeit betreiben zu wollen, birgt jedoch sicherlich ein Risiko, weil deren Mitarbeiter auf Werbung getrimmt sind und eher in Bildern und Schlagworten denken, als in Wortargumenten.

- Kann die PR-Agentur auch **erweiterte Leistungen** im PR-Bereich anbieten? Sind die Realisierung von PR-Videos, die Betreuung des Internet-Auftrittes oder die Entwicklung von Sponsorings und die Durchführung von Messen und Events in der Kooperation möglich? Solche Fragen müssen beantwortet werden, damit das Unternehmen weiß, welche Beratungs- und Durchführungsleistungen es erwarten kann, aber auch welche Kommunikationsmaßnahmen organisatorisch umgesetzt werden können oder ob man für Spezialgebiete der PR weitere Agenturen hinzuziehen muss.
- Wie stellt sich die PR-Beratung die Zusammenarbeit vor? Sicherlich ein wichtiges Kriterium. Bietet ein Unternehmen einfache, rasche und unbürokratische Kooperation und **Abrechnung** der Kosten an, ist das sicherlich von Vorteil für die Agentur. Allerdings darf darunter nicht verstanden werden, dass die Agentur still vor sich hin produziert, um Agenturumsätze hochzufahren. Fragen Sie nach den konkreten Beratungsleistungen und Services und deren Verfügbarkeit und verlangen Sie ein detailliertes, nachvollziehbares und natürlich schriftliches Kostenangebot, um budgetieren zu können.

10. Honorarkostenübersicht von PR-Beratern – Angebote aushandeln

Zur **Orientierung** bei Honoraren und Stundensätzen für Einzelleistungen im Falle einer Zusammenarbeit mit externen PR-Beratern oder -Agenturen sollen unten stehende (Tabelle) durchschnittliche Beträge gerundet in Euro (ohne MwSt.) dienen. Die Angaben folgen der Honorarumfrage 1999 der DPRG, Deutsche Public Relations Gesellschaft[151] bei ihren Mitgliedsgruppen. Die Zahlenangaben sind in der ersten Kommastelle aufgerundet. Die erste Zahlenkolonne (i. d. R. niederer Wert) bezieht sich auf die Durchschnittshonorarangaben von Einzelberatern und kleinen Agenturen, die zweite Kolonne auf die Angaben großer Full-Service-Agenturen, je-

151 Quelle: DPRG Honorarumfrage '99; damals noch Angaben in DM.

Kostenübersicht PR-Arbeiten (DPRG-Mitgliedsgruppen 1999/2000):

Leistung:	PR-Consultant/kleine Agentur: (Stundensätze ca. in Euro)	Große Full-Service-Agentur: (Stundensätze ca. in Euro)
PR-Chefberatung	160,00	155,00
PR-Beratung *)	92,00	106,00
PR-Junior-Beratung	61,00	80,00
Assistenz	n.n.	68,00
Organisation	59,00	80,00
Sekretariat	45,00	55,00
Datenemulation/Dokumentation	45,00	54,00
PR-Text/Pressetext	88,00	105,00
Grafik	77,00	90,00
Online/Multimedia	70,00	93,00

Tagessatz = Stundensatz x 8

Pauschalleistungen (nur Honoraranteil):

Kleine Konzeption (Ideenskizze)	1.800,00	2.800,00
Mittlere Konzeption (+ Präsentation)	2.900,00	5.600,00
Große Konzeption (+ Visualisierung)	6.800,00	11.000,00
Kleine Pressekonferenz (lokal/regional)	3.200,00	6.000,00
Große Pressekonferenz (überregional)	6.000,00	10.000,00
Kontinuierliche PR-Beratung (monatl. Grundhonorar)	2.100,00	3.100,00

(Zahlenangaben: Näherungswerte)

*) Funktionen der Berater (Kontakter) im Betrieb nicht explizit ausgewiesen.

weils entsprechend der Häufigkeitsverteilung. Auf die niedrigsten Werte oder die Höchstsätze wurde in dieser Sparte verzichtet.

Aus früheren DPRG-Umfragen geht hervor, dass sich in den letzten Jahren die Honorardurchschnitte (niederer und höchster Satz) angenähert haben, in manchen Fällen die Honorarforderungen im Vergleich zur Mitte der 90er Jahre auch zurückgegangen sind und dass Einzelberater und kleine Agenturen in den meisten Bereichen tatsächlich Preisvorteile bieten. Da mittelständische Unternehmen sich an ihren begrenzten Budgets orientieren, liegt eine Zusammenarbeit mit kleineren Agenturen nahe. Damit hat auch das Motto des **gemeinsamen Wachsens**, das häufig bei diesen Kooperationen kolportiert wird, einen realen Hintergrund. Große PR-Agenturen pflegen also in der Regel die Betreuung von liquiden großen Mittelstands- oder Großbetrieben sowie Konzernen. Die Angebote solcher Full-Service-Agenturen sollte man sich dennoch einholen. In manchen Leistungen sind die Ansprechpartner durchaus flexibel und auch konkurrenzfähig mit teuren Kleinagenturen. Verhandeln, **Aushandeln** und Pauschalieren (z. B. bei den Serviceleistungen, Zusatzleistungen, der Zweitverwertung von Materialien) ist in der Branche üblich. Wichtig ist es, sich detaillierte Kostenangebote geben zu lassen. Manches teure Angebot erweist sich nach den Erläuterungen und der **Angebotsverhandlung** günstiger als bei der ersten Angebotsunterbreitung. Je nach Beratungsunternehmen können die Tagessätze und Stundenhonorare bei umfangreichen Projekten bis zu 5 % heruntergedrückt werden oder die Monatspauschalen mit den Aussichten auf langfristige, kontinuierliche Zusammenarbeit niedriger ausfallen. Umgekehrt ist es jedoch durchaus gang und gäbe, dass bei den Pauschalleistungen von Fall zu Fall eine intensive und zeitraubende Arbeit mit bis zu 15 % höheren Honorarkosten berechnet und von den auftraggebenden Unternehmen auch akzeptiert werden. Honorarsätze bei besonders kreativen und erfolgreichen Großagenturen können bis zu 30 % über den hier gemachten Angaben liegen.

Abschließend einige Angaben über die prozentuale Gewichtung der von PR-Beratern eingesetzten PR-Kommunikationsmittel für ihre Kunden: Presseinformationen werden von fast 90 % der Agenturen eingesetzt, Pressemappen von 72 % und PR-/Werbematerial von 50 %. Aber auch Mitarbeiterzeitschriften werden von 51 % und Kundenzeitschriften von 42 % sowie Videokassetten und CD-ROMs schon von über 33 % der Berater in den Kommunikationsleistungen am Klienten genutzt. Die PR-Berater in Deutschland setzen damit im Vergleich zu früheren Jahren verstärkt die gesamte Bandbreite der Instrumente in der PR-Arbeit für die auftraggebenden Unternehmen ein.

11. Der PR-Profi: Management-Skills als Voraussetzung

Zur Orientierung aller angehenden oder auch bereits aktiven PR-Männer und -Frauen sollen abschließend noch einige persönlichkeitsbezogene Aspekte der PR-Arbeit skizziert werden. Meiner Erfahrung nach gehören diese Eigenschaften zu den Charakteristika von führungsorientierten Public Relations-Mitarbeitern bzw. sind diese die Merkmale von Führungskräften in der PR- und Unternehmenskommunikation und auch von externen professionellen Beratern.

11.1 Leadership und Rollenübernahme

Unabdingbar für die professionelle und kompetente Ausübung einer PR-Führungsposition ist die Fähigkeit zu unternehmerischem Denken. Die bedeutet im anglo-amerikanischen Sinne die Fähigkeit zum Denken in den Kategorien von Entrepreneurship. Dieser Begriff bedeutet neben der Fähigkeit zum Denken in betriebswirtschaftlichen und Management-Kategorien, dass eine Persönlichkeit das Feeling, also ein Gespür für Unternehmensbelange hat, das sich beispielsweise vor allem in folgenden Eigenschaften äußert:

- In der Offenheit und Neugier in Bezug auf Änderungen und Chancen im Unternehmensumfeld
- In der Unruhe und dem Unbehagen beim Stillstand der unternehmerischen Entwicklung und in der Suche nach neuen Geschäfts- und Tätigkeitsfeldern einer Firma, die durchaus über angestammte Businessbereiche hinausreichen können
- In der Entwicklung von kreativen Lösungen bei anstehenden internen und externen (Kommunikations-) Problemen und in der Unterstützung von innovativen (Kommunikations-) Maßnahmen
- Im teilweise auch „einsamen“ Verfolgen und Durchsetzen von Überzeugungen und Ideen und damit der Übernahme einer Führungsposition im Sinne von **Leadership**.[152]

Sicherlich sind diese Eigenschaften teilweise stark abhängig von charakterlichen Merkmalen und Eigenschaften von Menschen. Manche der in die Branche strebenden Berufsanfänger oder Newcomer mit einiger Berufserfahrung werden aufgrund mangelnder Erfahrung oder aufgrund ihrer Prädisposition nie über alle diese Eigenschaften verfügen. Dennoch scheinen einige dieser Persönlich-

152 Vgl. Kirsch, Werner: Organisationale Führungssysteme, München 1976, S. 43–57

keitsmerkmale erlernbar und antrainierbar, wobei sie den so befähigten PR-Mitarbeiter zum PR-Profi machen bzw. den Berater zum Profi-Consultant. Bleiben diese Fähigkeiten aus, bleiben diese Mitarbeiter eher im Bereich der ausführenden Ebene der PR-Kommunikation und das Ziel des managenden PR-Profis bleibt ihnen verschlossen. Verfügen Persönlichkeiten jedoch über diese Entrepreneur-/Leadership-Eigenschaften, die gepaart sind mit dem Knowhow von kommunikativen Maßnahmen und dem Denken in Kategorien der Kommunikation, so ist einer Berufskarriere bis in die Spitzenpositionen von Unternehmen offen.

Kann man sich die oben genannten Eigenschaften antrainieren, wenn man nicht über sie verfügt? Einschlägige Autoren gehen davon aus, dass es nicht die idealen Führungskräfte schlechthin gibt: Ein „Star“, zumal der Public Relations ist man nicht von Geburt an, sondern wird erst über die Berufserfahrung dazu. Um eine erste Grundlage zu schaffen, sollte zunächst das unternehmerische Denken erworben werden. Dies kann in Form der Strategie der bewussten **Rollenübernahme** stattfinden. Die Rollenübernahme folgt der klassischen Idee des Symbolischen Interaktionismus aus der Sozialwissenschaft und bedeutet, dass Personen, die sich nahe stehen, ihr Denken und Handeln aneinander orientieren und allmählich annähern, um eine gemeinsame Erlebnis- und Erfahrungswelt zu schaffen.[153] Der PR-Mitarbeiter muss sich also in die Rolle des Unternehmenslenkers (Chef, Geschäftsführer, Vorstand, Präsident etc.) versetzen und lernen, die Welt des Unternehmens mit dessen Augen zu sehen. Die hohe Identifikation mit dem Geschäftsfeld und den Zielen des Unternehmens zu erreichen, bedeutet ein Verständnis für die Belange des Unternehmens und der Unternehmensleitung zu entwickeln und deren Sichtweisen zu übernehmen bzw. sich diesen anzunähern, also die Sache des Unternehmens zu seiner eigenen zu machen. Dieser Vorgang ist nicht ganz leicht, zumal natürlich immer die Gefahr besteht, dass sich der PR-Mitarbeiter selbst aufgibt, also seine eigenen Ideen und Vorstellungen verdrängt oder hintanstellt, was jedoch kontraproduktiv im Sinne eines profes-

153 Vgl. Graumann, C.F.: Interaktion und Kommunikation, Handbuch der Psychologie 7,2 – Sozialpsychologie, Göttingen 1972, S. 1127–1133

sionellen Leadershipdenkens wäre. Die Voraussetzungen für Letzteres sind also nicht im Ersetzen der eigenen Persönlichkeit durch andere Eigenschaften zu sehen, sondern in der Erweiterung und Ergänzung des eigenen Erfahrungs- und Perspektiven-Horizontes.

Hinzu kommen als **Manager-Charakteristika** bzw. **Managementaufgaben** für einen PR-Profi, was jeder Mitarbeiter in Führungspositionen im Alltagsgeschäft erlernen und bewältigen muss:

- das Setzen von (erreichbaren) Zielen, das an der Leistung und Persönlichkeit eines Mitarbeiters orientierte Delegieren von Handlungen,
- das Organisieren des Handelns dieser Mitarbeiter, die Überwachung und Kontrolle von delegierten und eigenen Aufgaben,
- die Konzentration auf wenige, wichtige Aufgaben, die Nutzung von eigenen Stärken und jenen der Mitarbeiter sowie die Orientierung an Resultaten und Ergebnissen.[154]

Aus der Sicht der Public Relations wären mit diesen Eigenschaften und Vorgehensweisen die Grundlagen zu einer Professionalisierung der PR-Tätigkeit geschaffen.

11.2 Informationsvorsprung und Personalpolitik

Ein weiterer Aspekt der Professionalisierung ist die Schaffung eines kontinuierlichen Informationsvorsprungs. Ganz im Sinne proaktiver PR-Arbeit nach außen und innen gilt es, neben der bereits mehrfach beschriebenen Informationsbeschaffung via Recherchen auch zu Informationen aus nicht formalisierten Situationen, also aus informellen Quellen zu gelangen: Neugier und Wissensdurst sind dabei der Schlüssel zum Erfolg. Die Beschaffung von Informationen über informelle Quellen bedeutet nun nicht, sich am Intrigenspiel oder an der Gerüchteküche zu beteiligen, um Wissen zu schöpfen. **Informationsvorsprung** lässt sich zum einen mit der inhaltlichen Durchdringung von Themengebieten und Sachverhalten erreichen und zum anderen mit der Abfrage bzw. der Nachfrage von

154 Vgl. Malik, Fredmund: Führen, Leisten, Leben. Wirksames Managment für eine neue Zeit, München 2001

Begleitumständen, Rahmenbedingungen und Hintergrundinformationen bei den Mitarbeitern. Mit diesem Zusatz- und Ergänzungswissen lassen sich gute Voraussetzungen für das Handeln des Unternehmens und im Unternehmen schaffen.

Beispiel: Weiß der PR-Mann/die PR-Frau, wie in der Forschungs- und Entwicklungsabteilung eines Konzerns gearbeitet wird, wer entscheidende Projekte leitet, was bei diesen Projekten entwickelt wird, welche Projekte vor dem Abschluss stehen und welche Personen welche Projekte steuern und favorisieren, so kann für die interne PR, eventuell auch für die externe Kommunikation, für die Briefings und Besprechungen mit der Unternehmensleitung dieser Informationsvorsprung genutzt werden, der wiederum nicht nur eine immaterielle Tatsache ist, sondern auch Basis für das Handeln und die Schaffung materieller Tatsachen sein kann. Der organisatorische Ablauf bei anstehenden Kommunikationsmaßnahmen kann sich beschleunigen, wenn beispielsweise das Textgerüst für die Pressemitteilung zur Produkteinführung bereits vorhanden ist; die Kenntnis von Handlungsweisen und Interessenlagen der Mitarbeiter in der Entwicklungsabteilung kann zu organisatorischem Wissen führen, das man bei Besprechungen und Briefings für das Unternehmen und sich selbst, z. B. bei Abstimmungen, Stellungnahmen und Empfehlungen nutzen kann.

Die Verfolgung eines Informationsvorsprungs ist damit eng mit dem professionellen Handeln in der **Personalpolitik** verknüpft. Letztere hat für die Entwicklung effizienter und qualitativer PR- und Kommunikationsarbeit große Bedeutung: Sofern man als Kommunikationsmann bereits eine Führungsposition im Unternehmen innehat und Mitarbeiter führen (Corporate Communications Manager, Pressesprecher, Werbeleiter, Corporate Identity Manager etc.) muss, ist es wichtig, beim Recruiting und bei der Einstellung von unmittelbar unterstellten Mitarbeitern auf deren Qualifikationen zu achten. Häufig stellen Manager zur vermeintlichen Sicherung ihrer eigenen Position Mitarbeiter ein, deren Fähigkeiten weit unterhalb ihren eigenen liegen. Dies führt fast immer zum Abfall der Leistungen des Teams oder zur Beibehaltung nur durchschnittlicher Leistungsstandards bei mäßigem Output. Natürlich bleibt in einem solchen PR- oder Werbeteam die Position des Team- oder Projektchefs erhalten und dieser kann sich als allein kompetenter Macher darstellen. Dies jedoch lässt Rückschlüsse auf seine eigene Position zu:

Nur wer selbst nicht zur Kompetenzspitze zählt, holt sich Mitarbeiter, die weniger kompetent sind, als man selbst (Nummer-Zwei-Leute holen sich häufig auch zweit- oder drittklassige Mitarbeiter). Der dringenden Ergebnisorientierung sowie der gesamten Organisation ist jedoch damit nicht gedient.

Das professionelle Handeln erstreckt sich also damit auch auf eine kontinuierlich Personalpolitik, die exzellente Mitarbeiter dadurch erzielt, dass diese nicht nur eingestellt, sondern auch gefördert und weitergebildet werden.[155] Und dies auf die Gefahr hin, dass innerhalb der Teams Kräfte entstehen, die in ihrer Kompetenz mit den Fähigkeiten des Chefs gleichziehen. Lernende Teams und Organisationen profitieren von diesem Handeln – für den Erfolg des gesamten Betriebes. Schließlich kann es ein möglicherweise „eitler“ oder „ängstlicher“, um seine Position fürchtende PR-Manager auch so sehen: Die guten Leistungen seines Teams fallen positiv auf ihn selbst zurück. Es sollte also immer die Regel gelten: Ein Nummer-Eins-Mann (eine Nummer-Eins-Frau) sollte sich immer nur Leute ins Boot holen, die selbst das Potential bieten, auch zur Nummer Eins zu werden. Auch die richtige **Positionierung** der Mitarbeiter und die Delegation von adäquaten Aufgaben gehört zu den Management-Skills des PR-Profis. Was ein fähiger Mitarbeiter in einem Bereich (z. B. in der Planung von PR-Aktionen) zu leisten vermag, muss nicht gleichzeitig bedeuten, dass er bei Textaufgaben oder in der Entwicklung und den Entwurf von PR-Anzeigen ebenso erfolgreich ist. Je größer also das Team oder die Abteilung, desto wichtiger ist es, Positionen richtig zu besetzen und ziel- und ergebnisorientiert auszufüllen.

Nur mit der Förderung der so genannten zweiten Reihe und des Nachwuchses und ihrer reflektierten und passenden Besetzung bleibt damit auch längerfristig die Qualität und Professionalität der PR-Arbeit gesichert.

155 Vgl. Thom, Norbert/Zaugg, Robert J.: Excellence durch Personal- und Organisationskompetenz, Bern 2001

12. Entwicklung der PR: Auch im Digitalzeitalter erfolgreich

Auch wenn viele Kritiker der Informationsgesellschaft den Niedergang der Schrift, den Abschied von der Sprachkultur und die Veränderung der Bewusstseinsinhalte durch die zunehmende Digitalisierung sehen:[156] Public Relations ist auf dem besten Weg, zum bewahrenden Element und zum **Orientierungsmittel** in dieser digitalen Welt zu werden. Denn trotz Internet und multimedialen Anwendungen – oder gerade deshalb – sind die informierenden Inhalte ohne weitschweifige Redundanzen ein Wissensgewinn mit hohem Nutzwert für die Zielgruppen. Eine Verabschiedung der PR aufgrund einer Verstärkung der Bildkommunikation in der Wirtschaftsberichterstattung oder in den Fachzeitschriften-Informationen vorherzusehen, wird ihren Funktionen in der Wirtschaft und in der Gesellschaft nicht gerecht. Vielmehr hat sie als Instrument der Orientierung die Chance, in Zusammenarbeit mit dem Journalismus und den Medien mehr Aufklärungs- denn Verschleierungsarbeit zu leisten, vorausgesetzt, sie wird seriös betrieben und lässt sich nicht durch die Werbung korrumpieren.

Vor allem die Pressearbeit mit ihrem gewaltigen Spektrum an Informationsformen und Facetten ist jeder vereinfachenden, verkürzenden Bildsprache – und wenn diese noch so sinnenfroh und erlebnisorientiert ist – durch den eigentlichen Informationsgehalt überlegen. Auch wenn Presse- und Medienarbeit die Informationsflut erhöht, ist sie zugleich in der Lage, die Breite und Vielfalt der Informationen in die Tiefe zu lenken und detaillierte, häufig in Bildern und Animationen nicht erfassbare („nicht-sehbare") **Aspekte und Interpretationen** von Sachverhalten durch Sprache und das geschriebene Wort zu liefern und in die vernetzten Individuen „einzuspeisen". Und schließlich: Über sein Unterhaltungsbedürfnis und seinen Spieltrieb hinaus wird der Mensch auch immer Wissen schöpfen wollen. Aus diesen Gründen hat Presse- und Medienarbeit, hat die informationsorientierte Public Relations trotz der

156 Vgl. Bolz, Norbert: Am Ende der Gutenberg-Galaxis, München 1995²

Trends zu Multimedia und Hyperkult[157] auch in der digitalen Cyber-Gesellschaft eine prächtige, erfolgreiche Zukunft.

157 Vgl. Warnke, M./Coy, W./Tholen, G. (Hrsg.): Hyperkult, Frankfurt 1997

Literaturverzeichnis

Achelis, Thomas: Das Dach der europäischen PR, in: Public Relations Forum, No. 04/2000, S. 189

Ahlke, Karola/Hinkel, Jutta: Sprache und Stil, Ein Handbuch für Journalisten, Konstanz 1999

Anderson, Roger/Bruhns, Wibke/Eckardt, Emanuel et al.: Medienmacher, Hamburg 1996

Avenarius, Horst: Benetton und die Folgen, in: Public Relations Forum, No. 01/2001, S. 38–40

ders., Aufrecht durch die Kommunikationswelt gehen, in: Public Relations Forum, No. 02/2001, S. 78f

Bauer, Helmut: Die Presse und die öffentliche Meinung, München 1975

Baumbach, Adolf/Duden, Konrad/Hopt, Klaus: Handelsgesetzbuch, München 2000[30]

Behrent, Michael: Eide aus freien Stücken – Die Kunst der Selbstverpflichtung, in: Public Relations Forum, No. 01/1998, S. 43f

Beifuß, H./Blume, J./Rauch, F. u. a.: Bildjournalismus, München 1984

Berliner Pressegesetz vom 15. Juni 1965, in: Meyn, H., Massenmedien der Bundesrepublik Deutschland, Berlin 1990 sowie http://www.dfjv.de/download/recht-prg-bln.htm

Berndt, Ralph/Hermanns, Arnold: Handbuch Marketing-Kommunikation, Wiesbaden 1993

Blecher, Helmut: Fotojournalismus, Hamburg 2001

Böhme, Hans-W.: Der Wert von Fachzeitschriften für den Unternehmenserfolg, Aachen 1995

Bolander-Wachtel, Sabina: PR- und Medienberater, Personen, Leistungen, Basics, Frankfurt/M. 1999

Bolz, Norbert: Am Ende der Gutenberg-Galaxis, München 1995[2]

ders., Der geschwätzige Affe, in: Der Spiegel, No. 12 / 2001

Brückner, Michael/Przyklenk, Andrea: Event-Marketing, Frankfurt 1998

Bruhn, Manfred: Kommunikationspolitik, München 1997

Bühl, Achim: Cybersociety – Mythos und Realität der Informationsgesellschaft, Köln 1996

Burkart, Roland: Kommunikationswissenschaft, Wien/Köln 1995[2]

Clausen, Elke: Mehr Erfolg auf Messen, Landsberg 2000

Daten und Fakten zum Mittelstand, Institut für Mittelstandsforschung Bonn, 9/2000, http://www.ifm-bonn.org

Der Mensch ist nicht für die virtuelle Kommunikation geschaffen, Bild der Wissenschaft online, 22. 08. 2001, http://www.wissenschaft.de

Dichtl, Erwin/Eggers, Walter (Hrsg.): Marke und Markenartikel als Instrumente des Wettbewerbs, München 1992

Diesener, Gerald/Gries, Rainer: Propaganda in Deutschland, Darmstadt 1996

DPRG Honorarumfrage '99, Deutsche Public Relations Gesellschaft, Köln 2000

Eberspächer, Wolfgang: Was interessiert Wirtschaftsjournalisten, in: Public Relations Forum, No. 01/2001, S. 23

Eibl-Eibesfeldt, Irenäus: Der vorprogrammierte Mensch, München 1982

Field, S./Märthesheimer, P./Längsfeld, W.: Drehbuchschreiben für Fernsehen und Film, München 1987

Focus Magazin Verlag (Hg.): Media-Guide 2000 – Fakten zum Werbemarkt, München, 2000.

Fuchs, Peter/Möhrle, Hartwin/Schmid-Marwede, Ulrich: PR im Netz, Frankfurt/Main 1998

Graumann, C. F.: Interaktion und Kommunikation, Handbuch der Psychologie 7,2 – Sozialpsychologie, Göttingen 1972

Grochla, Erwin: Unternehmensorganisation, Opladen 1982[9]

Häring, Christian: Einfluss von IR auf klassische PR-Arbeit, in: Public Relations Forum, No. 04/2000, S. 175–179

Hätty, A.: Der Markentransfer, Heidelberg 1989

Hagel, John/Armstrong, Arthur G.: Net Gain – Profit im Netz, Wiesbaden 1998

Hansen, Jürgen R.: Jede Hauptversammlung ist eine große PR-Chance, in: Public Relations Forum, No. 03/2001, S. 106–107

Hartmann, Hans/Haubl, Rolf (Hrsg.): Bilderflut und Sprachmagie, Opladen 1992

Hauptmaier, Helmut: Kommunikation im Medien- und Produktverbund: Funktionen des Cross-Media-Publishing für das ZDF, in: Krzeminski/Zerfaß, Interaktive Unternehmenskommunikation, S. 303–314

Herbst, Dieter: Krisen meistern durch PR, Neuwied 1999

Hermanns, Arnold (Hg.): Sport- und Kultursponsoring, München 1989

Image-Profile Mittelstand 2001, Studie in Kooperation mit dem Ratio-

nalisierungs Kuratorien der Wirtschaft (RKW), BIK-Aschpurvis+Behrens, Hamburg 2001
Informationsgemeinschaft zur Feststellung von Werbeträgern: PageImpressions, Übersicht 1996–2000, IVW-Praxis Nr. 34, News, Bonn 2000
IVW-Praxis Nr. 34, http://www.ivw.de/news
Jüngere lassen Zeitung links liegen, o. N., in: Der Spiegel Online, 10. 7. 2001, http://www.spiegel.de/
Kalt, Gero/Steinke, Peter (Hrsg.): Erfolgreiche PR, Frankfurt 1992
Kamenz, Uwe: Marktforschung. Einführung mit Fallbeispielen, Stuttgart 1997
Kirsch, Werner: Organisationale Führungssysteme, München 1976
Königer, Paul/Reithmayer, Walter: Informationsmanagement, Management unstrukturierter Information, Frankfurt/M. 1998
Kontaktarme Nachbarn, o. N., in: Werben&Verkaufen, No. 29/2001, S. 25 ff
Krämer, Sabine/Walter, Klaus-Dieter: Informationsmanagement, München 1996
Kratz, Hans-J.: Mobbing. Erkennen, Ansprechen, Vorbeugen, Frankfurt/Wien 2000
Krzeminski, Michael/Zerfaß, Ansgar (Hrsg.): Interaktive Unternehmenskommunikation, Frankfurt/M. 1998
Kunczik, Michael: Public Relations, Konzepte und Theorien, Köln/Wien 1996³
Ludwig, Beate: Werbung & Public Relations, Einsteig, Praxis, Perspektiven, Frankfurt 1997
Mahle, Walter (Hg.): Orientierung in der Informationsgesellschaft, Konstanz 2000
Maletzke, Gerhard: Kommunikationswissenschaft im Überblick, Opladen 1998
Malik, Fredmund: Führen, Leisten, Leben. Wirksames Management für eine neue Zeit, München 2001
Marquardt, Jens/Blank, Melanie: Öffentlichkeitsarbeit deutscher Stiftungen, in: Public Relations Forum, No. 02/1999, S. 88–91
Mast, Claudia: Nutzenorientierte Wirtschaftsberichterstattung – Neue Akzente in den Präsentationsstrategien der Presse, in: Mahle, W., Orientierung in der Informationsgesellschaft, S. 63–74
Mediendaten Südwest, 13. 2. 2001, http://www.mediendaten.de
Meyn, Hermann: Massenmedien in der Bundesrepublik Deutschland, Berlin 1990

ders., Massenmedien in Deutschland, Konstanz 2001

Miegel, Meinhard/Wahl, Stefanie: Das Ende des Individualismus, Die Kultur des Westens zerstört sich selbst, München/Landsberg 1993

Müller, K./Schwarzkopf, S.: Marken-PR statt Markenwerbung?, in: Public Relations Forum, No. 01/2001, S. 16–22

Nickel, Oliver: Eventmarketing – Grundlagen und Erfolgsbeispiele, München 1998

Nitsch, Harry: Dynamische Public Relations, Stuttgart 1975

Noelle-Neumann E./Schulz W./Wilke, Jürgen (Hrsg.): Fischer Lexikon: Publizistik Massenkommunikation, Frankfurt a. M. 2000[7]

Noelle-Neumann, Elisabeth: Öffentliche Meinung, in: Fischer Lexikon: Publizistik Massenkommunikation, S. 366–382

dies., Wirkung der Massenmedien auf die Meinungsbildung, in: Fischer Lexikon: Publizistik Massenkommunikation, S. 518–571, S. 554

Piwinger, Manfred: Kommunikation in Zeiten wirtschaftlicher Veränderung, in: Public Relations Forum, No. 01/2001, S. 24–25

Pleil, Gerhard: Öffentlichkeitsarbeit – Ein Weg zum Unternehmenserfolg, Stuttgart 1977

Postman, Neil: Wir informieren uns zu Tode, in: Die Zeit, No. 41/1992

Pradel, Marcus: Marketingkommunikation mit neuen Medien, Zukunftsfähige Konzepte für den Mittelstand, München 1997

Projektteam Lokaljournalisten (Hrsg.): Lokaljournalismus, München 1998

Quilliam, Susan: Körpersprache erkennen und verstehen, Niedernhausen 1996

Reinke, Wolfgang/Eisele, Hans: Taschenbuch Öffentlichkeitsarbeit, Heidelberg 2000[3]

Richarz, Willi: Zum Umgang mit der Presse, Stuttgart 1990

Rolf, Georg: Partner Presse, Köln 1998

Rolke, Lothar: Warum Public Relations die Gesellschaft schlauer macht, in: Public Relations Forum, No. 04/2000, S. 192–196

Roloff, Eckard-K.: Journalistische Textgattungen, München 1982

Rota, Franco P.: Informationsmittel des Unternehmens, München 1997

Ruß-Mohl, Stephan (Hg.): Wissenschaftsjournalismus, München 1986

Sarcinelli, Ulrich: PR-Demokratie, in: Public Relations Forum, No. 01/1999, S. 6–8

Schneider, Wolf/Raue, Paul-J.: Handbuch des Journalismus, Reinbek 2000[4]

Schnibben, Cordt: Im Hauptquartier der Versuchung, in: Der Spiegel, No. 26/2001, S. 68–86

Schult, Gerhard/Buchholz, Axel (Hrsg.): Fernseh-Journalismus, München 1984[4]

Schütz, Walter J.: Vielfalt oder Einfalt? Zur Entwicklung der Presse in Deutschland, Presse- u. Informationsamt der Bundesregierung, Berlin 1993

Schultze, Reinhard D.: Product Placement im Spielfilm, München 2001

Schulz, Winfried: Inhaltsanalyse, in: Fischer Lexikon: Publizistik Massenkommunikation, S. 41–63

ders., Nachricht, in: Fischer Lexikon: Publizistik Massenkommunikation, S. 307–337

Siebert, Fred/Peterson, Theodore/Schramm, Wilbur: Four Theories of the Press, Urbana/Chicago/London 1976[10]

Stadthoewer, Frank: Online-Pressedienste als Schaltstellen zum Journalisten, Das Beispiel News Aktuell, in: Krzeminski/Zerfaß, Interaktive Unternehmenskommunikation, S. 167–180

Szyszka, Peter: Der Mythos vom „anderen" Journalisten, Ein Berufsbild zwischen Schein und Sein, in: PR-Magazin, 4/1990, Theorie & Praxis, S. 27–38

Tendenz zum Triezen, o. N., in: Der Spiegel, No. 20/2001, S. 66

Thom, Norbert/Zaugg, Robert J.: Excellence durch Personal- und Organisationskompetenz, Bern 2001

Töpfer, Armin: Die A-Klasse, Neuwied 1999

Tomczak, Torsten/Dittrich, Sabine: Erfolgreich Kunden binden – Eine kompakte Einführung, Zürich 1997

Voigt, Thomas: Marketingfehler des Mittelstandes, in: Ratio, No. 3/2001, S. 5–6

von LaRoche, Walther: Einführung in den praktischen Journalismus, München 1999

von LaRoche, W./Buchholz, A.: Radio-Journalismus, München 1992

Wagner, Hans: Kommunikation und Gesellschaft, München, 1978

Warnke, Martin/Coy, Wolfgang/Tholen, Georg C. (Hrsg.): Hyperkult, Frankfurt 1997

Watzlawick, Paul/Bevin, J./Jackson, D.: Menschliche Kommunikation, Stuttgart 1969

Werbung in Deutschland 2001, ZAW-Jahrbuch, Bonn 2001

Will, Michael: Business TV. Die digitale Zukunft der Unternehmenskommunikation, in: Krzeminski/Zerfaß, Interaktive Unternehmenskommunikation, S. 273–285

Wimmers, Stephan/Hauser, Hans-E./Paffenholz, Guido: Wachstumsmarkt Dienstleistungen, Schriften zur Mittelstandsforschung, Bonn 1999

Wöhe, Günter: Einführung in die Allgemeine Betriebswirtschaftslehre, München 1984[15]

Zehrt, Wolfgang: PR im Hörfunk, in: Public Relations Forum, No. 03/2001, S. 122–125

Zur Show verdammt, o. N., in: Manager Magazin, November 11/1989, S. 359ff

Stichwortverzeichnis

Zahlen = Seiten

Buchanzeigen

Betriebs- und Volkswirtschaft, Wirtschaftsrecht

FRAGEN UND ANTWORTEN FÜR DAS MANAGEMENT

Rechtliche Grundlagen

HGB · Handelsgesetzbuch

ohne SeehandelsR, mit EinführungsG, Wechsel- und ScheckG, WertpapierhandelsG.
Stand: 1. Februar 2002

Textausgabe.
38.A. 2002. 285 S.
€ 3,50. dtv 5002

HandelsR · Handelsrecht

u.a. mit Handelsgesetzbuch, Bürgerlichem Gesetzbuch (Auszug), UN-Kaufrecht, Allg. Geschäftsbedingungen der Banken, Allg. Deutsche Spediteurbedingungen sowie verfahrensrechtliche Vorschriften.

Textausgabe.
2.A. 2001. 687 S.
€ 12,–. dtv 5599

GesR · Gesellschaftsrecht

mit AktienG, GmbH-Gesetz, GenossenschaftsG, Handelsgesetzbuch (Auszug), PartnerschaftsgesellschaftsG, EWIV-VO mit EWIV-AusführungsG u.a. sowie den wichtigsten Vorschriften aus den Bereichen Rechnungslegung, Umwandlungs-, Mitbestimmungs- und Verfahrensrecht.

Textausgabe.
4.A. 2002. 633 S.
€ 10,–. dtv 5585

GenR · Genossenschaftsrecht

u.a. mit GenossenschaftsG, Genossenschaftsregister-VO, UmwandlungsG, KreditwesenG.

Textausgabe.
3.A. 2002. Rd. 370 S.
Ca. € 8,–. dtv 5584

In Vorbereitung für Sommer 2002

AktG, GmbHG · Aktiengesetz, GmbH-Gesetz

mit UmwandlungsG, PublizitätsG, Mitbestimmungsgesetzen.

Textausgabe.
34.A. 2002. 429 S.
€ 5,–. dtv 5010

Ek
Aktiengesellschaften

Gründung, Leitung, Börsengang.
Ratgeber für alle, die eine AG gründen, sich an einer bestehenden AG beteiligen, als Vorstand eine AG leiten oder ein Aufsichtsratsmandat übernehmen möchten.

1.A. 2002. 271 S.
€ 10,50. dtv 5684 §

P123520-S33.2

WettbR · KartR
Wettbewerbsrecht und Kartellrecht

Gesetz gegen den unlauteren Wettbewerb (UWG), ZugabeVO, RabattG mit DurchführungsVO, PreisangabenVO, HaustürwiderrufsG, MarkenG, ErstrekkungsG, Gesetz gegen Wettbewerbsbeschränkungen (GWB) sowie die wichtigsten wettbewerbsrechtlichen internationalen Übereinkommen und Vorschriften der Europäischen Gemeinschaft.
Mit GWB-Novelle 1999.

Textausgabe.
23.A. 2002. 415 S.
€ 8,50. dtv 5009

UrhR · Urheber- und Verlagsrecht

UrheberrechtsG, VerlagsG, Recht der urheberrechtlichen Verwertungsgesellschaften, Internationales Urheberrecht, EG-Recht (komplett).

Textausgabe.
9.A. 2002. Rd. 550 S.
Ca. € 12,–. dtv 5538 →

In Vorbereitung für August 2002

Schulze
Meine Rechte als Urheber

Urheber- und Verlagsrecht. Geschützte Werkarten und Leistungen, Urheberrechtsschutz, Geschmacksmusterschutz, Leistungsschutz, Verwertungsrechte, Urheberpersönlichkeitsrechte, Nutzungsverträge, Verlagsvertrag, Durchsetzung der Rechte, Geltungsbereich.

4.A. 2001. 336 S.
€ 10,–. dtv 5291 §

PatR · Patent- und Musterrecht

Deutsches, europäisches und internationales Patent- und Erfinderrecht, Gebrauchsmuster- und Halbleiterschutzrecht, Sortenschutzrecht, Geschmacksmusterrecht und Rechtsvereinheitlichung nach der Wiedervereinigung.

Textausgabe.
6.A. 2002. Rd. 500 S.
Ca. € 10,–. dtv 5563

Neu im Juni 2002

Harke
Ideen schützen lassen?

Patente, Marken, Design, Werbung, Copyright.
Der Ratgeber zeigt Erfindern, Gestaltern und Urhebern sowie den Umsetzern und Verwertern, ob und wie sie ihre Rechte an Werken und Ideen schützen und im Konfliktfall durchsetzen können.

1.A. 2000. 701 S.
€ 15,–. dtv 5642 §

P123520-S34

Starthilfen für Unternehmer

Schaub/Koch
Ich mache mich selbständig
Hürden nehmen – Chancen nutzen.
Ein umfassender Überblick über die öffentlich-rechtlichen und privatrechtlichen Rahmenbedingungen für den Schritt in die Selbständigkeit.
5.A. 2000. 637 S.
€ 15,–. dtv 5236

Hammer
Existenzgründung in der EU
Ein Wegweiser für den Schritt in die Selbständigkeit in 15 Staaten. Gesetzliche Pflichten vor Betriebsaufnahme, Wahl der Rechtsform, steuerliche Verpflichtungen, Finanzierungshilfen sowie Personalarbeit.
1.A.1999. 323 S.
€ 15,29. dtv 5899

Grimm
Existenzgründung in den USA
Standort, Rechtsform, Finanzierung, Personal.
1.A.1999. 360 S.
€ 15,29. dtv 50826

Geigenberger
Risikokapital für Unternehmensgründer
Der Weg zum Venture Capital.
1.A.1999. 246 S.
€ 12,73. dtv 50832

Waldner/Wölfel
So gründe und führe ich eine GmbH
Vorteile nutzen – Risiken vermeiden.
Haftungsbeschränkung, Gründungsvoraussetzungen, Vertragsgestaltung, Geschäftsführer, Gesellschafterversammlung, Liquidation, Steuer- und Kostenrecht.
6.A. 2000. 215 S.
€ 7,93. dtv 5278

Drosse
Mittelständische Betriebe erfolgreich führen
Führungsfehler erkennen und vermeiden.
Dieser Berater vermittelt den Verantwortlichen in einem mittelständischen Unternehmen die kaufmännischen Denkansätze, Handlungsweisen und Instrumente zur erfolgreichen Unternehmensführung.
1.A. Rd. 200 S.
Ca. € 12,50. dtv 5881
In Vorbereitung

Waldner/Wölfel
GbR, OHG, KG
Gesellschaft des bürgerlichen Rechts, Offene Handelsgesellschaft, Kommanditgesellschaft, GmbH & Co. KG. Vertragsgestaltung, Geschäftsführung und Vertretung, Haftung, Liquidation, Steuer- und Kostenrecht.
5.A. 2001. 231 S.
€ 9,–. dtv 5294

P123520-S36

Starthilfen für Unternehmer

Dieterle/Winckler

Gründungsplanung und -finanzierung

Voraussetzungen für den Gründungserfolg.
Der Unternehmensgründer, Planung und Organisation, Markt, Personal/Recht, Finanzierung, Rechnungswesen.

3.A. 2000. 508 S.
€ 14,–. dtv 5813

Bombita/Köstler/Steindl

Steuerwissen für Existenzgründer

Praktische Tipps zu Steuern, Recht und Sozialversicherung.

2.A. 2002. Rd. 300 S.
Ca. € 12,50. dtv 50831

In Vorbereitung für Sommer 2002

Ridinger/Uckel

Öffentliche Finanzierungshilfen

Wege durch den Förderdschungel.
Die Grundstrukturen der Wirtschaftsförderung stehen im Mittelpunkt des Ratgebers. Deren Kenntnis erleichtert den Zugang zu den verschiedenen Förderbereichen. Zudem gibt der Ratgeber konkrete Tipps von der Informationsbeschaffung bis zur Antragstellung.

1.A. 2001. 201 S.
€ 10,–. dtv 50847

Schmoeckel

Meine Rechte und Pflichten als junger Unternehmer

Rechte und Pflichten des Selbständigen sowie alle staatlichen Fördermittel für kleine/mittlere Unternehmen im Überblick.

3.A.1998. 172 S.
€ 7,62. dtv 50617

Sattler

Unternehmerisch denken lernen

Das Denken in Strategie, Liquidität, Erfolg und Risiko.
Wie sichern Unternehmen unmittelbar ihre Existenz? Woran erkennt man erfolgreiche Unternehmen? Wie sichern diese Unternehmen ihren Erfolg? Wie kann man mit Unsicherheiten umgehen? Was muss man wissen, um langfristig Erfolg zu haben?

1.A.1998. 207 S.
€ 8,64. dtv 50819

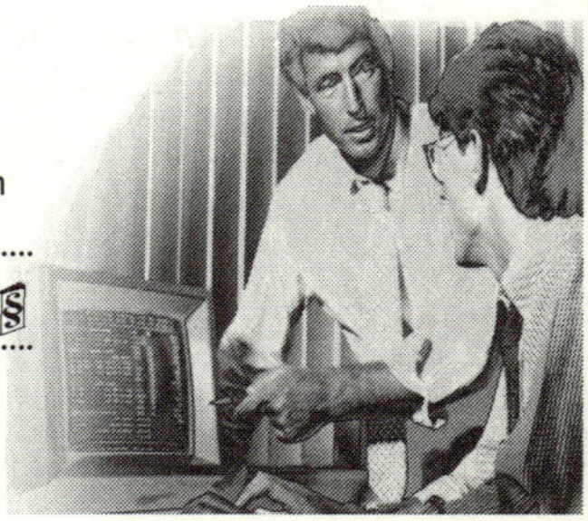

P123520-S37